# 伝統高校100〔東日本篇〕

目　次——伝統高校100（東日本篇）

## 2章　関東の伝統高校 29校

## 3章 北海道の伝統高校 7校



## 4章 東北の伝統高校 9校

## 5章　甲信越の伝統高校　9校

# 6章 東海の伝統高校 13校

# 目　次―伝統高校100〈西日本篇〉

4章　中国の伝統高校　19校
津山高校（岡山県立・津山市）
岡山操山高校（岡山県立・岡山市中区）
西大寺高校（岡山県立・岡山市東区）
倉敷青陵高校（岡山県立・倉敷市）
福山誠之館高校（広島県立・福山市）
広島国泰寺高校（広島県立・広島市中区）
三次高校（広島県立・三次市）
忠海高校（広島県立・竹原市）
広島皆実高校（広島県立・広島市南区）
呉三津田高校（広島県立・呉市）
米子東高校（鳥取県立・米子市）
浜田高校（島根県立・浜田市）
大社高校（島根県立・出雲市）
松江南高校（島根県立・松江市）
徳山高校（山口県立・周南市）
岩国高校（山口県立・岩国市）
宇部高校（山口県立・宇部市）
下関西高校（山口県立・下関市）
防府高校（山口県立・防府市）

5章　四国の伝統高校　9校
丸亀高校（香川県立・丸亀市）
観音寺第一高校（香川県立・観音寺市）
高松第一高校（高松市立・高松市）
宇和島東高校（愛媛県立・宇和島市）
西条高校（愛媛県立・西条市）
今治西高校（愛媛県立・今治市）
城東高校（徳島県立・徳島市）
高知追手前高校（高知県立・高知市）
中村高校（高知県立・四万十市）

6章　九州・沖縄の伝統高校　24校
明善高校（福岡県立・久留米市）
伝習館高校（福岡県立・柳川市）
東筑高校（福岡県立・北九州市八幡西区）
福岡中央高校（福岡県立・福岡市中央区）
嘉穂高校（福岡県立・飯塚市）
筑紫丘高校（福岡県立・福岡市南区）
唐津東高校（佐賀県立・唐津市）
大村高校（長崎県立・大村市）
諫早高校（長崎県立・諫早市）
長崎東高校（長崎県立・長崎市）
佐世保北高校（長崎県立・佐世保市）
佐世保南高校（長崎県立・佐世保市）
臼杵高校（大分県立・臼杵市）
別府鶴見丘高校（大分県立・別府市）
佐伯鶴城高校（大分県立・佐伯市）
大分舞鶴高校（大分県立・大分市）
八代高校（熊本県立・八代市）
玉名高校（熊本県立・玉名市）
延岡高校（宮崎県立・延岡市）
都城泉ヶ丘高校（宮崎県立・都城市）
小林高校（宮崎県立・小林市）
鶴丸高校（鹿児島県立・鹿児島市）
甲南高校（鹿児島県立・鹿児島市）
首里高校（沖縄県立・那覇市）

序章

# 逸材輩出のゆりかごとなった伝統高校

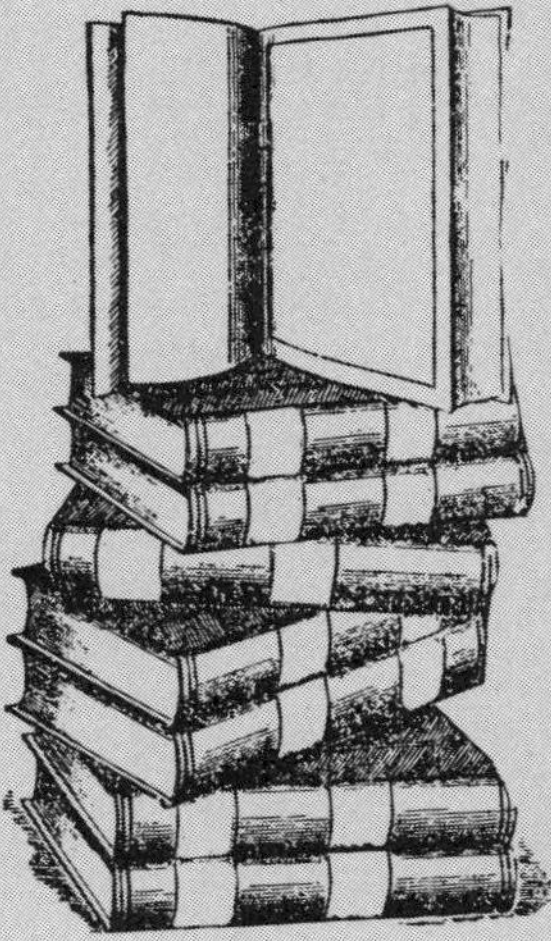

日本経済は、平成時代に世界から取り残された。「失われた30年」とか、「失敗の30年」と酷評されている。スイスの有力ビジネススクールが発表した国際競争力ランキングでは、日本は30位に落ち込んでしまった。「世界3位の経済大国」などとは、もはや言えなくなってきた。

だが、科学や科学者に対する評価は、そうではない。欧米先進国に伍して、高い評価を受けている。ノーベル賞受賞者が次々と誕生していることが例証している。

京都大特別教授の本庶佑（山口県立宇部高校―京都大卒）が2018年に、ノーベル医学生理学賞を受賞した。続いて19年には、旭化成名誉フェローの吉野彰（大阪府立北野高校―京都大卒）が化学賞を受賞した。

これで日本人のノーベル賞受賞者は累計で27人（米国籍の2人を含む）となった。数学のノーベル賞といわれるフィールズ賞の受賞者は3人だ。そのリストを20頁に掲げる。

昭和時代のノーベル賞受賞者は7人。平成時代（1989年～2019年4月）には19人を数える。それと令和に入ってすぐに1人。英教育誌の調べでは、これは米国、英国に次いで世界の第3位にランクされる。

フィールズ賞を含め、この計30人の受賞者の出身大学について、よく話題になる。「自然科学系の受賞者は、京都大出身者が多い」とか、「文学賞は東京大出身者しかいない」「村上春樹が私立大出身者（早稲田大卒）として初めて受賞するのではないか」などと、クイズ番組などでもしばしばとりあげられる。

出身大学ではなく、ノーベル賞、フィールズ賞受賞者の出身高校について興味を抱いた人はいるだろうか。

筆者は18年夏までの7年余、全国の名門高校・伝統高校をくまなく訪問し、週刊エコノミスト誌（毎日新聞出版）に「名門高校の校風と人脈」というタイトルで300回にわたり連載を続けた。

その過程で「おやっ」という現象に気がついた。それは、「ノーベル賞やフィールズ賞の受賞者は、地方の

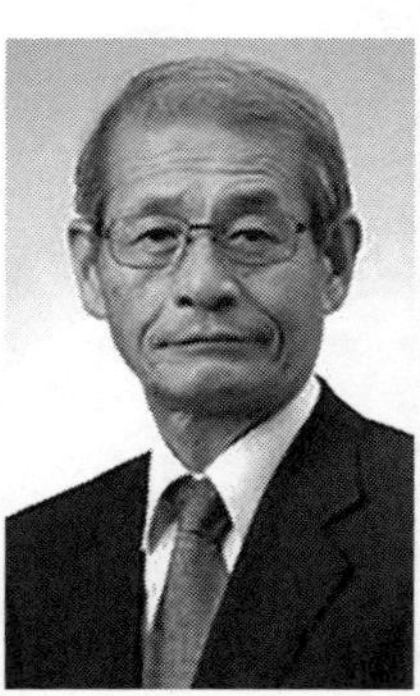

吉野彰

高校出身者ばかりだ」という事実だ。

正確には、ノーベル賞については東京の高校出身者が1人だけいる。医学生理学賞を受賞した利根川進が、東京都立日比谷高校卒だ。あとの26人の出身高校は、東京以外にあるのだ。利根川が受賞したのは昭和62（1987）年だったから、平成時代以降に限っていうと都内の高校出身者でノーベル賞を受賞した者はゼロということになる。

全国の中でも東京都内には、名門高校、伝統校、進学校がひしめいている。国立、都区立、私立で、大学受験に有利な6年制中高一貫の学校がいっぱいある。東大の19年度入学試験（19年4月入学）での合格者をみると、約37％が都内にある高校の卒業生だ。

東大出身者でノーベル賞を受賞した者は、27人中8人いる。だが、8人はすべて都内以外の高校を卒業しているのだ。前述の利根川は、東大卒ではない。日比谷高校から京大に進学している。

「数学のノーベル賞」と言われるフィールズ賞を見てみよう。日本人の受賞者3人の出身高校はというと、小平邦彦は旧制東京府立第五中学(現都立小石川中等教育学校)を卒業しているものの、旧制長野県立松本中学(現松本深志高校）から転校した。広中平祐は山口県立柳井高校卒、森重文は私立東海高校卒（名古屋市）だ。小平は東大卒、広中、森は京大卒だ。

「都内の高校出身者で東大卒」という経歴で、科学者になった者は、もちろんたくさんいる。しかし、「そこそこの科学者にはなるが、未知の分野をブレークスルー（突破）する世界的な研究者は育たない。

どういうわけなのだろうか。それは、偶然・たまたまの現象なのだろうか。

15年に医学生理学賞を受賞した大村智（山梨県立韮崎高校—山梨大卒）は「科学教育において、私が最も重要だと思うのは小さい頃から自然に触れることです」（文藝春秋18年3月号）と強調している。同様のことは、前述の本庶佑も述べている。

都内の高校卒業生は、自然に触れる機会は乏しい。中高一貫校に入るために、小学校高学年から塾通いをしている。それが可能なのは、比較的、恵まれた家庭に育った者が多いということだ。東大に入っても首都圏の自宅から通うことになる。高校時代までと環境が変わらないため、東大合格を「ゴール」と勘違いし、「燃え尽きた学生」「冷めた学生」になりやすい。秀才だが没個性的で，突破力に乏しい。官僚とか大企業経営者などにはむしろ好ましいタイプだろうが、科学者としては「そこそこ」の殻に留まってしまうのだ――そう、判断して構わないだろう。

地方育ちの生徒は、自然に触れる機会はたくさんある。受験勉強で痛めつけられてない分、大学に進学したあとも素直に伸びる。もちろんそうでない学生もいっぱいいるが……。地方育ちの学生は「伸びしろ」がある、ということだ。

都内の高校出身者はノーベル賞やフィールズ賞を取れない、という事実を裏返せば、地方の高校出身者が世界的な科学者の供給源になっている、ということになる。

しかも、「地方の高校」は、必ずしも県庁所在地にあるわけではない。この数年のノーベル賞受賞者の出身高校を見ていただきたい。山口県立宇部高校（本庶佑）、埼玉県立川越高校（梶田隆章）、山梨県立韮崎高校（大村智）、愛媛県立大洲高校（中村修二）、静岡県立浜松西高校（天野浩）など、いわゆる「田舎の高校」出身者が多数いるのだ。

江戸時代には約280の藩があり、領主の居城を中心とした城下町が開けていた。廃藩置県で城や陣屋は壊されたが、明治から大正にかけ各地の城下町には旧制中学が創設された。旧制中学は戦後に新制高校に衣替えされたが、旧制中学を前身とする全国各地の新制高校は100年以上の伝統を誇っているケースがほとんどだ。国内の大学で100年以上の校歴があるところは、数十しかないことと、対照的だ。

前述の「田舎の高校」は、誇るべき伝統がある。なかには藩校をルーツとする学校もある。

要するに、伝統高校・名門高校は、東京や大阪の大都市だけではなく日本の全国各地の中小都市に存在するということだ。どの都道府県でも、伝統高校の数校をピックアップすることは、たやすくできる——先進諸国でこんなことを言えるのは、日本だけかもしれない。日本は、経済は東京に一極集中だが、伝統高校が各地に散在しているのだ。

ノーベル賞受賞者だけに、スポットを当てるわけではない。文化、学術、政官、経済、スポーツ、エンタメなど様々な分野で、各地の伝統高校は時代をリードする個性ある卒業生を輩出してきた。逸材輩出のゆりかごとなった、とも言えるのだ。

いくつかの例を挙げてみよう。

本庶が卒業した宇部高校。映画監督の山田洋次、「ユニクロ」を経営するファーストリテイリング会長兼社長の柳井正も宇部高校の卒業生だ。

梶田が卒業した川越高校では、フリージャーナリストの安田純平が後輩だ。安田は、内戦下のシリアで武装勢力に拘束されたものの18年10月に3年5ヵ月ぶりに解放され帰国した。

大村が卒業した韮崎高校では、サッカー選手だった中田英寿が後輩だ。

天野が卒業した浜松西高校については、「フジヤマのトビウオ」と言われた水泳選手・古橋広之進が前身の旧制浜松第二中学の出身だ。

警察庁長官というポストを浜松西高校の卒業生が2代続けて占めた、という珍しい事例もある。城内康光とその3年次後輩の国松孝次だ。国松は、長官在任中の1995年に何者かに狙撃され一時、危篤状態になった。回復後にスイス大使などを務めた。

筆者は長年「高校オタク」を続けてきた。名刺交換をすれば必ず相手の出身高校を聞いた。メディアに登場する人物については、片っ端から出身高校について調べてきた。全国の伝統高校も約350校を訪問し、校長や同窓会幹部に会い取材してきた。

「大学より出身高校」という考えに、筆者は凝り固まっている。

出身の大学名を聞いても、その人物の郷里や、どんな高校時代を送ったのかはわからない。それに、社会人の半分以上は「大学卒」ではない。「高校卒」ということでは、96％の人が当てはまる。高校時代は青春真っ盛りだ。誰しも、甘酸っぱい想い出を持っていることだろう。

高校野球だけではない。サッカー、ラグビー、剣道、駅伝など都道府県の高校代表チームが競うスポーツは数多い。俳句、かるた、クイズ、漫画、科学、ぼうさい……など「○○の甲子園」と呼ばれる県別対抗戦も目白押しだ。日本国内には約760の大学があるが、県別対抗戦を催すことは不可能だ。「大学より出身高校」と、筆者が考える由縁でもある。

取材は難渋した。「個人情報保護」という理由で、卒業生の動向をオープンにしない高校に、しばしば遭遇した。校長、同窓会事務局の双方から取材を拒否されたり、同窓会は受け入れてくれたが、校長からは断られたケースもあった。その逆もあった。

そもそも卒業生の動向について、無関心の伝統高校もあった。公立高校の校長は2、3年で移動してしまう。伝統高校の校長は定年までの最後の務め、というケースが多く、当該高校の卒業生でない場合には、OB、OG情報についての知識、関心は乏しい。

しかし、「表玄関」では断られても、卒業生個々人は違う。母校愛に燃えていて、取材に好意的な卒業生を探し出し、イモづる式に取材を重ねていった。

ただ、情報を提供してくれた卒業生の話を鵜呑みにすることは、避けた。人によって思い込みがあり、情報に偏りがあるためだ。

インターネット情報は、参考資料として活用した。ネットで人名を検索すると、最終学歴の出身大学は出てくるが、出身高校までは出てこない場合が多い。出ていても、間違っていることがしばしばある。その前提で活用した。

本書は、各地の伝統高校の校風や歴史を紹介するのと同時に、「その高校からどんな人物が巣立ったか」について詳述している。各校の人材輩出力に着目しているのだ。本書は、いわば「高校紳士録」といえるだろう。「今話題の人物は、あの高校の卒業生だったのか」「自分の出身高校から、あんな著名人が出ていたのか」Aさんと Bさんが高校の同窓とは、知らなかった」といった効用を本書から見出していただければ幸いだ。

筆者は18年9月に、「名門高校100」(河出書房新社)を刊行した。週刊「エコノミスト」誌(毎日新聞出版)で連載した高校約300校の中から、100校を選んで書籍として出したものだ。

さらに、各地の伝統高校から200校を選び、続編として出版したのが、本書だ。ただし、ページ数がかさむため、「伝統高校　東日本篇100」と「伝統高校　西日本篇100」の2つに分けての出版となった。

200校は、そのほとんどが週刊エコノミスト誌に掲載済の高校だ。本書への転載を快諾していただいた毎日新聞出版には、感謝の意を表したい。

今回の出版に当たっては、元の原稿を大幅に加筆・修正している。その編集・出版にあたっては、武久出版社社長の加藤啓さんと、編集・デザイン担当の小坂知彦さん、木村祐一さんに大変、お世話になった。あらためてお礼を申し上げたい。

2019年(令和元年)10月　東京・瀬田にて

猪熊建夫

## ノーベル賞、フィールズ賞受賞者の出身高校

**ノーベル賞受賞者**

| | | | 出身高校 | 出身大学 |
|---|---|---|---|---|
| 湯川秀樹 | 1949年 | 物理学賞 | 京都府立京都第一中学（現洛北高校） | 京都大 |
| 朝永振一郎 | 1965年 | 物理学賞 | 京都府立京都第一中学（現洛北高校） | 京都大 |
| 川端康成 | 1968年 | 文学賞 | 大阪府立茨木中学（現茨木高校） | 東京大 |
| 江崎玲於奈 | 1973年 | 物理学賞 | 私立同志社中学（現同志社高校）＝京都市 | 東京大 |
| 佐藤栄作 | 1974年 | 平和賞 | 山口県立山口中学（現山口高校） | 東京大 |
| 福井謙一 | 1981年 | 化学賞 | 大阪府立今宮中学（現今宮高校） | 京都大 |
| 利根川進 | 1987年 | 医学生理学賞 | 都立日比谷高校 | 京都大 |
| 大江健三郎 | 1994年 | 文学賞 | 愛媛県立松山東高校 | 東京大 |
| 白川英樹 | 2000年 | 化学賞 | 岐阜県立高山高校（現飛騨高山高校） | 東京工業大 |
| 野依良治 | 2001年 | 化学賞 | 私立灘高校＝神戸市 | 京都大 |
| 小柴昌俊 | 2002年 | 物理学賞 | 神奈川県立横須賀中学（現横須賀高校） | 東京大 |
| 田中耕一 | 2002年 | 化学賞 | 富山県立富山中部高校 | 東北大 |
| 南部陽一郎 | 2008年 | 物理学賞 | 福井県立福井中学（現藤島高校） | 東京大 |
| 小林誠 | 2008年 | 物理学賞 | 愛知県立明和高校 | 名古屋大 |
| 益川敏英 | 2008年 | 物理学賞 | 名古屋市立向陽高校 | 名古屋大 |
| 下村　脩 | 2008年 | 化学賞 | 長崎県立佐世保中学（現佐世保南高校）から大阪府立住吉中学（現住吉高校）を経て長崎県立諫早中学（現諫早高校） | 長崎医科大（現長崎大） |
| 鈴木　章 | 2010年 | 化学賞 | 北海道立苫小牧東高校 | 北海道大 |
| 根岸英一 | 2010年 | 化学賞 | 神奈川県立湘南高校 | 東京大 |
| 山中伸弥 | 2012年 | 医学生理学賞 | 国立大阪教育大学教育学部附属高校天王寺校舎 | 神戸大 |
| 赤﨑　勇 | 2014年 | 物理学賞 | 鹿児島県立第二鹿児島中学（現甲南高校） | 京都大 |
| 天野　浩 | 2014年 | 物理学賞 | 静岡県立浜松西高校 | 名古屋大 |
| 中村修二 | 2014年 | 物理学賞 | 愛媛県立大洲高校 | 徳島大 |
| 大村　智 | 2015年 | 医学生理学賞 | 山梨県立韮崎高校 | 山梨大 |
| 梶田隆章 | 2015年 | 物理学賞 | 埼玉県立川越高校 | 埼玉大 |
| 大隅良典 | 2016年 | 医学生理学賞 | 福岡県立福岡高校 | 東京大 |
| 本庶　佑 | 2018年 | 医学生理学賞 | 山口県立宇部高校 | 京都大 |
| 吉野　彰 | 2019年 | 化学賞 | 大阪府立北野高校 | 京都大 |

注＝南部と中村は、日本国籍時の研究成果でノーベル賞を受賞したが、受賞時には米国籍。

**フィールズ賞受賞者**

| | | | |
|---|---|---|---|
| 小平邦彦 | 1954年 | 長野県立松本中学（現松本深志高校）から東京府立第五中学（現都立小石川中等教育学校）に転校し卒業 | 東京大 |
| 広中平祐 | 1970年 | 山口県立柳井中学（現柳井高校） | 京都大 |
| 森　重文 | 1990年 | 私立東海高校＝名古屋市 | 京都大 |

## 本書を読まれる前に――

☆人物名の敬称は、すべて省略させていただいた。

☆全体に「澤」は「沢」に「眞」は「真」など、新字体表記に統一した。ただし校名の「附属」は「付属」にはせず、「附属」をとおすなど例外もある。

☆「公立」高校という表現の場合は、県立、市立、区立などをさす。「国立」は「公立」の表現には含めず、国立と県立などを一緒にする場合は「国公立」と記した。

☆当該高校の卒業生でない人物名が出てくる場合は、最終学歴ではなく、出身高校名を記した。

☆文部科学省は。科学教育を強化する施策として「スーパーサイエンスハイスクール」の対象校を指定している。文中では「SSH」と略記した。また国際社会で活躍できる人材を育てる「スーパーグローバルハイスクール」の指定校は「SGH」と略記した。

☆経営者などの会社名が変更されている場合でも、原則として所属当時のままを記入した。「○○ホールディングス」は「○○HD」に、「○○グループ」は「○○G」と略記した。

☆2019年春の大学入試合格実績は、当該高校が19年10月末までに発表した数字を採用した。HPなどで記載のない高校については、サンデー毎日、週刊朝日、大学通信の合同調査の数字を採用した。この数字と学校発表数字とが食い違っていることはしばしばある、ことをご承知願いたい。

☆私立大の合格者数は、1人で複数の学部に合格することがあるため、「延べ人数で」あるいは「延べで」と表記した。また、原則として現役と浪人を合わせた数字だ。

☆文中の顔写真は、毎日新聞社(毎日フォトバンク)からの提供や、各種の機関、会社のHPなどからの引用による。

# 1章

# 東京の伝統高校 33校

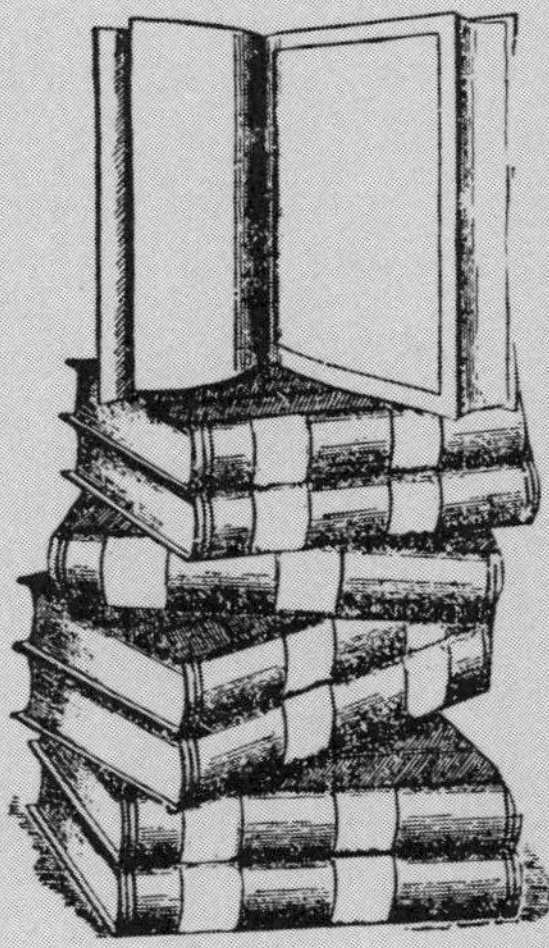

# 青山学院高等部

●私立 ●渋谷区

東京・青山といえばおしゃれで、トレンディーな街として知られる。その青山通りに面して、高等部は青山学院大学と同じキャンパスの中にある。

「地の塩、世の光」というのがスクール・モットーだ。新約聖書の中から引用されている。青山学院は、幼稚園から大学院までを有するキリスト教主義の総合学園で、これは学院すべてに共通するモットーだ。

高等部は1950（昭和25）年に、男女共学の新制高校として設立された。多くの変遷をたどっており、その前身は、明治時代にできた男子のみの東京英和学校やその後の中学部、あるいは青山女学院や女子高等部などだ。

高等部は、一般入試、中等部からの進学者に加え、推薦、帰国子女などの異なる入試で入ってくる生徒で成る。

## 「英語の青山」

将来、国際的に活躍する人材の育成に、とりわけ力を注いでいる。「価値観の多様性の共有」の一環として、留学生の受け入れや海外留学など国際交流に、力を注いでいる。英国のパブリックスクールであるイートン校、リース校やイタリアのパスカル校との短期交換留学なども行っている。15年度にはは文科省からSGHに指定された。

毎日の礼拝、週1回の聖書の授業などのキリスト教教育は、青山学院の根幹をなすものだ。

「英語の青山」という定評があるが、必修授業では習熟度別に授業を行っている。

クラブ活動は活発だ。文化系のクラブには、ボランティア、出版、聖歌隊、ハンドベル部などがあるのが特徴だ。運動系にはゴルフ、馬術、フェンシング、チアリーディング部などもある。国公立高校にはほとんどないクラブが青山にはある、ということだ。

卒業生の約80％は、推薦により

青山学院大および女子短期大へ内部進学している。医薬系、芸術系学部に進学を目指す生徒は、同大学には当該学部がないため他大学に進んでいる。

外部の大学を受験した生徒では現役、浪人合わせ、19年度入試で東京大に1人が合格している。私立大では延べで、早稲田大10人、慶応大17人の合格者が出ている。

首都圏の裕福なサラリーマン家庭に育った生徒が多い。芸術・芸能、スポーツ、音楽など多ジャンルで活躍する生徒がいる。受験勉強にとらわれない自由な高校生活を満喫できるため、趣味も豊かな生徒が多い。「柔和で素直」なのが、青山学院高等部の校風だ。

卒業生で知名度が高いのは、参院議員の蓮舫《れんほう》だ。台湾人の父と日本人の母とのハーフで、幼稚園から大学まで青山一筋。大学在学中にクラリオンガールとして芸能界デビューした。報道番組の司会者にも抜擢され、ジャーナリスト活動を経て、参院議員になった。

民主党政権時代に、行政刷新や少子化対策の特命相や首相補佐官に起用され、「事業仕分け」などで一躍、名を上げた。16年9月から民進党代表を務めたが、党勢振るわず1年弱で辞任した。

現在は、立憲民主党の副代表兼参議院幹事長だ。

蓮舫

## 園田天光光がいた

婦人参政権が実現した46年の衆院選で、初めて39人の女性国会議員が誕生した。そのひとり園田天光光が、旧制卒だ。49年にのちの外相、園田直（旧制熊本県立天草中・現天草高校卒、84年死去）と結婚したが、所属の党派が異なっていたため、「白亜の恋」として騒がれた。15年1月に96歳で死去した。

政治家では、自民党衆院議員として当選12回の川崎二郎もいる。運輸相、厚労相などを歴任している。元衆院議員の植竹繁雄もいた。

「官」では、大蔵官僚で財務官を退任した後、国際金融情報センター理事長などをした内海孚がいる。最高検検事をした石橋基耀も

OBだ。

OGでは、外務省勤務で在ナミビア日本国大使館次席の石神留美子や、国連難民高等弁務官ウガンダ事務所副代表などを勤めた渥美さくらがいる。

経済界では、旧制卒で帝国銀行（三井銀行を経て現三井住友銀行）頭取を務め青山学院理事長をした万代順四郎と、三井信託銀行の初代社長で日本初のロータリークラブ会長をした米山梅吉がいた。

新制卒では、松沢建が日本興亜損害保険（現損害保険ジャパン日本興亜）の元社長で青山学院理事長をした。田中亮一郎は北九州市でタクシー、バス事業を営む第一交通産業社長だ。

川辺健太郎は18年6月からヤフーの社長を務めている。

清家篤

重光宏之・昭夫兄弟は、日韓にまたがるロッテ・グループの創業者で総帥の重光武雄（旧制早稲田実業学校・現早稲田実業学校中高等部卒）の息子だ。そろって青山・高等部卒だ。

宏之はロッテHDの副会長を務めていたが15年1月に、副会長を解任された。昭夫は韓国ロッテ会長を務めていた。その後、親子3人は日韓にまたがり骨肉の「お家騒動」を繰り返している。

東京・日本橋などの老舗の子弟もたくさんいる。その代表例として、栄太楼総本舗の元社長・細田治、にんべん先代社長の高津伊兵衛と息子で現社長・高津克幸を挙げておこう。

## 慶応のトップ・清家も

学者・研究者では、労働経済学者で09年から17年まで慶応義塾長（学校法人慶応義塾理事長兼慶応義塾大学長）を務めた清家篤がいる。青山・高等部から慶応大に進学した。

国際政治学者で慶大教授の中山俊宏は、米国の高校を卒業したあと青山・高等部―青山学院大―同修士課程へと進んだ

旧制卒では、イスラム学、言語学の井筒俊彦がいた。日本で初めて『コーラン』の原典を翻訳出版した。

英文学者で青山学院大の初代学長をした豊田実、理論経済学者の榎本弘、財政学者で関東学園大学長をした日向寺純雄、英語学の津田守、地理学者の小野有五、小児科医の麦島秀雄らも卒業生だ。

有機化学者の田坂興亜は、化学物質による環境汚染問題の専門家だ。94年のオウム真理教による松本サリン事件では、警察やマスコミの早とちりで第一通報者犯人説が浮上したが、田坂は「通報者は、サリンを作ることはできない」と判定、冤罪を解いた。

大衆文学復興の旗手といわれる小説家の村上元三が、旧制卒だ。直木賞を受賞し、30年以上も直木賞選考委員を務めた。

昭和時代の俳人・西東三鬼と小説家の大岡昇平、「週刊少年ジャンプ」の初代編集長をした長野規も旧制時代に学んでいる。

1970年にイザヤ・ベンダサン著の『日本人とユダヤ人』(山本書店)がベスト・セラーになった。この本の事実上の著者とみられる山本書店店主・山本七平も旧制卒だ。

新制卒では、童話作家の山脇恭、エッセイストの山内美郷と岡田光世、漫画批評家、エッセイストの夏目房之介、小説家の中平まみ、柴田よしき、コラムニスト、放送作家の山田美保子らがいる。

佐藤多佳子は07年に、『一瞬の風になれ』(講談社)で本屋大賞を受賞するなど多くの賞を受賞している。小島なおは、気鋭の歌人だ。

浅見帆帆子《ほほこ》は作家、エッセイストだ。初等部から大学まで青山で、『あなたは絶対』シリーズなど累計400部を超える本を出している。86年生まれの小島なおは、新進の歌人だ。

## 東郷青児もOB

大正時代には洋画家の東郷青児が卒業している。デフォルメ化された女性像などを残した。78年の没後に文化功労者に選定されている。

版画家では川上澄生がOBだ。98年に文化功労者に選定されている洋画家の脇田和も学んでいる。

イラストレーターの湯村輝彦、原田治もOBだ。原田はミスタードーナツ、カルビーのポテトチップスなどのキャラクターデザインを手がけた。

建築家では、東京港区の「ノア

ビル」などで知られる白井晟一がいた。

「あの歌手も、この俳優も青山」といわれるくらいに芸能界で著名な人物を多数、輩出している。歌舞伎役者、アーティスト、アナウンサー、アスリートなどとして活躍しているOB、OGも多い。

青山学院高等部の、その華やかなイメージを作りだしている卒業生たちを紹介しよう。

「青山の申し子」といわれるのが、歌手のペギー葉山だ。女子高等部時代から歌手志望で、1952年にレコードデビューした。59年に『南国土佐を後にして』が大ヒットし、歌謡界で地歩を固めた。

## 「蔦のからまるチャペル」

「蔦のからまるチャペル…」の一節がある『学生時代』は、青山学院高等部の第二の校歌ともいえる。作詞・作曲したのは旧制青山を出たジャズミュージシャン・作曲家の平岡精二（90年に死去）で、歌い手はペギー葉山の青山コンビだ。ペギーは17年4月に死去した。

ペギー葉山

国の登録有形文化財のベリーホール内にある礼拝堂が、そのチャペル。2009年には『学生時代』の歌碑が建立され、ペギーも除幕式に出席した。

作曲家の中田喜直と團伊玖磨、オペラ歌手の藤井多恵子も旧制時代の青山で学んでいる。

ピアニストのフジ子・ヘミングは、旧制から新制にかけての卒業だ。欧州から帰国後の99年あたりからフジ子ブームが起きた。

マキノ正幸は沖縄アクターズスクールを設立、芸能人養成プロダクションとして脚光を浴びている。当時小中学生としてデビューした4人組の「SPEED」や安室奈美恵など多くのトップアイドルを育て、送り出した。

作曲家の一柳慧《いちやなぎとし》は、18年に文化勲章を受章した。かつての妻は、前衛芸術家のオノ・ヨーコ（東京・私立学習院女子高等科卒）だった。

バイオリン独奏者として日本指折りの海野義雄もOBだ。史上最年少の39歳で東京芸術大の教授になり、11年までの6年間、東京音楽大学長をした。

ジャズベーシストの森泰人、ジャズ・ギタリストの川崎燎、パイプオルガニストの清瀬雅子と松居直美、オルガニストの椎名雄一郎、日独伊の4種類の国際コンクールで優勝した新進オルガニストの福本茉莉、ドラマーの林立夫、ベーシストの後藤次利と田中豊雪らがOB、OGだ。

多くのJ-POPをヒットさせている作曲家の筒美京平、作詞家の橋本淳、作曲家・音楽プロデューサーの渡辺俊幸と小原礼、ミュージシャンの降谷建志、現代音楽作曲家の田中カレンらもいる。

1980年代から90年代初頭にかけ若者のカリスマ的存在になったシンガーソングライターの尾崎豊は、高等部を中退している。92年に26歳で急死した。死後4半世紀たった今でも尾崎を慕う若者は絶えず、新たなファンを生んでいる。

ソプラノ歌手の中村邦子、66年に『バラが咲いた』を大ヒットさせたフォーク歌手のマイク真木、「ザ・スパイダーズ」の元メンバー・かまやつひろし、女性歌手のtohko、シンガーソングライターの扇愛奈もOB、OGだ。シンガーソングライターの矢野顕子も高等部で学んでいる。

アルメニア系米国人の父と日本人の母を持つステファニーは、5オクターブの声域を持つ新進歌手だ。

アニャンゴは女性ボーカリストで、東アフリカの民族楽器を演奏している。米ニューズウィーク誌日本版で09年、「世界が尊敬する日本人100人」の一人として掲載された。

音楽で才能を発揮した卒業生をこれだけたくさん輩出している背景の一つとして、学校で行う礼拝で毎日、讃美歌を歌うことが下地になっている、と指摘する卒業生もいる。

## 寺島しのぶは名門の生まれ

父は歌舞伎界の花形役者、母は映画界のスター女優という名門家系に生まれた女優の寺島しのぶもいる。2010年には、ベルリン国際映画祭で『キャタピラー』で最優秀女優賞（銀熊賞）を受賞するなど、内外で多くの賞を受賞している。高等部時代はハンドボール部で活躍した。

寺島しのぶ

女優・霧立のぼると橘公子は、中退して宝塚音楽学校へ。文学座出身の女優・宇津宮雅代、フルート奏者でもある女優の神崎愛もいる。

　若手女優では星野真里や松下恵、ミュージカル女優の笹本玲奈ら。バレー・ダンサーの太田垣悠は中退して渡仏、欧州中心に活躍している。小林恵美はグラビアアイドル、タレント、浦えりかはグラビアアイドル、プロレスラーだ。

　男優では、歌手、作曲家でもある荒木一郎、初等部から青山の高橋克典、俳優の竹脇無我、青年座出身の益富信孝、声優でもある松田洋治、俳優・渡辺謙（新潟県立小出高校卒）の長男である渡辺大、男性アイドルグループの加藤シゲアキらがいる。

　落合賢は、米南カリフォルニア大の映画製作学科で学んだ新進の映画監督だ。

　メディア関連では、ラジオ・パーソナリティー、司会者の高崎一郎、テレビ・コメンテーターの高木美也子、ニュースキャスターの福田貴子、放送作家の山田美保子や武田郁之輔らがいる。

　元ＮＨＫアナウンサーでラジオ深夜便などで親しまれた斎藤季夫、朝日新聞記者出身でコメンテーターの和田俊らが卒業している。

　女性アナウンサーではフジテレビ出身の木佐彩子がいる。夫は日米のプロ野球で活躍した石井一久（千葉県・私立東京学館浦安高校卒）だ。

## テレ朝からＴＢＳへ

　テレビ朝日出身のフリーアナウンサー・小川彩佳は、19年6月からＴＢＳの「NEWS23」のメインキャスターを務めている。小川は初等部から大学まで青山一筋だ。

　なお、フリーアナウンサーの滝川クリステルは青山学院大卒だが、都立青山高校の出身だ。自民党衆院議員で環境相の小泉進次郎（横浜市・私立関東学院六浦高校卒）と19年8月に結婚した。

　青山学院高等部は地下鉄の「表参道」駅近くにある。現在では千代田線や半蔵門線も通っているが、元はといえば日本で最初の地下鉄である銀座線の駅としてできた。銀座線は、浅草、神田、日本橋、銀座、新橋などと渋谷を結んでいる路線。このため戦前からいわゆる「粋筋」の子女たちが入学してきた。

伝統芸能では、昭和時代からの箏曲家で夫とともに沢井箏曲院を設立した沢井一恵、長唄唄方の杵屋直吉、9代目常磐津文字太夫、江戸常磐津一中節家元の12代目都一中らがOG、OBだ。

女性狂言師の10世三宅藤九郎と弟の狂言師・和泉元彌は、そろって初等科から大学まで青山一筋だ。コメディアンの岸井明も卒業生だ。

## 梨園に集う役者も

歌舞伎役者も目白押しだ。4代目中村梅玉、6代目片岡市蔵、4代目片岡亀蔵、5代目尾上菊之助、6代目中村児太郎（10代目中村福助）らが卒業している。この数年で相次ぎ他界した12代目市川団十郎、6代目尾上松助、10代目坂東三津五郎（15年2月に死去）もいた。

当代一の人気役者である11代目市川海老蔵と2代目中村勘太郎は、青山・高等部から堀越高校（東京・私立）に転校している。

暁星高校（東京・私立）からも梨園で活躍する多くの役者が巣立っているが、青山学院高等部はそれと双璧をなしている。

スポーツでは、元ラグビー選手の岩渕健輔がOBだ。神戸製鋼所に入社後に英ケンブリッジ大学院修士に留学し、オックスフォード大との定期戦にも出場した経験を持つ。18年から日本ラグビーフットボール協会男子7人制日本代表ヘッドコーチに就いている。

富岡剛は青山学院大―神戸製鋼所でラガーマンとして鳴らし、青学大ラグビー部監督もした。

河合彩は、98年の長野冬季五輪フィギュアスケートアイスダンスに出場した。

社会人野球の最高峰、都市対抗野球大会では最優秀選手に与えられる賞として「橋戸賞」がある。その賞の由来は、明治時代に卒業した橋戸信だ。早稲田大卒業後に野球記者として活躍し、大阪朝日、東京日日の両新聞社でアマチュア野球の振興に努めた。都市対抗野球の「生みの親」といえる。

プロゴルファーの岩間健二郎は、青山学院大ゴルフ部監督を務めた。

# 海城高校

私立　新宿区

海軍兵学校というのが戦前にあった。陸軍士官学校と並んで、軍人エリートを養成する機関だった。その海軍兵学校への私立予備校として1891（明治24）年に創立されたのが前身だ。その後、旧制海城中学となった。

戦後の学制改革により新制の中・高校に衣替えした。現在では、高校からの生徒募集を行わない完全6年制一貫教育を行っている。男子のみの有力進学校だ。

東京大への合格者は1995年には68人を記録、その後も40〜65人をコンスタントに合格させている。

19年の大学入試では現役、浪人合わせ、東大合格者は46人だった。京都大15人、東京工業大9人、一橋大14人、北海道大9人、東北大11人など全国の難関大学に分散して安定的に合格者を出している。

全国の国立大の医学部医学科には計32人が合格している。私大には延べで、早稲田大に155人、慶応大に125人（うち医学部に7人）だ。

## 難関大に多数合格

「新しい紳士の育成」を、教育の目的としている。①フェアな精神②思いやりの心　③民主主義を守る意思　④明確に意思を伝える能力……の4つを、具体的に掲げている。

海外からの帰国生の受け入れに、熱心に取り組んでいる。中学入試の段階で毎年度、男子30人を募集している。

中学から高校1年までの4年間を、基礎学力の伸長と充実を図る時期と位置づけている。高2からは、文系と理系に分かれる。

「6年制私立学校の出身者は、大学では伸びが止まる」と言われることがある。海城ではその対策として約20年前から、論文やリポートの作成に力を注いでいる。

中1から自らテーマを探してリポートを執筆し、中3では原稿用紙30～50枚の卒業論文を作成させる。

医学部進学予定者には高2の3学期から特に、「医学部小論文・面接講座」を受講させている。医療を取り巻く様々な問題について、教員と生徒が一緒に勉強する場だ。

卒業生にはベンチャー精神にあふれ、時代の先端を走っている人物が何人もいる。

杉山知之は04年から05年にかけて日本初の株式会社立のデジタルハリウッド大学院と大学を開学させた。デジタル技術を活用したコンテンツ制作の教育・研究を行っている。

ウェブではなく、逆に「紙」にこだわってクリエイティブ能力を発揮している卒業生もいる。ブック・コーディネーターの内沼晋太郎（80年生まれ）だ。本屋でビールが飲めたり、本棚は北欧のビンテージ家具……といった新しいコンセプトの書店を企画・開発している。

ゲームや広告などのコンテンツ制作で東証マザーズに上場している「ドリコム」の創業社長内藤裕紀（78年生まれ）もいる。

平尾丈（82年生まれ）はITベンチャー「じげん」の社長だ。「じげん」は18年6月に東証1部上場企業になっている。

清水章弘（87年生まれ）は海城高校から東大に進学し、在学中に学習塾の「プラスティー教育研究所」を創業した。「勉強法」に関する一連の著作で評判になった。

内沼晋太郎

大正～昭和時代に卒業し、大企業のトップになった卒業生もいる。

## 三菱自動車の益子修も

三菱商事の執行役員をしていた益子修は、大規模なリコール隠しの発覚により経営危機にひんしていた三菱自動車の再建のため、05年から社長を務めた。三菱自動車は16年に日産自動車の傘下になっ

益子修

たが、益子は19年6月末にCEO（最高経営責任者）から会長専任になった。

カルロス・ゴーン（パリ国立高等鉱業学校卒）は、ルノー・日産自動車・三菱自動車の3社連合の会長・CEO（最高経営責任者）を務めていた。しかし18年11月に東京地検特捜部に金融商品取引法違反の容疑で逮捕された。この過程で益子は、三菱自動車の会長になった。

前田建設工業の創業者・前田又兵衛、東京ガス社長・会長をした上原英治、高島屋社長の木本茂らも卒業生だ。

チッソ社長・会長として水俣病問題の対応にあたった江頭豊は旧制海城中学卒。江頭は皇后雅子（東京・私立田園調布雙葉高校から転校し、米ボストン・ベルモントハイスクール卒）の母方の祖父だ。

政治家では、衆院議長をした益谷秀次が学んでいる。昭和の自民党政権下で、副総理、幹事長を務めた大物政治家だった。

前都議の柳ケ瀬裕文と音喜多駿は、19年7月の参院選で初当選した。2人は海城高校の同窓で、そろって日本維新の会所属だ。

経済ジャーナリスト出身で第2代日本社会党委員長を務めた鈴木茂三郎、中央公論編集長のあと衆院議員8期を務めた社会党の佐藤観次郎らがいた。

弁護士では、岩沙好幸がバラエティー番組に出演している。山本健一は、政治資金規正法をめぐる陸山会事件で政治家の小沢一郎（都立小石川高校・現小石川中等教育学校卒）が強制起訴された裁判で、指定弁護士（検察官役）を果した。

文化人では、比較文学者で文芸評論家の小谷野敦がメディアによく登場する。

著作家、美術評論家の窪島誠一郎は、長野県上田市に戦没画学生の遺作を集めた「無言館」を設立した。

劇作家、翻訳家の鈴木善太郎は、旧制福島県立安積中学（現安積高校）から転校してきた。詩人の吉田一穂もOBだ。

新進の経済学者である飯田泰之が論壇によく登場している。

東電福島原発事故を受けて、福島大学の准教授で福島県の復興支援活動にまい進している気鋭の学者がいる。農業経済学の小山良太と、行政法の清水晶紀だ。

## 呉座勇一に注目

「気鋭」と言えば、国際日本文化研究センター助教の呉座勇一が日本中世史の研究で脚光を浴びている。16年に著した「応仁の乱」（中公新書）は発行部数40万部に達した。この手の歴史解説書としては異例の販売実績となった。

商法学者の升本喜兵衛は中央大学長・理事長、老舗の酒問屋升本総本店4代社長を務めた。

社会保障学が専門の大林良一は成城大学長を、歴史学者の林亮勝は大正大学長を務めた。

芸術では、映画カメラマンの厚田雄春が卒業生だ。映画監督として世界的な名声を博した小津安二郎（三重県立第四中学・現宇治山田高校卒）は、「小津組」と呼ばれたスタッフで映画を作り続けたが、厚田はその撮影をになった。

造形彫刻家でフランス芸術院賞を受賞した岸田克二、グラフィックデザイナーの青葉益輝らもいる。

芸能では、大正～昭和期にかけ多くのハリウッド映画や邦画に出演した早川雪洲が卒業生だ。

俳優ではさらに、伊達信、鮎川浩、岸田森《しん》、溝口舜亮、倉田保昭、古藤真彦、加藤壮門、崎本大海、東郷久義らがOBだ。

このうち岸田は60年代に女優の悠木千帆（のちの樹木希林、18年9月に死去）と結婚したが、4年で離婚した。

## 徳光が同窓会長

落語家の6代目立川談笑、アナウンサーの徳光和夫がいる。徳光は同窓会の「海原会」会長だ。

スポーツでは、40年にわたって日本レスリング協会会長を務めた八田一朗がいた。早大に進学し同志数名と一緒にレスリング部を創設した。

戦前には、海軍兵学校の入学者の半数近くを海城高校前身の予備校出身者が占めていた。

歴史上の人物として教科書にも出てくるのが、海軍大将で外相、駐米大使を務めた野村吉三郎だ。旧制和歌山県立和歌山中学（現桐蔭高校）を卒業後に、現在の私立海軍予備校で学び、海軍兵学校に進んだ。

伊達順之助は、満蒙独立運動に参加した大陸浪人・馬賊だった。仙台藩祖の伊達政宗直系の末裔だ。

# 学習院高等科

●私立　●豊島区

明治維新直後の1869（明治2）年から太平洋戦争敗戦後の1947（昭和22）年まで、日本では華族制度があった。公家、旧大名家、維新の功労者など累計1011家（小田部雄次著・中公新書『華族』から）を「華族」として遇し、特権的な上流階層として法律上、認定したものだ。

華族子弟のための学校として、英国の貴族学校を模範として1877（明治10）年に私立の華族学校として設立されたのが学習院だ。子弟を学習院で学ばせることは華族の義務のひとつであったが、宮内大臣の許可があればほかの学校に入学させることもできた。戦前でも学習院の定員の3分の1程度は、華族以外からの入学者だった。

1884（明治17）年に宮内省所轄の国立学校になった。大正期に初等科（6年）、中等科（5年）、高等科（3年）という構成になった。

戦後の学制改革で学習院は宮内省管轄を離れ、一般の私立学校と同じになった。

## 戦前は華族の学校

しかし戦前からの伝統を背景に、天皇陛下、上皇はじめ皇族の多くの子弟は、初等科から大学まで学習院で学んできた。

もっとも、皇位継承順位2位で皇嗣秋篠宮の長男・悠仁親王は、13年春にお茶の水女子大附属小学校に進学した。悠仁親王は同大附属幼稚園に通っていて級友の大半がそのまま附属小に進むため、慣れ親しんだ環境を重視したという。19年4月には、附属小からそのまま附属中に進んだ。皇族が学習院以外の小中学校に進んだのは戦後初だ。

学習院では中等科と高等科で、男子のみの6年制一貫教育が行われている。女子については、学習院女子中・高等科が別に設置されている。

学習院は1879（明治12）年に、日本最初の詰め襟型学生服を採用した。当時、カラー（襟）の高さは決まっておらず、作家の志賀直哉（後述）が旧制高等科の生徒だったころ、高いカラーをつけたら格好良かったので、「ハイカラ」の語源になったとの説があるという（毎日新聞２０１２年４月30日朝刊、学習院大史料館の長佐古美奈子学芸員の話）。

学習院全体の教育目標は、「広い視野」「たくましい創造力」「豊かな感受性」の実現だ。高等科では、国際社会への視野を広げるために、外国語の授業は英語に加え、独語、仏語、中国語を選択することができる。

近衛文麿

留学制度が充実している。毎年、米国だけでなくヨーロッパ、オセアニア、アジア諸国の高校に留学している。この数年は、20人前後の生徒が長期留学を経験し、国際社会における現実を体験する。

日常の生活指導は、生徒の自主性を重んじる方針がとられており、校風は比較的自由だ。

クラブ活動は活発で、運動部では漕艇部、馬術部、アーチェリー部があるのが特徴だ。近年では、漕艇部、陸上ホッケー部、アーチェリー部、スキー部がインターハイに出場している。

細川護熙

筑波大学附属高校との間で運動部を中心とした定期戦が毎年、行われている。明治時代から続く伝統行事で、戦後に学習院女子高等科も加わり、定期戦となった。学習院側では「附属戦」、筑附側では「院戦」の名で親しまれている。

## 首相を3人出した

学習院高等科は、首相の最多輩出高校だ。五摂家近衛家の第30代当主で太平洋戦争の開戦前夜に首相を務めた旧制時代の近衛文麿、その孫で日本新党を結成して第79代首相になった細川護熙、それに自民党政権下で第92代の首相となった麻生太郎（現副首相兼財務相兼金融担当相）の3人だ。

広く見ると、学習院で学んだことがある首相経験者は、他にもいる。麻生の祖父である吉田茂も首相を務めているが、東京・私立正則尋常中学（現正則高校）卒業後に19歳で旧制学習院高等学科で学んでいる。東条英機も旧制学習院初等科に通っていたが、東京府城北尋常中学（のちの府立四中・現都立戸山高校）の卒業だ。

小渕恵三と鳩山由紀夫も首相経験者であるが、2人とも新制学習院中等科つまり「中学校」卒だ。高校は小渕が都立北高校（現都立飛鳥高校）、鳩山が都立小石川高校（現小石川中等教育学校）に進学している。

「旧制、新制をつうじた学習院高等科卒の首相経験者」というくくり方では結局、近衛、細川、麻生の3人ということになる。

なお、首相を2人輩出した高校は、山口県立山口高校（旧制山口中学卒の岸信介と佐藤栄作）、群馬県立高崎高校（旧制高崎中学卒の福田赳夫と中曽根康弘）、島根県立松江北高校（旧制松江中に通った若槻礼次郎と竹下登）、東京・私立麻布高校（橋本龍太郎と福田康夫）の例がある。

「政官」で活躍した卒業生を挙げてみよう。

徳川宗家17代当主で最後の貴族院議長をした徳川家正、幕末の京都守護職・松平容保の6男で初代参院議長の松平恒雄、昭和天皇の側近政治家であった木戸幸一、第2次大戦中に蔵相などをした石渡荘太郎らがいた。

吉田茂内閣の下で法相を務めた犬養健は、白樺派の小説家の一人だった。

学習院高等科から東大に進学し、キャリア官僚として活躍した者も多い。外交官では、駐米大使をした栗山尚一と柳井俊二、元国連大使で学習院院長を務めた波多野敬雄らが卒業生だ。

大蔵官僚では主計局長、国土事務次官などを務めたあと広島銀行のトップになった橋口収がいた。

歌人、随筆家で昭和天皇の侍従長を務めた入江相政も、旧制時代の卒業生だ

法曹界では第4代最高裁長官をした横田正俊や、アンダーソン・毛利・友常法律事務所のパートナーである一條実昭らが卒業して

いる。一條は学習院中・高等科の同窓会「中高櫻友会」の会長をした。内藤頼博は名古屋高裁長官などのあと学習院院長を務めた。

## 五島昇、弘世現も

経済人では、東急グループを率いた日本商工会議所会頭をした五島昇、日本生命保険相互の社長を34年間も務めた弘世現、東京ガスのトップとなった安西邦夫、松竹のトップを務めた永山武臣、サッポロビール元社長の福田貞男、第一法規社長の田中英弥らがOBだ。

日本郵船副社長を務めた徳川恒孝は徳川宗家第18代当主だ。

日本興業銀行出身の長門正貢は、シティバンク銀行会長、ゆうちょ銀行社長を歴任、さらに16年4月からはグループの持ち株会社である日本郵政社長に就いた。かんぽ生命保険の不正販売問題で揺れている。

老舗では、百貨店・松屋のトップを務めた古屋勝彦、東京の和菓子・虎屋の17代当主で社長の黒川光博、「銀座松崎煎餅」の屋号を持つ松崎商店代表の松崎宗仁らが卒業している。

学習院高等科には前述のように馬術部があり、後年、馬産事業や牧場経営、あるいは馬術で活躍した卒業生もいる。福島県の鉱山経営をしていた肥田金一郎は福島の馬産事業に携わり、福島競馬場、中山競馬場（千葉県）の振興に尽力した。

池田隆政は池田牧場（岡山県）を経営した。日本動物園水族館協会会長などを務めた。

酒井忠輝はオーストラリアに渡り、20代後半から30代にかけて馬術選手として活躍、ゴールドコーストの乗馬センターを経営している。

学習院大学の設立は戦後であり、戦前に学習院で学んだ生徒は、東京大や早稲田、慶応大などに進学した。現在の高等科の生徒は、半数程度が推薦で学習院大学に進学する。

他大学を受験する生徒も半数いる。東京大、東京工業大、一橋大などに毎年度、各数名が合格している。

19年入試では延べ人数で早稲田大に38人、慶応大に28人が合格している。難関大への合格者は近年、年を追って増加している。国立大、私立大そろってだ。

## 「白樺派」につどう

戦前は、華族の学校だった学習院。名門の子弟が集まり、裕福で趣味もハイソだったので後年、作家、文化人、学者などとして名を成した人物をたくさん輩出した。

旧制時代に初等科から中等、高等学科まで同窓で、互いに顔見知りの十数人が、1910（明治43）年に同人雑誌『白樺』を創刊した。理想主義、人道主義を掲げ、小説家だけでなく画家もその文芸思潮に共鳴、大正から昭和にかけて「白樺派」と呼ばれた。

「白樺派」の代名詞的な存在が武者小路実篤だった。理想郷の実現を目指して、宮崎県と埼玉県に「新しき村」を建設したりした。1951（昭和26）年には、文化勲章を受章している。

武者小路実篤

『暗夜行路』という私小説的な作品を残した志賀直哉も、白樺派を代表する作家のひとりだ。武者小路より2年早く文化勲章を受章している。

白樺派は、さらに文化勲章受章者を出している。59年に受賞した小説家の里見弴だ。神奈川県鎌倉市に長く住み、鎌倉文士の始まりとされている。

里見の長兄が小説家の有島武郎で、旧制学習院中等科から札幌農学校に進学した。23年に軽井沢の別荘で、婦人公論の編集者だった波多野秋子（東京・旧制私立女子学院卒）と心中自殺し、当時の一大スキャンダルになった。

有島の弟で里見の兄である画家の有島生馬も、白樺派の同人となった。3兄弟とも学習院卒で、同一の文芸思潮にそろって共鳴したのは異例のことと言えよう。

思想家、美学者の柳宗悦も白樺派に参加し、民芸運動を起こした。また、武者小路と初等科から同級の木下利玄も白樺派を代表する歌人となった。さらに作家、劇作家の長與善郎もいた。

## ノーベル賞候補だった三島由紀夫

戦後の日本文学界を代表する作家のひとりである三島由紀夫も、

三島由紀夫

初等科から学習院だった。初等科1、2年の時から、詩や俳句を作っていた。東京大法学部に進学し、大蔵省にキャリアとして入省した。民兵組織「楯の会」を結成し、70年に自衛隊市ヶ谷駐屯地（現防衛省本省）で割腹自殺をした。45歳だった。

三島はノーベル文学賞の候補になっていた、と言われてきた。共同通信の請求に応じ13年にスウェーデン・アカデミーが開示した資料で、63年に日本人4人の候補の内の一人であったことが初めて正式に確認された

堂上華族の嫡子として生まれた国文学者の坊城俊民は、旧制学習院中・高等科の後輩である平岡公威（のちの三島由紀夫）と相識り、三島の文才を最も早く認めた一人だった。三島の短編小説のモデルにもなった。

20年余にわたり東京府立第九中学とその後身の都立北園高校で国語教諭を務め、生徒に親しまれた。

新制の高等科になってからの卒業生では、脚本家の林秀彦、劇作家・演出家の青木豪らがＯＢだ。舟崎克彦は絵本の挿絵画家、詩人、作詞家など多面的な才能を発揮している。

小説家の藤島泰輔は、初等科から大学まで学習院で、上皇の学友の一人だ。翻訳家、作家の徳川家広、推理小説家の誉田哲也もいる。

学者では、物理学者で理化学研究所の所長となり多くの研究者を育てた大河内正敏がいた。無名時代の田中角栄（のちの首相、中央工学校土木科卒）を引き立てたことでも知られる。理研は14年に、ＳＴＡＰ細胞問題で大揺れになった。

航空工学が専門の和田小六は、38年に自身が開発した航空機で長距離飛行の世界記録を打ち立てた。のちに東京工業大学長になり、マサチューセッツ工科大学を参考にした大学改革を提案した。

植物学者で尾張徳川家第19代当主の徳川義親、素粒子物理学者で米国で研究を続けた桜井純、エネルギー総合工学が専門で新潟産業大学長をした吉田邦夫、数学者の

伊藤雄二らも卒業している。

医学では、佐藤潔が脳神経外科の名医として知られた。脳神経学者の中田力もいる。

## 東大総長の蓮実重彦も

文系ではフランス文学者、映画評論家で東大総長を務めた蓮実重彦がいる。16年には『伯爵夫人』で、80歳にして三島賞を受賞した。

政治学者でアメリカ研究者の高木八尺、イタリア文学者の岩倉具忠、言語学者の徳川宗賢、民法学者の能見善久、米国文学研究者でSF評論家の巽孝之らがOBだ。

音楽では、指揮者・作曲家で元首相近衛文麿の異母弟である近衛秀麿、同じく指揮者・作曲家の福田一雄、ジャズ・軽音楽評論家の瀬川昌久、作曲家・編曲家の都倉俊一らが卒業生だ。

指揮者・打楽器奏者の岩城宏之は、旧制石川県立金沢第一中学(現金沢泉丘高校)から旧制岐阜県立多治見中学（現多治見高校）に転じたあと、学習院中等科に編入し、高等科を卒業した。高等科時代に音楽家を志し、東京芸術大に進学した。テレビへの出演も多く、音楽アドバイザーなど多彩な活動をした。

ビジュアル系ロックバンドPENICILLINは東海大学のバンドサークルから生まれたが、そのリーダーでギタリストの千聖は学習院高等科卒だ。

1992年生まれの鈴木香里武は初等科から学習院で、沼津港深海水族館などの音楽プロデュースを手がけている。「魚で人が癒される」という「フィッシュヒーラー」を自称している。

建築家では、東京のお堀端にある第一生命館や銀座の和光（旧服部時計店）などを設計した渡辺仁がいる。

料理研究家の服部幸應は、食育をテーマに講演活動を行っており、人民服風マオカラースーツでテレビにもよく登場している。

伝統芸能で才能を発揮している卒業生も、たくさんいる。茶道では、遠州流茶道宗家13世家元の小堀宗実がいる。

能では観世流宗家26世の観世清和、宝生流宗家19世の宝生英照とその長男の20世宝生和英、金春流宗家80世の金春安明だ。

狂言では和泉流9世野村万蔵、また歌舞伎囃子田中流宗家19世田中伝左衛門が卒業生だ。

宗教では、創価学会第4代会長をした北条浩、明治神宮宮司をした甘露寺受長、奈良・東大寺の第220世別当（住職）で華厳宗管長の北河原公敬大僧正、伊勢神宮大宮司を務め神社本庁統理の北白川道久らが卒業生だ。

青蓮院門跡（京都）門主の東伏見慈晃がOBだ。

鷹司尚武は、NEC通信システム社長のあと、北白川の後任として伊勢神宮大宮司に就いた。

## 上皇と寮が同室

メディア関連では、共同通信記者出身でテレビのニュースキャスターの先駆けとなった田英夫がいた。政治家に転じ、参院議員を36年間務め社会民主連合代表にもなった。

朝日新聞記者出身でニュースキャスターの萩谷順、共同通信出身のジャーナリスト、松尾文夫もOBだ。松尾は、上皇と学習院高等科—学習院大で同級で、寮の同室で過ごし、長年、親交が続いた。

松尾は、日米首脳による相互献花の実現と旺盛な記者精神が評価され、17年に日本記者クラブ賞を受賞した。しかし19年2月に死去した。

橋本明も共同通信出身のジャーナリストで、上皇の学友だった。

テレビドラマ演出家では、NHKの大河ドラマなどを手がけた黛りんたろう、フジテレビのプロデューサーで『ロングバケーション』など多くのヒット作を演出した永山耕三がいる。

映画監督、脚本家の瀬川昌治、俳優の角野卓造、俳優・声優・ナレーターの鮎貝健らもOBだ。

明治から昭和にかけての実業家であった田中銀之助が旧制学習院中等科から英国に留学し、英国人と共に日本にラグビーを伝えた。

三島弥彦は明治期の陸上選手で、1912年開催のストックホルム五輪に日本初の五輪選手として短距離走に出場した。

同五輪にはマラソン選手として金栗四三（旧制熊本県立玉名中学・現玉名高校卒）も出場した。2人は、19年放送のNHK大河ドラマ「いだてん～東京オリンピック噺～」のモデルになった。

谷田邦彦は、学習院高等科時代の82年にオセロ日本チャンピオンと世界チャンピオンになった。

# 学習院女子高等科

●私立　●新宿区

華族の子女が学ぶ学校として、1885（明治18）年に宮内省所管の華族女学校が開校した。男子が学ぶ学習院より8年遅い設立だ。

学習院女学部─女子学習院と名称が変わり、戦後の学制改革で宮内省管轄を離れ、私立の学習院女子中・高等科になった。高等科では生徒を募集しないため、完全中高一貫の6年制教育だ。

学習院は都心に3つのキャンパスを有している。そのうち、女子中・高等科は学習院女子大と同じ「戸山キャンパス」にある。

「戸山キャンパス」の赤茶色の校門は、学習院が東京・神田錦町に開学された時に作られた。鋳鉄製で、国の重要文化財に指定されている。明治初期の文明開化時の様式だ。

## 他大学への進学者も

女子高等科から推薦により学習院大と学習院女子大へ進学できる。もっとも最近は、両大学以外の大学へ進学する生徒が増えており、卒業生の約35%にのぼる。

19年春の大学入試では現役、浪人合わせ、合格者は東京大3人、京都大、東北大各1人など。私大には、延べで早稲田大、上智大各21人、慶応大に22人が合格している。

「いまを生きる女性にふさわしい品性と知性を身につける」のが教育方針だ。

貞明皇后（大正天皇の皇后）、香淳皇后（昭和天皇の皇后）はじめ明治時代から多くの女性皇族が女子学習院に通学した。戦後も、ほとんどの皇族が学習院一筋で、学習院大か学習院女子大に進学している。

ただし、旧華族の出身ではない美智子上皇后は聖心女子学院高等科（東京・私立）─聖心女子大卒、また雅子皇后は田園調布雙葉高校（東京・私立）から米ベルモントハイスクールに留学し、米ハーバード大を卒業している。

また、秋篠宮家の眞子内親王は、学習院女子高等科から国際基督教大に進学し卒業した。妹の佳子内親王は学習院女子高等科から学習院大に進学したものの、14年10月に国際基督教大に転学し、19年3月に卒業した。

　戦前から旧華族以外の一般家庭の子女も通っており、いわゆる「良家のお嬢さん」が現在でも多い。ただし、単なる「おしとやかなお嬢さん」ではない。個性を存分に発揮し、自立心が強い女性が多い。

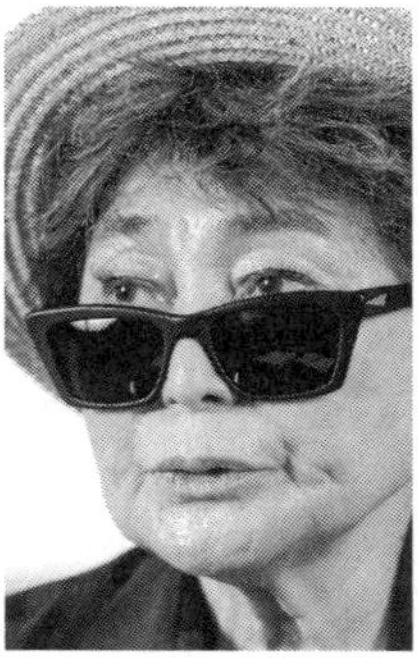
オノ・ヨーコ

　卒業生で国際的な著名人は、芸術家、音楽家で平和運動家でもあるオノ・ヨーコだ。進学した学習院大哲学科を中退し、米国の大学に進み前衛芸術家になった。

　1969年にビートルズのジョン・レノン（英リバプール・クオリーバンク校卒）と結婚した。80年にレノンが射殺された後、世界各地で個展を開き、「愛と平和」のメッセージを発信し続けている。

　随筆家、古美術研究家の白洲正子は、むしろ98年の没後に人気が上昇し、文庫の再刊やテレビ番組で何度も取り上げられている。

　旧制の女子学習院から米国に留学し、企業経営者の白洲次郎（兵庫県立旧制第一神戸中学・現神戸高校卒）と結婚した。能や骨董に造詣が深く、古典美に興味を持つ人たちのカリスマ的な存在になった。

　大正・昭和期に、日韓・日中の政略の波にのまれた卒業生がいた。

　皇族の梨本宮家に生まれた李方子は20年に、旧大韓帝国の元皇太子で日本の王公族となった李垠（東京・国立陸軍中央幼年学校卒）の妃となった。日韓併合後の「内鮮一体」を目的とする国際政略結婚だった。

## 「天城山心中」の謎

　愛新覚羅浩は侯爵嵯峨家の生まれだ。満州国皇帝愛新覚羅溥儀の実弟・溥傑（旧制学習院中等科・現中高等科卒）と37年に結婚した。第二次世界大戦に翻弄され「流転の王妃」といわれた。

　溥傑・浩の長女慧生は、「天城山心中」で死亡した女性として知られる。学習院一筋で、学習院大文学部国文科に進んだ。同じ学科の大久保武道（青森県立八戸高校卒）と交際、2年時の57年12月に伊豆・天城山中で大久保と共に死体となって発見された。大久保による「無理心中」、という説が濃厚だ。

歌人で「大正3美人」の一人とされる柳原白蓮は、明治時代に華族女学校に通っていたが中退し、23歳で東京・旧制私立東洋英和女学校（現東洋英和女学院中高等部）に編入学した。

九州一の炭鉱王と再婚したが、社会運動家、編集者の宮崎龍介（旧制・東京・私立郁文館中学・現郁文館中高校卒）と駆け落ちした。新聞に前夫への公開絶縁状を掲載して大きな話題になり、「白蓮事件」といわれた。

政治家になった卒業生としては、敗戦後初めての46年の衆院選で当選し、初の女性代議士39人の中の一人となった加藤シヅエがいた。産児制限運動など婦人解放運動家だった。２００１年12月に１０４歳で死去した。

副文科相や漢字能力検定協会理事長などを歴任した池坊保子は、初等科から学習院一筋だ。華道池坊家元の妻で、創価学会会員でない公明党所属の衆院議員だった。日本相撲協会の評議員会議長も務めている。

## 裏千家の家元の妻も

千容子は元皇族で、茶道裏千家第16代家元である千宗室（京都市・国立京都教育大学附属高校卒）の妻だ。自身も、国際茶道文化協会会長などに就いている。

「官」では、東大に進み大蔵省（現財務省）の官僚になった石井菜穂子がいる。副財務官を務め、１２年からは世界最大規模の環境基金「地球環境ファシリティ」（ＧＥＦ）のＣＥＯ兼評議会議長をしている。

相馬雪香は国際的なＮＰＯ（特定非営利活動）法人「難民を助ける会」を設立、後輩の柳瀬房子も理事長を務めた。

学者では民俗学の吉野裕子、国文学の岩佐美代子、やはり国文学者で学習院女子大学長をした永井和子、教育学者の関啓子、経営数学が専門の白田由香利、美術史学者で浮世絵の研究者である藤沢紫らがＯＧだ。

評論家では犬養道子がいたが、

17年7月に96歳で死去した。「華麗なる一族」で知られる犬養ファミリーの一員だった。

　マナーやエチケットの評論家・酒井美意子、脚本家の相良敦子もOGだ。

　演出家で新国立劇場演劇研修所長の宮田慶子、日本画の伊藤深游木、料理研究家では大森由紀子がいる。

## 安藤サクラがOG

　エッセイストの安藤和津《かづ》は、タレント活動もしている。和津の夫は俳優の奥田瑛二（私立東邦高校卒＝名古屋市）で、長女の映画監督・安藤桃子は中等科卒後に英国に留学、二女の女優・安藤サクラは女子高等科から学習院女子大に進んだ。サクラは、内外の映画コンクールで賞を受賞、18年度下半期に放送されたNHK朝の連続テレビ小説「まんぷく」で、主演を務めた。

　女優になった卒業生では、俳優座を結成し看板女優として大正から昭和にかけて活躍した東山千栄子がいた。

　女優の久我美子は中退した。村上源氏の流れをくむ名家の家柄で、東宝ニューフェイスに合格、映画界に入った。１９５０年の映画「また逢う日まで」で、岡田英次との窓硝子越しの接吻を演じたことで、話題になった。当時、接吻シーンはタブー視されていた。

安藤サクラ

　現在活躍中の女優である仁科亜季子・幸子姉妹や、とよた真帆、声優、歌手の井上麻里奈、女優でヨガインストラクターの桑野東萌らがOGだ。
　音楽では、ピアニストの徳江陽子と倉沢華、ハーピストの松岡雅、シンガーソングライターの秦真理子と鈴木結女らがいる。
　元TBSアナウンサーの小島慶子は、タレント、ラジオパーソナリティとして活躍している。
　スポーツでは、元テニス選手でスポーツキャスターの佐藤直子がいる。女性として初の日本プロテニス協会理事長を務めた。増島みどりは日刊スポーツ記者出身のスポーツジャーナリストだ。

# 共立女子高校

●私立　●千代田区

「女性の自主・自立」を掲げて1886（明治19）年に、共立女子職業学校という名で創立された。女性の社会的地位が低かった時代にあって、斬新な教育理念だった。

伝統ある女子校は、ミッション系の学校を除いて創立者の名前が校名になっていることが多い。それに対し、こちらは立場の異なる34人の人々が集まってできた学校だ。「共立」を冠する由縁だ。

34人の発起人の中には鳩山春子がいた。英語教師をするとともに、裁縫科の生徒にもなった。春子は衆院議長の鳩山和夫の妻で、のちに首相となった鳩山一郎（東京・高等師範学校附属中学・現筑波大附属中高校卒）の母だ。

創立後すぐに、東京のど真ん中、現在地の神田・一ツ橋にキャンパスを構えた。

1936年に共立高等女学校となり、戦後の学制改革で新制の共立女子中・高校に衣替えした。

## 新制初代の校長は鳩山薫

新制の初代校長には、鳩山一郎の妻・薫（旧制東京・女子学院・現女子学院中高校卒）が1982年に亡くなるまで務めた。

2006年からは、高校で生徒を募集しない6年完全一貫教育校になっている。

学校法人共立女子学園は現在、小学校を除いて幼稚園から大学院までを擁する。学生、生徒、幼児数は計約8000人に達する。

共立生は、「多様性」「柔軟性」「行動力」に特徴がある。「時代を超えてはばたく女性」を育てることを目標としている。

「多様性」の中で生まれる、どこでも誰とでも関われるコミュニケーション能力を磨くことに、注力している。

英語を使ったコミュニケーションについても重視し、ニュージーランドのセントマーガレットカレッジとの間で姉妹校の協定を結び、交換留学をしている。

一方、開校以来「気品ある女性」を育てることをモットーとしてきた。このため礼法・マナー教育にも力を入れている。

1学年約300人の生徒は、高2から文系3、理系5クラスに分かれる。国語、数学、英語などの基幹教科は、カリキュラムを高2までに終らせる。

19年春の大学合格実績は現役、浪人合わせ、延べで早稲田大38人、慶応大17人、上智大33人、津田塾大12人、東京女子大22人、日本女子大56人だ。国公立大には筑波大、広島大に各1人だ。

クラブ活動は、中高一緒の部もあれば、体操、山岳、文芸部などは高校からだ。

地理歴史部は15年の全国高校鉄道模型コンテストで、文部科学大臣賞（最優秀賞）に輝いた。出品した144校の頂点に立った。欧州の大会にも出品し、300人以上の出品者による投票でも1位に選ばれた。

## 芥川賞の鹿島田真希

文筆で活躍している卒業生では、まず鹿島田真希を挙げられる。3度の芥川賞候補を経て、12年に「冥土めぐり」で芥川賞を受賞した。高校時代からロシア文学に傾倒していたが、白百合女子大文学部に進学、フランス文学を学んだ。大学在学中に文芸賞を受賞し、文壇にデビューした。

鹿島田より10年先輩には、松井雪子がいる。共立女子大に進学し、在学中に漫画家デビューした。01年から小説家としても作品を発表、07年にかけ4度も芥川賞候補になっている。

漫画家では影木《えいき》栄貴《えいき》もいる。元首相の竹下登（旧制島根県立松江中学・現松江北高校卒）の孫で、弟はミュージシャン、タレントのDAIGO（東京・私立玉川学園高等部卒）だ。栄貴の本名は「栄子」で、元首相の佐藤栄作や田中角栄を意識して竹下が命名したという。

旧制高女時代の卒業生で俳人の岡本眸、米国在住のジャーナリスト・柳田由紀子、英米文学翻訳家の高橋まり子も卒業生だ。

俳人・正岡子規（愛媛県立松山中学・現松山東高校中退）の妹・律が、明治の旧制時代に卒業している。

律は、東京台東区の子規庵で子規と母の3人で暮らし、病弱な子規の看護に明け暮れていた。子規が没した翌年、32歳で共立職業学校に入学し、卒業後は母校の事務員を経て和裁の教師をした。

「女性の自主・自立」を掲げた、この学校らしい卒業生だ。司馬遼太郎（旧制大阪市・私立上宮中・現上宮高校卒）の小説「坂の上の雲」に詳述されている。

## 桂由美は新制1期

文化人では、ブライダルファッションデザイナー、実業家の桂由美がいる。新制共立女子高校の第1回卒業生総代だった。18年春から採用された同校の新制服のデザインもした。

美術では、版画家の西村文子、日本画家の高田薫楓がいる。

グラフィックデザイナー、イラストレーターの高橋美江は、全国200ヵ所以上の手描き絵地図を制作し、この分野での第一人者と称されている。

桂由美

彫刻家の藤好邦江は、共立女子大卒後に彫刻を学ぶために24歳で大理石の聖地といわれるイタリア・カッカーラの国立アカデミア美術大学に進学した。

在学中から高い評価を得て、09年にはローマ法王ベネディクト16世の胸像製作の依頼を受け納品した。

建築家では、オランダで活躍している根津幸子、名古屋で事務所を構える塩田有紀がいる。

音楽では、ソプラノ歌手の向野由美子、箏曲家の江原優美香がいる。江原は8歳より箏を、15歳より三絃を習い始めた。東京芸術大の邦楽科に進学した。箏を古典と現代の両面から見つめ、演奏活動を続けている。

古屋聖良は08年卒で、共立女子高校の目の前にある学士会館（東京・千代田区）勤務の調理師だ。30歳以下の若手料理人の中から世界一を決める国際料理コンテスト「サンペリグリノ・ヤングシェフ2016」に、日本人候補者10人の中から1人、代表に選ばれ、イタリアの本選に出場した。

料理研究家では、洋風料理、お菓子が得意な城川朝もいる。

学者では、カルシウム・骨代謝研究で知られ日本家政学会会長を務めた江沢郁子、キャリア教育論の荒木淳子、風土記など日本古代文学研究者の兼岡理恵、気鋭の鉱物学研究者で17年からは米バージニア工科大地球科学科に研究の場を移した井上紗綾子らが卒業生だ。

政治家では、自民党の衆院議員・土屋品子がいる。17年10月の衆院選で7選を果した。

ビジネスでは、グループ従業員1000人を抱える武蔵塗料HD(本社・東京都豊島区)社長の福井裕美子がいる。ベンチャー企業勤務を経て29歳の時に祖父が創業した同社へ入社し、父の急死を受け14年から代表だ。

福井は「毎日がトラブルの連続で、『下町ロケット』状態」と言う。

## 柔道と花火の江戸っ子

柔道選手だった天野安喜子は柔道の審判員である一方、花火師でもあるというユニークな存在だ。

共立女子高1年のときに天野は、のちに88年ソウル五輪女子52キロ級銅メダリスト(当時は公開競技)となった山口香(東京都立高島高校―筑波大卒。現筑波大体育系教授)を破ったこともある実力者だった。

日大を卒業し選手を引退したあとは、柔道の審判員として腕を磨いた。08年の北京五輪では、日本女性初の五輪審判員に選出され、男子100キロ級決勝の畳に立った。

天野は、創業350年以上を誇る「宗家花火鍵屋」(東京・江戸川区)14代目の3人娘の次女として生まれた。00年には家業を継ぎ、15代目で初めて女性当主となった。

男性が中心だった柔道審判と花火で、女性の先駆者となった江戸っ子、それが天野なのだ。

芸能界では、東映現代劇の看板女優だった中原ひとみが中退している。出演作の映画「純愛物語」では、1958年のベルリン国際映画祭で銀熊賞を受賞した。この映画は57年のキネマ旬報ベストテン第2位に入っていた。

テレビ草創期のスターで、NHKの大河ドラマや朝ドラなどによく出演した小林千登勢もいた。高校卒後に文学座の研究生となり、NHKと専属契約を結んだ。清純さと共に哀愁を漂わせた美貌で、人気を集めた。

# 暁星高校

●私立　●千代田区

女優の佐久間良子（東京・私立川村高校卒）が、「淡い初恋」と題して記している。

「金の襟章とボタンが輝く暁星の制服を着た植本さんは実にりりしい。『白馬に乗った王子様』といった風情で、私は夢見る乙女のように頬を赤く染め、ちょっぴり遠慮がちに王子様の横顔を見つめていた。そんな甘酸っぱい記憶が脳裏に焼き付いている」（日本経済新聞2012年2月3日『私の履歴書』から）。

この「植本さん」とは、1953（昭和28）年に19歳の若さで病死した植本一雄のことだ。暁星時代から讃美歌を作詞・作曲、天才少年として当時、新聞に何度も取り上げられていた人物だった。

佐久間は小学6年の時に植本と知り合い、「後で聞いた話だが、植本さんは『将来は良子さんをお嫁さんにほしい』と母にこっそりと伝えていたらしい」（同）という。

## カトリック修道会が設立

小中高一貫の男子校だ。パリのカトリック修道会・マリア会が設立母体で、旧制の暁星中学校（5年制）は1899（明治32）年に開校した。首都・東京の裕福な家庭の子供が集まっている。

語学重視の教育が徹底している。中学では英語とフランス語が必修、高校では、第2外国語は選択科目になるが、フランス語を第1外国語に選んだ生徒は、英語を第2外国語として必修で学ぶ。制服や語学教育の伝統から、佐久間があこがれたように「ハイカラ」のイメージが定着している学校だ。

部活動も盛んだ。サッカーは「校技」であり、サッカー部は日本サッカー協会より歴史が古い。

競技かるた部も強い。滋賀県・近江神宮で行われる全国高校小倉百人一首かるた選手権大会（かるた甲子園）の団体戦では、04年以降16年までの間に計11回優勝した。

戦前は、旧制中学から一高（東

京）、三高（京都）など旧制高校に進むのがエリートコースとされていた。例えば25年などは旧制暁星中学から旧制一高へ6人合格させている。これは私立麻布中学(現麻布高校）の7人に次ぎ全国10位だ。

この10年の大学入試では、現役、浪人合わせ東京大に毎年度、数人を合格させている。早稲田大、慶応大には延べ人数で、各30人程度が合格する。

最近では全国の国公立・私立の医学部医学科への合格者が増えている。現役、浪人合わせた延べ人数で19年度は117人に達した。1学年は約170人だから、重複合格者を勘案しても半数近くが医学部に合格していることになる。

香川照之

## 香川照之、猿之助がOB

俳優、歌舞伎役者あるいはその系累が、たくさん卒業している。大人気の香川照之は、小学校から高校まで暁星学園で、東大に進学した。9代目市川中車を襲名して歌舞伎役者にもなった。

同時に従兄弟で暁星―慶応大卒の2代目市川亀治郎は、4代目市川猿之助を襲名した。

北大路欣也

さらに梨園の暁星卒業生は、9代目松本幸四郎、その長男の7代目市川染五郎、重要無形文化財保持者（人間国宝）に認定されていた7代目尾上梅幸、4代目河原崎権十郎、18代目中村勘三郎、11年に人間国宝に認定された2代目中村吉右衛門、2代目中村錦之助、4代目尾上松緑らがいる。

梨園で活躍する卒業生が多いことでは、青山学院高等部の卒業生と双璧をなしている。

俳優では、北大路欣也、松村達雄、石浜朗、細川俊夫、峰岸徹ら。

俳優の平岳大は、暁星高校を中退し米国に留学した。冒頭の佐久間良子と俳優の平幹二朗（広島県立上下高校卒）の長男だ。

東映時代劇の黄金時代に活躍した東千代之介は、日本舞踊の出身だ。

タレントとしては、ハナ肇とクレージーキャッツのメンバーだったコメディアンの石橋エータロー、犬塚弘、桜井センリの3人も暁星卒だ。石橋は、祖父が明治時代の洋画家・青木繁（旧制福岡県立明善中・現明善高校から旧制私立麻布中・現麻布高校に転校し、中退）、父が音楽家の福田蘭童（旧制栃木県立真岡中・現真岡高校中退）だ。

グッチ裕三、エド山口・モト冬樹兄弟、それに芸能プロダクション・ホリプロの会長兼社長・堀義貴らもOBだ。

「オヒョイさん」の愛称で親しまれた俳優でタレントの藤村俊二もいた。

英仏中国などで展覧会を開いて国際的に活躍しているファッションデザイナーの山本耀司、華道3大流派のひとつである草月流の3代目家元・勅使河原宏が卒業生だ。

さらに、フレスコ作家の長谷川路可、日本画家の釘町彰、映画監督の野村芳太郎、料理研究家でテレビドラマの料理考証をよくしている柳原尚之、ファッションデザイナーの菊池武夫らがいる。

卒業生には音楽家もたくさんいる。チェロ奏者で指揮者の斎藤秀雄、作曲家の諸井誠、矢代秋雄、福島和夫、作曲家・音楽評論家の柴田南雄らだ。

## 博覧強記の片山杜秀

評論家で音楽評論も手がける片山杜秀もいる。慶応大に進学し大学院時代からライター生活に入り、博覧強記の才能を発揮している。

作曲家・ピアニストの松平頼則と生物物理学者で作曲家の松平頼暁の親子は、そろって暁星卒だ。

夏目漱石の長男で後述する夏目伸六の兄である夏目純一は、後年、バイオリニストになった。

探検家、写真家の石川直樹は2001年に、当時の世界最年少（23歳）で7大陸最高峰登頂を達成した。

経済界では、秩父セメントのトップで、財界人としても活躍した諸井虔が卒業生だ。前述の諸井虔は弟だ。講談社7代目社長の野間省伸もOBだ。

ノーベル文学賞受賞の大江健三郎（愛媛県立松山東高校卒）など多くの文学者を育てた東大仏文科

教授の渡辺一夫は、旧制暁星時代から勉強したフランス語が天職となった。サルトルの翻訳などで知られる仏文学者の白井浩司も、同様だ。

学者ではさらに、国語学者で日本の国語学に新たな展開をもたらした時枝誠記、元首相・吉田茂の息子で英文学者・評論家の吉田健一、東洋史学者で満州史、モンゴル史の研究で著名な岡田英弘がOBだ。

医学では解剖学の遠藤秀紀、脳腫瘍が専門の藤堂具紀らが卒業生だ。

放射線医学が専門で、東大医学部付属病院准教授の中川恵一は、メディアなどでがんについてわかりやすく発信している。がん教育の伝道師であるが、18年12月に中川自身が膀胱がんになり、年末に手術を受けた。

## 直木賞作家が2人

文学では直木賞受賞作家が2人いる。初代文化庁長官をした今日出海と、日本航空のビジネスマン出身の深田祐介だ。今は1950年に「天皇の帽子」で直木賞を受賞、弟の今東光（旧制兵庫県立豊岡中学・現豊岡高校中退）も56年に直木賞を受賞している。

深田は82年に「炎熱商人」で直木賞を受賞した。暁星から早大に進学し、同人誌活動に参加した。

詩人・随筆家の串田孫一、放浪詩人の金子光晴、演劇評論家の戸板康二、夏目漱石の二男で随筆家の夏目伸六、通信社記者出身のエッセイスト・評論家の倉田保雄らもOBだ。

詩人・仏文学者の平野威馬雄は、旧制暁星中5年の時に退学処分を受けた。翻訳家の小牧近江は、暁星中を中退しパリ大学に留学した。

官界では、大蔵省の事務次官、公正取引委員会委員長、東京証券取引所理事長を歴任した谷村裕がOBだ。

大蔵官僚では、財務官をした大場智満も卒業生だ。やはり財務官を務めたのちに東京銀行頭取になった柏木雄介は、旧制暁星中3年を終えた後に旧制私立成城高校尋常科（現成城学園高校）に転校した。

外務官僚では駐米大使を務めた松永信雄、駐仏大使をした本野盛幸、法曹界では弁護士の飛松純一がいる。

# 慶応義塾女子高校

私立　港区

慶応義塾が擁する一貫教育校の中で唯一の女子校だ。高校入試に関する予備校の偏差値ランキングでは、灘、筑波大附属駒場高校などと共に全国で5番以内に入る超難関校だ。

学制改革に伴い、男子校の慶応義塾高校が1948（昭和23）年に創立された。女子教育を振興する目的で、2年後の50年に慶応義塾女子高校が設立された。キャンパスは慶応義塾大の三田キャンパス（港区三田）に近く、中等部と隣接している。

慶応義塾全体の教育理念は、創立者の福沢諭吉が唱えた「独立自尊」だ。この精神を高等学校段階の女子教育のために読み直したものが、女子高校の教育理念となっている。

それは、「自由・開発・創造」という3つに集約される。

「自由」とは、既成観念（女性を一段低く見る社会の偏見）の拘束から自由になることを意味する。「開発」とは、自由になった上で自分の独自なものを開発することだ。そうすると、人間としての生き方、新しい世界が「創造」される……という解釈をしている。

## 運動会では騎馬戦も

「女性らしさ」を強調する教育方針はとっていない。運動会では棒倒しや騎馬戦も行われる。演劇界では宝塚並みの舞台装置を作るなど、学校行事はすこぶる活発だ。

1学年は5クラスで計約190人だ。男女共学の中等部からの内部進学者と、外部受験の合格者とが半々だ。

2年次からは、豊富な選択科目が設置されている。生徒各自の進路や知的興味に応じた専門的、学究的な知識と教養を習得していく。

例えばフランス語、中国語、ドイツ語など外国語や、同校教員だけでなく慶応大学の教員が担当する専門的な内容の授業を履修することができる。

特色ある教育としては、国語科において2年次に原稿用紙80枚以上の小説を執筆する「80枚創作」、白居易の漢詩をそらんじる「長恨歌暗誦」、3年次には文学作品に関する論文を作成する「国語科リポート」などがある。

推薦により原則として希望者全員が、慶応大に進学できる。このため受験勉強にあくせくすることはない。ただし学部ごとに推薦枠が決まっており、成績順に選ばれる。

最も難しいのは医学部医学科だ。慶応女子高に割り振られた枠は5人のみ。この5人に選ばれようと、医学部志望者は3年間必死に勉学に励む。生物、化学など必ずしも理科系科目が得意なだけでは選ばれない。「80枚創作」なども評価の対象になるから容易ではない。

慶応医学部に入るなら、「内部からの推薦より外部受験の方が楽」という評判が定着している。

医学部に進学したいため、北里大医学部など他大学の医学部を受験する生徒も例年、10人ほどいる。また、慶応大には芸術系学部がないため、東京芸術大などに進学する生徒もいる。東京大、京都大に合格する者も例年、出ている。

## 日本女性初の宇宙飛行士

卒業生で最も知名度が高いのは、日本女性初の宇宙飛行士に選ばれた向井千秋だろう。94年にスペースシャトル・コロンビア号に、98年にはディスカバリー号に搭乗した。

向井は、一般受験で慶応大医学部に入学、心臓外科医になった。宇宙の平和利用や国際関係の調整のため、宇宙航空研究開発機構（JAXA）の技術参与をするとともに、東京理科大特任副学長を務めている。

夫の病理医、向井万起男（横浜市・私立慶応義塾高校卒）はおかっぱ頭のエッセイストとして知られる。

学者では、民法が専門で、慶応大大学院教授のあと19年2月まで最高裁判所判事を務めた岡部喜代子がいる。

向井千秋

朝吹真理子

日本語教育学者で、歌人でもある河路由佳、ドイツ政治思想史が専門でトーマス・マンの研究をしている速水淑子もOGだ。

文芸では、11年に『きことわ』で芥川賞を受賞した小説家の朝吹真理子がいる。慶応大で国文学の修士課程まで進学、近世歌舞伎を専攻した。祖父は、フランス文学者の朝吹三吉、父はやはりフランス文学者の朝吹亮二だ。

文筆家、評論家の勝間和代が、知られている。会計やファイナンスの知識をバックに07年ころからビジネス本を次々と出し、メディアの売れっ子になった。

勝間は3女の母であり、2度の結婚と離婚を経て18年春、女性との交際をカミングアウトした。

経済界で活躍している卒業生も多い。

## 日産自動車の専務

星野朝子は、日産自動車の専務執行役員だ。日本債券信用銀行(現あおぞら銀行)出身で、市場分析の専門家だ。夫は星野リゾート社長の星野佳路(慶応義塾高校卒)だ。

大西利佳子は、日本長期信用銀行(現新生銀行)出身で、人材紹介の「コトラ」の創業社長だ。

元女優の二谷友里恵は、「家庭教師のトライ」などトライグループの代表だ。創業者の夫が会長を務める。二谷は、87年に女優業を引退し、ファッションブランドを立ち上げ実業家としての活動を始めた。幼稚舎(小学校)から大学まで慶応一筋だ。

椎木里佳は幼稚舎から大学まで慶応一筋で、中等部3年時の2013年に、父親の助言を受けて、商品やブランドのプロデュース事業を行う会社「AMF」を設立した。慶応女高時代には「女子高生起業家」として多数のメディアに出演をした。

政治家では、自民党所属の衆院議員、加藤鮎子がいる。自民党幹事長などを務めた加藤紘一(都立日比谷高校卒)の娘だ。

国民民主党所属の衆院議員、小宮山泰子もいる。

佐藤あつ子は、元首相の田中角

栄（東京・中央工学校夜間部卒）とそのパートナーで「越山会の女王」と称された佐藤昭子（旧制新潟県立柏崎高等女学校・現柏崎常盤高校卒）との間に生まれた娘だ。「昭　田中角栄と生きた女」を12年に出版（講談社）した。

## 芸術家の千住兄妹

音楽では、バイオリニストの千住真理子がいる。幼稚舎から慶応で、慶応大文学部哲学科卒だ。

兄は日本画家の千住博（慶応義塾高校卒）と、作曲家の千住明（同）だ。人もうらやむ芸術家兄妹だ。

神谷百子はマリンバ奏者として、日本のみならず世界を股にかけて演奏行脚している。東京芸大―米ジュリアード音楽院卒だ。

シンガーソングライターの宮崎奈穂子は、10年までは無名に近い路上シンガーだったが、目標としていた日本武道館での単独公演を12年に実現させた。

女優では、多くのテレビドラマや舞台、映画に登場する紺野美沙子がいる。

女優の柴本幸は、幼稚舎（小学校）から大学まで慶応一筋だ。

元女優で米国在住の映画プロデューサーである筑波久子は、慶応女高時代にニューフェースとして日活に入社した。女優の長谷川稀世、小林夏子、舞台女優の井上麻美子もOGだ。

ファッションモデルの森星《ひかり》は、幼稚舎から大学まで慶応一筋だ。父方の祖母はファッションデザイナーの森英恵（都立桜町高等女学校・現桜町高校卒）だ。

メディア関連では、朝日ジャーナル編集長を務めた下村満子がOGだ。

豊原ミツ子は、女性アナウンサーの草分けだ。アナウンサーになったOGは、その後もたくさんいる。局アナをやめフリーに転じている者も含め列挙すると――田中泉、上原光紀（以上NHK）、山下美穂子（日本テレビ）、外山恵理（TBS）、永麻理（フジ）、篠田潤子、萩野志保子、弘中綾香、河野明子（以上テレビ朝日）、末武里佳子（テレビ東京）、根本美緒（東北放送）らだ。

スポーツでは、フェンシング選手の宮脇花倫がいる。18年5月のシニアのグランプリ大会で準優勝し、日本ランキング1位、世界で16位に到達した。

# 芝高校

●私立　●港区

東京タワーのすぐ近くにある。周辺は高層ビルが立ち並ぶビジネス街だ。芝高校の校舎も地上8階・地下1階という高さだ。50年以上前は下町だった。映画『ALWAYS三丁目の夕日』で描かれた、あの風景だ。

浄土宗によって、旧制芝中学が1906（明治39）年に設立された。

戦後の学制改革で、芝中学・芝高校となった。男子のみで、高校からの生徒募集は行わない完全中高一貫校だ。名古屋市にある私立東海中・高校は浄土宗による兄弟校だ。

浄土宗の宗祖法然上人が唱導した思想「共生《ともいき》」の精神を、芝高校の「人間教育の根幹」としている。

校訓は「遵法自治」。「遵法」とは真理に従うこと、「自治」とは自主・自律の精神で自分を治め自己を確立することを、表している。第3代校長で比較宗教学の大家である渡辺海旭《かいぎょく》が定めたものだ。

「いのち」について考える公開シンポジウムを毎年、開いている。17年には、芝学園の歴史を展示する「芝ミュージアム」をオープンした。

## 「縁」を大切にする家族主義

自由で伸びやかな校風を特徴としている。「縁」を大切にする家族主義の学校だ。生徒、教職員、保護者、OBは、すべて芝学園という中での家族であって互いに支え合っていく、という考え方が根底に流れている。

「人を押しのけて立身出世を目指す、というタイプは芝高校の卒業生には少ない。バランスが取れた味わいのある人物が多い」と、OBたちは語っている。

クラブ活動も活発で、8割以上の生徒が加入している。運動系では軟式野球、スキー、陸上競技などが関東大会に出場している。文化系では、ギター、将棋、技工などが伝統を誇っている。

大学進学では、かつては私大志望者が多かったが、最近は難関国立大の合格者が増えている。19年春の入試では現役、浪人合わせ、東京大14人、京都大3人、東京工業大11人、一橋大8人、北海道大9人、東北大8人の合格者を出している。

私立大には延べ人数で、早稲田大112人、慶応大には89人が合格した。

医師志望も増え、国公立、私立大を合わせ、医学部医学科の合格者は38人にのぼった。

多くの逸材を送り出してきた。文化人から見てみよう。

知名度が高いのは、写真家の篠山紀信だ。ヌードから歌舞伎までジャンルは幅広い。芝高校から日芸（日本大学芸術学部）の写真学科に進学した。芸能人や素人をモデルにした一連の激写シリーズで知られる。

## 奄美在住の画家・田中一村

画家では、鹿児島県・奄美大島在住で独特な花鳥画を描いた田中一村がいた。77年に死去するまで無名だったが、没後にテレビなどで取り上げられ、一躍、脚光を浴びた。

東京美術学校（現東京芸術大）日本画科に進学したが、学校の指導方針への不満から中退した。

篠山紀信

画家ではさらに、大正から昭和にかけての洋画家・鈴木亜夫、日本画の吉田善彦、青山亘幹、洋画家の赤穴宏らがOBだ。

書家の青山杉雨が、92年に文化勲章を受章している。「書」で文化勲章を受章したのは、85年の西川寧（旧制東京府立第三中学・現都立両国高校卒）以来2人目だった。青山の門下生は2000人いたといわれ、書道界の大御所だった。

テレビのお宝鑑定番組に出演しているので顔なじみになっているのが、骨董商・古美術鑑定家の中島誠之助だ。「いい仕事してますね」が、決めぜりふだ。芝高校から日大農獣医学部に進学した。

清水真澄は三井記念美術館の館長を、小山登美夫は東京とシンガポールに画廊を開いている。

## 北方謙三が人気

小説家では、『三国志』『水滸伝』など中国の戦国長編小説を多く著している北方謙三がいる。司馬遼太郎賞など10以上の文学賞を受賞している。ただ直木賞については3度候補になったが、受賞には至らなかった。その一方、直木賞の選考委員を務めている。

さらに小説家の南部修太郎、ノンフィクション作家、翻訳家の前田和男、歌人の大松達知、俳人で東京根岸の西念寺住職の佐山哲郎、ドイツ文学の阪本越郎もOBだ。

音楽では、多忠亮が大正期のバイオリン奏者で、『宵待草』を作曲した。テノール歌手の丹羽勝海も卒業生だ。

北方謙三

映画監督では、昭和期に社会派作品を多く手がけた今井正が、名を残した。代表作にベルリン国際映画祭でグランプリを獲得した『武士道残酷物語』や、『キクとイサム』がある。

山口祐一郎が現在活躍中のミュージカル・スターだ。圧倒的な声量と歌唱力により人気が高い。劇団四季で15年間活動、退団後は主に東宝ミュージカルを中心に出演している。

悪役が多かった俳優の小沢栄太郎、やはり悪役で鳴らした俳優亀石征一郎、俳優・声優・ナレーターの山内雅人、歌手・俳優だった鈴木ヒロミツ、俳優の矢柴俊博らもOBだ。

善竹十郎は大蔵流狂言師で、重要無形文化財総合指定保持者だ。

## 経済政策の加藤寛

学者・研究者では、経済政策が専門で慶応大教授だった加藤寛が、政府税制調査会会長などを務め、日本の経済政策の理論と実践に多大な役割を果たした。千葉商科大学長、嘉悦大学長も務めた。

学長などの経験者では、都市社会学が専門で東洋大学長を務めた磯村英一、仏教学者で芝学園理事長の峰島旭雄、国文学者で上智大学長の土田将雄、地球物理学が専門ではこだて未来大学の初代学長の伊東敬祐、経営学者で亜細亜大学長の服部正中、電子工学者で湘南工科大学長の松本信雄らも卒業生だ。豊田耕作は母校の千葉工業大理事長を務めた。

右翼運動家の柴田徳次郎は戦後に国士館大を創立し、学長になった。

東大教授の高木英典は、超電導物質科学の気鋭の研究者だ。IBM科学賞など内外から学術賞を受賞しており、国際的な評価が高い。

西洋中世史が専門で多くの弟子を育てた堀米庸三、日本中世史の山田邦明、日本経済史の友部謙一、中国思想史の伊東貴之、仏教学の林田康順、工学者の竹内健らもOBだ。

## 桐蔭学園を有力校に

教育者では、都立小山台高校の教諭を長く務めた鵜川昇が、桐蔭学園(横浜市)の設立に参画し、初代の同高校校長となった。桐陰学園を進学でもスポーツでも有力な学校に育て上げた。

評論家、ジャーナリストでは、社会派の室伏哲郎、競馬評論の工藤元司郎、『ニューズウイーク日本版』の編集長を務めた竹田圭吾らが卒業している。

ラジオのプロ野球「ショウアップナイター」の看板実況アナウンサーだった松本秀夫もOBだ。

政官界で活躍した卒業生では、厚相の川崎秀二、法相の郡祐一がいた。

東京電力副社長だった加納時男は、経団連の組織内候補として1998年に自民党公認で参院選に出馬し当選、12年間務めた。

参院議員の長浜博行は松下政経塾の2期生で、民主党政権下で環境相を務めた。現在は、立憲民主党所属で、参院会派会長だ。

外務官僚の寺崎太郎が1941(昭和16)年の日米開戦時、アメリカ局長として米国との窓口役を担った。佐藤行雄は国連大使を、鈴木良一は警察庁長官を、吉田弘正は自治事務次官を務めた。

法曹界では、裁判官出身の弁護士青木英五郎が八海事件、狭山事件などの被告弁護人になり、誤判や冤罪についての著書を著した。

経済界で活躍した卒業生は、梶浦英夫(日銀政策委員)、中川順(テレビ東京)、山形栄治(九州石油)、山口弘毅(プリンスホテル)、村上隆男(サッポロHD)、岡田正昭(アサヒ飲料)らだ。

# 女子学院高校

私立　千代田区

東京・築地明石町に「女子学院発祥の地」という記念碑がある。明治時代の初めに外国人居留地に指定された場所だ。1870（明治3）年にA六番女学校という名称で創設された、と記されている。女子学院という校名になったのは1890年だ。

## 日本最古の女学校

150年弱、キリスト教主義の中高一貫校として歴史を刻んできた。横浜市のフェリス女学院と並び、日本最古の女学校だ。私学女子教育の名門であり、都内の比較的裕福な家庭の娘がそろっている。

難関大に多数が合格している。2019年春の大学入試では、現役、浪人合わせ東京大27人、京都大6人、一橋大13人、東京工業大4人が合格した。

東大に関しては、女子校で毎年度、3位以内につけている。

さらに、北海道大4人、東北大1人、お茶の水女子大5人、東京医科歯科大3人、東京芸術大1人など。

私立大には早稲田大に延べで138人、慶応大に77人、津田塾大に16人、東京女子大に10人の合格者を出している。19年春の卒業生総数は224人だったから、すごい確率だ。

全国の国公立大医学部医学科には19年度、計17人が合格している。私立大の医学部には延べ人数で、順天堂大13人、日本医科大11人、東京医科大6人などだ。私大医学部で最難関とされる慶応大医学部医学科には3人だった。

6年制中高一貫校にありがちの特別な受験カリキュラムは組んでいない。授業は実験・観察とその考察、リポート、作文、作品制作などに時間をかけ、学習の仕方を体得することを目標に置いている。生徒の40%が理系志望だ。

1927（昭和2）年から19年間も、母校である女子学院の院長を務めた三谷民子は「私共の学校には生徒を規則で縛りつけるやうな、『可《べか》らず』とか『すべし』などは一つもありません」（1920年『女性日本人』創刊号）と記している。女子学院の校風はまさに「自由」そのものだ。

「Joshi Gakuin」の頭文字を取って「JG」という略称がある。

女優、エッセイストの吉行和子が良く知られている。吉行は女子学院で生徒会長をした。民芸所属として「アンネの日記」で主役デビューした。民芸退団後は映画でも活躍し、日本アカデミー賞などを受章している。筆が立ち、84年には日本エッセイストクラブ賞を受賞している。

吉行和子

## 吉行和子・理恵姉妹

和子の妹で作家の吉行理恵（06年に死去）も女子学院卒で、兄の吉行淳之介（旧制東京私立麻布中学・現麻布高校卒）ともども芥川賞を受賞、「兄妹そろって」ということで話題を呼んだ。

母親のあぐり（旧制岡山県立第一岡山高等女学校・現岡山操山高校卒）は美容師。97年度上半期のNHK連続テレビ小説『あぐり』のモデルとなった。

文芸では、大正から昭和にかけての随筆家・小説家の幸田文がOGだ。

最近では、コラムニストで漫画家の辛酸なめ子がよく売れている。推理小説家の芦沢央もいる。

脚本家では、和田夏十がいた。夫は映画監督の市川崑で、市川作品のほとんどで和田が脚本を手がけた。市川は作品が称賛されると「それは夏十さんの本（脚本）の功績です」と答えていた。2人は夫婦を超えた同志のような関係だった。秦早穂子は映画評論家だ。

翻訳家では、さくまゆみこ、岸本佐知子、野中邦子、稲垣美晴らがいる。漫画家では、たちいりハルコ、今日マチ子がそれぞれ個性的な作品を出している。

芸術で活躍した卒業生も多い。明治から大正初めにかけての浮世絵師・日本画家の池田蕉園は女子学院に通うかたわら15歳で画塾に入門し、すぐに画壇デビューを果した。1910年代には人気画家となり、上流階級の夫人、令嬢が多く門弟になった。しかし31歳で夭逝した。

日本画の日高理恵子は、樹を下から見上げて描く細密な作品で知られる。鴨康子は革工芸家だ。

音楽では、作曲家の菱沼尚子と一ノ瀬トニカ、バイオリニストの尾島綾子らが活躍している。

谷口登美子は女子学院在学中にバレエ団に入団、20歳ころから約60年間、バレエ一筋に生きてきた。料理研究家では、有元葉子と本谷恵津子がいる。

学者・研究者では、経済学の栗田啓子、心療内科医である平松園枝、小児看護学が専門で聖路加看護大学長の時にハワイで客死した常葉恵子、社会学者でフェミニズムの研究で知られる吉沢夏子らが卒業生だ。

渡辺道子は戦後初の女性弁護士で、日本女性法律家協会会長、日本キリスト教女子青年会（日本YWCA）理事長などもした。

久布白落美は、戦前戦後における女性解放運動家の一人だ。クリスチャンで婦人参政権運動にも参画した。

## 国連で活躍するOG

国際公務員として活躍している卒業生では、国連の桑原幸子がいる。有害廃棄物の輸出について許可制、事前審査制を導入した国連バーゼル条約が1992年に発効しているが、01年から6年余、バーゼル条約事務局長を務めた。

外務官僚の水鳥真美は、国連政策課長などを歴任して退官した。その後、外務省の推薦で18年3月から国連事務総長特別代表（防災担当）になり、国連国際防災戦略事務局（本部ジュネーブ）の代表ポストに就いた。

女優では文学座研究所1回生の荒木道子がOGだ。昭和期に新劇俳優として活動し、舞台の代表作に「三人姉妹」、映画では「女の四季」、テレビドラマでは「ただいま11人」がある。

女優の宮崎恭子は、夫の俳優・仲代達矢（都立千歳高校・現芦花高校定時制卒）と共に俳優を育成する「無名塾」を主宰した。

テレビのアナウンサーは、元職を含め十数人がいる。NHKからフリーアナウンサーに転じている膳場貴子、NHKアナの和久田麻由子がそうだ。膳場、和久田とも東大卒で、和久田は現在、「おはよう日本」のメインキャスターになっている。

気象キャスターの国本未華も、OGだ。

経済界では、女性として初めて銀行（山口県周南市に本店がある西京銀行）の副頭取を務めた銭谷美幸がOGだ。

航空機にかかわる仕事で先駆者になった卒業生がいる。永島玉枝は日本航空の客室乗務員として2万5020時間にも及ぶフライトをし、日本の女性の空の仕事の基礎をつくった。

後輩の畔蒜《あびる》一子《いっこ》は日本航空で初めての女性チーフ・パーサーになった。松田実生は、全日本空輸で女性初の航空整備士となった。

## 軽井沢や華厳の滝で

大正時代に『婦人公論』の編集者・記者をしていた波多野秋子は、実践女学校を卒業後に女子学院英文科で学んだ。美人記者と評判になり、夫ある身ながら小説家の有島武郎（東京・私立旧制学習院中等科・現高等科卒）と恋愛し、23（大正12）年に2人は軽井沢で心中自殺した。

旧制一高の学生だった藤村操（旧制札幌中─開成中─京北中卒）が1903（明治36）年に日光・華厳の滝で自殺した。近くの樹木に書かれた遺書「巌頭之感」と共に当時、青年たちに大きな衝撃を与えた。

自殺の原因については哲学的な苦悩とする説と失恋説の両説があるが、藤村のプラトニックな恋愛相手だった馬島千代という女性は、女子学院の生徒だった。のちに鉱山学者と結婚し、82年に97歳で死去した。藤村が自殺の直前に、千代に手紙と共に渡した本が現存していることを、千代の死後に遺族が公表した。

共立女子学園理事長を務めた鳩山薫も旧制時代のOGだ。

女性として初めてアルプス3大北壁登攀に成功している医師の今井通子がOGだ。東京女子医科大に進学し、山岳部で活躍した。

今井通子

# 成蹊高校

●私立　●武蔵野市

首相・安倍晋三が卒業したのが、この成蹊高校だ。18年9月の自民党総裁選で連続3選を果たし、19年6月6日には通算在職日数が初代首相の伊藤博文に並んだ。

さらに19年8月23日には、戦後最長の首相在任期間（2798日）だった佐藤栄作（旧制山口県立山口中学・現山口高校卒）に並んだ。11月20日まで首相の座にあれば、戦前の桂太郎の2886日を抜いて憲政史上最長になる。

安倍は06年9月に首相となったが、07年9月に体調不良などで辞任した。第1次政権での在任期間は366日にとどまった。

12年12月に自民党は、衆院選に圧勝し民主党から政権を奪取し、12月26日に安倍は首相に返り咲いた。小選挙区制と内閣人事局による官僚支配を背景に、「安倍1強」支配が続いた。

## 成蹊一筋の安倍晋三

安倍は、小学校から大学まで成蹊学園一筋だった。祖父は首相を務めた岸信介（旧制山口県立山口中学・現山口高校卒）、大叔父はやはり首相をした前述の佐藤栄作（同）、父は外相などした安倍晋太郎（同）という政治家一族の生まれだ。

安倍晋三

衆院議員としての安倍の選挙区は山口県にある。山口県出身者としては全国最多の8人目の首相だ。ただし父親が毎日新聞社の政治記者だったことなどから、晋三は東京育ちだ。

成蹊学園は、東京の西郊、おしゃれで粋な街として知られる吉祥寺にある。繁華街から15分ほど離れたキャンパスに、小学校から大学までそろっている。

学園の創設は1912（明治

45）年で、旧制の成蹊中学の設立は14年だ。25年には7年制の旧制高校に衣替えしている。戦後の学制改革で、男女共学の6年制中高一貫校になった。

校名の由来は「桃李不言　下自成蹊」だ。「蹊」とは「こみち」のこと。徳のある人にはその徳を慕って人々が集まってくる、という古くから中国に伝わる格言だ。「個性の尊重」「品性の陶冶」「勤労の実践」という3つの「建学の理念」が、連綿と受け継がれている。

学園の創設には、三菱財閥の4代目総帥・岩崎小弥太（旧制高等師範学校附属学校尋常中等科・現筑波大学附属中高校卒）が深くかかわった。このため、成蹊学園は「三菱系」とみなされることがある。

旧制成蹊高校時代は、多くが東京帝国大学に進学した。新制高校になったあとも1960年ころまでは、東京大への合格者が多かった。

## 4分の3が他大学に

現在は、生徒の4分の3が成蹊大学以外の大学への進学を目指している。毎年度の大学入試では、現役、浪人合わせ、早稲田大、慶応大に各40人程度の合格者を出している。国立大には、東京大、京都大、東京工業大、一橋大に各数人が合格する。

首相の安倍に代表されるように、いわゆる良家の子弟が多い。趣味も豊かな生徒がおり、政治家、企業経営者のみならず文化人や芸能人として活躍している卒業生をたくさん輩出している。

政治家では、農水官僚出身の衆参議員だった若林正俊が農水相を、衆院議員の古屋圭司が国家公安委員長を務めた。広島県知事を務めた藤田雄山は、修道高校（広島県・私立）から成蹊高校に転入してきた。

官僚では、斉藤邦彦と加藤良三が駐米大使を務めた。加藤は日本野球機構のコミッショナーに就いていたが、統一球問題でミソをつけ13年に辞任した。

旧内閣安全保障室の初代室長を務め、危機管理の専門家として知られた佐々淳行は18年10月に死去した。

法曹界では梶谷玄が最高裁裁判官を務めた。本林徹と梶谷の実弟・梶谷剛は02年から06年にかけて連続して日本弁護士連合会会長をし

た
大企業の社長や会長になった卒業生を列挙してみよう。
後藤高志（西武HD）、佐々木元（日本電気）、天坊昭彦（出光興産）、古川紘一（森永乳業）、石田義雄（JR東日本）、伊東弘敦（JR四国）、大坪愛雄（ジーエス・ユアサコーポレーション）、上原明（大正製薬）、相賀昌宏（小学館）、清原武彦（産業経済新聞社）、亀谷晋（文化シャッター）、加賀美郷（新菱冷熱工業）、塩澤太朗（養命酒製造）、長瀬洋（長瀬産業）、上田昌孝（アメリカンホーム保険）、草間高志（みずほ証券）、浅沼健一（浅沼組）、播野勤（タマノイ酢）吉永泰之（SUBARU）、立花陽三（楽天球団）らだ。
下河辺俊行は下河辺牧場（北海道、千葉県）の代表だ。リゾートホテルやゴルフ場経営の西山興業グループ代表・西山茂行は、かつて西山牧場（北海道）のオーナーブリーダーをしていた。

## 原発事故は人災だった

学者では、内科、腎臓科、科学政策などの医学者黒川清が日本学術会議会長を務めた。国会が設けた東京電力福島第一原子力発電所事故調査委員会の委員長に任命され、12年7月に「事故は人災だった」とする報告書をまとめた。

旧制武蔵高校卒になるが、有機化学者で多くの弟子を育てた向山光昭は、97年に文化勲章を受章している。18年11月に死去した。

国際政治学者で日本出身者として初めて米歴史学会会長を務めた入江昭、日本美術の研究者で米プリンストン大美術史考古学科の教授をした清水義明も卒業生だ。

都市計画家の伊藤滋、政治学の岩井奉信、比較神話学の吉田敦彦、知的財産権の竹中俊子らもOBOGだ。

高分子化学が専門の栗田恵輔は、成蹊大学長をした。

文化人に移ろう。小説家では、共同通信記者だった高井有一が66年に芥川賞を受賞している。

歌人では佐佐木幸綱がOBだ。曾祖父の代からの歌人の家系で、曾祖父の弘綱、祖父の信綱、父の治綱と、名前に「綱」がつく。長年、早大教授を務めた。

旧制卒では、絵本作家、児童文化研究家の加古里子が18年5月に死去した。

編集者、紀行作家の宮脇俊三も旧制卒だ。国鉄全線完乗の旅をつづった著作『時刻表2万キロ』(78年・河出書房新社)で「趣味で鉄道に乗る」ことを世間に周知させた。

建築家の坂茂がいる。「建築界のノーベル賞」と称される米プリツカー賞を14年に受賞した。

音楽では、作曲家、雅楽演奏家の東儀秀樹がマルチタレントぶりを発揮している。雅楽器だけでなく、ピアノ、チェロ、ドラム、ギターなどもこなし、コラボレートしている。奈良時代から続く楽家(がくけ)の家系に生まれた。国学院大の神道学科で学んだ。

長唄三味線の名跡である7代目杵屋巳太郎は、人間国宝(重要無形文化財保持者)に認定されている。作曲家・指揮者のすぎやまこういち、サックス奏者の本多俊之、作曲家の服部克久らもOBだ。

服部の息子である服部隆之も作曲家で、ドラマ『半沢直樹』のテーマソングなどを手がけた。隆之は高校2年まで成蹊に在学し、パリ国立高等音楽院に留学して修行した。

映像クリエーターである手塚真とプランニングプロデューサーの手塚るみ子は兄妹だ。父は漫画家の手塚治虫(旧制大阪府立北野中学・現北野高校卒)だ。

## 魅力的な女子卒業生も

松本弘子は東洋人として初めて「パリコレ」のモデルとして起用され、国際的なファッションモデルとして活躍した。

女優では淡島千景が、旧制成蹊高等女学校(現成蹊中・高校)を卒業間際に中退している。宝塚歌劇団に入り、映画、舞台で活躍した。

男優では中井貴一、鶴見辰吾、山本学・圭の兄弟、東野英心、利重剛らが卒業生だ。演出家で男優の串田和美もいる。

フジテレビ出身で現在はフリーアナウンサーの高島彩は、小学校から大学まで成蹊一筋だ。愛称は「アヤパン」。各種のアンケート調査によると、女子アナの中では人気が抜群だ。

淡島千景

# 成城学園高校

私立　世田谷区

都内23区の南西部にある世田谷区成城。有数の高級住宅地として知られる。学校法人成城学園はその一角にある。幼稚園から大学院まで一つのキャンパス内にそろっている。

学園の創立者は、明治から大正にかけての文部官僚・沢柳政太郎（東京府第一中学変則科、のちの府立第一中学・現都立日比谷高校中退）だ。日本の教育制度を整備し、東北帝大、京都帝大の総長などを歴任した人物だ。

沢柳はその後、陸軍士官学校の予備校として名高かった成城学校の校長に就いた。1917（大正6）年には、成城学校から分離独立した形で成城小学校を創立した。「個性尊重の新教育の実験校」という小学校で、これが今日の成城学園の起源だ。

## 学園が駅や街をつくった

25年に現在の成城の地に移転してきた時には、電車も通ってなく、一帯は雑木林が生い茂る未開地だった。学園主導で街の開発が行われた。

その後、小田急線の「成城学園前」駅ができ、最寄り駅となった。この駅や住宅地は、成城学園が開設されたあとにできたものなのだ。

順次、旧制高等学校や高等女学校を開校し、戦後の学制改革を経て幼稚園から大学院までそろった総合学園となった。

なお新宿区にある成城学校は、1885（明治18）年創立の伝統校だ。現在は中高一貫の男子校である成城中学・高校となっており、有為な人材を多数、育んでいる。

成城学園全体の「建学の心」は、「自学自習」と「自治自律」の精神だ。

100周年を記念して、「目指す教育」という5項目のビジョンを定めた。①個を磨き、互いに高め合う　②主体的な学習者を育てる　③真の教養と生きる力を培う　④独立独行の基礎を築く　⑤地球市民を育てる――だ。

新制の成城学園高校が誕生したのは、1948年。男女共学で、現在は男48・女52の比率だ。半分弱の生徒が世田谷区在住で、裕福な家庭の子が多い。

中高一貫の6年制教育で、高校で60人が入学し、1学年は約280人になる。中1・2年、中3・高1年、高2・3年の3段階に分けたカリキュラムを実践している。とりわけ力を入れているのは、「話せる」「使える」英語力の習得だ。

国際交流プログラムも充実している。姉妹校の米マグナダ校との交換留学やカナダ短期留学や長期留学の支援などを行っている。

高2・3年次は、大学進学を目指す3つのコースに分かれる。「成城大や他大学の芸術・体育系への進学」「他大学文系学部」、「他大学理系学部」――だ。

推薦で成城大に進めるため、他大学を受験する生徒は例年、半分弱だ。19年度は成城大に卒業生の54%に当たる147人が進学した。国公立大には東京芸術大などに計7人が合格した。私立大には延べ人数で早稲田大、慶応大に各8人が、上智大に24人が合格した。

戦後に学校制度が一変したので厳密な比較はできないが、旧制成城高校(7年制)の尋常科(4年制)と成城高女(5年制)は、現在の成城学園高校の前身とみなすことができる。

## 羽田孜、小渕優子がOB、OG

卒業生は、多方面で活躍している。まずは政治家を見てみよう。

在任期間はわずか64日間にすぎなかったが、1994年に羽田孜が第80代首相の座に就いている。

羽田は成城学園高校―成城大学の出身。小田急バスのサラリーマンだったが、衆院議員だった父親の後継として、長野県から立候補した。12年に政界を引退するまで、計14回当選した。自民党を飛び出し、新生党党主として首相になったが、現憲法下では最短の内閣だった。17年8月に死去した。

自民党衆院議員として当選6回を数える小渕優子は、中学から大学まで成城学園だ。父親は第84代首相の小渕恵三(東京都立北高校・現飛鳥高校卒)だ。

優子はTBS社員だったが、父親の死去に伴い群馬県から衆院選に立候補し26歳で初当選した。戦後最年少の34歳9カ月で入閣し、第2次安倍内閣でも経済産業相を務めた。

しかし14年10月、政治資金規正法違反問題がメディアで報じられ、閣僚を辞任した。東京地検特捜部から任意で事情聴取を受け、会計責任者2人に執行猶予付きの有罪判決が出された。小渕本人は明確な説明責任を果たさないまま、今日に至っている。

民主党の衆参議員で、厚生労働相を務めた小宮山洋子もOGだ。運輸相を務めた藤井孝男、民主党衆院議員で02年10月に右翼の男に刺殺された石井紘基も卒業生だ。

旧制卒では、衆院議長の坂田道太が旧制熊本県立八代中学（現八代高校）を出たあと成城高校に進学してきた。文教議員として知られ、成城学園理事長も務めた。

官僚では、外務事務次官を務めた柳谷謙介が成城学園理事長をした。大蔵省の財務官、柏木雄介も旧制卒だ。新制卒では中国大使を務めた佐藤嘉恭がいる。

弁護士では、国政選挙での「一票の格差」を巡る訴訟を全国で初めて提起した越山康がいた。

## 企業トップも続々

経済界では、北島義俊が大日本印刷の会長だ。オーナー家の出身で、1979年から約39年間社長職を続け、18年6月末に会長になった。

渡文明は、日石三菱社長、経団連副会長を歴任し、現成城学園理事長だ。

北島義俊

新制出身の企業トップ経験者ではさらに、稲山孝英（ヤナセ）、伊藤瞭介（山水電気）、大野俊幸（コクド）、大崎文明（西武百貨店）、大跡一郎（相模ゴム工業）、岡本良幸（オカモト）、泉龍彦（クラリオン）、高野公秀（グリーンキャブ）、森部茂（ミツミ電機）、原康晴（日本コロムビア）、小嶋隆（日能研関東）、田所浩志（大学通信）らがOBだ。

旧制卒では、正宗猪早夫（日本興業銀行）、三橋誠（全購連）、山中宏（明治生命）、高垣佑（東京

三菱銀行）、大坪孝雄（王子製紙）がいた。大内照之は、世界銀行副総裁、世界自然保護基金日本委員会会長などを務めた。

植村秀は、シュウウエムラ化粧品の創業者だ。

米良はるかは、インターネットを通じて資金を集めるクラウドファンディングの会社「ＲＥＡＤＹＦＯＲ」を日本で初めて立ち上げ、現在はその代表だ。

黒田麻衣子は、全国にビジネスホテルを展開する東横インの社長だ。創業者の父から社長の座を引き継いだ。聖心女子大卒。

学者・研究者では、旧制卒に文化勲章受章者が2人いる。アメリカ政治史が専門の斉藤真と、東京芸術劇場などを設計した建築家の芦原義信だ。芦原は、東京府立第一中学（現日比谷高校）卒後に成城高校に入学した。

法学者の加藤一郎は民法が専門だ。東京大総長、成城学園学園長を務めた。前述の小宮山洋子は娘だ。

## 東大紛争時の総長・加藤

加藤は、旧制成城高校の尋常科・高等科に在籍し飛び級で東大法学部に入学、東大教授になった。東大紛争収拾のため東大総長代行に起用され、69年1月には東大安田講堂の封鎖解除を警視庁に要請した。翌年に総長になった。

憲法学者で法政大総長を務めた中村哲は、東京府立三中（現両国高校）卒後に入学した。

日高敏隆は動物行動学者で、滋賀県立大の初代学長を務めた。

新制卒では、物性工学の尾鍋研太郎、文化人類学の石川登、サイエンス・アート研究の石黒敦彦、メディア文化論の純丘曜彰、歴史学者で天皇陵の研究を続けている外池昇、古美術研究家の青柳恵介、民俗学の小泉凡がＯＢだ。小泉は、ギリシャ生まれの小説家である小泉八雲の曽孫だ。

医師で言語学者の山浦玄嗣は、三陸沿岸の気仙地方の言語を「ケセン語」と呼ぶことを提唱した。

岡部信彦は感染症研究の第一人者だ。脳神経外科医の立嶋智もいる。

旧制成城高女出身の神谷美恵子は精神科医・翻訳家で、ハンセン病治療についても尽力した。実兄はフランス文学者の前田陽一で、旧制成城高校卒だ。

英語学者の中村道子も成城高女卒で、国連主催の世界女性会議などで女性の地位向上について活動した。

7年制の旧制成城高校は背広の制服を着こなし、文化的、芸術的センスを重視する自由な校風で知られた。

官立の旧制高校を象徴する「弊衣破帽」とは対極的なスマートな生徒たちで、「成城ボーイ」の名で呼ばれた。「成城」という街のモダーンなたたずまいも、影響したのだろう。

新制の成城学園高校も、旧制時代からの校風を引き継いでいる。裕福な家庭の子女が多く、趣味も豊かで、生徒は互いの個性を尊重しあっている。

大学受験勉強にあくせくすることもなく、文化や芸術、芸能方面で才能を開花する卒業生が多い。著名な文化人や芸能人の二世も、たくさんいる。成城学園高校の華やかな雰囲気を醸し出しているOB、OGたちを見てみよう。

旧制成城高校のうち、尋常科（4年制）は現在の成城学園高校の前身とみなすことができる。さらに他の旧制中学を経て、旧制成城高校に入ってきたOBについても、成城学園高校は同窓とみなしている。

小説家の大岡昇平と安部公房が旧制時代の卒業生だ。大岡は旧制青山学院中学部（現中等部）から編入してきた。安部は満州の旧制奉天第二中学を「四修」で卒業して入学した。

小説家としては「辻井喬」を名乗った西武流通グループ代表の堤清二も、東京府立第十中学校（現都立西高校）を経て旧制成城高校に進学してきた。

直木賞作家の神吉拓郎は、旧制私立麻布中学（現麻布高校）卒後に入学してきた。

## 文化人、芸能人がいっぱい

新制卒のモノ書きでは、エッセイストの斎藤由香が売れっ子だ。中学から大学まで成城学園で過ごした。サントリーに勤務しながら、週刊新潮などにエッセーを連載している。

祖父は歌人・精神科医の斎藤茂吉（旧制私立開成中学・現開成高校卒）、父は作家の北杜夫（旧制私立麻布中学・現麻布高校卒）だ。由香は「おおらかな学校で、偏差値とは無縁の環境で学校時代を過ごした」と回想している。

編集者、フリージャーナリストの矢崎泰久は、初等学校（小学校）から高校まで成城学園で、早稲田大中退だ。ミニコミ誌の『話の特集』を創刊し、編集長を30年間も務めた。

エッセイストでは、小沢征良が初等学校から成城学園で大学は中退して上智大に移った。小説家、写真家の椎名桜子もOGだ。

脚本家、小説家では、向田邦子賞を受賞した筒井ともみがいる。

翻訳家では、鴻巣友季子が光っている。英語翻訳家で、ミステリー、サスペンス物が多かったが、最近は純文学の翻訳まで領域を広げている。

音楽家では、指揮者の小沢征爾が中学校から成城学園で、高1まで進んだが、師匠の斎藤秀雄（旧制私立暁星中学・現暁星高校卒）の導きで私立桐朋女子高校音楽科へ第1期生として転校した。前述の小沢征良は長女で、長男の俳優・小沢征悦は幼稚園から大学まで成城学園一筋だ。

指揮者では、やはり斎藤に師事した井上道義も中退している。作詞家では吉元由美がいる。

旧制高女出身の室井摩耶子は1921年4月生まれ。100歳が近づいた今も現役ピアニストだ。フルート奏者の植村泰一、クラリネットの二宮和子もいる。

藤井黎元は、成城大3年生の12年に、最年少で津軽三味線第5代日本一になった。三味線の西洋音楽へのアプローチを向上させた。

## 森山良子・直太朗もいる

歌手では、作詞家、女優でもある森山良子がいる。『さとうきび畑』で2002年にレコード大賞の最優秀歌唱賞を受賞している。長男の歌手森山直太朗は、初等学校から大学まで成城学園一筋だ。

歌手の三浦祐太朗は大学まで成城学園だ。父は俳優の三浦友和（東京都立日野高校卒）で、母は元歌手、女優の山口百恵（東京・私立日出女子学園高校・現日出高校卒）だ。弟の俳優・三浦貴大は成城学

森山良子

園高校から順天堂大スポーツ健康科学部に進学した。

　本城未沙子、小宮山雄飛、女性アイドルグループ「AKB48」チームの一員で気象予報士の武藤十夢もいる。

　昭和のグループ・サウンズ全盛時代に人気を集めた小松久がOBだ。カントリーミュージックで鳴らした歌手、俳優の小坂一也は中退している。

　俳優では、大正から昭和にかけての俳優・阪東妻三郎（旧制尋常小学校卒）の息子の内、3男の俳優・田村正和、4男の俳優・田村亮がOBだ。正和はテレビドラマ界での主演スターとしての地歩を築いた。

　俳優の高嶋政宏・政伸兄弟も、そろって卒業生だ。

田村正和

　宝塚歌劇団出身の女優では、花組トップ娘役だった蘭乃はながいる。歌舞伎役者では、5代目中村米吉がOBだ。
　俳優、女優、タレントは、なお目白押しだ。砂川啓介、竹田公彦、金田賢一、石黒賢、及川光博、なべやかん、鶴田真由、木村佳乃、山口もえもOB、OGだ。この内、砂川は、NHK「おかあさんといっしょ」の初代「体操のおにいさん」で、17年7月に死去した。
　芸能人の2世が多いが、金田賢一は父が元プロ野球監督の金田正一（名古屋市・私立享栄商業高校・現享栄高校中退）、石黒賢の父は日本プロテニス界のパイオニアである石黒修（兵庫県・私立甲南高校卒）だ。

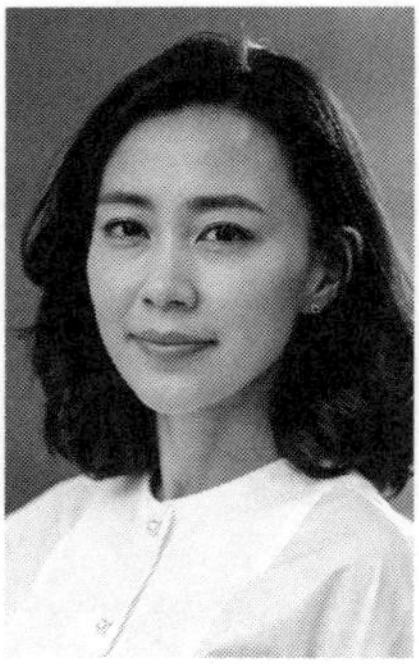
木村佳乃

　映画プロデューサー、俳優の黒沢久雄は、映画監督・黒沢明（東京・旧制私立京華中学・現京華高校卒）の息子だ。妹の黒沢和子も成城学園高校卒で、映画衣装デザイナーだ。
　映画監督、脚本家の深作健太は、映画監督・深作欣二（茨木県立水戸第一高校卒）の息子だ。

## 雑誌モデルの黒田知永子

黒田知永子（1961年6月生まれ）は、ファッションモデルとして40年近く活躍している。成城大短期大学部（07年に廃止）在学中から雑誌モデルになり、30歳台以降、主婦向けファッション雑誌の表紙モデルとして引っ張りだこになり、テレビ番組やCMにも出演している。

黒田より23期後輩の絵美里はこの数年、若手のファッションモデルとして多くの雑誌に登場している。

成城学園中学在籍時よりファッション雑誌に出ていた花田美恵子は現在、ハワイ在住のタレントだ。元横綱の3代目若乃花（東京・私立明治大学附属中野高校中退）の妻だったが、07年に離婚した。

アナウンサーでは、TBS出身のフリーアナウンサー、雨宮塔子がいる。19年5月までTBSの「NEWS23」のメーンキャスターを務めた。

伝統芸能では、観世流シテ方能楽師で重要無形文化財「能楽」保持者（総合認定）の梅若長左衛門、9世観世銕之丞、清元宗家七世家元の清元延寿太夫が卒業生だ。

川上紹雪は、茶の湯の伝統を継承する江戸千家宗家の副家元だ。

美術では、日本画家の福王寺一彦がいる。妻の朱美は同級生で、宝石鑑定士だ。花芸安達流創始者の安達瞳子もいた。

## 馬術やテニスで活躍

成城学園高校は部活動も活発だ。生徒の7割が参加している。文化部では吹奏楽、美術、演劇、写真など、運動部もラグビー、野球、スキーなど多くの部が中高共通だ。高校では、馬術、ゴルフ、チアダンス、ライフセービングなど、他校にはあまり見られない部もある。

馬術では、村上捷治が92年のバルセロナ五輪で監督を、松平頼典が64年の東京五輪に選手として活躍した。前述の女優・木村佳乃も馬術部OGだ。

坂井利郎は70年代に日本のテニス界をリードし、4大世界大会にも出場した。昭和電工専務を務めた安西孝之は、日本体育協会会長、日本ゴルフ協会会長を歴任した。

吉村祥子は高3でレスリングを始め、89年の女子レスリング世界選手権で金メダルを取った。

# 聖心女子学院高等科

●私立　●港区

閑静な住宅街の一角に、ひっそりとたたずんでいる学校だ。住所は港区白金になるが、女性雑誌が1998年に周辺に居住する主婦を「シロガネーゼ」という造語で紹介したことから、ひときわ高級感あふれるエリアになった。

聖心の名が全国に知れわたったのは、60年前にさかのぼる。美智子上皇后が1959（昭和34）年4月10日に、当時の皇太子明仁親王＝現上皇と結婚したことが、きっかけとなった。

旧姓正田美智子（1934＝昭和9年＝10月20日生まれ）は、中等科から大学まで聖心女学院で、大学の卒業式では総代として謝辞を読んだ。皇室ゆかりの学習院卒ではなかったこともあり、聖心が一躍、脚光を浴びることになった。

## 「粉屋の娘」から皇后に

美智子妃は日清製粉の創業家の生まれだった。旧皇族・華族出身ではなく、民間出身の皇太子妃の誕生だった。米紙は当時、「日本の皇太子は粉屋の娘と結婚した」と報じた。89年1月8日、親王の天皇への即位に伴って皇后となり、19年4月30日、天皇の退位に伴い上皇后となった。

美智子上皇后

清楚で知的な美貌の美智子妃は、テレビ草創期という当時の時代背景もあり絶大な人気を集め、「ミッチー・ブーム」が起きた。平成時代はもちろん、令和になっても、美智子上皇后は国民の間ですこぶる敬愛され、親しまれている。

ただし、聖心は単なるお嬢様学校ではない、ということを強調しておこう。国連難民高等弁務官などを務め数々の国際紛争の現場に立ち会い、文化勲章も受章している緒方貞子が卒業生だ。19年10月に死去した。

緒方は、小学5年から大学まで聖心だ。卒業後は米ジョージタウン大、カリフォルニア大バークレー校の大学院で学び、国際政治学の博士になった。上智大学で長年、教壇に立っていた。

「アッキー」の愛称で呼ばれる安倍昭恵も、初等科から高等科まで聖心だ。首相安倍晋三（東京・私立成蹊高校卒）の夫人で、ファースト・レディーとして多くの名誉職に就き、なにかと話題が集まる。

卒業後は聖心女子専門学校に進み、立教大大学院で修士号（比較組織ネットワーク学専攻）を取得している。電通でOLをした。12年から東京・内神田で料理店を開いている。晋三は行ったことがないというが、黒字経営だという。

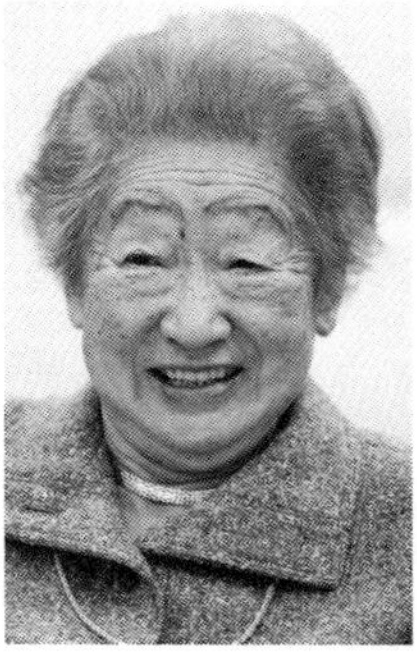
緒方貞子

随筆家の麻生和子も高等科まで聖心で、ローマの聖心女学院を経てロンドン大に留学している。元首相で現副首相・財務相の麻生太郎（東京・私立学習院高等科卒）の母で、元首相・吉田茂（東京・私立正則尋常中学・現正則高校卒）の娘だ。
麻生太郎の実妹である寛仁親王妃信子は中等科まで聖心だったが、英国の花嫁学校に進学している。
13年9月のアルゼンチン・ブエノスアイレスでのIOC（国際オリンピック委員会）総会での東京五輪招致のスピーチが話題になった憲仁親王妃久子（高円宮妃）も、中等科まで聖心で、その後は英ケンブリッジ大で学んだ。

## 政治家やその妻も

政治家の妻で聖心出身者は、たくさんいる。元首相・橋本龍太郎（東京・私立麻布高校卒）の夫人橋本久美子、元衆院議長・伊吹文明（京都市・京都府立嵯峨野高校卒）夫人の伊吹祐子、元外相で参院議員・中曽根弘文（横浜市・私立慶応義塾高校卒）の夫人中曽根真理子らが、初等科から大学まで聖心一筋だった。

政治家本人で、聖心・高等科出身の卒業生もいる。

元衆院議員の中川郁子（自民党）は聖心一筋だ。夫の元財務相・中川昭一（東京・私立麻布高校卒）が死去した後の地盤を引き継ぎ2期務めた。

しかし17年10月の総選挙では北海道11区で、元アナウンサー、石川香織（立憲民主党）との一騎打ちになった。石川は中等科から大学まで聖心で、中川の後輩だ。同窓同士の対決は、石川が制し初当選した。

衆院議員の渡嘉敷奈緒美（自民党）は4選している。中高が聖心で昭和大薬学部に進学し、東京杉並区議を経て05年に衆院議員となった。

神奈川県逗子市で市長を務め、「池子問題」で奔走した沢光代もOGだ。

外務省のキャリア男性官僚の夫人たちの出身高校を見ると、聖心・高等科卒がたくさんいる。元駐米大使でプロ野球コミッショナーをしたが統一球問題で騒動となった加藤良三（東京・私立成蹊高校卒）の妻花世、前駐米大使の藤崎一郎（横浜市・私立慶応義塾高校卒）の妻順子はじめ、各国駐在大使の妻たちなどその数は計20人近くにのぼる。

経済界で活躍している卒業生では、森トラスト社長の伊達美和子がいる。不動産の総合企業である森グループの創業ファミリーの一員だ。

アート・カルチャー、トラベル、食の分野に関連した国際ビジネス、文化交流事業の企画、プロデュースを行っている「コア・エス」代表の矢幡聡子がいる。

国際弁護士の斎藤亜紀は、国際取引法、国際民事訴訟法などが専門で、知的財産権やソフトウエアに関する交渉経験も多かった。

社会貢献活動に情熱を燃やしている卒業生では、浅野万里子が公益社団法人ガールスカウト日本連盟の前会長だ。

## 難民支援に力をそそぐ

英オックスフォード大やサセックス大などの大学院で難民学の修士号を取得している橋本直子は、国際移住機関などの各種国際団体で難民保護や移民政策などに携わっており、この分野での第一人者だ。

杉原たみは、国連職員としてミャンマー、タイなどの現場で難民支援活動をした。

浅野恵子は、NPO法人（特定

非営利活動法人）ワールド・ビジョン・ジャパンで、緊急人道支援などを行っている。東日本大震災で大きな被害をこうむった三陸沿岸の復興支援活動にも力を入れている。

喜谷昌代は、重い病気の子どもと家族を支える「キッズファム財団」を設立し、理事長だ。

聖心は1908（明治41）年に設立された財団法人私立聖心女子学院がルーツだ（現在は学校法人）。フランス系のカトリック女子修道会である「聖心会」を母体に、設立されている。

白金キャンパスは、初等科、中等科、高等科の12年間を教育する場であるが、少人数教育が徹底している。初等科の入学定員は96人、5年次に24人の転・編入がある。

それ以降は、中等科1年に若干の海外帰国子女を受け入れるだけだ。

中等科1年の入試は、14年度からなくなった。ただし、姉妹校どうしの転・編入は柔軟に行われている。

教育方針はキリスト教の価値観に基づいて、「①魂を育てる　②知性を磨く　③実行力を養う」だ。朝礼と終礼にはお祈りがある。聖母戴冠式はじめ、宗教行事も折々に行われる。

## 「4・4・4制」をとる

初中高一貫教育を同一のキャンパスでできる利点を生かして、創立100周年の08年度から「4・4・4制」をとっている。「基礎・基本の習得を大切に」というファーストステージ（初等科1年から4年まで）、「定着・習熟で伸長させる」というセカンドステージ（初等科5年から中等科2年まで）、「応用・発展で深化させる」というサードステージ（中等科3年から高等科3年まで）だ。

英語は、独自の教材で初等科1年から授業がある。サードステージでは、特に国際性を育てる教育に力を注いでいる。カンボジア体験学習、オーストラリア語学研修、姉妹校短期交換留学など多彩なプロジェクトが組まれている。

高校生が様々な国際問題について解決策を討議する模擬国連全米大会には、全日本大会で選出された代表5組が、出場する。聖心・高等科の生徒は、これに何度も出場を果たしている。

聖心会シスターで、学校法人聖

心女子学院などの指導者になっている卒業生としては、新庄美重子（聖心会日本管区管区長）、宇野三恵子（学校法人聖心女子学院理事長）、岡崎淑子（聖心女子大学長）、大山江理子（聖心女子学院校長）らがいる。

学校法人聖心女子学院は7つの学院に児童、生徒、学生を約6100人、教職員を約500人、擁している。

北海道に札幌聖心女子学院（札幌市中央区）、東京に聖心女子大学（渋谷区広尾）、聖心インターナショナルスクール（同）、聖心女子専門学校（港区白金）、聖心女子学院（同）、静岡県に不二聖心女子学院（裾野市）、兵庫県に小林聖心女子学院(宝塚市)がある。

聖心女子学院の同窓会は「みこころ会」という名称で、明治以来の7000人を超える卒業生が会員だ。豊かで教養がある家庭で育っている卒業生が多い。洗礼を受けている生徒は15%ほどいる。

## 聖心ファミリーがたくさん

祖母―母―娘、姉妹などがそろって聖心に通ったというファミリーが、たくさんいる。中には4代、5代にわたって聖心、という一族もいる。

戦前の外交官に武者小路公共という人物がいた。小説家の武者小路実篤（旧制学習院中高学科・現私立学習院中高等科卒）の実兄だ。公共の妻・スザンヌ不二子は、聖心会の修道女から最初に学んだ生徒だったが、息子の嫁・喜久子、その娘・志場由紀子、そのまた娘・田中由実子も聖心一筋だった。さらに、由実子の娘も現在、聖心に通学している。すべて女系というわけではないが、「5代にわたり聖心」という例である。

高等科を卒業したのちは、約120人の生徒のうち半分弱が推薦により聖心女子大に進学する。聖心女子大は文学部（19年度からは現代教養学部に改称）のみなので、他大学を受験する生徒も最近は増えている。

毎年度の他大学への進学者は、東京大、一橋大、早稲田大に各1人、慶応大に数人、私立大医学部に数人など。

文化人、学者・研究者、スポーツ選手などとして活躍している聖心女子学院高等科卒の女性たちを見てみよう。

## 曽野綾子が聖心一筋

小説家で、2003年に文化功労者に選定されている曽野綾子の知名度が高い。幼稚園から大学まで聖心一筋で、クリスチャンだ。保守論客の一員であり、持論をズバリと言うため物議をかもすことがある。05年までの10年間、日本財団会長を務めた。

夫は、小説家で文化庁長官などを務めた三浦朱門（旧制東京府立第二中・現都立立川高校卒）だ。三浦も文化功労者に選ばれている。

曽野綾子

随筆家でイタリア文学者の須賀敦子は、聖心女子学院と小林聖心女子学院（兵庫県宝塚市）との間で転校を繰り返しながら聖心女子大文学部英文科1期生となった。文化勲章を受章している前述の緒方貞子と同期だ。

詩人の斎藤恵美子もＯＧだ。

画家では、福田美蘭が新人洋画家の登竜門とされる安井賞を１９８９（昭和64）年に、20代の若さで受賞している。

それ以降、インド・トリエンナーレで金賞を受賞するなど内外で多くの賞を受賞、現代アートのリード役を果たしている。父はグラフィックデザイナーだった福田繁雄（岩手県立福岡高校卒）。

児島なおみは絵本作家。版画家の松島順子は、日米芸術家交換計画で日本側代表の一人としてボストンで制作活動に励んだ。

## 美術で活躍するＯＧ

日本画専門の美術館として知られる山種美術館（東京・広尾）の3代目館長をしている山崎妙子は、山種証券オーナー家の生まれだ。聖心・高等科―慶応大―東京芸大博士課程と進み、速水御舟の研究に打ち込んでいる。速水の長女・弥生も聖心卒だ。

老舗画廊の日動画廊のオーナー家の一員である長谷川千恵子は、その副社長と笠間日動美術館の副館長をしている。千恵子とその娘で日動画廊専務の長谷川暁子は、そろって聖心・高等科の卒業生だ。

シテ方観世流能楽師で重要無形文化財総合認定保持者に選ばれて

いる鵜沢久、その長女でやはり観世流能楽師の鵜沢光、華道広山流第4代家元の岡田広山、室町時代から受け継がれた武家礼法である小笠原流礼法の宗家である小笠原敬承もOGだ。

音楽では、高等科卒後に桐朋学園大・作曲科に進んだ金子仁美がいる。一弦琴宗家の峯岸一水もOGだ。

学者・研究者になった卒業生も、たくさんいる。

ロシア文学者の安岡治子と、比較文学のエリス俊子は、ともに東京大大学院総合文化研究科教授だ。安岡は、作家の安岡章太郎（旧制第一東京市立中学・現千代田区立九段中等教育学校卒）の長女だ。上智大―東京外大大学院スラブ語学科修士課程―東京大大学院露文科博士課程というコースをたどって学者となった。

## 国際基督教大学長も

言語学者で国際基督教大学長をしている日比谷潤子、国際政治学者の佐伯康子、福祉社会学・比較文化学が専門で日本手話学会会長もした渋谷智子、米ニューヨーク大教授で日本思想史を研究している塙由紀子、心理学者で臨床心理士でもある黒川由紀子、英文学者で翻訳家の安達まみが卒業している。

織田頼は、68（昭和43）年以来35年間にわたって米ハーバード大東アジア学部日本語科で日本語講師を務めた。日本語教育のみならず日本の政治、経済、文化の紹介を行い、多数の学生を薫陶した。

医学系では、分子細胞研究者の稲垣奈都子、東京女子医科大病院の医師で乳がんが専門の医師・坂本明子、小児科医で小児精神の研究をしている小国美也子らがいる。

有田悦子は薬剤師、臨床心理士で、災害被災者の「心のケア」について、研究・実践をしている。

小菅二三恵も臨床心理士で、更年期、親子関係など女性の精神保健全般の臨床・研究に取り組んでいる。

多くのテレビドラマの演出、監督をしてきた星田良子、政治ジャーナリストの細川珠生もOGだ。本間絹子はCMプランナーだ。

早稲田大に進学し番組制作会社に就職した枝見洋子は、朝井リョウ（岐阜県立大垣北高校卒、13年に直木賞受賞）著の「桐島、部活やめるってよ」の映画化を企画し、それを実現させた。この映画は、12年度に多くの映画賞を受賞した。

枝見は、弱冠26歳にして映画のプロデューサーとなった。その後、「アズミ・ハルコは行方不明」などの製作にもタッチした。

茂木令子は、多くの演劇で舞台監督やプロデューサーをしている。小川絵梨子は、外国の演劇脚本の翻訳や演出で才能を発揮している。

元タレントの伊原凛は、09年にお笑いのダウンタウン・松本人志（兵庫県立尼崎工業高校卒）と結婚後は、引退して松本のマネージャーをしている。

女優では上村香子が聖心・高等科卒、川口晶、石原真理は高等科を中退している。

## 料理研究家の辰巳芳子

辰巳芳子は料理研究家として名が通っている。料理研究家の草分け的存在である母親・辰巳浜子（東京・私立香蘭女学校＝現香蘭中高校卒）のあとを継ぎ、家庭料理、西洋料理の研究をしている。近年は、安全で良質な食材を次世代に残す運動をしている。

井上絵美も料理研究家、笠井奈津子は栄養士でフードアナリストだ。

岡庭加奈は西洋占星術研究家、城素穂はフード、インテリアのスタイリストだ。

田中ウルヴェ京は、日本大体育学科に進学し、88年のソウル五輪で小谷実可子（東京・私立桐朋女子高校卒）と組んでシンクロナイズドスイミング・デュエットに出場し銅メダルを獲得した。

田中は現在、スポーツ選手のメンタルトレーニング指導や、テレビのコメンテーターとして活躍している。

井上喜久子は東京、ミュンヘン、ソウル五輪の馬場馬術競技に日本代表選手として出場した。1988年のソウル五輪に出場した時は63歳9ヵ月で、これは日本の五輪史上で女性選手としては最高齢の記録だ。18年2月に93歳で死去した。

田中ウルヴェ京

# 田園調布雙葉高校

●私立　●世田谷区

東京都の南部にある「田園調布」は、高級住宅地として知られる。その町域は広く、大田区と世田谷区にまたがる。田園調布雙葉《ふたば》高校の所在地は世田谷区側の玉川田園調布だ。周辺はもちろん閑静な住宅地だ。

幼稚園から高校までの女子のみの一貫教育校で、設立は１９４１（昭和16）年。戦後の学制改革に沿って新制の中・高校に衣替えした。略称は「田雙《でんふた》」だ。

東京・千代田区にある雙葉高校や横浜雙葉、静岡雙葉、福岡雙葉は姉妹校だ。いずれもフランス・カトリック系の「幼きイエス会」が設立母体だ。

校訓は「徳においては純真に義務においては堅実に」だ。これは、姉妹校5校共通だ。

## 姉妹校5校共通の校訓

キリスト教の教育理念に基づき、週に1時限（50分）、宗教の授業がある。高3では、14人が定員のキリスト教に関する福祉演習もある。毎朝には講話や聖火を歌う祈りの時間もある。

部活動は活発だ。音楽部、ミュージカル部、創作ダンス部がある。運動部では、後述の皇后が創立したソフトボール部や卓球部、バスケット、バレーボール、剣道、合気道部など21の部がある。

生徒は、世田谷、大田、目黒区など東京南部の居住者が多い。横浜市、川崎市からも通ってくる。医師や高給サラリーマンなど裕福な家庭の娘が多い。

「田雙」は幼稚園で60人が入園、小学校で60人が入学し1学年が計１２０人になる。中学、高校とそのまま持ち上がる。中学、高校からの生徒の定期募集はしていない。ただ、姉妹校などから年に数人、編入を受け入れることはある。

幼稚園からの入園者は計14年間、小学校からの生徒でも計12年間、一緒に過ごす。１２０人という少人数で、濃密な学園生活をおくる

ことになる
「田園調布にある」ということもさることながら、当時の皇太子徳仁親王（東京・私立学習院高等科卒）が93年に小和田雅子と結婚したのをきっかけに、「田雙」の知名度は一気に上がった。「お嬢様学校」として全国区となった。
雅子妃は、東京の公立小学校から3年生の時に田園調布雙葉小学校に編入、中高と計7年余、通学している。高校1年の7月に外交官の父親・小和田恒（新潟県立高田高校卒、国連大使、国際司法裁判所所長など歴任）が米ハーバード大客員教授に就いたため渡米した。マサチューセッツ州立ベルモント・ハイスクールを卒業し、ハーバード大―東京大を経て、外務官僚になった。
19年5月1日、徳仁親王の天皇への即位に伴い雅子妃は皇后となった。

## 「田雙」一家の雅子皇后

小和田ファミリーは「田雙」一家だ。皇后の母親・小和田優美子と妹2人も「田雙」出身だ。

小和田家のように、親子、姉妹が「田雙」という例は数多い。学校と家庭との結びつきが、すこぶる強いのだ。

「田雙」は生徒の親とも濃密な付き合いをしている。父親たちを対象にした1泊2日の合宿「保護者研究会」が年に2回、開かれている。母親を対象にした聖書講読の催しも年に8回開かれているが、こちらは泊り込みではない。

親しくなった父親同士が呼びかけあって、親睦の集まりをもったり、ゴルフコンペを開催することもある、という。

雅子皇后

校長の滝口佳津江はOGだ。大学進学について「うちの生徒は感性が豊かで、多才。入試の難関度合いではなく、各自の判断で自分らしさを生かせる大学・学科を選んでいる」という。
大学進学は、私学が多い。毎年度、現役で慶応大に約20人、早稲田大に数人、上智大に約10人が進学している。国立大にも毎年度、東京大、一橋大に各1～2人が合格し、進学している。

知名度が高いのは、「首相を目指す」と公言している自民党の衆院議員で元総務相の野田聖子だ。37歳の若さで郵政相に抜擢されるなど3度、入閣し、自民党総務会長も務めた。

野田は、「田雙」を中退し、米国の高校に留学した。のちに結婚する男性と体外受精に挑み、11年1月に50歳という高齢出産で男児が誕生した。

報道キャスター、フリーアナウンサーの長野智子も、知られている。幼稚園から「田雙」で、高校では野田の2学年後輩、雅子皇后の1学年先輩だ。14年からは、米国のネット報道機関であるハフィントン・ポスト日本版の編集主幹を務めている。


スポーツキャスターの長島三奈もいる。「ミスター」と呼ばれる読売ジャイアンツ終身名誉監督の長嶋茂雄（千葉県立佐倉第一高校・現佐倉高校卒）の次女だ。

母親の亜希子は、「田雙」在学中に米国に留学した。

王理恵はスポーツキャスター、野菜ソムリエだ。ホームラン王として鳴らしたプロ野球の王貞治（早稲田実業学校高等部卒）の次女だ。

## アナウンサーも多数

アナウンサー、ニュースキャスターのOGは、10数人いる。NHKの宮本愛子はじめ、杉上佐智枝、小笠原保子、梅津弥英子、前田有紀、須黒清華、高見侑里、青柳愛、芦崎愛らだ。

中井貴恵

女優では中井貴恵がいる。エッセイストでもあり、大型絵本と生の音楽をつけた「読み聞かせ」でも人気がある。
宝塚歌劇団で活躍している女優もいる。早花まこは06年、『ベルサイユのばら』で少女時代のオスカル役を演じた。元宙《そら》組トップスターの女優、大空祐飛は、田雙の中学3年で宝塚に合格したため、高校には進学していない。
歌手では、『世界は二人のために』で1967年に歌手デビューした相良直美がいる。69年には『いいじゃないの幸せならば』が大ヒットした。

現在は芸能界から遠ざかり、優良家庭犬普及協会専務理事や実業家として活躍している。

音楽大に進み、才能を開花した卒業生も多い。

オペラ歌手では大村博美、鷲尾麻衣、松井菜穂子がいる。

バイオリニストでは牧山純子、石橋尚子らが、ピアニストでは津田真理、小池美奈、池村京子、浅川真己子、浅川真衣、福崎舞由子らがいる。

作曲家の平井京子、ハーブ奏者の新井薫、オカリナ、フルート奏者の岡村美帆、箏曲の衣笠詠子もいる。衣笠は幼少より生田流宮城派の手ほどきを受け、都立高校の伝統芸能授業にて特別講師を長年、務めてきた。

現代美術家の岡田裕子、漫画家の一本木蛮もOGだ。

ビジネスに情熱を燃やしている卒業生もいる。御手洗瑞子は宮城県気仙沼市で、手編みのセーターやカーディガンを製造・販売する気仙沼ニッティング社長だ。東日本大震災で被災した気仙沼の産業復興の一助になれば、と立ち上がった。

## ブータンの首相フェロー

御手洗は東大経済学部に進学し、マッキンゼー・アンド・カンパニーを経て10年9月から1年間、ブータン政府の首相フェローとして産業育成に尽力した。

石渡美奈は、ホッピービバレッジの3代目社長だ。ビール味の低アルコール清涼飲料として人気のホッピーを開発した石渡家の生まれで、会長の父親と共に10年から経営を担っている。

民間エコノミストでは、翁百合がOGだ。慶応大から日銀を経て日本総合研究所に入り、現在は理事長だ。政府税制調査会など各種の公的委員を務めている。

米ニューヨークに拠点を置く写真家の渡辺奈々は、世界の社会企業家を紹介する『チェンジメーカー』を著し、世にその存在を広くアピールした。慶応大卒後に米国の大学院に進み、1980年にニューヨークで写真家として独立した。

学者では、西洋史学、宗教学の小堀馨子がいる。―古代地中海地域の宗教史が専門だ。

# 桐朋高校

●私立　●国立市

東京の西郊にある国立市《くにたち》。一橋大などがある文教地区だ。

桐朋高校はその一橋大の南300メートルにあり、武蔵野の面影をとどめる緑と調和した校地だ。

1941（昭和16）年に、私立の第一山水中学として開校し、学制改革で新制の桐朋中・高校に改編された。中高6年一貫の男子校だ。東京・調布市にある桐朋女子高校とは、学校法人桐朋学園傘下の姉妹校だ。

自由闊達にして自主性を尊重する校風のもと、「豊かな心と高い知性を持つ創造的人間として育成することに力を注いでいる」（校長・片岡哲郎＝静岡県立静岡高校卒）という。

ホームルームクラス編成は、中学からの内部進学生（260人）と高校新入生（50人）の混成で、学年が進んでも文系・理系混成だ。

クラブ活動では、陸上競技、ソフトテニス、体操などが全国大会に出場する。野球、ラグビーは、都大会でベスト16になることもある。

大学入試では、第1志望を貫くために、半分近い生徒が浪人する。

2019年の合格者は浪人も含め、東京大11人、京都大10人、東京工業大11人、一橋大9人、北海道大7人、東北大12人などだ。

私大については延べで、早稲田大115人、慶応大89人だ。

## 個性的な弁護士・河合

卒業生には、個性が突出した弁護士がいる。国内各地での脱原発訴訟を主導し、「反原発の闘士」といわれる河合弘之だ。

河合は一方で、イトマン事件はじめ大型経済事件では多くの被告の弁護人を務め、「バブル紳士の守護神」と呼ばれていた。

文芸では、「三毛猫ホームズシリーズ」などで知られる小説家の赤川次郎がいる。編集者、小説家の嵐山光三郎もOBだ。

編集者、エッセイストの亀和田

武、推理作家の五十嵐貴久、絵本作家の五味太郎もいる。

学者では、計量経済学の国友直人、水産学の古谷研、経済政策学の松原聡、政治思想史の宇野重規、英文学者で翻訳家の小田島恒志、民法の塩沢一洋、ラテンアメリカ近現代史の加茂雄三、地震地質学の山崎晴雄、教育学の児美川孝一郎、メディア社会文化の黒須正明、国際政治学の重村智計らが卒業生だ。

## 日本人のルーツを探る

海部陽介は国立科学博物館人類史研究グループ長だ。16年には、日本人のルーツを探る「3万年前の航海徹底再現プロジェクト」の一環で、与那国島から西表島へ草束舟で渡る実験を行い、話題になった。

19年夏には手こぎの丸木舟で台湾・与那国島間（直線距離で110キロ）を渡る航海に挑んだ。

森田真生は、数学をテーマとした著作、講演活動を行う在野の研究者で、16年には第15回小林秀雄賞を受賞した。

神林龍は労働経済学が専門だ。

医師では垣添忠生が国立がんセンター総長のあと、日本対がん協会会長だ。

社長を経験するなどビジネスで活躍しているOBでは、中里佳明（住友金属鉱山）、牛田一雄（ニコン）、生江隆之（三井ホーム）、久保征一郎（ぐるなび）らがいる。

赤川次郎

中村芳夫は、経団連の副会長・事務総長のあと現駐バチカン大使だ。

政官界では、自治官僚出身で京都府知事を4期16年間務めた山田啓二、前内閣法制局長官の横畠裕介、防衛事務次官を務めた西正典、元東京高裁判事の山室恵らがOBだ。

荒木和博は韓国・北朝鮮問題研究者で、特定失踪者問題調査会代表などを務めている。

芸能では、俳優の宍戸開と西島秀俊がいる。宍戸は俳優の宍戸錠（宮城県立白石高校卒）の長男だ。

父親の「錠」にちなんで、息子を「開」とした。

# 桐朋女子高校

●私立　●調布市

小沢征爾はじめ多数の第一級の音楽家を輩出する一方、小説家、画家、タレントなどとして活躍する女性もたくさん出している高校だ。

「女子」を名乗りながら男子も卒業しているのは妙な感じだが、国立の奈良女子大学附属中等教育学校（奈良市）などもそうだ。

学校法人桐朋学園は、男子部門（東京都国立市）、女子部門（調布市）、音楽部門（調布市、富山市）の3つに分かれている。

女子部門には幼稚園から短大まであり、小中高一貫の教育体制になっている。音楽部門は高校から大学院大学まである。

いささかややこしいのだが、こういう学園組織の中で桐朋女子高校には、普通科と音楽科が併置されている。普通科は女子のみだが、音楽科は男女共学になっており、小澤はここの卒業生だ。

## 男女共学で小澤征爾も

桐朋女子高校は1947（昭和22）年の設立だが、その前身の山水高等女学校は41年に開設されている。52年には音楽科が併設された。

「自主的、創造的な人間の育成」が桐朋学園全体の教育目標であるが、六十余年になる桐朋女子高校音楽科は、日本の音楽教育をリードし世界にもその名が鳴り響く存在になっている。

1学年100人という少人数教育だ。専門実技としては、ピアノ、弦楽器、管楽器、打楽器、ハープ、声楽、作曲（指揮）がある。それぞれの楽器ごとに専門の講師の先生が配置されている。

語学では、必修の英語のほか2、3年生ではドイツ語・フランス語も選択できる。将来は欧米に留学しようと考えている生徒にとっては、必須の語学だ。

高校という枠に収まらない大学並みの特色あるカリキュラムが組まれている。週1時間の個人レッスン、多岐にわたる専門教育と普通学科、自由にチームを組んでレッスンを受けられる室内楽、選択副科、伝統ある合奏・オーケストラ授業……などだ。

「世界のオザワ」として国際的な評価が確立している小沢は、成城学園中学（東京・私立）時代はピアノを習っていた。しかしラグビーの試合で指をけがしたためピアニストの夢を断念した。

## 斎藤秀雄門下が多数

成城学園高校に進み、チェロ奏者で指揮者の斎藤秀雄（東京・私立旧制暁星中学・現暁星中高校卒）の指揮教室に入門した。1年たってから斎藤の肝いりで設立された桐朋女子高校音楽科に第1期生として入学した。

同期の男子は4人。小沢に加え、村上綜（声楽）、林秀光（ピアノ）、堀伝（バイオリン）だ。女子の同期には、ピアニストの江戸京子がいた。

斎藤は小沢に、指揮の動作を猛烈レッスンした。「動作を体にたたき込むのに歩いている間も電車に乗っている間も腕を振った。変なやつと思われただろうが、周りの視線にも気付かないくらい集中していた。」（日本経済新聞14年1月8日朝刊『私の履歴書』）という。

小澤征爾

シカゴ、ウイーン、ボストン、ベルリンなど欧米やNHKの楽団などで次々と指揮をとり、小沢は2008年には文化勲章を受章した。ボストン交響楽団の音楽監督は約30年間務めた。日本人として世界的に成功した音楽家となった。2010年に食道がんが判明、しばしば活動を休止しながらも指揮をとっている。

桐朋・音楽科卒で指揮者になった人物としては、小沢のほか秋山和慶、飯守泰次郎、井上道義、尾高忠明、高関健、大友直人、山下一史、宮本文昭、沼尻竜典らがいる。

大友は、古典音楽から現代音楽、ポップ、映画音楽とレパートリーが広い。

山下は86年、ベルリン・フィルハーモニー管弦楽団の公演で、急病のカラヤンの代役としてジーンズ姿で指揮したことが語り草になっている。

　元オーボエ奏者で指揮者に転向した宮本は、CM曲の演奏もしている。娘の宮本笑里（東京音楽大附属高校卒）はバイオリニストだ。

　演奏者として著名な人物が目白押しだ。まずはピアニストから挙げていこう。

　前述の江戸京子は、三井不動産のトップを務めた江戸英雄（旧制茨城県立下妻中学・現下妻第一高校卒）の娘だ。お茶の水女子大附属中・高校を経て桐朋の音楽科に入学、卒業後はパリ国立高等音楽院で修業した。

　江戸英雄は娘と同期の小沢の才能を買い、物心両面で小沢を援助した。小沢と江戸は結婚したが、数年で離婚している。

中村紘子

　中村紘子は幼稚舎から中等部まで慶応で、中3・15歳の時に大人にまじって受けた全日本音楽コンクールで史上最年少で1位・特賞に。「天才少女」といわれた。

　桐朋・音楽科に進学し、中退して米ジュリアード音楽院に進んだ。65年にショパン国際ピアノコンクールで第4位入賞した。以来、日本を代表するピアニストとして活躍した。

　筆もたち、89年には大宅ノンフィクション賞を受賞している。16年7月に死去した。夫は芥川賞作家の庄司薫（東京都立日比谷高校卒）だ。

　清水和音はジュネーブ音楽院に留学した。ショパンを中心に活発な演奏活動を続けている。

　野島稔、神谷育代、仲道郁代、花房晴美、岡田将、菊地裕介、1983年生まれの山本貴志らのピアニストも、桐朋・音楽科の卒業生だ。

## 「弦の桐朋」との定評

「弦の桐朋」と言われるが、その代表的な演奏者を紹介しよう。

　バイオリニストの堀米ゆず子は80年に日本人として初めてエリザベート王妃国際コンクールで優勝した。以降、ベルギーを本拠に活動している。フランクフルト国際空港で2012年、バイオリンを押収される騒ぎもあった。

高嶋ちさ子は、音楽科から桐朋学園大を経て米イェール大音楽学部の修士を終了というコース。1736年製のストラディバリウス「ルーシー」を保有している。話術も得意で、テレビ番組の司会やトーク番組への出演も多い。

諏訪内晶子は90年に、チャイコフスキー国際コンクールで優勝した。当時、桐朋・音楽科在学中の18歳。優勝は日本人として初めてで、最年少だった。

桐朋学園大を経て、ジュリアード音楽院、コロンビア大学、ベルリン芸術大学などで学んだ。ニューヨーク、ベルリンなど世界各国の著名オーケストラと共演している。CM出演もしている。

安永徹は、ベルリン・フィルの第1コンサートマスターの経験者だ。

神尾真由子は音楽科初の特待生で、07年にはチャイコフスキー国際コンクールで優勝した。日本人の優勝は諏訪内以来2人目だった。

## 国際舞台で活躍

国際的なバイオリニストの黒沼ユリ子は、1年生だった56年に日本音楽コンクールで1位になり、プラハに留学した。80年にメキシコに渡って「アカデミア・ユリコ・クロヌマ」を創立、1000人を超えるバイオリニストを育て、日本とメキシコの交流に貢献した。

バイオリン奏者ではさらに、徳永二男、加藤知子、長沼由里子、久保田巧、古沢巖、木野雅之、豊嶋泰嗣、竹沢恭子、矢部達哉、戸田弥生、玉井菜採、伊藤亮太郎らがいる。

バイオリニストの吉田恭子とシンガーソングライターのKOKIAは姉妹であり、そろって音楽科卒だ。

チェロ奏者では、前桐朋学園大学長の堤剛がいる。13年には文化功労者にも選定された。現在はサントリーホール（東京・港区）の館長だ。

チェロ奏者ではさらに、苅田雅治、岩崎洸、山崎伸子、長谷川陽子、古川展生、宮田大、横沢源らが卒業生だ。

全日本学生音楽コンクールは音楽を志す小学生から大学生までの登竜門となっている。

13年12月の第67回全国大会では、バイオリン部門高校の部で桐朋女子高校2年の宮崎真莉子（17）が1位、同校2年で双子の妹の真実子が2位になった。姉妹そろっての入賞は同コンクールの全国大会では初めてのことだった。2人は4歳でバイオリンを始めた。

世界に雄飛する多くの音楽家を輩出している桐朋女子高校。音楽科より先に設置されている普通科でも、社会の各方面で活躍する卒業生がたくさんいる。

桐朋学園は、山下汽船社長の山下亀三郎の寄付により1941(昭和16)年に開設された。当初は、男子校が山水中学校、女子校が山水高等女学校という校名だった。

戦後の学制改革の過程で男子校は桐朋高校に、女子校は桐朋女子高校に衣替えされ、さらに52年には音楽科（男女共学）が開設され、普通科（女子のみ）との両輪体制となった。男子部門を合わせた桐朋学園全体では現在、幼稚園から大学院大学までの総合学園になっている。

## 普通科卒でも各方面で活躍

「桐朋」という校名の由来は、衣替えに当たって東京文理大学・東京高等師範学校（のちの東京教育大、現在の筑波大）が強くサポートしたためだ。同大の務台理作学長が新制桐朋学園の初代理事長と校長を兼任、同大の校章の「桐」からとって校名にした。桐朋女子の校章にも桐が使われている。

校地は東京郊外の調布市にある。京王線か小田急線利用での通学となるため、調布市に加え世田谷区、杉並区在住の生徒が多い。

教育目標について同校は「確かな学力と豊かな感性の両方をバランスよく鍛え、生徒の自己教育力を育てる」と説く。「時代を創る女性（リーダー）」を、前面に掲げる。

学習面では、「考える」、「書く」、「表す」を大切にしている。

59年以来、帰国生の受け入れを熱心に進めてきた。現在も計約170人、36ヵ国から帰国した生徒が学んでいる。帰国生を特別扱いしないので、帰国生にも国内生にも互いに良い影響を及ぼしている。

卒業後の進路は多岐にわたる。海外の大学に直接、進学するケースも珍しくない。帰国生が多い環境もその要因の一つであろう。

19年度の大学入試では現役、浪人を合わせ、東京大、北海道大、東北大、お茶の水女子大に各1人、東京芸術大に3人が合格した。

私立大には延べ人数で、早稲田大15人、慶応大11人、日本女子大に12人が合格している。

## ファンの多い桐野夏生

卒業生で、活躍ぶりが目立っているのは小説家の桐野夏生だ。99年に『柔らかな頬』で直木賞を受賞、作品を発表するたびに各種の文学賞を獲得し、その数は10にもなる。

桐野夏生

社会派ミステリー小説で新境地を開き、多くのファンがいる。作品にいわゆる「善人」が登場することは、まずない。多くがテレビドラマや映画になっている。

ペンネームの「桐野」は、幕末の薩摩藩士・桐野利秋からとったというが、桐朋女子高校の「桐」に通じるものがある。

成蹊大学を卒業後、フリーター生活を送り24歳で結婚した。子供ができたため、家でできる仕事としてモノ書きを選んだという。「経済的自立がなければ、人格的な自立もない」という確固とした考えの持ち主だ。

10年に桐朋女子中・高校は七十周年記念作文・絵画コンクールを実施した。桐野が作文部門の審査員を務め、最優秀賞は「桐野夏生賞」とネーミングされた。

ノンフィクション作家でスポーツキャスターなどもしている長田渚左、脚本家の朝倉千筆と前間綾子、漫画家の西山優里子もOGだ。

桐野の10年後輩には、洋画家、モデル、女優、歌手、番組司会者、エッセイスト……などマルチな才能を発揮している城戸真亜子がいる。武蔵野美術大油絵学科に進学、81年にカネボウ化粧品のキャンペーンガールに選出されたことで、テレビ界に入った。

## 蜷川実花が売れっ子

写真家の蜷川実花は、多摩美術大に進んだ。俳優などを対象にした多くの写真集を出している。07年には映画監督としてもデビューしている。父は前桐朋学園芸術短期大学長で、演出家の故蜷川幸雄

蜷川実花

（東京・私立開成高校卒）だ。
　漫画家では、あさの☆ひかりがいる。サブカル、芸能など幅広いネタを漫画にしている。
　シンクロナイズドスイミング選手だった小谷実可子も、よく知られている。小学生のころからシンクロに親しみ、88年のソウル五輪開会式で日本選手団の旗手を務めた。競技ではソロと、田中ウルヴェ京（東京・私立聖心女子学院高等科卒）と組んだデュエットで銅メダルを獲得し、現在はスポーツコメンテーターとして活躍している。

　アスリートでは、00年のシドニー五輪に出場した新体操選手（個人総合16位）の松永里絵子や、同じく新体操選手の加畑碧、18年10月の日本トライアスロン選手権で優勝した高橋侑子らがいる。

　学者では国際政治学が専門で、慶応大教授の広瀬陽子がいる。慶応大総合政策学部を首席で卒業し、東京大の博士課程に進んだ。旧ソ連のアゼルバイジャンやコーカサス研究の第一人者だ。

## 論文の共同執筆者

　分子生物学者の大隅万里子は、桐朋女子高校から東京都立大—東京大理学部大学院に進んだ。研究室で、のちにノーベル医学生理学賞を受賞（１９１６年）する大隅良典（福岡県立福岡高校卒）と知り合い、結婚した。良典・万里子の両人の名で論文の共同執筆者になったこともしばしばあった。

　ビジネスでは、江田麻季子がインテル日本法人社長のあと世界経済フォーラム日本代表を務めている。

　日本アイ・ビー・エム初の営業系女性執行役員を務めた鷺谷万里もいる。桐朋女子高校から一橋大に進んだ。

　フジテレビ出身で元衆院議員の三宅雪子は、09年の総選挙で当選した。「小沢ガールズ」の一員だったが、12年の総選挙と13年の参院選で落選した。

　藤明里は、ジャルエクスプレスの旅客機操縦士で、10年には副操縦士から機長に昇格した。女性が旅客機の機長になったのは、日本では初めてのことだった。15年には、女性初のパイロット指導教官になった。

藤は小学4年から桐朋で学び、幼少期からパイロットを目指していたが、身長155センチ。身長制限に引っ掛かって航空大学校の受験が認められなかった。立教大学を卒業後に渡米し、米国の操縦免許を取得、帰国して日本のライセンスを1つ1つ取得した。

藤は校内誌で、同窓生について、『私はこれがしたい』『こう思う』など自己主張がしっかりしていた」と語っている。

## 自己主張を貫くOGたち

主張を貫いているということでは、子どもの商業的性的搾取（児童買春）を防止する運動をしているNPO（特定非営利活動）法人「かものはしプロジェクト」共同代表の村田早耶香（1981年生まれ）などは、その最たる例だろう。

高校時代から「将来は国際協力に携われる仕事をしたい」と考えていた。資金もビジネス経験もゼロだったが、くじけず、現在は児童買春が深刻なカンボジアで精力的に活動している。

画家の小田まゆみも、個性が際立っている卒業生だ。東京芸術大に進学、女神をモチーフに女性と自然とのつながりをテーマにした作品を数多く描いている。

芸能活動をしている卒業生も多い。

ファッションモデルとして伝説の人になっているのは、2004年に急死した深沢エリサ（1972年生まれ）だ。女性誌を飾り、カリスマモデルといわれていた。

アナウンサーでは、テレビ朝日の3人がいる。堀越むつ子はアナウンス部長などを務め、キー局では初の女性取締役になって退職した。上宮菜々子と堂真理子は同級生だ。

ラジオパーソナリティとしては、歌手でもあるちわきまゆみと、斉藤洋美、金子奈緒がいる。

佐々木珠乃と佐々木梨乃は40分違いの二卵性双生児で、ゴスペル歌手としてデュオ「たまりの」を構成している。

女優では浅茅陽子、岡本舞（中退）はじめ中川安奈、宮下今日子、高野志穂らが、声優・歌手では、緒方恵美、神崎ゆう子、玉井夕海がOGだ。

# 東洋英和女学院高等部

私立　港区

もっとも売れている卒業生といえば、インタビュアー、エッセイスト、タレントの阿川佐和子であろう。2012年に著した『聞く力』（文春新書）は発行部数140万部を突破するベストセラーになった。

阿川は作家である阿川弘之（旧制広島高等師範附属中学・現広島大学附属中・高校卒）の長女で、東洋英和女学院の中高等部を過ごし慶応大を卒業した。

阿川は常々、「茶化して楽しむのが英和の気風」と言っているが、これはあくまで阿川のキャラであり、東洋英和タイプのすべてではないだろう。

50年余にわたり一途にこつこつと翻訳を続け、ついには翻訳出版で戦後に多くの読者を虜にした村岡花子という卒業生もいた。

## 「赤毛のアン」の村岡花子

児童文学の翻訳で知られる村岡花子は、東洋英和のカナダ宣教師から英語を教わる傍ら、歌人の佐佐木信綱から日本の古典文学を学んだ。1952（昭和27）年に刊行されたカナダの作家モンゴメリの『赤毛のアン』シリーズの翻訳本が、一大ベストセラーになった。童話、随筆、評論も多く、有識者として社会的活動も積極的に行った。

阿川佐和子

娘の村岡みどりと、孫の村岡恵理も東洋英和卒だ。文筆家の恵理は花子の生涯をまとめた『アンのゆりかご』を著した。この本は、NHKの14年度前期の朝ドラ「花子とアン」の脚本の原作として使われた。

六本木といえば都内でも指折りの繁華街。東洋英和のキャンパスはそこから10分ほどの所にあるが、周辺はうって変わって静かなお屋敷街だ。大企業サラリーマン、医師、大学教師、成功している自営業者、芸能人など生活の苦労があまりない家庭に育った、いわゆる「良いところのお嬢さん」たちの学校というイメージが強い。

　高等部からの入学者募集はないので、1学年190人の生徒たちは6年間、一緒だ。小学部から入学していれば12年間だ。

　カナダのメソジスト教会（現在のカナダ合同教会）婦人伝道会社から派遣された宣教師によって、1884（明治17）年に東洋英和女学校として設立された。同じメソジスト教会の男子校が東洋英和学校で、現在の麻布学園の基になった。

　スクールカラーはガーネットとゴールド。英国の水兵のセーラー服をアレンジした制服が夏服・冬服とも定められている。カーディガン、靴下、学生カバンなども指定されている。制服廃止の動きなどは、これまで全くなかった。いや、この制服にあこがれて入学してくる生徒もいるほどだ。

　設置学科は普通科のみだが、学院内では課外授業としてピアノ科、オルガン科、器楽科を開いている。キリスト教教育を通じて歌や音楽に触れる機会が多く、とりわけピアノ科は、学院の沿革と同じ130年近い年季を経ている。

　クラブ活動は全員参加が義務づけられており、課外では華道、茶道、日本舞踊なども盛んである。

　生徒の大半は東洋英和女学院大学に進学せず、他大学を受験する。東京大、東北大、一橋大など国公立大に既卒者を含め毎年度十数人が合格するが、多くは早稲田大、慶応大、上智大など4年制の私大に進んでいる。

「文芸」の領域で活躍した卒業生が、たくさんいる。

## 恋に生きた柳原白蓮

　明治時代に旧制東洋英和に23歳で入学したのは、歌人の柳原白蓮だ。大正3美人の一人といわれた。九州1の炭鉱王で政治家だった男と政略的再婚をしたが、新聞記者

柳原白蓮

で社会運動家の宮崎龍介と道ならぬ恋に落ちた。

夫との公開絶縁状を新聞に発表したため、大正時代の一大スキャンダル事件になった。しかし後年、「恋に生きた女性」としてむしろ称賛された。

アイルランド文学の翻訳家で、歌人でもあった片山広子もいた。現在活躍中の作家、コメンテーターでは神津カンナがいる。

教育者になった卒業生では、東京家政学院を創立した大江スミ、戸板学園を創立した戸板関子がいた。

国際関係論が専門で恵泉女学園大第4代学長をした石井摩耶子、清泉女学院中・高校校長をした中里昭子もOGだ。

医療関係では、神経心理学の関啓子が失語症の研究をしている。

藤村真弓は看護師一筋の人生を歩んできた。夫は野田内閣で内閣官房長官を務めた藤村修（大阪府立豊中高校卒）で、2人は長年、交通遺児を励ます会の活動も続けてきた。

産婦人科医の堀口雅子は、思春期から更年期の女性の体と心の問題で講演や執筆活動を続けている。

やはり産婦人科医の丸本百合子は、若者の思春期の性について啓蒙活動をしている。松木絵里は血液内科の専門医、堀川玲子は小児科医だ。

鳥飼玖美子は、同時通訳の草分けの一人だ。アポロ11号の月面着陸の中継など数々の国際舞台で活躍した。

赤坂桃子はドイツ語の通訳者・翻訳者、猪俣美江子は欧米推理小説の翻訳者だ。

学者・研究者では、文化人類学者で京都大教授の速水洋子、公立はこだて未来大教授（メディア教育）をしている美馬のゆり、宇宙物理学の石丸友里、米国政治学の研究をしている彦谷貴子、インターネットビジネス論の進藤美希らがOGだ。

評論家では、中央公論社の「婦人公論」編集長をしたあと商品科学研究所を主宰した三枝佐枝子がOGだ。評論家・作家であった吉武輝子は、中退している。

## 大女優の長岡輝子

女優では長岡輝子を、真っ先に挙げられる。2010年10月に、102歳で大往生した。戦前から昭和にかけての女優で「歌う映画スター」の草分けだった高峰三枝子と、文学座で修業し戦後の昭和時代に活躍した賀原夏子もいた。

現在活躍中のタレント・女優では、幼稚園から短大まで東洋英和で滑舌の良さを生かして司会やナレーターとして活躍している江口ともみ、俳優の大和田獏の娘である大和田美帆らがいる。

音楽では、童謡界のカリスマとして根強い人気があった川田正子、1930（昭和5）年生まれながら今なお活動を続けているピアニストの井上二葉、昭和期のピアニストである属澄絵、メゾソプラノ歌手で指揮者若杉弘の夫人であった長野羊奈子らがいる。

日本舞踊家の中村光江は10年に、祖母の名跡である中村梅彌の2代目を襲名した。11年に父7世中村芝翫が死去したことを受けて、中村流家元を8代目として継承した。

梅彌と東洋英和で同期の西川祐子は西川流の舞踊家だ。父は人間国宝の西川流十世宗家・西川扇蔵だ。華道では福島光加が草月流師範会理事で、海外でのデモンストレーションをよくしている。

美容家のジェニー牛山はハリウッドビューティ専門学校校長だ。母である美容家のメイ牛山（山口県防府市技芸女学校卒）の後を継いだ。

美容師の与儀みどりは、雅子皇后や皇族方の婚礼の支度をしたことで知られる。

坂野尚子は、ネイルサロンやフィットネス事業を展開するノンストレス社長だ。

メディア関連では、フジテレビで最も勤続年数が長いアナウンサーである益田由美、テレビ朝日アナの武内絵美らがOGだ。

## 女性写真家の草分け・吉田

写真家、ジャーナリストの吉田ルイ子は、ニューヨークのハーレムでとった写真集で世に知られるようになった。女性写真家の草分けだ。フルブライト交換留学生として米国の大学で学んだ。

スポーツでは、馬術選手の八木三枝子がいる。08年の北京五輪に58歳で出場、全競技の女子選手で最年長だった。

遠山由美は日本語と英語の両方の側面から読める両面文字「デュアル・レター」を発案し、創作活動を行っているアーティストだ。

# 独協高校

●私立　●文京区

都心の北方の高台にある。高級ホテルや住宅が建ち並ぶ閑静な場所だ。

ルーツは、1883（明治16）年に設立された独逸学協会学校だ。西周、品川弥二郎、桂太郎など明治の元勲が集い、組織した学校だ。当時、欧州で急速に国力強化を遂げたドイツの先進的な文化と学問とを学び取る目的で設立された。

93年には独逸学協会中学校と改称、戦後の学制改革で新制の独協中学・高校に衣替えされた。

明治から戦前にかけ、旧制高校などへの進学実績はすこぶる高かった。例えば1900年には、旧制一高（現東京大教養学部）の合格者は42人にのぼり、2位の旧制東京府立一中（現都立日比谷高校）の30人や、旧制私立開成中（現開成高校）の22人を上回っていた。

戦後、日本の法体系や教育制度はドイツ式からアメリカ式に移行した。独協は、存続の危機を迎えた。

## 天野貞祐が再建し、発展

そんななか1952年に、カント哲学者で文相も務めた天野貞祐が第13代校長に就いた。天野は独逸学協会中学出身で、京都帝大に進み、京大教授になった人物だ。母校の再建のために立ち上がったのだ。

天野貞祐

「学問を通じての人間形成」「社会の優等生をつくる」を教育理念とする天野のリーダーシップのもと、学校法人独協学園は大学や医科大も新設するなど発展を遂げた。

学校法人独協学園と独協中・高校は毎年度の予算・決算をホームページで公開している。

高校では募集をしない完全中高一貫教育だ。男子のみだ。

独協高校の校風は「ゆったり、

おっとり、思いやりがある」などと表現できるという。理系6・文系4の比率だ。高1からドイツ語を選択科目として学べる。

大学進学では「第一志望を貫け」と指導している。このため例年、4割の生徒が浪人する。

明治以来の伝統で、医療関係を目指す生徒が多い。毎年度の大学入試では現役、浪人合わせ、国公立・私立大の医学部医学科には独協医科大、埼玉医科大などに計約30~40人が合格する。同様に、歯学部には10人程度だ。

私立の難関大には毎年度、延べで早稲田大に約20人、慶応大に数人が合格している。

前述の天野は「独協中興の祖」といわれるが、日本学生野球協会会長も務め、大学、高校の野球の振興に努めた。このため、1973年には特別表彰で「野球殿堂」入りを果している。

独協の旧制中学のOBで、「野球殿堂」入りしている人物は、天野にとどまらない。あと4人もいるのだ。

65年には最高裁判事、第2代プロ野球コミッショナーを歴任した井上登が、66年には旧制第一高校に進学し、ドロップボールを駆使して「一高第2次黄金時代」の左腕として活躍した軍医の守山恒太郎が、「野球殿堂」入りしている。

## 5人が「野球殿堂」入り

73年には天野と一緒に、国文学者、歌人で明治大野球部長などを務めた内海弘蔵が、83年には精神医学者で井上のあとを継いで第3代プロ野球コミッショナーを務めた内村祐之が、没後3年を経過して「野球殿堂」入りを果している。内村は、キリスト教思想家の内村鑑三(札幌農学校卒)の長男だ。

一つの学校から計5人が「野球殿堂」入りしているのは、珍しい話だ。旧制大阪府立市岡中学(現市岡高校)の卒業生では、佐伯達夫(元日本高等学校野球連盟会長)、広岡知男(元朝日新聞社社長)など4人が「野球殿堂」入りしているが、それを上回っている。

ドイツに傾倒していた学校なので、医学者になった卒業生が多い。

生化学者の佐々木隆興は文化勲章の受章者だが、戦前にノーベル医学生理学賞の候補に挙がっていたといわれる。

医学者の額田豊・晋兄弟は、帝

国女子医学専門学校（のちの東邦大）を創立した。

解剖学者の森於菟《おと》もOBで、作家の森鴎外の長男だ。鴎外は12歳で第一大学区医学校予科（のちの東大医学部）に入学したが、於菟は独逸学協会学校中等部の卒業は同窓生より2歳若かった。

鴎外の子どもたちはそれぞれ、父鴎外についての回想記を書いている。鴎外にはドイツ人女性の恋人がいたことを、回想記で初めて公表したのは於菟だった。

頭痛治療の権威である独協医大病院長の平田幸一、日本歯科大理事長・学長、日本歯科医師会会長、参院議員を歴任した中原爽、東京都薬剤師会会長の石垣栄一が卒業生だ。

社会学者、評論家の清水幾太郎は戦後の昭和期、論壇やジャーナリズムで売れっ子になった。戦後の平和運動において、大きな影響力を発揮した。

経済学の加藤康之、言語学の岩倉具実、数学の新井仁之、昆虫学の丸山宗利、歴史学者で沖縄大学長を務めた安良城盛昭もOBだ。

戦前に検事総長、司法相、法政大総長などを歴任した小山松吉がいた。

## 財務次官の勝栄二郎

官僚では、財務事務次官を務めた勝栄二郎がOBだ。早稲田大卒後に東大法学部に学士編入学した。財務官僚としては異例の学歴だ。

退官後、インターネットイニシアティブ社長だ。財務事務次官経験者は政府関係機関に天下りするのが常識とされている。この点でも異例だ。

弟の勝茂夫は、世界銀行副総裁を経たのち、カザフスタンにわたりナザルバエフ大学長に就いている。

企業でトップを務めた人物は現職も交じるが、田川博己（JTB）、浅野一（太平洋セメント販売）、里見治（セガサミーHD）、小谷進（パイオニア）らがいる。

明治から昭和にかけて、多くの文人を輩出している。詩人、歌人の大町桂月が学んでいる。和漢混在の独特な美文調の紀行文は広く読まれた。

医師で「馬酔木」を主宰した俳人の水原秋桜子もいた。「ホトトギス」同人だったが、客観写生論に反発し新俳句運動を主導した。

産婦人科の医業を退き俳句に専念、俳人協会会長も務めた。

作家、児童文学者の巌谷小波、医師で詩人の木下杢太郎、俳人の川端茅舎、詩人の長田秀雄らもOBだ。

新制になってからは、芥川賞作家の古井由吉が高1の9月まで在籍していたが、都立日比谷高校に転校した。俳人の筑紫磐井、詩人で美術評論家の岡田隆彦、詩人で朗唱家の天童大人もOBだ。

芸術では、版画家、装幀家、写真家の恩地孝四郎がいた。日本における抽象版画の先駆者だ。

音楽では、旧制卒にバイオリン製作者の無量塔蔵六がいる。西ドイツに留学し、日本人で初めてマイスターの資格を取得した。

灰田有紀彦は昭和期の作曲家、ギター奏者だ。弟の灰田勝彦は歌手、ウクレレ奏者、高英男はシャンソン歌手、栗山昌良はオペラ演出家、松浦豊明はピアニストだ。

## 浜田岳は中退したが…

芸能では、俳優の浜田岳が光っている。個性派俳優として、テレビドラマ、映画、CMに引っ張りだこだ。小学生で子役デビューし、中学から独協に通っていたが、俳優の道に専念するために高校1年で中退した。

落語家の3代目古今亭志ん朝が卒業生だ。外交官になるという夢を持っていたため、ドイツ語が勉強できる独協高校に進んだ。落語家の父に説得され入門、若手真打ちの頃から東京における「落語若手四天王」に数えられた。

ダンサーで、振付師でもあるSAMがOBだ。ダンスエクササイズによる高齢者の健康増進にも取り組んでいる。歌手の安室奈美恵(沖縄アクターズスクール卒)と結婚したが、5年ほどで離婚した。

アナウンサー、パーソナリティーの大沢悠里がOBだ。主にラジオで活躍し、冠番組の「大沢悠里のゆうゆうワイド」(TBSラジオ)は、1986年から16年4月まで30年間続いた。

やはりTBS出身の松宮一彦もいた。

大沢悠里

# 早稲田高校

私立　新宿区

「早稲田」を名のる高校はたくさんあり、早稲田大学「直属」の「附属」校と学校法人の異なる「系属」校とに分かれる。

早稲田高校は、早稲田実業学校高等部などと同様、「系属」校の位置づけだ。新宿区の早大のすぐ横にキャンパスがある。

１８９５（明治28）年に、早稲田中学として創立された。小説家・劇作家の坪内逍遥（愛知外国語学校・現愛知県立旭丘高校卒）らが創立の中心となった。

早大の前身である東京専門学校は、大隈重信によって１８８２（明治15）年に創立された。早稲田大学と改称したのは１９０２年だった。「早稲田」の名を冠したことでは、旧制早稲田中学の方が先行した。

東京専門学校・早稲田大の建学の精神は「学問の独立」だったが、旧制早稲田中学は「人格の独立」を主張した。特に言行一致という意味での「誠」を教育目標の中心に掲げている。

戦後の学制改革で早稲田中・高校に衣替えされた。ただし戦前と同様、男子のみの学校だ。１９９３年より高校入試は実施されていないから、中高一貫の完全6年制教育だ。

6年間を三つに区切る「２-２-２制」を採用している。高校２学年終了時点で3学年分の課程をひととおり終えてしまう加速式学習法を導入している。

1学年の生徒数は7クラス・約３００人で、卒業生の半分が推薦入学制度で早大に進学している。

## 有力な進学校に

最近は、国公立大や医学部など学外進学をめざす生徒が増えている。しかも、難関大の合格者が多く、有力な進学校になっている。

２０１９年春の大学入試では現役、浪人合わせ、東京大に30人が合格した。10年前の09年は14人だったから、倍増している。

さらに京都大2人、東京工業大14人、一橋大に5人が合格している。慶応大にも延べで49人が合格し、うち14人が進学した。

全国の医学部医学科への合格者が増え、19年では国公立、私立を合計して57人が合格している。その内訳は、順天堂大7人、慶応大2人などだ。

120年余の伝統校だけに、明治時代から多くの文化人、学者、経営者などを輩出してきた。

## 「大往生」の永六輔

知名度が高いのは、永六輔だろう。放送作家で、作詞家、エッセイスト、ラジオ番組パーソナリティー、タレントなどのマルチプレーヤーだった。

疎開で旧制長野県立上田中学（現上田高校）から旧制早稲田中学に編入してきたが、卒業時には新制になっていた。1994年には『大往生』というベストセラーを著した。パーキンソン病などで車椅子生活になっていたが、ラジオ番組は続けた。16年7月に死去した。

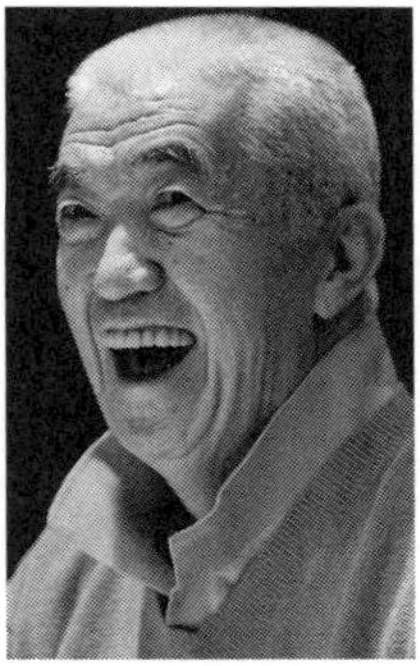
永六輔

音楽では、作詞家として多くのヒット作品を残した人物が2人いる。詩人、仏文学者で『青い山脈』などの西條八十と、旧制早稲田中を中退しているが『リンゴの唄』『長崎の鐘』などのサトウハチローだ。

梁邦彦は、医師の資格を持つ音楽家だ。早稲田高校から日本医科大学に進学し麻酔医になった。音楽の夢を捨てきれず、勤務医をやめ日本、韓国、中央アジアなどで作曲、プロデュース活動に専念している。

戦前の作曲家・オルガニストの中田章、音楽評論家の萩原健太らも卒業生だ。

画家では、大正から昭和初期にかけて活躍した萬鉄五郎と小泉清の名が残る。小泉は、ギリシャ生まれの小説家・小泉八雲の息子だ。

洋画家で随筆家の曽宮一念、洋画家の内田巌、版画家の鈴木信吾らもOBだ。

映画監督では、記録映画の分野で活躍した亀井文夫、サングラスにちょび髭がトレードマークの山本晋也が卒業している。

脚本家、小説家・作詞家の秦建日子もいる。

俳優では、昭和期を代表する喜劇役者の古川ロッパや、実業家・料理家としても活躍している梅宮辰夫らが出ている。

メディア関連では、日本テレビの報道コメンテーター・粕谷賢之、画廊の経営者でテレビの「開運！なんでも鑑定団」に出演している永井龍之介、日本テレビ出身のアナウンサー・福沢朗、NHKアナの鳥海貴樹、小説家・CMディレクターの川崎徹、メディアプロデューサーでポップカルチャー研究家だった桜井孝昌、元フジテレビアナウンサーで僧侶になった松倉悦郎らがOBだ。

## 演劇の研究者

学者・文化人では、キリスト教史学者で文化勲章を受章している石原謙が旧制の3回生だ。哲学、倫理学などを幅広く研究した。

美術史家の安藤更生、社会学者でドイツ語訳者の権田保之助、教育学者で戦後に日本出版協会会長をした石井満、文部官僚出身で横浜市立大学長をした菊池豊三郎、考古学者の山内清男、ロシア文学者の金子幸彦、政治学者で日韓関係を研究している森山茂徳、新進の国際政治学者である坪内淳らが卒業している。

理系では、解剖学者でエスペラント運動家の元群馬大学長・西成甫、応用化学者の大島義清、獣医学者で東京農工大学長をした田中丑雄、電子セラミック材料分野の研究者・一ノ瀬昇らがOBだ。

早大には坪内博士記念演劇博物館がある。早稲田高校出身者で演劇について研究したり、この方面の実演、振興に努めている卒業生も多い。

演劇評論家の坪内士行、能・狂言の評論家だった戸井田道三が出ている。

さらに松竹副社長の安孫子正、坪内博士記念演劇博物館の前館長・竹本幹夫、NHKアナウンサー出身で古典芸能解説者の葛西聖司、日本舞踊家・振付師の坂東鼓登治らがいる。

文芸評論家、エッセイストの坪内祐三、劇作家の秦建日子、音楽評論家の萩原健太、脚本家の合川昇もOBだ。

経済界では、本田技研工業（現ホンダ）の第4代社長をした川本信彦、ソニー・コンピュータエンタテインメントの社長をした久夛良木健、弁護士で産業再生機構・産業再生委員長をした高木新二郎らが卒業している。

高木が関わった企業再建案件は、カネボウ、ダイエー、三井鉱山、大京などだ。

戦前に住友本社理事を務め、住友鉱業（現住友金属鉱山）、日本冶金工業、石油資源開発などのトップを歴任した三村起一、内閣書記官長を務め戦後に武蔵野銀行（本店・埼玉県さいたま市）を創設した遠藤柳作、外務官僚出身で極洋の社長をした法華津孝太らも旧制OBだ。

政治家では、戦前に外相を務めた有田八郎がいた。小説家・三島由紀夫（旧制東京私立学習院中等科・現中高等科卒）の『宴のあと』を、プライバシー侵害として訴えた裁判で知られる。石井啓一は公明党所属の衆院議員で19年9月まで国土交通相を務めた。東大工学部卒。

## 水泳コーチの平井伯昌

スポーツでは、水泳指導者の平井伯昌が中学から大学まで早稲田だ。北京、ロンドン五輪の競泳で日本代表コーチを務め、北島康介（東京・私立本郷高校卒）など多くのメダリストを育てている。

平井伯昌

登山家、画家の芳野満彦がいる。早稲田中2年の17歳の時、八ヶ岳で遭難して両足指をすべて欠いた。しかし不屈の精神で登山を続け、1965年に渡部恒明と共にマッターホルン北壁に日本人として初登頂した。

大正～昭和時代のテニス選手である安部民雄が旧制卒だ。デビスカップ選手として海外でも活躍した。早大で哲学の教授をした。

講道館黎明期の柔道家・前田光世が旧制青森県第一中学（現県立弘前高校）を中退し、旧制早稲田中学を卒業した。戦前に世界各地で異種格闘技戦を行い、人気を集めた。ブラジルに帰化し、「コンデ・コマ」という名で親しまれた。

# 早稲田実業学校高等部

●私立　●国分寺市

本塁打世界記録868本をもつ王貞治（現福岡ソフトバンクホークス会長兼GM）から、18年に北海道日本ハムファイターズに入団した清宮幸太郎まで、野球界で大きな話題を振りまく選手を多数、輩出してきた高校だ。

略称は「早実」。王貞治は、清宮より59期先輩だ。1957年にエースとして出場した春の甲子園センバツ大会で優勝した。巨人のV9に貢献し、1977年には最初の国民栄誉賞を受賞している。2010年には文化功労者として顕彰された。

野球の名門校として知られる早実。その歴史は古く、現在の夏の甲子園大会の前身である全国中等学校優勝野球大会の第1回大会が1915年に開かれた時に、早実は参加10校の一つとして出場している。

## 王貞治ら多くの野球選手

第1回大会に捕手として出場した岡田源三郎は、明治大野球部監督、プロ野球の名古屋金鯱軍監督を務めた。

岡田を筆頭に早実野球部は、多くの名選手や指導者を出している。

王貞治

王と、王より4年先輩で「安打製造機」といわれた榎本喜八を育て、ヤクルト監督を務めた荒川博、1960年の早慶6連戦で主将・4番を務めた徳武定祐、横浜の監督を5年間務めた大矢明彦、18年から日本ハムの2軍監督になった荒木大輔、2006年にエースとして早実を初の夏の甲子園大会優勝に導き、日本ハムの投手となった斎藤佑樹らがOBだ。

この内、岡田、榎本、王の3人が、「野球殿堂」入りしている。

アマチュア野球では、戦前の甲

子園出場時の投手で学習院大野球部監督を務めた島津雅男、57年のセンバツで全国優勝した時の監督でのちに中央大野球部監督も務めた宮井勝成、東京ガス野球部監督やJリーグのFC東京（東京フットボールクラブ）社長を歴任した阿久根謙司、06年夏に全国優勝に導いた現監督の和泉実らを挙げられる。

こうしたOBたちによって早実は、夏の選手権大会に計29回、春のセンバツ大会に計21回出場し、春夏各1回、全国優勝している。

バスケットボール部もインターハイ11回、春の選抜・ウィンターカップ4回出場の名門だ。準優勝も2回果している。藤野素宏は元プロバスケットボール選手で、日本人として3人目のABA（北米の男子バスケットボール独立リーグ）プレイヤーとなった。

ラグビー部は、18年冬の第98回全国高校ラグビーフットボール大会に79大会ぶりに出場した。

さらに、体育系、文化系とも多くのクラブがあり、アイスホッケー、硬軟テニス、水泳、卓球、陸上、音楽などが全国大会に出場している、

早実は1901（明治34）年、大隈重信の手により早稲田実業中学校として設立された。戦後の学制改革で新制高等部が発足した。

01年には、早稲田大に隣接していた新宿区早稲田鶴巻町から国分寺市に移転した。02年には初等部を開校し、初・中・高等部とも男女共学となった。高等部の生徒は3学年で約1230人おり、男子63%・女子37%の比率だ。

早稲田大学とは学校法人が違うため、「早稲田大学系属」という位置付けだ。

## 希望すれば全員が早大に

早実から推薦での早大進学は、67年3月の卒業生から70人で始まり、毎年度増えてきた。02年3月の卒業生からは希望すれば全員が早大に進学できる。ただし、学部選択については高等部の成績に左右される。

「実業学校」という性格や、新宿区にキャンパスがあったことから、東京の下町育ちの子弟が多かった。しかしこの十数年で、東京西郊のサラリーマン家庭の子女が増え、入試の偏差値も急上昇した。

校是は「去華就実」。うわべだ

け華やかなものを去り実に就く、という意味だ。

校訓として「他を敬し、己を敬し、事物を敬す」という「三敬主義」を掲げている。

120年弱の校歴の中で、「質実剛健」と「文武両道」の校風を形成してきた。

企業のトップ経験者としては現職も交じるが、鎌田泉（白元）、酒井億尋（荏原製作所）、高田亮一（日野自動車工業）、本吉敏男（アシェット婦人画報社）、岡部稔（岡部ホテルG）、池田哲雄（ベースボールマガジン社）、中村雅行（岡村製作所）、上野金太郎（メルセデス・ベンツ日本）らがOBだ。

## ZOZOはヤフー傘下に

前沢友作は、ファッションオンラインサイトのZOZOの創業社長だ。東証1部上場企業に育て上げ、1975年生まれながら「日本の富豪50人」にランクインされている。

19年9月、ヤフーがZOZOをTOBで子会社化すると発表した。前沢は退任した。

政界では、19年9月の内閣改造で、衆院議員の菅原一秀が経済産業相に、衆院議員の萩生田光一が文部科学相に、同時に初入閣した。

菅原は公選法違反を指摘され、19年10月に経産相を辞任した。

学者・研究者では、明治～昭和にかけての教育者で宇都宮学園の創立者である上野安紹、国際政治学者の細野軍治、刑法学者の斉藤金作、医師でリハビリ医療の草分け・三島博信がいた。

早大政治経済学術院で教壇に立っている気鋭の学者がいる。比較政治学の久保慶一と、マクロ経済学の河村耕平だ。

英語学者の森田彰、北海道大低温科学研究所の水・物質循環の研究者・白岩孝行もいる。

北野宏明はソニーコンピュータサイエンス研究所社長で、ロボット、AI（人工知能）、システムバイオロジーの研究者だ。

及川卓也は、日本DEC、マイクロソフト、グーグルでシステムエンジニアとして鳴らしている。AIやソフト開発の各種の会議で、よく知られた存在だ。

文化・芸能方面でも、知名度が高い卒業生が多い。

ミュージシャン・音楽プロデューサーの小室哲哉がいる。早実では、王貞治と小室の2人を「校賓」と遇している。

## 小室哲哉も「校賓」

1980～90年代にかけて小室は、多くの歌手に楽曲を提供、ミリオンセラーを続出させ、「小室ブーム」ともいうべき社会現象を巻き起こした。18年1月に引退を表明した。

ラッパーでシンガーソングライターの日高光啓もOBだ。

戦前から戦後にかけて活躍したオペラ歌手の藤原義江も一時、早実に在籍していた。

小室哲哉

大正ロマンを代表する画家で詩人の竹久夢二と、洋画家の林武は、それぞれ明治時代に旧制の早実を中退している。竹久は旧制兵庫県神戸尋常中学（のちの神戸一中、現在の神戸高校）に入学したものの家の都合ですぐに中退した。18歳になり、早実に入学した。

林は、早実中退のあと東京歯科医学校、日本美術学校を相次いで中退した。しかし「中退」の学歴をものともせず、1952年に東京芸術大美術学部教授になり、67年には文化勲章を受章した。

陶芸家の保田勝久、和紙彫塑作家の内海清美、薩摩焼の第15代沈寿官を襲名した大迫一輝もOBだ。父親の14代（旧制鹿児島県立第二中学・現甲南高校卒）は19年6月に死去した。

文芸では、推理作家の都筑道夫が中退している。フリーライターで講談社ノンフィクション賞を受賞している岩上安身もいる。

テリー伊藤は、演出家、タレント、評論家、テレビプロデューサーとして現在活躍中だ。

早実から日本大に進学、日大全共闘の学生運動に参加し、デモ行進中に投げられた石が顔面に当たり、左目が55度外を向く「外斜視」になった。

将棋棋士の中村太地は17年10月、「王座」戦で王座タイトル保持者の羽生善治（都立上野高校通信制卒）に3勝1敗で勝って初タイトルを獲得した。中村は六段から七段へ昇格した。しかし18年に王座のタイトルを失冠した。

# 早稲田大学高等学院

私立　練馬区

「早稲田」を名乗る高校はたくさんあるが、早稲田大学「直属」の付属高校は早稲田大学高等学院と早稲田大学本庄高等学院（埼玉県）のみだ。他は学校法人の異なる「系属校」の位置付けだ。

早稲田大学高等学院は、関係者の間では「学院」と呼ばれている。推薦でほぼ全員が早稲田大の各学部に進学できるため人気が高く、首都圏各地から多くの志願者が集まってくる。

19年4月には、卒業者数487人中479人が早大に進学した。学部別には政治経済学部が最も多く110人だった。1学年の定員が480人の大規模男子校だが、大学受験競争とは無縁で自由な校風を背景に伸び伸びと育った生徒が多い。

## ベンチャー企業の創業者

ベンチャー企業の創業者を、まず紹介しよう。株式上場を、最年少で実現させた社長がいる。村上太一だ。11年12月に求人サイトのIT活用企業リブセンスを東証の新興企業向け市場・マザーズにスピード上場させた。

村上は「学院」から早大政経学部に進学、在学中の06年にリブセンスを創業し、25歳と1ヵ月の若さで上場を成し遂げた。それまでの最年少上場記録は、06年にマザーズに上場したネット広告・アドウェイズ社長の岡村陽久（都内の中学校卒）の26歳2ヵ月だった。リブセンスは現在、東証1部に昇格している。

荻野《おぎの》調《しらべ》は、「学院」卒後、東大―ハーバード大修士のコースを歩んだ。「ファイナンス」と「ネットビジネス」を融合させたフィンテックの「財産ネット」を15年に創業した。

eスポーツのベンチャー企業「コマチ・ゲームズ」を19年に創業した中島聡は。「伝説のプログラマー」と言われる。米マイクロソフトで、基本ソフト「ウィンドウズ95」の開発を手がけた実績を持っているからだ。

経済界で著名な卒業生は、ソニーの6代目社長をした出井伸之だ。「学院」から早大政経学部に進学し新卒サラリーマンとしてソニーに入社し、社長になった。

現在は投資ファンドを立ち上げ、次世代のビジネスリーダーの育成に情熱を燃やしている。

角川歴彦（角川グループHD）、吉高伸介（電気化学工業）、隅修三（東京海上日動火災社長）、宮原道夫（森永乳業）新井徹（森永

出井伸之

製菓）、秋草直之（富士通）、高橋正（広島銀行）、紅村康（京王電鉄）、中田誠司（大和証券）、金指潔（東急不動産）、佐藤章（湖池屋）らのトップ経営者も、輩出している。

電電公社副総裁のあと民営化されたNTTでも副社長をした北原安定は、技術陣の総帥として高度情報通信システムの構築をリードした。

## 政治家では河野や青島

政治家では、衆院議長を史上最長の5年8ヵ月間務めた河野洋平

河野洋平

がOBだ。政治家一家の生まれで父親は、昭和中期の政界実力者だった河野一郎（旧制神奈川県立小田原中学・現小田原高校卒）だ。

洋平の長男で、首相の座をうかがう前外相・現防衛相の河野太郎も衆院議員だが、慶応義塾高校（神奈川県・私立）から慶応大に進んだ。太郎をドナーとする洋平への生体肝移植を02年に行ったことでも、話題を呼んだ。

参院議員、東京都知事をした青島幸男は直木賞を受賞した作家であり、さらに作詞家、タレント、映画監督などマルチな才能を発揮した

光電気化学が専門で、太陽電池に応用できる新素材を開発した宮坂力について、米科学情報会社が17年、ノーベル化学賞の有力候補

に挙げた

理系ではさらに、多くの作品賞を受賞している建築家の石山修武、応用数理学者の大石進一、地域環境計画学の持田灯、免疫学者の藤田尚志らが出ている。

文系では、商法の上村達男、国際経済学の西川潤、政治思想史の千葉真、文化人類学者でスワヒリ語の第一人者である西江雅之らが「学院」OBだ。

佐藤オオキは、売れっ子の新進インテリアデザイナー、建築家だ。12年に英国のライフスタイル雑誌にて「デザイナー・オブ・ザ・イヤー」を最年少で受賞した。

直木賞作家の藤田宜永は、夫人の小池真理子（宮城県立第三女子高校・現仙台三桜高校卒）の方が先に直木賞を受賞し話題を呼んだ。

プログラマーとして約8年間働いた経験を持つ小説家の宮内悠介は17年に、三島由紀夫賞を受賞した。

## メディアで活躍するOB

メディア関連では、NHKの政治記者から会長になった海老沢勝二、18年6月末からTBSHDの社長を務める佐々木卓がいる。

ネットでの言論活動も活発に行っているジャーナリストの高野孟、読売新聞記者出身でテレビの社会派コメンテーターになっている大谷昭宏、ニュースキャスターだった露木茂らがいる。

黒田仁は、岩手県宮古市田老地区でただ1人の医師として01年から診察を続けてきた。田老地区は11年3月11日の東日本大震災で、高さ10メートルの大防潮堤を破って津波が襲い、200人の死者、行方不明者が出たところ。黒田は震災後、高台の仮設診療所で奮闘してきた。黒田は早大に進学後、東北大医学部に進み医師となった。

音楽では、グラフィック・デザイナーでもあるミュージシャンの立花ハジメ、合唱指揮者の清水敬一、作詞作曲家の川口大輔、サクソフォーン奏者の山田壮晃、ジャズベーシストの上羽康史らがOBだ。

文化・芸能分野では、俳優・声優で元アイドル歌手だった井上純一、映画評論家・コラムニストの町山智浩らが卒業している。

落語家の林家久蔵は、「学院」から早稲田大理工学部数学科に進学し、卒業した。俳優のノモトガクジは、弁護士（野元学二）との二足の草鞋だ。

90年代に新興宗教団体・オウム真理教が数々の事件を引き起こしたが、この時の教団スポークスマン役をして一時、テレビに頻繁に露出していた上祐史浩も、「学院」の卒業生だ。一連の事件の実行犯ではなかったため実刑は懲役3年で、99年に出所した後は宗教団体ひかりの輪の代表をしている。

オウムの元幹部だった広瀬健一は、95年の地下鉄サリン事件の実行犯の一人で、18年7月に死刑が執行された。広瀬は「学院」から早大・応用物理学科の修士課程まで進んだ。

部活では、アメリカンフットボール、軟式野球などが全国有数の強さを誇る。

## アメフト部は全国指折りの強さ

アメフト部は全国高校アメフト選手権大会で、優勝5回、準優勝6回の強豪だ。

硬式野球部は2010年の全国高校野球選手権の西東京大会でベスト4になっている。準決勝では早稲田実業との兄弟対決となり神宮球場は大いに盛り上がった。

森徹は早大時代からホームランバッターとして神宮をわかせ、プロ野球中日ドラゴンズで本塁打王になった。

戦前の旧制早稲田大学高等学院は1920（大正9）年に設立されている。ゆかりの人物として55代首相・石橋湛山と、74代首相・竹下登の2人の首相を挙げられる。

石橋は山梨県立第一中学（現甲府第一高校）を卒業した後に高等予科に来ている。竹下は島根県立松江中学（現松江北高校）を卒業した後に高等学院に入学した。

さらに、俳優で大衆芸能演劇者としては史上初の文化勲章を受章している森繁久弥は、旧制大阪府立北野中学（現北野高校）を卒業した後に高等学院に進学している。

ソニー創業者の井深大も、兵庫県立第一神戸中学（現神戸高校）を卒業した後に高等学院に入学した。

要するに戦前の早稲田大学高等学院は、旧制の中学校で学んできた生徒を受け入れた学校なのだ。その意味では、戦前と戦後の一時期に存在した各地の国立の旧制高校に近い存在だった。

# 立川高校

都立 ● 立川市

立川市は、今でこそ人口18万人の大きな街だが、明治時代は農村で、立川村という田園地帯にすぎなかった。東京府はその立川村に1901（明治34）年、府立第二中学を開校させた。これが、立川高校の前身だ。

01年には同時に、すでに開校していた府立一中（現都立日比谷高校）の分校が府立三中（現都立両国高校）に、府城北尋常中学が府立四中（現都立戸山高校）に改称された。

立川村での新設校を「二中」というナンバーにしたのは、校地を寄付した地元の強い期待にこたえ、多摩地区と呼ばれる東京西郊を振興しようという当時の東京府の政策を反映している。略称は「立《たち》高《こう》」だ。

立川高校は戦後の学制改革の過程で男女共学となり、67年度から実施された学校群制度によって都立国立《くにたち》高校と同じ「群」になった。このため、優秀な生徒が立川高校と国立高校とに二分されることになった。

## 地元の要望にこたえ「二中」に

同じ多摩地区にある一橋大に当然、親近感を抱く。59年から68年までの10年間では、一橋大に毎年度、20〜33人を合格させ、トップ校だった。

他のほとんどの都立高校と同様、その後、大学入試実績は低迷した。最近はやや盛り返し、毎年度の合格実績は現役、浪人合わせ、東京大、京都大、東京工業大、一橋大に各数人だ。北海道大、東北大にも数人が合格する。

私立大には延べ人数で、早稲田大約60人、慶応大約20人だ。

「未来に向けて進化します」がキャッチフレーズだ。合唱祭、体育祭、文化祭などの運営は、生徒らでつくる実行委員会が仕切る。18年度からSSHに指定されている。

進路指導の大きな特徴は、「総

合的な学習の時間」を有効に活用していることだ。1年生は「自分探しの旅」のテーマで奉仕活動と進路学習の2本立て。2年生は「進路を見出す旅」、3年生は「進路実現の旅」と名づけて、組織的な指導を続けている。

　卒業生で最も輝いているのは、作家の多和田葉子だろう。日本語とドイツ語両方の言語で小説を書く。どちらも「一流」と認められている稀有な作家だ。

　芥川賞はじめ10を超える文学賞を受賞している。その中にはドイツのシャミッソー文学賞やゲーテ・メダル賞もある。16年には、先駆的な作品を生み出す作家に贈られるドイツの文学賞、クライスト賞を受賞した。さらに18年には全米図書賞の翻訳文学部門で「献灯使」（英語版）が選ばれた。

多和田葉子

　立川高校在学中、吹奏楽部ではクラリネットを吹き、文芸部では小説を自費出版し、選択授業では油絵を描くなど多才ぶりを発揮した。早稲田大でロシア文学を専攻、卒業後はドイツに渡りハンブルグ大などで学んだ。現在はベルリンに住む。

東海林さだお

## 多和田や三浦が活躍

　多和田の１９９３年の芥川賞受賞作品『犬婿入り』で、装画・装幀を担当した版画家の永畑風人も、多和田と立川高校の同期だ。

　旧制府立二中卒の文化人の中では、作家の三浦朱門が著名だ。文化庁長官、日本芸術院院長などを歴任、文化功労者にも選ばれている。

　妻は作家の曽野綾子（幼稚園から大学まで聖心女子学院）で、三浦より4年後に文化功労者に選ばれている。

　漫画家では東海林さだおがいる。74年から14年にかけて毎日新聞朝刊に連載した『アサッテ君』は１万３７４９回を数えた。独特なユーモア感覚のエッセーでも、ファンが多い。

詩人では、現代日本を代表する先鋭的な詩人として評価が高い吉増剛造や、村野四郎、清水哲男らが卒業している。吉増は文化功労者に選定され、15年には日本芸術院賞・恩賜賞を受章している。

「文」では、論理学者で小説家の三浦俊彦、小説家では河林満に荻原規子、随筆家の木村富美子、推理作家の矢島誠、紀行作家で建築プロデューサーの稲葉なおと、ノンフィクション作家の黒岩比佐子、エッセイスト・翻訳家の井上一馬、フリーライターの辰巳渚と鶴見済らも卒業生だ。

映画プロデューサーの黒澤満、脚本家・映画監督の荒井晴彦、映画評論家の田中千世子らもいる。

俳優の高見のっぽは、岐阜県立加納高校から転校してきた。

建築家では、立川市役所を設計した野沢正光や、坂本一成、白沢宏規が卒業している。

経済人として活躍した卒業生も多い。

住友電気工業のトップを務めた川上哲郎は関西経済連合会会長を、日銀出身の高向巌は北洋銀行頭取、会長を経て北海道商工会議所連合会会頭を務めた。

企業トップの経験をした卒業生はさらに、村田倉夫（京成電鉄）、後藤卓也（花王）、中村維夫（NTTドコモ）、大八木成男（帝人）、渡辺紀征（西友）、重茂達（アデコキャリアスタッフ）、中村喜久男（岡村製作所）、佐藤健（三菱製紙）、栗林定友（栗林商船）、沢田浩（日本製粉）らだ。

木原信敏は、東京通信工業時代からのソニー創成期メンバーの一人だ。日本初の磁気テープやトランジスターテレビなどの技術開発でリーダーを務めた。

金沢富夫は、首都圏でスーパーマーケットなどを展開するオリンピックの創業経営者だ。河端真一は、進学塾・学究社の創業者だ。

## 石坂夫妻が相次いで……

学者では免疫学者の石坂公成が、74年に文化勲章を受章している。花粉症などアレルギーの原因物質「免疫グロブリンE」の発見などで国際的に評価が高く、米国免疫学会会長を務めた。

妻の照子（旧制山形県立第一女子高等女学校・現山形西高校卒）

は共同研究者だ。2人は、米ジョンズホプキンス大などで一緒に研究を続けた。ノーベル賞の登竜門といわれる「ガードナー国際賞」などの賞をいくつも共同受賞し、「日本版キュリー夫妻」と呼ばれた。公成は18年7月に92歳で、また照子は19年6月に92歳で相次いで死去した。

内科医の唐沢祥人は日本医師会会長を務めた。

米山公啓《きみひろ》は神経内科医で文筆家だ。「男脳と女脳」など、専門知識を生かした軽妙な解説書を多数、出しており、メディアでの出演も多い。

鉱物学者の砂川一郎は、宝石学会を設立した。ダイヤモンドと人間の生活との結びつきを、一般に分かりやすく解説してきた。

## 「紛争屋」の異名

東京外国語大大学院教授の伊勢崎賢治は、「紛争屋」という異名をとる。アフガニスタン武装解除日本政府代表などを務め、世界各地の紛争処理の実務経験が豊富だからだ。

社会学者で慶応大教授の小熊英二は、膨大な量の文献を渉猟した歴史社会学系の著作や論文で評価が高い。ナショナリズムや民主主義について、リベラルな立場から論考している。

厚生経済学の蓼沼宏一は14年から第17代一橋大学長を務めている。父親の労働法学者・蓼沼謙一（旧制東京府立四中・現戸山高校卒）も第8代の一橋大学長をしている。親子二代にわたり国立大学の学長、という珍しい例だ。

農業経済学者の大谷俊昭が酪農学園大学長だった。国文学の鈴木日出男、日本近現代史の須崎慎一、インド哲学の石井公成、体育学者の松本富子、スラブ語研究者であるフィドラー上田雅子らがOB、OGだ。

人見楠郎は、昭和女子大創設者の息子で、同大の理事長や学長を務めた。

政治家では、弁護士出身で法相、外相、自民党副総裁などを務めた高村正彦、民主党内閣で国家公安委員会委員長などに就いた中井洽らがいる。

東京都知事を79年から16年間務めた鈴木俊一も、旧制時代の卒業生だ。自治省の官僚出身で、内閣官房副長官をした。

# 墨田川高校

都立　墨田区

1921（大正10）年設立の東京府立第七中学が前身だ。キャンパスは都内東部、隅田川東岸の墨田区東向島にある。江戸時代から開けていた街だが、現在では「下町」と呼ばれているエリアだ。

戦後の学制改革の過程で男女共学の新制墨田川高校となった。2000年から進学重視型単位制に改編され、多様な選択科目が用意されている。

「文武不岐」の精神を、基本的スタンスとしている。教育目標として「知性」、「創造」、「自主」を掲げている。

25（大正14）年制定の校歌が自慢だ。「隅田の川は吾が師なり」の歌いだしで始まる作詞は小説家、随筆家の幸田露伴（東京府第一中学正則科・現都立日比谷高校卒）による。

## 校歌は露伴が作詞

作曲は、「あかとんぼ」や「このぼり」など多くの童謡を作った弘田龍太郎(三重県立第一中学・現津高校卒）だ。

露伴は1897（明治30）年から1923（大正12）年まで向島に住み、作家活動を続けていた。その旧居「蝸牛庵」は愛知県犬山市の明治村に移築され、一般に公開されている。七中の初代校長が、露伴に頼んで校歌を作詞してもらった。三顧の礼ならず四度目の訪問で露伴を口説き落としたという。

23年の関東大震災では生徒の住居の6割が被災した。45（昭和20）年5月の東京大空襲では全校舎が消失し、新校舎落成まで都内の高校を転々とした。「下町」の不遇を味わっている。

都立高校は67年度から実施された学校群制度によって、日比谷高校（旧制府立一中）を筆頭とするかつてのナンバースクールの大学合格実績は、低迷した。

墨田川高校は、複雑な経緯をたどった。学校群制度が実施されたあとの数年間の大学入試実績は好転したのだ。

　東京大への合格者は年10人を超え、国公立大合格者は2ケタ台から73年度などは152人にハネ上がった。都立両国高校（旧制府立三中）などと同じ「群」になったためだ。

　首都圏では6年制の私立中高校の台頭が目覚ましく、両国高校と共に墨田川高校の進学実績もその後、急落していった。平成時代になっても低迷が続いた。

　しかし、朝学習や夏期講習などを拡充し、生徒の皆勤率の向上などに努めた結果、4年制大学への現役進学率は10年前の50%弱から、年々、向上している。

　2019年春の大学合格実績は、現役、浪人合わせ、北海道大、筑波大、千葉大に各2人など。国公立大合格者は計約30人だった。

## 直木賞作家の宮部みゆき

　モノ書きとしてよく知られた卒業生を出している。ミステリー、ファンタジー、時代小説など多くの作品を世に出し、流行作家となっている宮部みゆきだ。宮部は『理由』で直木賞を受賞したのをはじめ、10を超える文学賞を受賞している。

　昭和史に関する著作が多い半藤一利は、府立七中に2年間在籍していたが、空襲による疎開で旧制茨城県立下妻中学（現下妻第一高校）に移った。4ヵ月だけ在籍したあと新潟県立長岡高校に転校し、卒業した。

宮部みゆき

　東大に進学、文藝春秋に入社し名編集者となった。『昭和史』『日露戦争史全3巻』などが代表作だ。
　ジャーナリスト、ノンフィクション作家の佐野真一もOBだ。大宅、講談社の2つのノンフィクション賞を受賞している。
　宮部、半藤、佐野は、雑誌『月刊現代』の2008年1月号で鼎談している。
「インテリの最高学府ではないけど庶民の最高学府と言っていい」（半藤）、「ヘンな見栄や上昇志向がない」（佐野）、「人間関係も町場の子らしくさばさばしていました」（宮部）などと語っている。

児童文学作家の早乙女勝元も墨田川高校で学んだ。45年3月10日の東京大空襲を経験していることから、「東京空襲を記録する会」を作った。

漫画家では、人情やスケッチものを得意とした滝田ゆうがいた。子ども向けではなく、大人から評価された作品が多かった。昭和の東京を舞台にした漫画・エッセー・イラストを多数、執筆した。漫画誌『ガロ』の人気漫画家だったが、文芸誌でエッセーも発表した。

評論家、翻訳家の枝川公一もいた。下町や酒場などを歩いて探訪するノンフィクション作品も多く著した。

詩人の辻征夫、脚本家の藤川桂介と今井詔二、旅行作家・劇作家の山本鉱太郎らもOBだ。金重明は在日韓国人の作家・翻訳家だ。

経済界ではリコーのトップを務めた桜井正光が、経済同友会代表幹事を務め、財界の指導者にもなった。警察官僚出身の斎藤隆は、セントラル警備保障社長を務めた。

村山康夫（昭和シェル石油）、米山高範（コニカ）、富山長次郎（トミー・現タカラトミー）、田口栄一（三菱レイヨン）、五関淳（みらい建設工業）、徳江真介（大日本明治製糖）らのトップ経験者もいる。

日商岩井副社長をした海部八郎もOBだ。航空機ビジネスで「海部軍団」といわれる強い営業部隊をつくったものの、79年に明るみに出たダグラス・グラマン事件で外為法違反で有罪（懲役2年・執行猶予3年）となった。

## 加東大介が旧制七中卒

俳優では「七人の侍」はじめ黒沢明作品に常連として出演した加東大介が、七中時代の卒業生だ。歌舞伎役者を経て映画デビューした。戦前の時代劇映画に出ていた市川正二郎は七中を中退している。

NHKの声優だった小山源喜は『鐘の鳴る丘』などに出演、戦後のラジオドラマ黄金期を代表する声優だった。

音楽では、ピアニストの梶原完、ロックバンドの坂崎幸之助、声楽家の葭田晃、シャンソン歌手の高田まさ江がOB、OGだ。

写真家では細江英公、大辻清司がいる。細江は03年に、英国王立写真協会から特別勲章を授与された。10年には文化功労者にも選定されている。

卒業生には、年配者によく知られたアナウンサーがいる。NHK出身でワイドショーの司会を長くした小川宏と、朝日放送出身でスポーツ中継で定評があった植草貞夫だ。

日本で初めての民間ラジオ局である中部日本放送のアナウンサーをした宇井昇は、51（昭和26）年の放送開始時に第一声を発した。

## 苅谷剛彦が論壇で注目

苅谷剛彦

学者では、教育社会学の苅谷剛彦が論壇で注目されている。前東大教授で現在は英オックスフォード大教授。教育における隠れた社会階層を分析している。ゆとり教育、学力低下などの問題を生徒の家庭の社会的地位と関連させて論考している。

マクロ経済学者で労働経済学が専門だった西川俊作、インド哲学の伊原照蓮、造園学、観光学、土木工学など幅広い研究を行ってきた鈴木忠義らも卒業生だ。

おもに乳幼児がかかる全身の血管炎症候群を「川崎病」というが、その病気を発見した川崎富作は、旧制七中から千葉医科大学臨時附属医学専門部(現千葉大学医学部)に進み、小児科医となった。日本赤十字社医療センター勤務時の61年にこうした疾患に遭遇し、発見者の名前をとって病名が定着した。

理系では、動物微生物学が専門で、国際協力事業団のスペシャリストとしてアフリカでのフィールド・ワークも行っている磯貝恵美子がOGだ。北海道大獣医学部出身だ。

創薬科学が専門で、独立行政法人医薬基盤研究所の創薬支援戦略室の初代室長に就いた榑林陽一がOBだ。18年4月からは、岡山理科大獣医学部の教授だ。

プロ野球解説者の草分け的存在である大和球士は、七中の2期生だ。野球選手としての経験がない、という点で異色の存在だった。「大和球士」はペンネームだった。

プロゴルファーの牧野裕もいる。現在はシニアオープン選手権に出場している。

# 北園高校

都立　板橋区

語学教育で知られる高校だ。第1外国語は英語で必修だが、第2外国語としてドイツ語、中国語、フランス語、ロシア語が選択科目として学べる。1、2年の生徒の6割強がどれかの語学を選択している。

語学については、それぞれ非常勤講師をそろえている。日本の高校で英語以外に4ヵ国語を学べる高校は、ごくわずかしかない。

とりわけロシア語を設置している高校は極めて稀だ。いや、大学でもロシア語を選択できるところは少ないのが現状だ。

国際色豊かだ。オーストラリア語学研修やドイツのフライホーフ・ギムナジウム（中高一貫校）と交流したり、ドイツ外務省公認パートナーとなっていて夏期留学もできる。

## 語学教育が充実

国際ロータリーなど青少年交換プログラムに参加し、チェコ、マレーシア、メキシコ、フランスなどから留学生を受け入れている。北園高校の側からも、フランス、ブラジル、タイ、ハンガリーなどに留学生を送り出している。

「信州北園プロジェクト」という国内行事もある。九曜会(同窓会)や三五会（校友会）のバックアップを受け、長野県伊那市に出かけ森林保全奉仕合宿や、信州大学を訪問し環境教育を行ったりしている。

1928（昭和3）年に東京府立第九中学校として設立された。戦後の学制改革で男女共学となり、50年に都立北園高校と校名が変わった。東京23区の北の方にあるので「北園」とネーミングされた。

教育目標は「自由と責任を重んじ、自律の精神に充ちた、個性豊かな人間を育成する」だ。校風は「規律ある自由」だという。

語学に磨きをかけられる大学に進学し、この方面の学者・研究者になった卒業生が多い。

原卓也は東京外国語大学ロシア語学科に進学し、ロシア文学者としてトルストイやドストエフスキーなどの文学者の作品の翻訳をたくさん手がけた。東京外国語大学長も務めた。父親の原久一郎（旧制新潟県立新発田中学・現新発田高校卒）も、大正から昭和にかけてのロシア文学者だった。

## ロシア、ドイツ語の学者

川村秀は早稲田大ロシア文学科に進学し、モスクワでロシア科学アカデミー東洋学研究所と日露文化センターを設立し、日ロ間の学術・文化交流に尽力した。

原卓也

国際関係論の菊地昌典は、ロシア革命の研究をした。宮崎晃は東京外大ロシア語学科に進学、脚本家や映画監督の道を歩んだ。

ドイツ語関連では、種村季弘がドイツ語圏の作家を翻訳し評論家、エッセイストとして知られた。野田保之は独和辞典を編纂、岡田朝雄はヘルマン・ヘッセの研究家、萩野蔵平は独語独文学者だ。

学者ではさらに、イスラム研究の第一人者で03年に文化功労者に選ばれている板垣雄三、インド・イスラム建築物の研究者である神谷武夫らがいる。

美学美術史の寺田勝彦は、松本峻介（旧制岩手県立盛岡中学・現盛岡第一高校中退）など個性的な画家の収集で知られる大川美術館（群馬県桐生市）の2代目の館長を務めた。

個性ある芸能人や演出家を輩出していることも、北園高校の特色と言える。

俳優、ナレーター、演出家の江守徹は北園高校時代から俳優志望で、卒業後は文学座に入った。「江守」は芸名だが、フランスの演出家モリエールがその由来だという。NHKの大河ドラマに数多く出演している。計19作に出演しているが、主役の経験はない。

名脇役として定評があった多々良純は、旧制第九中学卒だった。新築地劇団で修業し、舞台、映画、テレビドラマを数多くこなした。

女優の吉田日出子は62年卒で、江守と同期だ。高校卒後に俳優座

吉田日出子

養成所に入り、芸を磨いた。独特の声質の持ち主であり、とりわけ舞台での存在感がある。１９８９年の映画「社葬」で日本アカデミー助演女優賞を受賞した。

歌手、女優の中山美穂は、中学１年の時からＣＭなどに出ていた。北園高校の定時制に通っていたが、中退した。

映画監督の宮崎晃は、18年11月に死去した。テレビドラマや映画の脚本を多数、手がけた。

落語家では、立川談幸と三遊亭小圓楽がいる。談幸は、７代目立川談志（東京・私立東京高校中退）の唯一の内弟子経験者だ。

## 富山・利賀村で演劇

演出家の鈴木忠志は早稲田大に進学、卒業後に早稲田小劇場を結成した。76（昭和51）年より活動の拠点を富山県利賀村に移し、国際演劇祭利賀フェスティバルを毎年、開催している。利賀村は世界の演劇人の交流の場になっている。

音楽では、早稲田大グリークラブ出身者で結成した男性４人のボーカルグループであるボニージャックスの一員・鹿島武臣がＯＢだ。

岡安芳明はジャズギタリスト、片桐勝彦はフラメンコギタリスト、河野啓三はキーボーディスト・作曲家、手島英はテノール歌手、今野多久郎は音楽プロデューサーだ。

アニメで活躍した卒業生もいる。監督の出崎統、声優では菅谷政子と東美江がＯＢ、ＯＧだ。菅谷は出崎作品で重用されたが、これは北園高校で後輩の出崎が先輩の菅谷に誼を抱いていたためだ。

テレビドラマの脚本家、小説家の西条道彦、多作の小説家・喜多嶋隆、脚本家の小林竜雄、漫画家・俳優のみずしな孝之、イラストレーターのワカサキコウジらも卒業生だ。前衛俳句で知られる高柳重信は、旧制九中卒だ。

インターネットの世界で活躍している卒業生もいる。西村博之は、ネットの匿名掲示板サイト「２ちゃんねる」の開設者であり初代の管理人だ。95年がインターネット元年といわれるが、西村はその

4年後にこのサイトを立ち上げ、1000万人を超える利用者を獲得し、掲示板サイトとしては日本最大になった。

津田大介は、ネットを活用したジャーナリズム活動の先駆者だ。審議会や各種のシンポジウムなどで、参加者の発言をリアルタイムでネット中継する手法をいち早く取り入れた。

ジャーナリストとしては、格差社会や政府による情報統制などについて発言している斎藤貴男や、競馬ジャーナリストの原良馬らがOBだ。

経済界で活躍した卒業生では、ボールベアリングのミネベア社長、会長をした高橋高見がいた。年商が1億円にもならない父の会社の後を継ぎ、M&Aを繰り返して上場企業に成長させた。

## 味の素、ダイエーの社長

鳥羽董《ただす》は、味の素社長のあとダイエー社長をした。ダイエー創業者の中内功（旧制兵庫県立第三神戸中学・現長田高校卒）から96年に「財務のプロ」としてスカウトされたが、鳥羽と中内の仲はすぐに険悪となり、鳥羽はダイエー再建の途中で去っていった。

その後、ダイエーは経営破たん状態に陥り、15年にイオングループの傘下に入った。

日本曹達の社長をした井上克信、アヲハタ社長の野沢栄一らも卒業生だ。

行政マンとしては、兵庫県知事を15年間務めた貝原俊民がOBだ。自治官僚出身で、在任中の95年に阪神・淡路大震災が起き、復興にまい進した。14年11月に交通事故で死去した。

渡辺好明は農林水産事務次官を務めた。北園から東京教育大文学部に進学・卒業した。歴代の農水次官は東大法学部卒がほとんどだった。

他の都立高校と同様、学校群制度により北園高校の進学実績は低迷していたが、この数年で復権する兆しが出ている。11年には都教育委員会より進学指導推進校に指定された。

19年春の大学合格実績では、現役、浪人合わせ、東京工業大1人、筑波大、千葉大各3人など。私立大には延べで早稲田大20人、慶応大5人で、全体として私学に進学する生徒が多い。

# 豊多摩高校

都立　杉並区

校庭西側にはかつて、「なまけの森」と呼ばれた木立があった。授業をさぼってここで本を読んでいても、先生は出席扱いにしてくれたという伝説が残っている。「自由」な校風を物語っている。

1940（昭和15）年に東京府立第十三中学校として開校した。すぐに豊多摩中学と改称された。旧「豊多摩郡」という地域名が由来だ。戦後の学制改革で男女共学の都立豊多摩高校となった。

同じ杉並区には、都内有数の公立進学校として知られる都立西高校（旧制府立第十中学）があるが、豊多摩高校も西高校に匹敵するような多くの文化人を送り出してきた。

もっとも著名な卒業生は、スタジオジブリを主宰するアニメーション映画監督の宮崎駿《はやお》だ。2001年公開の『千と千尋の神隠し』は観客動員数2350万人、興行収入308億円で、日本の映画史上第1位の記録となった。

## アニメの宮崎駿がいる

03年には、『千と千尋…』がアカデミー賞長編アニメ賞を受賞するなど、宮崎作品は多くの国際賞を受賞した。宮崎らの努力や才能で、日本製アニメは「クール（かっこ良い）・ジャパン」を象徴するコンテンツになった。

宮崎駿

12年に宮崎は文化功労者にも選定された。14年には、映画界に功績を残した人をたたえる米アカデミー賞名誉賞を受賞した。日本人の名誉賞受賞は1990年の黒沢明（旧制私立京華中学・現京華中高校卒）以来、2人目だ。

詩人・絵本作家・脚本家の谷川俊太郎もよく知られている。多くの賞を受賞し、校歌、社歌などの作詞もたくさんしている。豊多摩高校の卒業式では、谷川の詩を朗読するのが伝統になっている。

文芸では、直木賞作家の中村正軌、東京大学在学中に表現した「とめてくれるなおっかさん、背中の銀杏が泣いている　男東大どこへ行く」というフレーズで注目された評論家・小説家の橋本治、ノンフィクション作家の辺身じゅんらがOB、OGだ。橋本は19年1月に死去した。

さらに、児童文学作家の北川幸比古、脚本家の曽田博久、鳥居元宏、宮村優子、翻訳家の松岡和子、小説家の森巣博、スポーツジャーナリストの小平桂子アネットらもいる。

音楽では、ギタリストの米川英之、作曲家の福田洋介ら。ジャズ歌手、俳優の柳沢慎一は青山学院高等部に転校した。

芸能では、昭和から平成にかけて活動した清元節三味線方で人間国宝にもなった清元榮三郎がいた。

## サザエさんの声の加藤みどり

一人芝居で知られる俳優のイッセー尾形、女優・声優でテレビアニメ『サザエさん』の主人公役の声でお馴染の加藤みどり、女優・声優の喜多道枝、俳優の小沢直平、辻輝猛、女優の黒田福美、大谷英子、声優の加藤亮夫、お笑い芸人の吉田大吾らもOB、OGだ。

グラフィックデザイナーの佐藤卓は、商業デザインの分野で活躍中。伊藤善章は藤子・F・不二雄プロの社長だ。

学者では、西洋史が専門で静岡文化芸術大学長、愛知万博総合プロデューサーなどを歴任した木村尚三郎、横浜国大学長、私立ものつくり大（埼玉県行田市）の学長を務めた野村東太、日本経済史の西田美昭らがいた。

行政法の中西又三、平安文学研究者の久下裕利、公共社会学の高橋一生、中央アジア史の小松久男らもいる。

大企業でトップを務めた卒業生では、古沢熙一郎《きいちろう》（中央三井トラストHD）、上原治也（三菱UFJ信託銀行）、中原茂明（トクヤマ）らがいる。

大学進学では、多くの生徒が東京の私立大に行っている。19年春の大学合格実績は現役、浪人合わせ、早稲田大16人、慶応大3人、上智大4人などだ。

# 青山高校

都立 渋谷区

東京の「青山通り」といえば、おしゃれで粋なイメージがあり、若い女性たちからの人気は抜群だ。その「青山」を冠する学校として著名なのは私立の青山学院であるが、こちらは都立の高校だ。

東京府立第十五中学として、偶然にも昭和15（1940）年に設立され、戦後の学制改革で男女共学の新制青山高校となった。

しかし1960年代までは目立つ学校ではなかった。

東京都は67（昭和42）年度から、都立高校の入試について「学校群制度」を導入した。2〜3の高校で「群れ」をつくり、その中で学力が均等になるように合格者を振り分ける制度だ。

これにより中学3年生は、必ずしも希望する都立高校に入学できないことになった。日比谷高校（旧制府立一中）、新宿高校（旧制府立六中）はじめ1ケタ台の旧ナンバースクールは、必然的に凋落していった。

## 学校群制度で浮き沈み

青山高校は、逆に浮上した。都立戸山高校（旧制府立四中）と同じ群になったからだ。進学実績はぐんぐん向上し、70年代半ばから東大合格者が毎年30〜40人も出るようになった。それ以降、社会の各方面で活躍する卒業生が増え、青山高校の存在感は高まった。

ただ、6年制の国立や私立中高一貫校に押されて、この30年は低迷したが、最近、復権する兆しが出てきた。都教育委員会から進学指導重点校に指定されている。

19年春の大学合格実績を見ると現役、浪人合わせ、東京大10人、京都大6人、一橋大12人、東京工業大3人だ。10年前の09年実績は、東大、京大とも2人だった。

私立大には毎年度、延べ人数で早稲田大に約80人、慶応大に約40人と、たくさん合格している。

教育方針として「国公立大学を目指す進学校である」と明確に打

ち出している。同時に「知徳体のバランス取れた全人教育を目指す」としている。

卒業生で今、活躍ぶりがもっとも顕著なのは、09年から横浜市長をしている林文子(46年生まれ)だ。

## 横浜市長の林文子

大学に進学せず、東洋レーヨン(現東レ)、松下電器産業(現パナソニック)、立石電機(現オムロン)や自動車ディーラーなどに次々と転職してキャリアを磨いた。凄腕の自動車販売員として米国の雑誌にも紹介され、再建途上のダイエーのCEO(最高経営責任者)にスカウトされた。

林文子

その名は一挙に広まり、政令市の市長としては仙台市の奥山恵美子市長(岩手県立盛岡第一高校卒)に次いで2人目の女性市長となった。17年7月に横浜市長として3選を果たした。

「政官」の分野では、谷川和穂が法相などをした。東大法学部に進学した関口芳史は、09年から新潟県十日町市市長をしている。

公明党所属の衆院議員、赤羽一嘉は、19年9月の内閣改造で国土交通相に就いた。赤羽は自公連立内閣のもとで、公明党から送りこまれた閣僚だ。慶応大卒。

日銀生え抜きの雨宮正佳は、18年3月に日銀副総裁に就いた。

弁護士の早稲田祐美子は知的財産法が専門で、この種の政府の会議で臨時委員などを務めている。

学者として活躍している卒業生では、中小企業論の清成忠男が、法政大総長になって学部・学科を新設し、辣腕の大学経営者として名をなした。

マーケティング論の村田昭治は、慶応大教授時代のゼミが学生からの人気抜群だった。

経営学者の野田一夫は、ドラッカーを翻訳し日本に初めて紹介した。多摩大学、宮城大学学長を歴任し大学改革でも知られる。経営学者では小林一郎もいる。

日本外交史の池井優は、日米の野球に精通しこの分野の著作も多い。日米比較文化史を研究している鈴村裕輔は、やはり大リーグ事情に詳しく事実上、野球文化論では池井の後継者になっている。

千葉大教授の酒井啓子は、日本で数少ない中東研究者だ。80年代に在イラク日本国大使館専門調査員を務めた。

理系では、植物生態学者で北海道環境財団理事長の辻井達一が12年にラムサール賞を受けた。ラムサール条約にもとづき、湿地の保全と利用に多大な貢献をした個人や団体に贈られる賞だ。

北海道大学に進学し、長年にわたって釧路湿原など湿地保全に努めた功績が認められた。しかし、受賞直後にがんが見つかり、13年1月に死去した。

微生物学の押谷仁は、感染症対策の第一人者で02年のサーズ対策や14年のエボラ出血熱対策では国際的に活躍した。岩城正昭も感染症の研究者で、オーボエ奏者でもある。

ナノ量子物性の研究者である斎藤英治は、30代で東北大金属材料研究所の教授になった。

## 地震予知の平田直

平田直は東大地震研究所教授(東大地震予知研究センター長)で、大きめの地震があるとしばしばテレビに登場する

海洋生態学者の渡辺研太郎は南極観測隊に何度も加わっており、隊長もした。

中央大学理工学部の教授だった高窪統は09年1月に、東京都文京区の同大後楽園キャンパス内で元教え子の男に背中を刺され、死亡した。45歳だった。

文化人として名が知られている人物を、挙げてみよう。

リクルート出身の藤原和博は、東京都初の民間人校長として杉並区立和田中学の校長を務めた。

音楽で才能を発揮している卒業生も多い。作曲家では小杉太一郎、今井重幸、井上鑑、斎藤真也ら。作詞家では大石良蔵、音楽学者では坂崎紀、楽器・音楽考古学では山田光洋、音響演出家では石丸耕一らがいる。

建築家では内井昭蔵、内田章夫、翻訳家では安達和子が卒業生だ。

メディア関連では、毎日新聞社の特別編集委員・山田孝男が14年度の日本記者クラブ賞を受賞した。時事通信社出身で政治評論家の屋山太郎もOBだ。

テレビでお馴染みのアナウン

サーや芸能人をたくさん輩出している。都立高校ではピカ1、と言えるだろう。トレンディーな「青山」のイメージどおりだ。

## 滝川は「青山の申し子」

テレビでの露出度が高いから当然なのであるが、タレント・フリーアナウンサーの滝川クリステル、NHKアナの小郷知子、それにフリーアナの八塩圭子がよく売れている。

　滝川は、父フランス人、母日本人のハーフで、青山高校卒後に青山学院大に進学した。まさに「青山の申し子」だ。19年8月、自民党衆院議員で環境相の小泉進次郎（横浜市・私立関東学院六浦高校卒）と結婚した。

滝川クリステル

　芸能では、タレント・俳優の石田純一がいる。俳優の橋爪功とコメディアンの仲本工事は同級生だ。橋爪は1年の2学期に、大阪府立天王寺高校から転入してきた。

　10代目柳家小三治は14年に、落語家としては3人目の人間国宝に認定された。

　小池朝雄が、『刑事コロンボ』の吹き替えなどして声優としても知られていた。女優では、若林映子、益戸育江、那須佐代子や、チョコのCMが話題になった上原ゆかりらが卒業している

　近年、人気上昇中の俳優・草刈正雄は、福岡県立小倉西高校定時制を中退した。17歳で上京し、青山高校定時制に通った。資生堂専属モデルから俳優デビューした。

　大企業のトップ経験者としては、前述の林文子のほか奥本英一朗（大和総研）、津田尚二（三越）、矢嶋英敏（島津製作所）、岡本毅（東京ガス）、岩崎琢弥（日興証券）、津谷正明（ブリヂストン）、八重樫正彦（日揮）、工藤英之（新生銀行）、庄司哲也（NTTコミュニケーションズ）、平井嘉朗（イトーキ）らがいる。

　藤崎清孝は中古車ネットオークションの「オークネット」を創業し、東証一部上場企業に育てた。

　金子英樹は、東証一部上場の金融ITソリューション「シンプレクス」の創業社長だ。

# 国立高校

●都立　●国立市

「都立の星」と呼ばれたことがある。硬式野球部が1980（昭和55）年に夏の甲子園大会に出場したからだ。都立高校として初めての快挙であり、国立高校の名は一躍、全国に広まった。

「都立高校なのに、なんで国立《こくりつ》高校と言うのか」という素朴な疑問も、それまでは出ていた。甲子園に出たことで「くにたち高校」と呼ぶことが日本中に知れわたった。

国立市は、東京の西郊にある。国鉄（現ＪＲ東日本）が中央線の国分寺駅と立川駅の中間に26年、新しい駅をつくった。両方から1字ずつ取って「国立」の名前が生まれた。国立町制―国立市制となったのは戦後のことだ。

国立高校の前身である東京府立第十九中学は、1940年に創立された。一中（現日比谷高校）、六中（現新宿高校）など明治、大正時代に開校している旧制ナンバースクールと比べると、かなりの後発だった。戦後の学制改革で国立高校となった。

## 都立高校で東大合格トップに

東京都は67年度から、都立高校の入試について「学校群制度」を導入した。2～3の高校で「群れ」をつくり、その中で学力が均等になるように合格者を振り分ける制度だ。

これにより中学3年生は、必ずしも希望する都立高校に入学できないことになった。日比谷、新宿高校はじめ1ケタ台の旧ナンバースクールは、必然的に凋落していった。

対して6年一貫制の私立や国立の中・高校が急伸した。ただし国立高校は、多摩地区の名門・立川高校（旧制府立二中）と同じ群になったことで逆に進学実績を伸ばした。83、84年などは東大合格者の数で、都立高校でトップになったりもした。

最近の進学実績でも、「都立の星」になっている。19年の難関大合格者数をみると、現役、浪人合わせ、東京大16人、京都大19人だ。京大合格者は、10年前の09年には3人だったが急伸した。都内の高校では断然トップで、東大合格者を上回っている。後述するが、京大総長の山極寿一が国立高校の卒業生であることが、大きく影響している。

キャンパスが目と鼻の先の一橋大には19年春、28人（09年は15人）も合格している。高校別ランキングで、トップ校だ。さらに、東京工業大には18人（09年は10人）で2番目だった。

私立大には延べ人数で、早稲田大119人、慶応大に53人が合格している。

難関大合格実績は都立高校の中で、日比谷高校、西高校と並ぶ3傑だ。

校訓は「清く、正しく、朗らかに」だ。『全部やる、みんなでやる』を合言葉に、自由闊達な校風の下、文武両道に励んでいる。

文化祭と体育祭を「国高《くにこう》祭」と呼んでいる。毎年、1万人近い来校者がいるという。ベートーベンの交響曲第9番を独語で合唱する演奏会も、地域住民から高い評価を受けている。

## ゴリラ研究の山極寿一

卒業生で活躍ぶりが最も目立つのは、京都大学総長、日本学術会議会長の山極寿一だ。ゴリラ研究で知られる霊長類学者だ。

山極寿一

「ゴリラの世界から人間の世界を見ることによって、人間性の本質を知ることができる」（国立高校同窓会会報『たちばな』10年3月発行から）とし、山極が書くエッセーなどは最近、人気が急伸している。

山極は国立市出身で、国立高校卒後は自由な学風にあこがれて京大理学部に進学した。専門の研究の妨げになるので、京大総長や学術会議会長に就くことをためらったが、人物・識見が素晴らしく、周囲の推薦を断りきれなかった。

もう一人輝いている女性科学者を紹介しよう。国立情報学研究所教授で、数理論理学が専門の新井紀子《のりこ》だ。

　東大合格を目指す人工知能（AI）の「東ロボくん」研究チームのリーダーを務め、話題を呼んだ。しかし「文脈を理解できない」として「東ロボくん」の開発は16年に凍結された。

　女性の学者では、物理学者の伊藤早苗がいる。伊藤は夫の物理学者・伊藤公孝（神奈川県・私立栄光学園高校卒）と共同で論文を発表したりしている。

　岡安直比は霊長類学者で、世界自然保護基金ジャパン（ＷＷＦ）の自然保護室長をしている。

　精神科医で都立松沢病院院長をした風祭元、小児科医の小林登、機械技術の研究者で人に近い「ヒューマノイド」ロボットの研究開発を続けている金子健二、米国籍の物理学者・山越富夫、数学者の坂口茂らも卒業生だ。

　文系では、「東北学」を提唱し東日本大震災復興構想会議委員も務めた民俗学者の赤坂憲雄、法学者の水島朝穂、国際法学者では元横浜市大学長の布施勉と国際機関でも活躍している岩沢雄司、経営情報論の上山俊幸、評論家・書誌学者の武藤康史、公共経済学の小黒一正らがいる。

　イスラム研究者の池内恵は１５年に、毎日出版文化賞を受賞した。東大卒で、エジプト・アレクサンドリア大、英ケンブリッジ大などでも研究生活を送った。

　ロシア研究者の上野俊彦、経営学者でコメンテーターもしている野田稔、文化人類学者の小松和彦らも卒業生だ。小松は１６年に文化功労者に選ばれた。

野村進

## 芥川、直木賞作家も

　小説家では、作家の南木佳士《なぎけいし》がいる。南木は4回も芥川賞候補になった後、89年に『ダイヤモンドダスト』で芥川賞を受賞した。秋田大医学部卒の医師だが、パニック障害やうつ病に悩まされている。

　直木賞受賞作家では、奇抜なファッションで知られる志茂田景樹が卒業している。90年代にはタレントとしてバラエティ番組によく出演した。

作家で、大宅、講談社の両ノンフィクション賞を97年に同時受賞している野村進、脚本家の香取俊介、エッセイストの鶴田静、詩人では河津聖恵と高貝弘也がOB、OGだ。

音楽では作詞・作曲家でアニメ、映画、CMなどで最近、大活躍している梶浦由記がいる。NHKの「歴史秘話ヒストリア」のオープニングテーマ曲なども手がけた。

作曲家の三輪真弘、ジャズピアニストの大西順子、バイオリニストの斎藤咲恵も卒業生だ。

俳優では六平《むさか》直政がいる。劇団状況劇場を経て新宿梁山泊の旗揚げに参加した。特徴的な強面を生かして、やくざ役、刑事役、3枚目役など様々な役をこなしてきた。

メディア関連では、毎日新聞記者出身の政治評論家だった三宅久之がいた。テレビ朝日でニュースキャスターをしていて毎晩のように露出している富川悠太がいる。

ニュースキャスター・アナウンサーではさらに、40歳で急死した久和ひとみ、フリーアナ・語り部の平野啓子、NHKアナの松村正代が卒業している。

## 初めての甲子園

スポーツでは、市川武史が都立として初めて甲子園に出場した時のエース。東大でも、東京六大学野球で投手として7勝22敗の戦績を挙げるなど赤門旋風を巻き起こした。

下嶋忍は市川より5年先輩で、やはり東大野球部選手として6本塁打を放つなどの活躍をした。甲子園出場時の監督・市川忠男もOBだ。

政治家では、NHKのアナウンサー出身で参院議員を務めたのち、現在は作新学院理事長の畑恵《はたけい》がOGだ。畑は、39歳で閣僚になった船田元（栃木県立宇都宮高校卒）と不倫騒動の末に結婚し「政界失楽園」と言われた。

経済界で社長などトップを経験した人物では、斎藤勝利（第一生命保険）、大島卓（日本ガイシ）、中野克彦（富山化学工業）、中村光男（日建設計）、水越豊（ボストンコンサルティンググループ日本）、大島卓（日本ガイシ）、黒川茂（日本ユニシス）らがOBだ。

古川俊太郎は18年6月、任天堂の社長に就いた。初めての生え抜きサラリーマン社長だ。

# 大泉高校

都立　練馬区

東京・練馬区は23区の西郊に当たるが、その西の端に校地がある。普通科高校としては都立高校で随一の広さを持つ。

1941（昭和16）年に東京府立第二十中学校として開校し、戦後の学制改革で男女共学の都立大泉高校となった。2010年度から は附属中学が開校し、6年一貫教育が行われている。

教育理念として「探究の大泉」を掲げている。物事の真理を深く考え、筋道をたてて明らかにする、というのが「探究」だ。

旧制府立中学のナンバースクールの中では後発だ。だが、今まさに活躍中の卒業生が各分野にそろっている。

美術界を熱くしているのは、大竹伸朗だ。ガラクタやごみを素材として使いながら、コラージュ、立体、写真、スケッチさらには音楽なども駆使して「作品」に仕立て上げる、前衛的な現代美術家だ。

## 情報番組の雄・池上彰

ジャーナリストの池上彰も、存在感がある。NHK記者を退職しフリーになって約10年。民放の情報番組で連日のように出演している。新聞、雑誌の論壇でも活躍している。

池上彰

池上より36年後輩のテレビ朝日アナウンサー・宇賀なつみは情報番組で池上と共演することがある。

女優の小林綾子がOGだ。83年から84年にかけてのNHK朝の連続テレビ小説『おしん』で少女時代を演じ、一躍その名を馳せた。

平均視聴率は52・6％。テレビドラマの最高視聴率記録だ。世界70カ国以上で放送され、特に途上国で小林は絶大な人気を博した。

俳優の待田京介、漫画家の玖保

キリコ、脚本家の吉田紀子、音楽プロデューサー・コピーライターのイシカワカズ、キーボード奏者で作曲家の深町純、ギター奏者の小林隆平、作詞・作曲家の森雪之丞らもOB、OGだ。

国際的バイオリニストの前橋汀子は、ソ連のレニングラード音楽院に留学するため桐朋女子高校を中退した。高卒の資格を取るため、62歳から1年間、都立大泉高校の定時制課程に通った。

「政官」では、警察官僚出身で国民新党代表などを務めた亀井静香がOBだ。私立修道高校(広島市)から大泉高校に転校してきた。

大蔵官僚出身で、内閣官房副長官や厚労相に再任された加藤勝信もいる。

経済界では、山田食品産業を創業した山田裕通がいた。関東地方のロードサイドで「山田うどん」店を展開している。

高島屋会長をした仁科和雄、東京建物社長を務めた野村均も卒業生だ。

学者では、交通経済学が専門で一橋大学長をした杉山武彦がいる。福島原発事故後に新設された原子力損害賠償・廃炉等支援機構の初代理事長を務めた。

日本芸術院会員で多くの音楽賞を受賞している栗林義信は、佐賀県立佐賀西高校から転入してきた。オペラの音楽監督を多数、務めている。

## スキーの猪谷千春

スポーツでは、1956(昭和31)年の伊コルティーナダンペッツォ五輪で、スキー回転競技で銀メダルを取った猪谷千春が卒業生だ。日本人として初めての冬季五輪メダリストだ。

猪谷は、旧制青森県立青森中学(現青森高校)から大泉高校に転入してきた。のちにIOC(国際五輪委員会)副会長やAIU日本法人会長を務めた。

日本のラグビー界の重鎮、日比野弘もOBだ。早稲田大ラグビー蹴球部で活躍、日本代表監督や日本ラグビーフットボール協会会長などを歴任した。

19年春の大学合格実績は現役、浪人合わせ、東京工業大、東北大各2人、一橋大6人など。私立大には、延べで早稲田大32人、慶応大に8人が合格している。全体として私学に進学する生徒が多い。

# 白鷗高校

都立　台東区

戦前の東京で、「一女」として一目置かれてきた。1888（明治21）年に東京府高等女学校として創立、1900（明治33）年に、東京府第一高等女学校と改められた。東京府としては初めての公立女学校だった。

戦後の学制改革で白鷗高校と改称、男子にも門戸を開き共学となった。2005年度からは、附属中学を併設し中高一貫教育になった。

キャンパスは、上野と浅草の間あたりにある。場所柄、日本の伝統文化を理解する教育に熱心に取り組んでいる。昔は女学校だった、という伝統もうかがわれる。ただし、旧制高女の名残で、校庭がやや狭い。

## 前身は東京府第一高女

高1では、浅草流鏑馬、鳥越祭などの地域伝統行事に参加する。高2では、日本文化概論の科目を設置し、将棋、囲碁、茶道、華道、書道などを学習する。

音楽の授業では、三味線を学ぶことができる。部活動でも、和太鼓、長唄三味線、百人一首などが各大会で好成績を収めている。

「辞書は友達、予習は命」を合言葉に、授業第一の教育を続けている。現役での大学進学を目標とした、6年間を見通したカリキュラム編成をとっている。

19年の大学入試では現役、浪人合わせ、東京大3人、東京工業大1人、一橋大3人、東京芸術大に4人が、私大では延べ人数で早稲田大に30人、慶応大に15人が合格している。

高女時代は、東京女子高等師範学校（女高師）と並んで、小学校教師の育成に力を注いでいた。

公立女学校のリーダーだったので、教員だけでなくやがて学問、芸術の分野や社会事業などで活躍した人々を、輩出した。女子の社会的地位が低かった戦前に、多くの人材を送り出した。最近も、卒業生は各方面で活躍している。

もっともポピュラーな卒業生は、漫画家の池田理代子であろう。東京教育大（現筑波大）在学中の72年から雑誌に連載した『ベルサイユのばら』が空前のヒットとなった。宝塚歌劇団による舞台化や、アニメ化、映画化もされ、一種の社会現象を巻き起こした。

## 漫画家の池田理代子

教育大は結局、7年で中退したが、池田は45歳で東京音楽大声学科に入学、CDを発売したり、コンサート出演や講演に駆けずり回っている。

池田理代子

文芸では、戦前の小説家で、浅草で育った田村俊子が一女卒だ。

42年に『青果の市』で芥川賞を受賞し、日本芸術院会員、文化功労者になった芝木好子もいた。7歳から浅草を象徴する「雷門」近くで育ち、のちの「下町もの」の先駆者となった。

歌人で新写実の世界を切り拓いた葛原妙子が、一女卒だ。葛原の長女が児童文学者の猪熊葉子で、やはり一女卒。英国の女性児童文学者の作品を中心に多数の翻訳がある。葉子は長年、聖心女子大で教員を務めており、上皇后美智子（聖心女子学院高等科―聖心女子大学卒）は教え子だった。

詩人・小説家の島崎藤村（東京私立明治学院普通科本科・現明治学院高校卒）の夫人で随筆家の島崎静子、戦後の日本映画黄金時代を代表する脚本家・水木洋子も旧制時代の卒業生だ。

新制卒では、童話作家の立原えりか、トレンディードラマが得意な脚本家・金子ありさがいる。

ノンフィクション作家の森本貞子と野村路子もOGだ。

女性医師育成の礎を築いた吉岡弥生を記念した日本女医会吉岡弥生賞というのが68年にできている。龍千恵子はその第1回の、岡本歌子は第2回の、河野りんは5回目の受賞者だ。

日本最初の女性園芸学者で有川式生け花創始者の三井（有川）ヒサエ、仁科記念賞の受賞者で理論統計物理学が専門だが世界各国の科学論文誌の編集委員としても活躍している鈴木増雄、花粉症研究の第一人者である佐橋紀男、日本中世史が専門の黒田日出男らがOG、OBだ。

キャリア・ウーマンの象徴にされるような卒業生もいる。日本IBMで女性として初めて役員になり、ベルリッツコーポレーションCEO（最高経営責任者）を務めた内永ゆか子だ。

現在は、女性の幹部候補生にトレーニングをするNPO法人J-Winの理事長をしている。白鷗高校から東大物理学科に進学した。

小泉清子が、呉服販売の鈴乃屋を全国チェーンに育てた。NHKの大河ドラマで衣装考証役を務めた。19年2月に100歳で死去した。

音楽では、大正から昭和期のソプラノ歌手である立松ふさと松平里子、ピアニストで東大法学部の女子1期生である藤田晴子、アルト歌手の柳兼子（夫は民芸運動の柳宗悦）らが卒業生だ。タンゴピアニストの小松真知子、テノール歌手の石井健三は活躍中だ。

美術では、大正から昭和時代の日本画家・小畠鼎子、洋画家の飯田弥生、木彫人形作家の河井秀子らが卒業している。

## エッセイストの沢村貞子

俳優では、エッセイストとしても評判になった沢村貞子がいた。自伝的随筆『私の浅草』は下町の風情を描いた名著とされている。「いかにも一女卒」という作品だ。

女優・声優の奈良岡朋子は、一女に入学したものの戦争による疎開で青森県立弘前中央高校（旧県第一高等女学校）を卒業した。

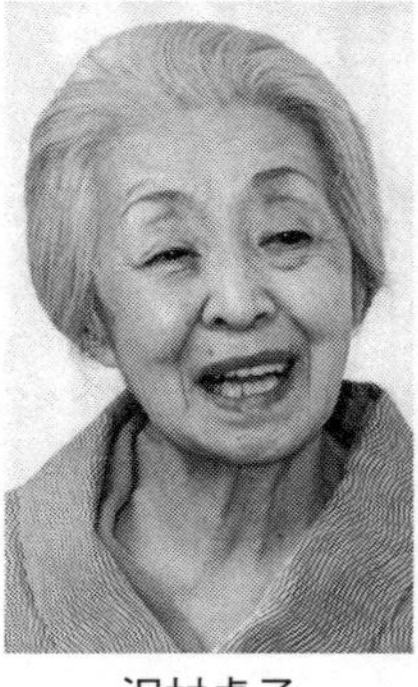
沢村貞子

男優では柴俊夫がOBだ。篠田昇は映画の撮影監督だ。女優・声優の沼波照枝もいた。

教育者では、初の女性ジャーナリストといわれ自由学園を創立した羽仁もと子、大東学園を創立した守屋東らがいた。

社会運動家として活動した卒業生では、政治外交問題で積極的な発言を続けた三木睦子がいた。夫は首相を務めた三木武夫（徳島県立徳島商業学校・現徳島商業高校を退学処分になり兵庫県・私立中外商業学校・現県立尼崎北高校卒）だ。睦子は父と兄が国会議員の政治一家だった。

戦前に反戦・社会運動をした評論家・翻訳家の石垣綾子、婦人参政権獲得運動に情熱を燃やした田中芳子、世界救世教第2代教主の岡田よしもOGだ。

元検事の岡村和美は消費者庁長官のあと、現在は最高裁判事だ。

白鷗高校は伝統芸能を取り入れた教育をしていることを前述しているが、この方面で才能を発揮している若手卒業生を続々と輩出している。

日本舞踊家では藤間勘紫乃がOGだ。藤川流家元の藤川澄十郎は、91年3歳の時に初舞台を踏んでいる。

観世流能楽師で重要無形文化財総合指定保持者の観世恭秀の3人の息子は幼少の時から子方で頭角を現している。若手の歌舞伎役者では、中村鶴松、中村梅丸がOBだ。

94年生まれの平田智也は白鷗高校1年の時に、97年生まれの一力《いちりき》遼《りょう》は附属中学1年の時に、日本棋院東京本部の囲碁棋士になった。

## 囲碁棋士の一力遼

一力は、棋聖戦、王座戦、天元戦の最年少挑戦記録など、多くの最年少記録を持っている。17年に八段になった。早稲田大に進学し、棋士と学業の2足の草鞋を続けている。

94年生まれの将棋棋士・佐々木勇気は、白鷗高校1年の時にプロデビューした。元東京都教育委員で当時、日本将棋連盟会長だった永世棋聖・米長邦雄（都立鷺宮高校卒）は「白鷗高校の教育は、伝統文化を積極的に取り入れている。その在校生が棋士になったことは、教育委員会として誠に喜ばしい」とコメントした。佐々木は18年11月に七段になった。

落語家の桂才紫は14年春に、真打ちに昇進し3代目桂やまとを襲名した。

昭和から平成にかけての海洋ジャーナリスト、エッセイストの小林則子がOGだ。75年に太平洋横断単独ヨットレースに参加、サンフランシスコ～沖縄間1万2000キロを57日間で走破した。日本女性として初めての太平洋単独完走だった。

# 竹早高校

●都立　●文京区

校地のある「小石川」周辺は、明治から昭和にかけて多くの文化人が居住し、小説や短歌、俳句の舞台になった。まさに都心の文京地帯だ。

その地に1900（明治33）年、東京府立第二高等女学校が創設された。これが竹早高校の前身だ。

東京府立女子師範学校（現東京学芸大学）も同時に創設され、第二高女は女子師範に併設される形をとった。校地、校舎、教職員などは共用で、運動会、音楽会なども一緒に行っていた。全国的にも珍しい形態だった。

戦前は「二女」で通っていた。戦後の学制改革で竹早高校という名称になった。共学制の実施で初めて入学してきた男子1年生は、5人だったという。現在では、ほぼ男女同数になっている。

## 「二女」の伝統を受け継ぐ

名門高女の伝統をうかがわせるのは、校章だ。今でも「二女」のデザインを引き継いだ女子用と、新制移行時に作られた男子用の2つがある。

都立高校は67年度から、学校群制度が導入された。竹早高校は小石川高校（前身は旧制府立五中）と同じ「群」になった。文京区には当時、誠之小学校―文京六中―小石川高校―東京大という「コース」ができていた。難関大学への進学を目指している受験生にとっては、第一志望は小石川高校だった。

だが、竹早高校に振り分けられた生徒がたくさん出た。現在でも60歳前後の男性で、「今となっては竹早の3年間は懐かしいが、本当は小石川に行きたかった」と述懐する卒業生がたくさんいる。

竹早高校は当時、徒歩15分のお茶の水女子大への合格者で全国のトップ高校だった。女子卒業生の中には「将来、建築家になる希望を抱いていたので、他大学の受験を考えていたが、担任によってお茶大受験を誘導された」と回想する者もいる。

要するに、名門高女の伝統と学校群制度によって、昭和時代には男女ともいささか不本意な気持ちを抱いたこともあったということだ。

竹早高校は毎年度、海外帰国生を15人ほど受けいれている。80年に海外帰国生徒学級を開設し、都立高校で2番目の帰国生受け入れ校となった。これを契機に「国際理解教育の推進」が教育目標の1つに掲げられ、竹早高校の特色となった。

19年度の大学受験では現役、浪人合わせ、京都大1人、東京工業大3人、東北大2人、筑波大7人、私学では延べ人数で早稲田大43人、慶応大12人、上智大21人が合格している。3分の2の生徒は私大に進んでいる。

戦前の高等女学校は「良妻賢母」を標榜していたが、「二女」の卒業生の中には、女性運動家として歴史に残る活動をした者もいた。

## 女性運動家も輩出

その筆頭は、日本における女性解放運動の思想的原点と評される山川菊栄だ。社会主義者の山川均(京都市・旧制私立同志社中学部・現同志社高校中退)と結婚し、大正から昭和にかけて日本初の社会主義の立場に立つ婦人論を提唱した。戦後に労働省の初代婦人少年局長に就いた。

山高しげりも戦前に婦人参政権の獲得運動、母性保護法の成立のために活躍し、戦後は地域婦人団体連絡協議会(地婦連)を育てた。「二女」では山川より9期後輩だ。

山川と同期の徳永恕は、女性解放運動に心ひかれながらも自らは後衛を持って任じ、社会福祉事業に専念した。日本最初の保育園である東京・二葉保育園の園長や母子寮、養護施設の創設など地道な活動に努めた。

読売新聞社に正式採用の記者として入社し、女性として大手紙で初めての部長になった金森トシエは、総理府婦人問題企画推進会議委員など女性の地位向上のために多彩な活動を行った。

鳩山安子はブリヂストン創業家の生まれで、大蔵事務次官、外相などを歴任した鳩山威一郎(東京・旧制府立高校卒)の妻だ。威一郎・安子夫妻の息子が、民主党政権で初めて首相となった鳩山由紀夫（都立小石川高校・現小石川中等教育学校卒）と、総務相などを歴任した鳩山邦夫（東京教育大附属高校・現筑波大附属高校卒）だ。

高女の名残から、女性の学者もたくさん輩出している。

ビタミン、アミノ酸の研究で知られる道喜美代は日本女子大学長を、数学教師だった村田照子は東京経営短期大学長を、松本紀子は鎌倉女子大学長をした。

## 「生徒権宣言」の小森陽一

国文学者で東京大教授の小森陽一は、市民活動家でもある。現在は文学評論の傍ら、憲法改正に反対する全国「九条の会」事務局長をしている。

「竹早高校リベート事件」というのが69年に起き、マスコミでも騒がれた。小森は1年生ながら生徒会長に選出され、全校ストのリーダーとなり「生徒権宣言」を学校側に受諾させた。

小森陽一

社会基盤工学の竹内佐和子、数理工学の永持仁、英米文学の佐藤宏子、中国社会経済史の中川学、中国文学の田畑佐和子、ジェンダー論の伊藤裕子、園芸学者で米アリゾナ大で教壇に立っている久保田智恵利、国語学者の山口仲美、国文学者の松尾葦江らもOG、OBだ。

共同通信社記者出身の高橋紘《ひろし》は、皇室研究者として知られた。上村以和於は歌舞伎評論家だ。

文化人、芸術家では、グラフィックデザイナーのマッド・アマノがOBだ。フォトモンタージュによるパロディ作品で知られる。写真家では斎藤康一もいる。

伊藤比呂美は、『とげ抜き新巣鴨地蔵縁起』で説経節と現代詩を融合した独自の語り物の世界を確立、詩と小説で多くの文学賞を受賞している。矢崎藍は小説家、中井紀夫はSF作家だ。

彫刻家では山崎茂樹と小堤良一、陶芸家では伊藤麻沙人と天野緑らがいる。伊藤は竹早高校創立百周年記念モニュメント『夢の風』を制作している。

音楽では、シンガーソングライ

ター、作詞・作曲家、音楽プロデューサーとして名高い山下達郎がいる。

劇作家、演出家の真山美保、観世流能楽師だった山階敬子らも卒業生だ。

俳優座出身の女優だった村瀬幸子、女優の魚住純子、藤田みどり、横山めぐみ、映画や舞台などによく出演した緒形拳らもOG、OBだ。緒形は2000年11月の創立100周年記念式典に出席し、歓声を浴びた。

舞台俳優、劇作家、演出家の小

山下達郎

手伸也もいる。早大に進学し、演劇倶楽部で活躍した。長年、舞台が中心だったが、10年ころからテレビ出演も増え、NHKの19年度上半期の朝ドラ「なつぞら」にも出演した。

「二女」OGの中田正子（旧姓田中）は40年に、女性として初めて弁護士になった。正子は明治大学専門部女子部から法学部に進学、同様のコースをたどった久米愛、三淵嘉子と共に38年、高等文官司法科試験に合格、40年に弁護士試補試験に合格し正式に弁護士となった。「男子たること」という試験の記述が削除されたことで、門戸が開かれた。

## ネット取引の松井道夫

経済界では、ネット取引の松井証券社長・松井道夫が兜町（証券業界）の異端児と呼ばれている。竹早高校から一橋大に進学し日本郵船に入社したが、松井証券のオーナー家の婿養子になったことから、松井証券の社長になった。

第二高女は女子師範と併設されていたため、先生がたは同時に女子師範の教諭でもあった。「二女」の生徒は、現在の大学教授に当たる先生がたの高度な授業を、12歳～17歳にして受けることができた。

日本人として初めて五輪に出場したマラソン選手の金栗四三（旧制熊本県立玉名中学・現玉名高校卒）が体育を、教えていた。NHKが19年に放送した大河ドラマ「いだてん」では、教師・金栗と二女の生徒との交流が詳しく描かれている。

# 富士高校

都立　中野区

最寄り駅は東京メトロ丸ノ内線の「中野富士見町」駅だ。富士高校の所在地も中野区富士見町だったが、現在の住居表示は弥生町に変っている。

前身は、1920（大正9）年創立の東京府立第五高等女学校だ。最初の校舎は新宿・歌舞伎町のコマ劇場があった場所に建てられた。48年に現在地に移った。

戦後の学制改革の過程で、男女共学の富士高校となった。校名は当時の住居表示にちなんで決まった。

旧高女の伝統から、都立高校全盛期の1960年代まで第3学区（中野区、杉並区、練馬区）において女子の最難関高校だった。

67年に都教委が学校群制度を導入したことにより、ほとんどの都立伝統校の大学進学実績は急落した。しかし、富士高校は例外だった。

## かつては西高校と同群

富士高校は、難関大学へ多数を合格させていた西高校（旧制東京府立第十中学）と同群になった。このため進学実績は向上し、80年代初頭にかけ東京大合格者は毎年度、30～40人を数え、ベスト20位内に入っていた。

学校群制度の廃止後は、私立の6年制中高一貫校の伸長などによって、富士高校の進学実績は他の都立高校と同様に低迷した。

2010年には附属中学が開校し、富士は中高一貫校に変った。中学校は1学年3クラス、高校は5クラスだ。

高校1、2年生には、オーストラリアでホームステイをしながら姉妹校のヒルクレスト・クリスチャン・カレッジで学校生活を送るプロジェクトも組んでいる。

高校1年次の英語表現、数Ⅰや2年次の数学Bでは習熟度別の少人数授業を行い、生徒に考えさせる授業を展開している。

19年春の大学入試では現役のみで、東京大3人、東京工業大、東北大に各1人、北海道大3人が合格した。私立大には浪人を含む延べ人数で、早稲田大17人、慶応大に13人が合格した。

都の強化指定校になったことから、部活動は一段と活発になっている。剣道、陸上競技、薙刀部などが、全国大会や関東大会に出場している、

薙刀部は、漫画の『あさひなぐ』のモデルにもなった。漫画だけではなく、17年には舞台公演され、映画も公開された。

富士高校は教育方針について、「文武両道、文理両眼をモットーにしている」と説明する。

文芸で才能を発揮した卒業生が目立つ。

『華岡青洲の妻』『恍惚の人』など日本の歴史や社会問題など幅広いテーマを題材に、多くの人気小説を著した有吉佐和子がOGだ。

## 有吉佐和子・玉青の母娘

有吉は、東京市立第四高等女学校（現都立竹台高校）から疎開先の和歌山県立高等女学校（戦後に閉校）を経て府立第五高女に入学した。

卒業時には新制の富士高校になっており、その1期生だった。「才女」ともてはやされたが、芥川賞、直木賞とも「候補」に終わった。

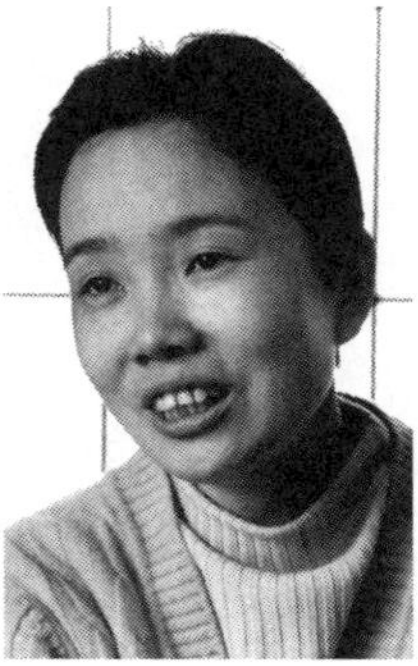

有吉佐和子

有吉が卒業した33年後に、長女で随筆家の有吉玉青が、富士高校を卒業している。

芥川賞の受賞者が、2人いる。

有吉佐和子より4年早く高女を卒業した津村節子が、1965年に『玩具』で受賞した。夫の小説家、吉村昭（東京・旧制私立開成中学・現開成高校卒）も多くの文学賞を受賞しているが、芥川賞については「候補」に4回なったものの受賞には至らなかった。津村は16年に文化功労者に選定された。

もう一人の芥川賞受賞者は池沢夏樹で、88年に『スティル・ライフ』で受賞した。芥川賞の選考委員も16年間、務めた。

14年に『村上海賊の娘』で本屋大賞を受賞した和田竜も、OBだ。小説家の干刈あがたもいた。

旧制高女卒には、詩人で童話作家の三井ふたばこがいた。絵本作家の伊勢英子、児童文学作家の三輪裕子もOGだ。

劇作家、演出家の永井愛がいる。日本の演劇界を代表する劇作家の一人として海外でも注目を集め、「片づけたい女たち」など多くの作品が外国語に翻訳・リーディング上演されている。

学者、研究者では比較文化研究者の池田美紀子、古代エジプト壁画研究家の村治笙子、国際政治学の高原孝生、環境経済学の一方井誠治、行政学の縣公一郎、社会経済史の長谷川淳一、心身障害学の鳥山由子、比較教育学の沢野由紀子、マーケティング研究家の山本直人がOB、OGだ。

理系では、漢方医の丁宗鉄が日本薬科大学長だ。

現代医学では消化器外科医で東京女子医科大教授の山本雅一、肺がん治療で実績のある日本医科大学長の弦間昭彦がいる。

地球惑星科学の永原裕子は、「隕石や惑星物質の形成と進化」の研究で01年に、若手の女性科学者に贈られる猿橋賞を受賞している。

生命科学の宇垣正志、惑星物理学の井田茂、環境分析化学の松尾基之、表面科学の小森文夫、生物測定学の岸野洋久、立体構造建築学の川口健一、触媒化学の朝倉清高もOBだ。

## 100歳で逝った堀文子

美術では、日本画家の堀文子が、19年2月に100歳で死去した。「花の画家」と呼ばれた。

日本画では川崎麻児、横尾英子も卒業生だ。

戦前から前衛美術運動の中心的画家の一人として活躍した桂ゆき、染色家の鳥巣水子も高女出身だ。ガラス工芸作家の野田収、水墨画家の海野次郎、インテリアデザイナーの清水慶太がいる。

高橋明也は美術史家で、三菱一号館美術館（東京・丸の内）の初代館長を務めている。

音楽では作曲家の北爪道夫、ジャズピアニストの山岸笙子、キーボーディスト・作曲家の飯野竜彦、ギタリストの小林信一、バイオリニストの奥村智洋、ソプラノ歌手の石井恵子が卒業生だ。

音楽プロデューサーの小久保隆は、「癒しの音楽」など環境にマッチした音楽の作り手で、携帯電話の緊急地震速報の音もプロデュースした。

## 俳優の北村有起哉がOB

俳優では、多くのテレビドラマや映画に出演している北村有起哉がいる。父親は文学座の看板俳優だった北村和夫(都立江北高校卒)だ。

女優では、加藤道子、佐々木すみ江、栗葉子がOGだ。声優・エッセイストの平野文もいる。

北村有起哉

メディア関連では、『日本版ニューズウイーク』編集長を務めた浅野輔、NHK出身のフリーアナウンサー、森本毅郎、テレビキャスターとして活躍し三洋電機の会長も務めた野中ともよ、ネットメディア「ジャパン・インプレス」を立ち上げた安倍宏行、ジャーナリストの武田徹、経済評論家の佐藤治彦、CMディレクターの飯島章博らが卒業生だ。

政治家では、自民党の参院議員を3期務めた安西愛子が旧制時代の卒業だ。NHKで放送された幼児向けラジオ番組で「うたのおばさん」として親しまれた。17年7月に100歳で死去した。

清原慶子は19年4月まで16年間、東京都三鷹市の市長を務めた。

法曹界では、検事総長を務めた大野恒太郎、18年1月から第19代最高裁長官の大谷直人がいる。裁判官出身で、司法行政の中枢を担ってきた。

経済界では、三井物産社長、会長を歴任したあと国際大学(新潟県南魚沼市)理事長を務めた槍田松瑩がいる。

謝敷宗敬(新日鉄住金ソリューションズ)、桐山浩(コスモエネルギーHD)、中尾清(東洋エンジニアリング)、小柴満信(JSR)、臼井興胤(コメダHD)、見目信樹(日清製粉グループ本社)の現職トップもいる。

中谷昇は、ソフトウエア開発企業のジャステックの創業社長だ。北山雅史は学習塾、栄光ゼミナールを創業した。

校條《めんじょう》浩は、米シリコンバレー在住のベンチャー・コンサルタントだ。

# 三田高校

都立 港区

東京都港区三田といえば、慶応義塾大の所在地として知られる。都立三田高校はそのすぐ北側にある。江戸時代には福岡・久留米藩の大名屋敷があった場所だ。

1923（大正12）年に、東京府立第六高等女学校として開校した。戦後の学制改革の過程で男子の入学も認め、共学になった。現在は男女がほぼ半々だ。

戦前の旧制高女は、「良妻賢母」教育を旨としていた。第六高女は違った。初代校長で18年間その職にあった丸山丈作（新潟県新潟師範学校卒）はそれは前面に出さず、女性が社会に出ても困らないよう実務型の教育に徹した。

体を鍛えさせた。例えば、いち早く昭和の初めに室内プールを設置、水泳に力を入れた。運動会は、明治神宮外苑競技場（旧国立競技場の前身）で行った。英語教育にも熱心に取り組んだ。

## 海外帰国生を受け入れ

「教養・探究・立志そして世界へ」が最近のキャッチ・フレーズだ。とりわけ「国際理解教育の三田」を標榜している。

毎年度、約60人の海外帰国生のほか、海外からの長期、短期留学生を数人、受け入れている。修学旅行は韓国、マレーシア、台湾などに行っている。

授業のカリキュラムの中では、1年生の時にドイツ語、フランス語、中国語を自由選択できるようになっている。

放課後には外国人講師が日常会話を直接指導する「外国語クラブ」も設けている。英語、スペイン語、韓国語の講座がある。

都教委が1994年に高校入試の単独選抜に移行するまでは、女子では都内有数の難関校だった。しかし、その後は6年制私立校に人気が集まり、三田高校の進学実績は低迷した。

この数年で変わってきた。都教委から進学指導推進校、英語教育推進校に指定され、進路指導も充実してきた。国立大や難関私大の合格者は倍増している。

２０１９年春の大学入試では、現役、浪人を合わせ一橋大、東北大各１人、私立大には延べで早稲田大23人、慶応大に16人が合格した。

クラブ活動では、都立高校では珍しくアメリカンフットボール部がある。文化部では、吹奏楽部、管弦楽部、コーラス部、フォークソング部がそれぞれあるのが特徴だ。

三田高校管弦楽団（管弦楽部、吹奏楽部）は16年7月、東京・サントリーホールでニューヨーク・シンフォニック・アンサンブルと共演してチャイコフスキーを奏でた。

## 「猿橋賞」にその名をとどめる

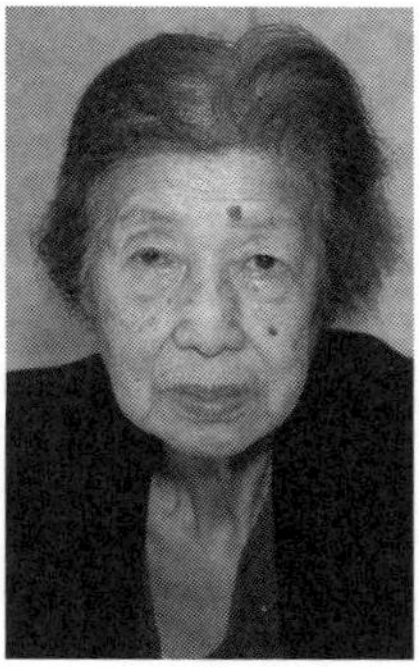

猿橋勝子

「猿橋賞」にその名をとどめる猿橋勝子が卒業生だ。女性が高等教育を受ける機会が少なかった戦前に、帝国女子理学専門学校（現東邦大理学部）に進学した。中央気象台に勤務し、海洋での放射性物質拡散の研究をするなど気象学者として業績を挙げた。

自然科学の分野で顕著な研究業績を収めた若手の女性研究者に贈られるのが「猿橋賞」。猿橋が気象台を退官した１９８０年に退職金を公益信託にして女性自然科学者研究支援基金が作られ、そこから毎年、女性研究者１人に学術賞が贈呈される。基金集めには、第六高女時代の同級生、井口国子、久保佳子、鳥山経子が奔走した。

発達心理学が専門で日本女子大学長を務めた宮本美沙子、機械工学の榎本良輝、結晶工学の吉野淳二、情報工学者でアルゴリズム理論を研究している今井桂子、文化人類学の三浦太郎らもＯＧ、ＯＢだ。

三浦は、作家の三浦朱門（東京府立第二中学・現都立立川高校卒）・曽野綾子（東京・私立聖心女子学院高等科卒）夫妻の長男で、曽野の小説「太郎物語」のモデルだ。妻は、エッセイストで三田高校２期後輩の三浦暁子だ。

医学では、脳神経外科医の梶原収功、呼吸器内科医で日本呼吸器学会喫煙問題に関する検討委員会の副委員長を務めるなど禁煙問題の第一人者である阿部真弓が卒業生だ。

文化人では、編集者・エッセイストで、生活雑誌『暮しの手帖』を創刊した大橋鎮子が、話題の人物だ。16年度上半期に放送されたNHK朝の連続テレビ小説「とと姉ちゃん」のモデルだ。

## 「とと姉ちゃん」のモデル

大橋は、猿橋と同期の37年に第六高女を卒業した。暮しの手帖社の社長を長く務め、編集長・花森安治（兵庫県立第三神戸中学・現長田高校卒）の死去を受けて78年から編集長を務めた。２０１３年に93歳で死去した。

文芸や美術で才能を発揮した卒業生では、絵本作家、画家のいわさきちひろの名が残っている。第六高女時代から子供の幸せをテーマとした絵本を数多く描いた。東京と長野にちひろ美術館がある。

児童文学作家のいぬいとみこもいた。推理作家の小泉喜美子、詩人の三谷恵子、漫画家の高河ゆんもOGだ。

ノンフィクション作家の入江曜子は、89年に「我が名はエリザベス」で新田次郎文学賞を受賞した。

大橋鎮子

文芸春秋出身の藤井康栄は、北九州市立松本清張記念館の館長を務めた。

芸術では、洋画家の馬越陽子がいる。14年には、女性洋画家として2人目となる日本芸術院賞を受賞した。

逢坂恵理子は横浜美術館館長、和多利恵津子はワタリウム美術館（東京・渋谷区）のキュレーターだ。

音楽では、日本のシャンソン界の草分けである石井好子がいた。食通でエッセイストとしても知られていた。

砂原美智子は昭和時代に国際的に活躍した声楽家で、『蝶々夫人』の外国での舞台は７００回を越えた。日本に帰国後は創作オペラに意欲を燃やし「横笛」を初演した。

作曲家・編曲家の大森俊之は、

アニメの『新世紀エヴァンゲリオン』の作曲、編曲で知られる。

オペラ歌手の桐生郁子、テノール歌手の志田雄啓、指揮者の野本由紀夫、声楽家の山口悠紀子、ジャズ・ボーカリストの三橋りえ、シンガーソングライターの拝郷メイコ、女流義太夫三味線方の鶴沢津賀寿らも卒業している。

芸能では、声優・女優の大山のぶ代の知名度が高い。テレビ朝日放送のアニメ『ドラえもん』で、ドラえもん役を26年間担当した。認知症を患わっていることを公表した。

高橋洋子は、俳優活動の傍ら小説も書いている。16年秋に山口県で先行公開した『八重子のハミング』で、28年ぶりに映画出演した。女優の森今日子、俳優の新克利、舞台女優の松本好永、俳優の金子貴俊（定時制）、落語家の柳家小袁治もいる。

映画監督の小川欽也、共同通信記者出身の科学ジャーナリスト・田村和子、相撲キャスターの銅谷志朗、CNNキャスターを務めた井上美樹子、テレビプロデューサーの市岡康子、テレビ演出家の斉藤敏豪らがいる。

スポーツでは、堀越慈が慶応大ラグビー部出身で日本代表選手になり、国際ラグビー評議会理事を務めた。

縄跳びをスポーツとして確立した「ロープスキッピング」という競技がある。柴田恵理は三田高校在籍中から有力選手の一人で、国際大会の日本代表にも選ばれている。

## 過労自殺で引責辞任

経済界では、電通社長の石井直が17年1月、新入社員の過労自殺に端を発した労働基準法違反事件の責任を取って引責辞任した。

実業之日本社社長の岩野裕一もOBだ。

佐藤公平はパチンコホールチェーンとしては日本一の店舗数のダイナムのオーナー経営者だ。持ち株会社のダイナムジャパンHDを12年に、香港証券取引所に上場させた。日本企業が香港に単独で上場した第1号となった。

官僚では、佐藤ギン子が労働省婦人局長、ケニア大使、証券取引等監視委員会委員長などを務めた。また同期の弁護士・若菜允子は働く女性の地位向上に努めた。

# 第一商業高校

●都立 ●渋谷区

東京・渋谷というと繁華街が連想される。が、第一商業高校、通称「一商」の周囲には高級住宅地の南平台やトレンディースポットとして人気の代官山があり、落ち着いた雰囲気だ。

前身は、男子のみの5年制、東京府立商業学校。1918（大正7）年に現在の地に設立され翌年4月に第1期生が入学してきた。東京府立の普通科の旧制中学ではそれまで一中（現都立日比谷高校）～四中（現都立戸山高校）が、また女子では高等女学校（現都立白鷗高校）しかなく、一商は五中（現都立小石川中等教育学校）と同時期にスタートした。

戦後の学制改革で女子にも門戸を開き、3年制の都立第一商業高校となった。現在では、女子が60％以上を占めている。全国の商業高校のリーダー格であり、「天下の一商」と自負している。

## 全国の商業高校のリーダー

教育目標は「グローバルな産業人の育成」だ。簿記、英語、中国語、パソコンを活用した情報処理やマーケティング教育などに、とりわけ力を入れている。授業をしっかり受けていれば簿記、情報処理、英語、ビジネス文書など各種の資格を得ることができる。

13年度からは、ＪＡＸＡ（宇宙航空研究開発機構）の衛星画像が写した地球の青い写真をシンボルとして取り入れたネクタイ（男子用）とリボン（女子用）を、制服に採用した。

自営業者や商売人の子弟が多い。現在の卒業生は、就職が40％弱。ＪＲ東日本、三越伊勢丹はじめ企業約６００社から求人申し込みがある。一商の就職決定率は、いつも１００％だ。

４年制大学に30％、専門学校に３０％弱が進学している。指定校推薦などで中央大、青山学院大などの私学に進む者が多い。

戦前の旧制時代には東京商科大

学（現一橋大学）、横浜高等商業学校（現横浜国大）、慶応義塾大、早稲田大などへ進学した者も、少なからずいた。東京商大に関しては毎年度20人以上が合格し、一商はその「予備門」と言われた時期もあった。

この高校の真骨頂である経済界で活躍した卒業生は、オーナー家出身もいるが、伊藤達二（三菱地所）、牧内栄蔵（倉敷紡績）、荒田俊雄（日本精工）、相田雪雄（野村証券）、小牧正二郎（関電工）、長谷川徳次（三菱アルミニウム）、竹俣高敏（トキコ）、中島順之助（日本石油精製）、佐藤光（岩手銀行）、長尾貫一（丸三証券）、藤井五郎、藤井和郎（不二家）、本多栄二（正栄食品工業）、上田龍作（築地魚市場）、酒井義次郎（興研）、勢能一男（セノー）、矢野雅雄（矢野経済研究所）らだ。水野一郎は三菱商事副社長を務めた。

キャリア・ウーマンも出ている。東京海上日動火災保険で13年に執行役員に就いた吉田正子だ。1980（昭和55）年に一商を卒業して一般職として入社、営業、人事など幅広い分野で実績を残し、部長職になった。

## 経済界で多数が活躍

銀座、日本橋、神田などの老舗商店のオーナー家の生まれで、その跡継ぎになって、店を盛り立てた卒業生も多い。

銀座の和菓子「清月堂本店」の水原清一、果物の輸入・販売の「千疋屋」の大島誠一郎、「京橋千疋屋」の谷治郎、130年の老舗蕎麦処「神田まつや」の小高賢次郎、創業140年余の老舗楽器店「銀座十字屋」の倉田繁太郎、文具業界の老舗「銀座文祥堂」のオーナー家である佐藤良、佐藤茂、佐藤寛、1792（寛政4）年創業の刃物などの製造・販売「木屋」の加藤満寿蔵、1849（嘉永2）年創業の「山本海苔店」の山本恵造、山本徳治郎、食品スーパー「紀ノ国屋」（青山）の増井進、ファッションなど輸入品販売の「サンモトヤマ」の茂登山長市郎、大森の老舗乾海苔問屋「吉田商店」の吉田謙らだ。

東京・世田谷区で造園業を営む小杉左岐は、「キューバ革命の父」と慕われた元国家評議会議長（国家元首）のフィデル・カストロの自宅に日本庭園を造った。15年3

月に小杉と会談した際、カストロは大いに喜び、お礼を述べたという。カストルは16年11月に死去した。

直木賞作家を2人出している。読売新聞記者出身のジャーナリスト・小説家である三好徹と、広告制作会社を経営する傍ら文筆活動を続けた森田誠吾だ。

映画、欧米文学、ジャズなど幅広い分野で評論活動を続け、推理作家、エッセイストでもあった植草甚一も旧制時代の卒業生だ。

児童文学作家の寺村輝夫、映画評論家、脚本家の岸松雄、記録映画監督の京極高英、漫画家の永美ハルオ、佐次たかしらもOBだ。

学者・研究者になった卒業生も、多い。経済学、英語学などで学会をリードした人物を輩出している。

## 経済学者の中村隆英

経済学者で東京大教授をした中村隆英がいた。会計学者で一橋大教授のあと千葉商科大学長をした番場嘉一郎も卒業生だ。

一商の英語教諭だった市川繁治郎はその後に早稲田大教授になり、英和活用大辞典（研究社）を編集した。やはり一商の英語教諭だった安田哲夫は、日大教授（英文学）になった。

財政学者で一橋大教授をした大川政三、同じく哲学者の良知力、西洋史学者で青山学院大学長をした保坂栄一、行政方が専門で中央大教授をした橋本公亘、宗教哲学者で慶応大教授をした大谷愛人、昆虫学者で京都大教授をした石井象二郎らがOBだ。

中村隆英

石田謙司は、甲冑・具足の研究では第一人者で、研究成果が海外の学者の論文にも引用されている。米沢正倫は私立大森学園の理事長だ。

「官」では、労働事務次官を務めた松永正男、農林官僚で戦後の農地改革を立案し、のちに水産庁長官をした大和田啓気らがいた。

豊歳直之は、日本で生まれ育った日系1世にもかかわらずパラグアイ共和国の在日大使を務めている。69（昭和44）年にパラグアイに移住、自動車輸入販売会社などビジネスで成功し、09年から現職に就いた。

音楽では、テューバ奏者で東京芸大教授をした大石清がいた。日本の吹奏楽指導者として尊敬されていた。「有馬徹とノーチェ・クバーナ」の初代リーダーだった有馬徹らがOBだ。

芸術家では、日本画家の山口吉参郎、洋画家の田中秀智、書道家の渡辺東龍、人形師の市川弘一らがOBだ。

芸能では、昭和時代の俳優で独特の風貌を活かした名脇役として知られた信欣三や、伊豆肇がいた。女優では70年代~80年代のアイドルだった白石まるみが、なお活躍中だ。落語家の二代目金原亭馬の助も学んでいる。

メディア関連では、朝日新聞論説委員で「天声人語」を執筆した疋田桂一郎がいた。成城高校を経て京都大を卒業した。日本記者クラブ賞を受賞している。

年配者には懐かしいアナウンサーもいた。NHKで1964(昭和39)年の東京五輪で総合司会を担当した野瀬四郎、やはり東京五輪で開会式を中継した鈴木文弥らがOBだ。NTVアナだった越智正典は、プロ野球中継のベテランだった。

信念が強く、個性がきわ立ったOGが2人いる。

重信房子

## 日本赤軍の幹部・重信房子

日本では犯罪者だが、アラブ世界では英雄視されている重信房子がそうだ。1970年代に新左翼の日本赤軍の最高幹部になり、パレスチナなどアラブ地区に赤軍派の拠点をつくるために国外に逃亡、2000年に日本滞在中に逮捕され、懲役20年の有罪判決が確定した。

現在は抗がん剤治療をするために八王子医療刑務所で服役中。娘の重信メイは、APF通信社記者をするなど国際ジャーナリストとして活躍している。

もう一人は人材育成コンサルタントで、ヘイトスピーチやレイシズムなどと闘う反差別、反ファシズム運動家である辛淑玉《シンスゴ》だ。

# 第三商業高校

●都立　●江東区

金融恐慌の余波を受けた昭和の初め１９２８（昭和３）年に、東京府が下町に設置した第三商業学校が前身だ。東京府立の商業学校の中で、一商、二商（２０１０年に閉校）、芝商に次ぐ４番目の学校だった。

戦後の学制改革で、男女共学の都立三商になった。高度成長期に女子が年々、増え、69年度あたりからは女子が半数を超えた。現在は、約６００人の生徒の内、女子が４分の３を占める。

「ビジネスに関する優れた知識や技能の修得、国際社会で活躍する国際人として自ら行動できる教養と見識」を、教育目標にしている。校歌には「日本の富を担ふわれら」との一節もある。

目指す学校像として「生徒一人ひとりが光り輝く学校『ＳＵＮ商』」を掲げている。東京湾に面して陽光が明るく照らすキャンパスにあやかっている。個人を尊重する校風が培われた。

## 東京湾に面する「ＳＵＮ商」

在任11年弱の初代校長・吉沢徹（東京・旧制私立立教学院―東京帝大卒）が、現在でも敬慕されている。吉沢は毎朝、校長訓話をした。「頭は文明人に、体は野蛮人に」と繰り返し訴えた。入学試験では学科試験は課さず、校長との面接で決めるなど型破りな教育者だった。

江戸川区、江東区などの下町の商家の子弟が、特に草創期には多かった。クラブ活動も盛んで、95％の生徒がどれかのクラブで活動している。女子サッカー、ラクロス、商業研究同好会などもある。

独自の奨学金制度がある。同窓会とは別に「東京三商会」という公益財団法人があり、そこから年額18万円が、約40人に給付される（他の都立商業高校生も対象）。

戦前から英語教育が充実していた。最近は簿記、情報処理などに加え、商業科目の選択として「電子商取引」「広告と販売促進」など時代に合わせた授業も取り入れている。

卒業後は、就職組と大学、専門学校など進学組とがほぼ半々だ。昔から就職実績は抜群で、大手、中堅企業からの求人は就職希望者の7倍もある。

大学進学については、高度成長期までは一橋大、早稲田大、明治大、中央大などにコンスタントに合格者を出していた。

最近は指定校推薦やAO入試などで、中央大、日本大、明治学院大などに進学する者が多い。学部は、商、経済、経営学部などだ。

商業高校らしく、卒業生には企業の経営者を多数、輩出している。

ベンチャー精神を発揮した創業者では、家電・無線通信機メーカーで活発に国際進出をはかっているユニデンHD会長の藤本秀朗がいる。日大に進学し実務経験を経たのちに独立起業し、90年に東証1部の上場企業となった。

家業の酒屋を継いで、酒類・飲料のディスカウントストアを首都圏で展開している河内屋の経営者・樋口行雄もOBだ。

大企業の経営者では、三井物産副社長、三井リース社長をした鬼頭誠一、川岸工業社長をした福島勲らがいた。

家業を継承し発展させた人物としては、東京の下町を代表するような老舗企業の経営者が多い。

都築健一（入船堂本店）、窪田甚之助（山形屋海苔店）、小泉一兵衛（アブアブ赤札堂）、長谷川正三（長谷川香料）、横山華久郎（人形の久月）、鈴木義雄（鈴屋）、穂刈幸雄（常盤堂雷おこし本舗）、稲崎棟史（経新堂稲崎表具店）、高木利夫（うなぎ川勇）らだ。

ビジネス界に身を投じず、個性と才能を磨き文化人として活躍した卒業生もいる。

## 幽遠美の鈴木清順

映画監督、俳優として名が残っているのは鈴木清順だ。幽遠な映像美を醸し出す作品が多く、「清順美学」と呼ばれた。『ツイゴイネルワイゼン』（80年公開）がべ

鈴木清順

ルリン国際映画祭で審査員特別賞を受賞するなど、国際的に評価が高い作品を製作した。17年2月に死去した。

鈴木は三商から旧制弘前高校を経て、松竹大船撮影所の助監督試験に合格した。日活に移籍したあと、監督としての評価が高まった。

弟は元NHKアナウンサーの鈴木健二（旧制第一東京市立中学・都立九段高校を経て現千代田区立九段中等教育学校卒）だ。健二も兄と同様、旧制弘前高校を経て、東北大に進学した。

俳優の殿山泰司も独特な風貌を生かした名脇役として、多くの映画やテレビドラマに出演した。波乱万丈の生涯だったため、殿山の死後11年たった00年に盟友だった新藤兼人監督が「三文役者」という題名で映画化し、公開した。殿山役を演じたのは竹中直人（神奈川県・私立関東学院六浦高校卒）だった。

美術では、浮世絵、千社札など伝統木版画の摺師として一家を成した関岡扇令、モダンアートの朝妻治郎、洋画の落合歌二郎らが学んでいる。

豊田紀雄は、芸能や展覧会のプロデューサー・企画マンとして鳴らしている。アルトサックス奏者の海老原啓一郎、漫画家の塩田英二郎、編集者、文芸評論家の大村彦次郎、落語家の11代金原亭馬生、写真家の大滝勝らもOBだ。

アナウンサーでは、「ディスクジョッキーの元祖」と言われたニッポン放送の糸居五郎、NHKで歌番組の司会をした小堀信夫、TBSで1970年代のラジオ深夜放送の人気番組『パックインミュージック』のパーソナリティーをした林美雄らがいた。

## 40年卒に3人の詩人

旧制の1940年卒には、3人の詩人が育っている。北村太郎と田村隆一が戦後すぐに詩作集団『荒地』を創刊し、そこに加島祥造が加わった。加島はのちに英米文学者、翻訳家になった。三商から早大に進み、フルブライト留学生として米国の大学院で文学の研究に励んだ。

当時の三商には、国語科の教諭に佐藤義美（旧制大分県立竹田中学・現竹田高校から旧制神奈川県立第二横浜中学・現横浜翠嵐高校卒）がいた。『いぬのおまわりさん』

などの童謡の作詞者だ。前記の3人は、佐藤の薫陶宜しきを得て詩人としての才能を開花した。

小説家の津田信は、芥川賞、直木賞の候補になること計7度を数えるが、あと一歩及ばなかった。直木賞候補になったのは計5回だが、そのうち3回は58、59、60年の3年連続だった。

学者や研究者、教育者になった卒業生では、経営学者で「知識経営」というコンセプトを打ち出した元一橋大教授、日本学士院会員の野中郁次郎がいる。

野中育次郎

## 明大学長の岡野加穂留

政治学者の岡野加穂留は、明治大学に進学し明大学長になった。明大は大学ラグビーの雄でもあるが、岡野は明大ラグビー部の部長を7年間務め、全国大学選手権を5度にわたり制した。岡野は三商の創立70周年記念誌（97年発行）に「りん然たる誇り高き『天下の三商』」と書き遺している。

社会学の高木幸道は中央学院大学長を、哲学の大谷啓治は上智大学長を務めた。社会学の稲葉三千男はマスコミ論が専門で、東京都東久留米市長も務めた。

物理学、哲学の長坂源一郎、日本史とりわけ幕末の研究をした芳賀登、英文学の芦川長三郎、東洋史の山崎利男、会計学の日下部与一、片山覚らも卒業生だ。

スポーツで活躍した卒業生としては、バレーボールの出町豊を特筆できる。明大—日本鋼管で主将を務めた。64（昭和39）年の東京五輪では日本代表チームのキャプテンで、猫田勝敏（広島市・私立崇徳高校卒）と対角を組んでツーセッターとして活躍し、銅メダルを獲得した。

芸能界では、タレント、レースクイーンの立花かな、元女優の仁《ひと》美凌《みりょう》がOGだ。仁美の父は上原謙、異母兄は加山雄三（横浜市・私立慶応義塾高校卒）だ。

かつて都立の商業高校は24校あったが、閉校が相次ぎ現在は9校になってしまった。三商では「商業高校としての存在感を、今後も存分に発揮させたい」としている。

## 2章

# 関東の伝統高校 29校

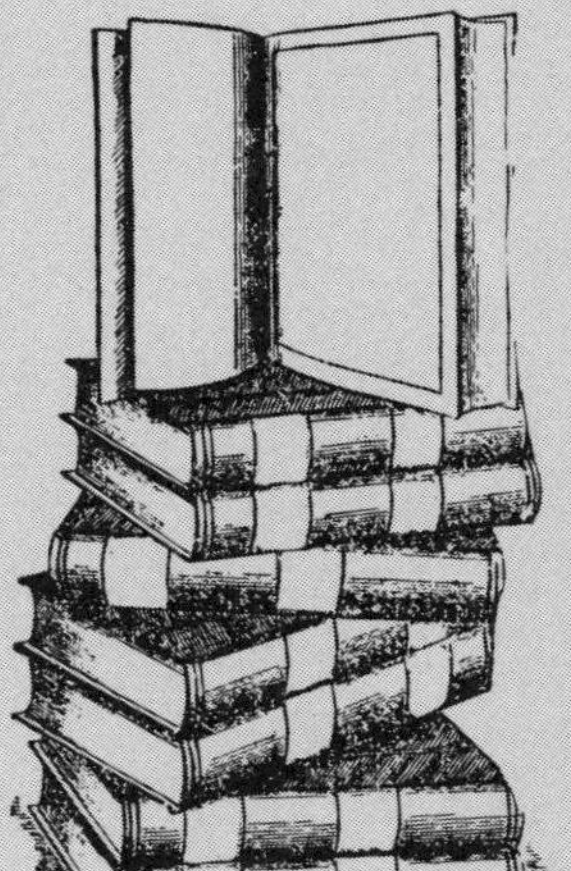

# 希望ヶ丘高校

神奈川県立　横浜市旭区

「一中伝統校」の一つだ。設立は1897（明治30）年で、神奈川県で最初の公立旧制中学だった。神奈川県尋常中学校、神奈川一中、横浜一中などと校名は戦前にたびたび変わったが、戦後の学制改革で男女共学の県立希望ヶ丘高校になった。

略称は「希高《きこう》」だが、年配者の間では「神中《じんちゅう》」「神高《じんこう》」で通っている。

戦後は不遇だった。キャンパスは当初、西区藤棚町という丘陵地にあったが、1945（昭和20）年に横浜大空襲によって神中校舎は焼失した。金沢区の仮校舎に移ったが、ここも火災にあった。

普通の高校なら2校分になる広大な現在のキャンパスが、山林を切り開いてつくられたのは51年のことだった。

神奈川県の高校はこのころから小学区制がしかれた。受け入れ対象の中学生が減ったうえ、今でこそ良好な住宅地になっているものの当時は交通の便も悪く、新制・希望ヶ丘高校は敬遠されるようになった。

## 前身は神奈川一中

しかも、神奈川県内や東京都内に6年制中高一貫の私立校が増え、こちらになびく生徒が増えた。いきおい名門高校としての存在感は後退していった。難関大学への進学実績は落ち込んだ。

「一中の没落」ということでは、学校群制度がたたった東京都立日比谷高校（旧制東京府立一中）や、小学区制の影響をもろに受けた京都府立洛北高校（旧制京都府立一中）と、背景は多少異なるところがあるものの同じ軌跡をたどってきたのだ。

その日比谷や洛北高校は「公立高校の復権策」が功を奏して近年、とみに元気をとり戻しつつある。

希望ヶ丘高校も「学力向上進学重点校」に指定され、補習、講習、小集団習熟度別展開など様々な取り組みを行っている。文部科学省から、SSHに指定されている。「切磋琢磨する部活道・重点校」にも指定され、生徒たちは文武ともに活発な学園生活を送っている。「希望ヶ丘の復権」は、着々と進んでいるのだ。

毎年度の大学入試では現役、浪人合わせ、東京大、京都大、東京工業大、一橋大、北海道大に各1~2人が合格する。地元の横浜国立大には10数人だ。

都内の私立大に進学する者が多い。早稲田大に約30人、慶応大に約10人が合格する。

飛鳥田一雄

旧制神中第2代校長の木村繁四郎が定めた「自学自習、自律自制、和衷協同、克己復礼」という教育4本柱が、今もって不変だ。

「政官」の分野で、多くの俊英を生んでいる。弁護士、横浜市長、日本社会党委員長をして1960年代から80年代にかけて革新勢力のリーダー的存在だった飛鳥田一雄が、旧制時代を代表する卒業生だ。

国政では、衆院議員の小此木彦三郎が通産相、建設相を歴任した。古くは、外交官の来栖三郎がいた。太平洋戦争直前に海軍大将の野村吉三郎（和歌山県立和歌山中学・現桐蔭高校卒）と共に日米交渉にあたった。

行天豊雄

## 大蔵事務次官を3人

大蔵省（現財務省）の官僚として出世した卒業生も目立つ。事務方トップの事務次官になったのは、松隈秀雄、相沢英之、吉瀬惟哉だ。

大蔵事務次官（現在は財務事務次官）を多数、輩出した高校は、都立日比谷高校（旧制東京府立一中）の7人、都立戸山高校（旧制東京府立四中）と私立開成高校の各5人だ。

相沢は、経済企画庁官房長の時に女優の司葉子（鳥取県立境高校卒）と再婚した。司の出身地である鳥取県から出馬し衆院議員を長く務め閣僚にもなった。東京福祉大学長を務めた。19年4月に99歳で死去した。

財務官、東京銀行会長、国際通貨研究所理事長などを歴任した行天豊雄は、国際金融局長在任中の85（昭和60）年にプラザ合意に向きあい、欧米各国の通貨担当者と幅広い人脈を築いて日本を代表する「通貨マフィア」になった。

大蔵官僚から環境庁事務次官になった金子太郎は、退官後は丸三証券の社長・会長になった。

浅沼清太郎と山本鎮彦は、旧制神中を38（昭和13）年に卒業した同期生だが、74（昭和49）年から81（昭和56）年にかけて連続して警察庁長官を務めた。

文部省の教科書調査官をした村尾次郎は、家永教科書訴訟で国側の証人として法廷に立った。

企業のトップになるなど経済界で活躍した人物も多い。荒川昌二（横浜正金銀行）、佐藤喜一郎（三井銀行）、有吉義弥（日本郵船）、飯田房太郎（間組）、菅沢英夫（大成建設）、本間良雄と鈴木達雄（ともにレナウン）、野田喜一（オルガノ）、高橋忠介（ロイヤルホテル）、小原敏人（日本ガイシ）、桑田弘一郎（テレビ朝日）、山木利満（小田急電鉄）らが卒業生だ。

外食や介護事業のワタミグループを、徒手空拳で立ち上げた渡辺美樹もOBだ。

自民党の参院議員を1期務めたが、ワタミがブラック企業視されたために、19年7月の参院選には出馬しなかった。19年10月にワタミの会長に復帰した。

## 美術史家の矢代幸雄

神中出身で、芸術・文化の香りがもっとも濃厚なのは美術史家、美術評論家の矢代幸雄であろう。矢代は日本における西洋美術史研究の祖だった。

矢代はクラシック趣味もあり多くのレコードの収集家であった。妻の父は前述の2代目校長・木村で、娘にピアノを習わせていた。こういう家庭環境に育った長男の矢代秋雄（東京・私立暁星高校卒）は作曲家になった。

美術史家の吉川逸治も、神中卒だ。多くの美術研究者を育てた。

明治時代に卒業した造船学者の榊原鉞止は戦艦大和、武蔵の設計メンバーの一人だった。

学者ではさらに、分析化学者で

東京女子大学長をした木村健二郎、英文学者・天文民俗学者で準惑星である冥王星の和訳命名者になった野尻抱影、生物海洋学が専門で極地・僻地でフィールドワークをしている長沼毅らがいる。

ケインズ経済学の小泉明とマルクス経済学の種瀬茂は、一橋大学長を務めた。

医学界では、法医学者で横浜市大学長をした桑島直樹が大正時代の卒業生だ。49（昭和24）年の下山事件では他殺説を主張した。司法解剖医の藤井安雄、遺伝学の賀田恒夫らもOBだ。

小説家では「江戸をテーマに描く作家」として知られる山本昌代がOGだ。津田塾大在学中に出した「応為坦々録」で文芸賞を受賞し、デビューした。

劇作家、演出家では川村毅がOBだ。映画監督や雑誌の編集委員もしており、小説も手がけている。

文芸評論家でフランス文学者だった寺田透がいた。飛鳥田一雄と旧制時代に同級生だった。寺田の妹が飛鳥田の夫人だった。寺田は、毎日出版文化賞と毎日芸術賞を受賞している

画家では、横浜国大教授を長く務めた国領経郎がいた。砂の風景画家として著名だが、人物画も得意とする。

音楽では、クラシック音楽の作曲家で保守派文化人の一人にも数えられた黛敏郎、歌謡曲の作曲家であるレイモンド服部、バンドネオンの演奏家としてタンゴ界では有名な門奈紀生、作詞家の仲智唯らが知られる。

## 気鋭の指揮者・山田和樹

79年生まれの気鋭の指揮者で、日本フィルハーモニー交響楽団の正指揮者やモンテカルロ・フィルハーモニー管弦楽団音楽監督などを務めている山田和樹がいる。09年には若手指揮者の登竜門として名高いブザンソン国際指揮者コンクールで優勝した。

多くのテレビドラマに出演した佐藤英夫、アナウンサーではNHKにいた大塚利兵衛、法曹界では、弁護士の滝本太郎がテレビにしばしば登場する。オウム真理教などのカルト問題に取り組んでいる。

194センチの長身でバレーボールの日本代表選手として活躍した佐々木太一がOBだ。高校時代から全国的に鳴らした。

# 小田原高校

神奈川県立　小田原市

戦国時代に小田原は、後北条氏の城下町として栄えた。江戸時代には小田原藩11万3000石の城下町として、また東海道の宿場町として隆盛した。

JR小田原駅の南西・相模湾側には小田原城祉がある。駅を挟んだ山側の八幡山に小田原高校がある。131段ある通称「百段坂」を生徒たちは上り下りして通学する。

1901（明治34）年に、神奈川県第二中学として開校した。大正初めに県立小田原中学と改称され、戦後の学制改革で小田原高校となった。

2004年度からは県立小田原城内高校と再編統合され、単位制普通科高校になった。小田原城内高校は、1907（明治40）年設立の旧制小田原高等女学校を前身とする伝統校だった。

現在の生徒数は960人で、男子55・女子45の比率。2つの伝統校が統合しているため、明治以来の卒業生の総数は6万人を超える。

## 初代校長は松陰の甥

旧制神奈川二中の初代校長は、幕末の志士・吉田松陰の甥にあたる吉田庫三だった。吉田は質実剛健の気風を養成した。第二代校長の時に「至誠無息」「堅忍不抜」の校訓が定まった。

校風は「太平洋に面していることもあり、いたって開放的」という。

小田原高校の中庭には、時を知らせる鐘として愛聴されてきた「鎮遠の鐘」というのがある。旧清国の甲鉄艦「鎮遠」に設置されていたもので、大正初めに海軍から寄贈された。中国・広東のテレビ局が14年7月に取材に訪れた。

南館には「校史展示室」がある。その奥まった場所のガラスケースには横山大観画「初秋黎明の富嶽」が収まっている。

小田原中・高校を語る時に真っ先に出てくるのは、昭和時代の政治家河野一郎・河野謙三兄弟である。

一郎は自民党の党人派の代表格として権勢を誇り、農相、建設相などを務めた。実弟の謙三は参院議長などを務めた。兄弟は小田原中時代「マラソンの河野兄弟」として県下に知られ、早稲田大の競走部で活躍した。謙三は日本体育協会会長や、1976（昭和51）年のモントリオール五輪には日本選手団団長として参加した。

一郎の次男は衆院議長のあと引退した河野洋平（東京・私立早稲田大学高等学院卒）だ。洋平の長男が衆院議員で外相のあと防衛相の河野太郎（横浜市・私立慶應義塾高校卒）だ。洋平も太郎も、高校時代は小田原を離れて育った。

河野一郎

政官で活躍した卒業生は他に、郵政相をした小金義照、文部事務次官、文相をした内藤誉三郎、厚生事務次官をした戸沢政方らがいた。

## 歴代の小田原市長はOB

地方自治で活躍した卒業生も多い。小田原市の市長は49年に鈴木十郎が就いて以来、中井一郎、山橋敬一郎、小沢良明それに現職の加藤憲一まで、連続して65年余も卒業生が就任している。16年の市長選で加藤は無投票で3選された。

戦後に皇籍を離脱した陸軍少将の閑院宮春仁王は、小田原別邸に移住したことから大正時代に小田原中学に学び、卒業している。

春仁王の父で陸軍軍人だった閑院宮載仁親王の日記が14年に発見されている。小田原高校の同窓会が、春仁王のものとして遺族から寄贈を受けた日記帳の中に紛れ込んでいた。宮内庁が調べ、親王の自筆と確認された。

大企業のトップを務めるなど経済界で活躍した人物としては、大蔵官僚出身で博報堂の社長・会長をした近藤道生、通産官僚出身で昭和シェル石油会長をした永山時雄の名が通っている。

さらに、岩瀬英一郎（三越）、里見泰男（大成建設）、普川茂保（日本信託銀行）、杉田力之（みずほＨＤ）、山口学（関電工）、山本忠人（富士ゼロックス）、瀬戸薫

（ヤマトＨＤ）、伊藤悦充（箱根登山バス）磯崎功典（キリンＨＤ）、掬川正純（ライオン）らがＯＢだ。

福井泰代は、情報収集やネットワークつくりを手がけるベンチャー企業「ナビット」の社長だ。福井は、地下鉄駅などに掲示されている「のりかえ便利マップ」の考案者だ。

地元では、老舗の鈴広蒲鉾本店会長・鈴木智恵子が旧制小田原高女出身だ。駅弁の老舗・東華軒の経営者では、飯沼相三郎と飯沼達男がそろって小田原中ＯＢだ。

## 脚本家の山田太一

「文」で活躍している卒業生では、脚本家・小説家の山田太一がいる。『岸辺のアルバム』『ふぞろいの林檎たち』など、話題になったテレビドラマがたくさんある。

山田太一

山田は高校時代、文芸部で活動していた。部誌「息吹」の１９５２（昭和27）年に発行された第５号に『十八歳のファルス』という山田の作品が掲載されている。

小説家の森谷明子は、15年に出した『春や春』が神奈川県などで公立高校入試の国語問題に採用された。森谷の１年後輩には小田原市立図書館長の古矢智子がいる。

高女・城内高校出身では、現代俳句を代表する女流俳人の１人として活躍中の黛まどか、ノンフィクション作家の新井恵美子がいる。抽象彫刻家の宮脇愛子は14年８月に死去した。宮脇の夫は建築家の磯崎新（旧制大分県立中学・現大分上野丘高校卒）だ。

旧制小田原中で学んだ小説家、詩人では、芥川賞受賞作家の尾崎一雄、私小説作家として知られた牧野信一、芥川賞候補にもなった川崎長太郎（中退）、宇野千代（旧制山口県立岩国高等女学校・現岩国高校卒）と共に日本初のファッション雑誌を創刊した北原武夫、詩人・藪田義雄らがいた。

音楽では、評論家の大田黒元雄、指揮者の栗田博文、マドリッドを拠点に活躍しているギタリストの高木真介、ミュージシャンの巻上公一らがＯＢだ。ソプラノ歌手の島田祐子は小田原城内高校出身だ。

益田克幸は、『鉄腕アトムの歌』の作曲者だ。旧制中学時代に作曲した応援歌『冠たる伝統』は、小田原高校生の間で歌い継がれている。

芸能では、お笑いタレント「コント赤信号」の小宮孝泰、声優・俳優の郷田ほづみ、俳優の合田雅吏、落語家の柳家三三らがいる。

メディア関連では、テレビキャスター出身で皇室ジャーナリストの久能靖、プレジデント社社長の長坂嘉昭、図書新聞社元代表の井出彰らがいる。

学者・研究者では、海洋生物学者で「カニ博士」と言われた酒井恒、動物生態学者で「アリ博士」と言われる近藤正樹、昆虫研究者で「はこね　おだわら昆虫館」を開いている佐藤勝信らがOBだ。

## 「近大マグロ」の生みの親

海水養殖学が専門で近畿大水産研究所所長・教授だった宮下盛(しげる)がいた。「近大マグロ」として知られる世界初のクロマグロの完全養殖に当初から中心的に関わった。

地球物理学の田口真は、オーロラや惑星大気の研究をしている。第42次日本南極地域観測隊員でもあった。

建築家では青木淳、ヨコミゾマコトらがいる。文系では独文学者でコーヒーの歴史についても研究している臼井隆一郎、教育社会学の天野郁夫、比較教育学の所沢保孝、日本古文書学の相田二郎ら。

河野兄弟のように、伝統的にスポーツが盛んな学校だった。マラソンでは渋谷寿光が箱根駅伝のコースを設計、東京五輪審判団団長を務めた。

マラソン選手の尾崎朱美は、小田原城内高校で陸上競技部だった。06年の東京国際女子マラソンでは、00年のシドニー五輪金メダリストの高橋尚子（岐阜県立岐阜商業高校卒）を抜いて2位だった。

「釣り師」はどこの海や川にもいるが、それを職業として確立させている「プロ釣り師」は少ない。村越正海は、その数少ない一人だ。

19年春の大学入試では現役、浪人合わせ、東京大1人、東京工業大2人、北海道大9人、東北大に6人、横浜国立大に7人が合格した。

私立大には延べ人数で、早稲田大44人、慶応大に14人が合格した。

# 厚木高校

神奈川県立　厚木市

神奈川県のほぼ中央にあって、東に相模川、西に丹沢を望む厚木市。１９０２（明治３５）年にこの地に県第三中学校として開校したのが、前身だ。大正期に厚木中学校と改称され、戦後の学制改革で男女共学の新制厚木高校となった。

略称は「厚高《あつこう》」。校歌には「三剣光り輝く見ずや」の一節がある。「三剣」は校章にもデザインされていて、智・仁・勇の三徳を象徴したものだ。また、剛健・真剣・勤倹を旨とする厚高の質実剛健の校風を表したものでもある。

厚木市とその周辺は、人口が急増した。現在では安定しているが、この40年で人口は3倍近くの約22万５０００人になった。このため70年代後半には、厚高は1学年12学級のマンモス校だった。今は９クラスに減っているが、それでも公立高校としては大きい。

## 元東大総長の茅誠司

旧制時代の卒業生に、物理学者で東京大総長を務め、文化勲章受章者の茅誠司がいた。東京高等工業（現東京工業大）から東北帝大に進んだが、東大以外の大学出身者が東大総長になったのは、その後を含め茅以外にはいない。

茅誠司

63年の総長退任時の卒業式で「小さな親切運動」を提唱、これが一種の社会現象になって国民にも大変、親しまれた人物だった。

その茅にならって厚木高校は、とりわけ科学教育に力を入れている。文科省から13年度にＳＳＨに指定された。

3年次から理系と文系にクラスが分かれるが、厚高のＳＳＨは全学年の全生徒を対象としている。

15年6月には、米エレノア・ルー

ズベルト高校との間で姉妹校の提携をした。双方が毎年訪問し、研究リポートを発表するなど交流、SSHの成果をより高めるという。

毎年春の大学入試では現役、浪人合わせ、東京大、京都大、東京工業大、一橋大、北海道大、東北大に各数人が合格している。横浜国立大には約20人で、首都大学東京にも約20人が合格している。

私立大には延べ人数で早稲田大約70人、慶応大約40人、明治大に約150人だ。

「茅賞」もある。卒業生の中で、学業、部活動、人物などあらゆる側面に優れた人物に贈られる。毎年度1人に限る。

部活動も活発だ。軽音楽部、新聞部、ダンスドリル部などが、全国大会の常連組だ。ダンスドリル部のチーム名は「IMPISH」。米フロリダ州で開かれた「NDA全米チアダンス選手権2004」で、チームパフォーマンス部門グランプリ賞という日本初の快挙を成し遂げている。

チアリーダーの堀池薫子はそのダンスドリル部の育ちだ。米国で修業し帰国、次世代チアリーダーの育成、ダンスレッスンなどテレビ出演も多い。

## 甘利明が政治活動を再開

卒業生でこの数年、メディアに最も頻繁に登場してきたのは、経済再生担当相だった甘利明だ。交渉がもめにもめ、15年10月にようやく大筋合意した環太平洋経済連携協定（TPP）交渉の担当相でもあったためだ。

しかし都市再生機構〈UR〉と建設会社の補償交渉に絡む口利きと現金授受問題で16年1月、甘利は閣僚を引責辞任した。あっせん利得処罰法違反などの容疑で告発されていたが、東京地検特捜部は、容疑不十分で甘利と秘書について立件を見送った。これに伴い甘利は、16年6月から政治活動を再開した。

甘利は厚高から慶応大に進学し、ソニーに入社した。衆院議員12期を数え、自民党の重鎮となり労働相、経産相などとして入閣してきた。

19年9月から甘利は、自民党税制調査会長に就いた。

政治家では、外務官僚出身で戦前・戦後の昭和期に、事務次官、衆院議員、外相などを務めた岡崎勝男が、旧制時代の卒業生だ。

神奈川県下の自治体では、海老名市長の内野優、前綾瀬市長の笠間城治郎、元相模原市長の小川勇夫らがOBだ。

経済界では、葉山莞児が大成建設のトップを務めた。熊坂隆光は産業経済新聞社社長。桜井真一郎は、プリンス自動車―日産自動車を通じて「スカイライン」の開発責任者を務めた。星野晃司は、120キロと短線ながら高収益の小田急電鉄社長だ。

学者・研究者では、大正・昭和期の経済学者である舞出長五郎、イスラム研究の奥田敦、心理学者で認知行動科学を研究し京都大ラグビー部監督を務めた小田伸午、情報工学の大木幹雄、天文学の海老沢研、社会学の樋口直人、音楽を軸とした比較文化が専門の榎本泰子らがOB、OGだ。

榎本は前述の茅賞の受賞者だが、流体工学の気鋭の研究者・杵淵郁也も茅賞を受賞している。

政治学者では、国政選挙の結果分析などでメディアに登場する慶応大教授の曽根泰教、官僚制を研究している西川伸一らがいる。

## 金獅子賞の建築家

建築家の石上純也は、10年に国際建築展覧会であるイタリアのベネチア・ビエンナーレで金獅子賞を、また毎日デザイン賞を受賞するなど内外で多くの賞を受賞している。

住友林業筑波研究所の主席研究員中村健太郎は、樹木の命をクローン技術でつなぐ研究・開発の第一人者だ。秀吉ゆかりの京都・醍醐寺の枝垂れ桜のクローンや、岩手県陸前高田市の「奇跡の一本松」の子孫を育てている。

熊切秀典は「ビューティフルピープル」ブランドで売り出し中の、気鋭のデザイナーだ。岡田裕は萩焼（山口県）を代表する陶芸作家だ。

文芸では、農村を舞台にした作品を得意とした昭和時代の小説家・和田伝、詩人の八木幹夫、歌人の一ノ関忠人、国際推理小説の服部真澄、翻訳家のリクター香子らがOB、OGだ。

漫画家、コメンテーターのさかもと未明もOGだ。

芸能では、名取裕子の名前が挙がる。厚高から青山学院大に進学、在学中にミス・サラダガールコンテストに応募したのをきっかけに芸能界入りした。多くのテレビドラマ、CM、映画、舞台に出演し、熟年女優の筆頭格だ。

男優では岡森諦、六角精児が、劇作家、演出家では横内謙介がいる。平田修二は、北海道演劇財団専務理事で劇団「札幌座」のチーフプロデューサーだ。

種田陽平は日本、中国、台湾などアジア映画の美術監督だ。「キネマ旬報」編集長の後に映画評論家になった白井佳夫も卒業している。

名取裕子

音楽では、東京芸術大卒のサックス奏者でコメディアン、作曲家の安田伸がいた。「ハナ肇とクレージーキャッツ」のメンバーで、テレビ、映画で活躍した。
厚高に在学中、吹奏楽部を創部し、アルトサックスを担当し部長を務めた。

## 「いきものがかり」の2人

男女3人組音楽ユニット「いきものがかり」のうち男性の水野良樹と山下穂尊の2人が、厚高01年卒の同期生だ。2人とも海老名市出身で、水野は一橋大卒、山下は法政大卒だ。路上ライブがユニットの出発点だった。小学生時代に金魚にエサをあげる「生き物係」だったことがバンド名の由来だ。

サクソフォン奏者の平野公崇、バリトン歌手の森口賢二、ベーシストの徳永暁人らもいる。

テレビで顔なじみの卒業生では、NHKアナウンサーで日曜昼の「のど自慢」の司会者・小田切千、同じくNHKアナの近田雄一、日本テレビアナの藤井貴彦、天気キャスターの木原実らがいる。

スポーツ関連では、プロ野球選手の年俸調停の代理人を務める弁護士・大友良浩が異色の経歴だ。立教大に進学し一塁手として東京六大学リーグ戦で2度、優勝を経験した。理学部物理学科卒ながら一念発起して司法試験に合格した。

横浜DeNAベイスターズの投手コーチ川村丈夫は、厚高—立教大—日本石油—ベイスターズで選手として活躍、96年のアトランタ五輪で日本代表に選出された。

# 横浜翠嵐高校

●神奈川県立　●横浜市神奈川区

「翠嵐」は「すいらん」と読む。横浜港を見下ろす丘の上にある。山は緑で、吹く風はかぐわしく麗しいという意味だ。学校周辺に三ツ沢公園もあり、豊かな自然環境に恵まれている。

1914（大正3）年に開校した旧制の県立第二横浜中学が前身。戦後の学制改革で男女共学となり、校名に優雅な「翠嵐」を採り入れた。旧制中学時代からの校歌の冒頭に「美なりや翠嵐……」の表現があったからだ。

「大平凡主義」というのが校訓だ。全国の高校の中で類例を見ないユニークな校訓だ。意訳すれば、「当たり前のことを愚直にやり遂げる」という意味だ。

校風は自由で、個性尊重がゆきとどいている。

米国メリーランド州のエレノア・ルーズベルト高校と姉妹校の協定を結び、毎年、相互訪問を行っている。

## 進学実績がすこぶる好調

17年10月に県教育委員会より学力向上進学重点校の指定を受け、将来の日本や国際社会において リーダーとして活躍できる人材の育成を目指している。

神奈川県の公立高校としては、1、2を争う進学校になっている。

2017年の大学入試では、東京大に34人が合格、うち現役が21人という記録を作った。ライバルの県立湘南高校の実績を大きく上回った。

19年春の大学入試では現役と浪人を合わせ、東京大21人、京都大7人、東京工業大14人、一橋大9人、北海道大11人、東北大13人、神戸大に7人が合格した。

私立大には延べで、早稲田大に91人、慶応大に90人が合格した。

知名度が高い企業経営者がいる。サントリーHD社長の新浪剛史だ。サントリーは1899（明治32）年の創業以来、4代目社長の佐治信忠（兵庫県・私立甲陽学院高校卒）まで同族経営を続けてきた。しかし佐治は14年に非同族の新浪を社長に迎え入れ、自らは会長職に専念することにした。

　新浪と佐治は共に慶応大経済学部卒で、佐治が13年先輩だ。同窓のよしみで以前から親交があった。サントリーの社風は「やってみなはれ」だ。新浪はその社風にぴったりの人物だ、と佐治が見込んだのだ。

## サントリーHD社長の新浪剛史

　新浪は三菱商事に入社し、02年に43歳の若さで大手コンビニチェーンのローソン社長に就いた。これをステップに新浪は、プロ経営者の道を歩むことになった。

　大企業のトップを経験した卒業生は、旧制中1期卒で日立製作所の第3代社長をした駒井健一郎、創業家以外で初めてブリヂストン社長をした柴本重理、NTT東日本社長をした江部努、JX・HD初代社長を務めた高萩光紀、エスエス製薬会長を務めた鳥居正男らだ。

　経営コンサルタントの大前研一は、株式会社運営による経営学の大学院を開設した。秋元征紘はナイキジャパンなど数社の外資系企業のトップを務めた。

　鈴木国正は、ソニーモバイルコミュニケーションズ社長を経て、インテル日本法人社長だ。

新浪剛史

　横浜中華街で広東料理店などを経営する曽徳深は中華街のまとめ役で、業務用ウーロン茶を初めて日本に輸入した。
　自由な校風の上、横浜という開放的な街のたたずまいを映して、多くの文化人や学者が巣立っている。
　文芸では、宮原昭夫が72年に「誰かが触った」で芥川賞を受賞した。横浜文学学校の講師として、16年に芥川賞を受賞した村田沙耶香（二松学舎大附属沼南高校・現二松学舎大附属柏高校卒）を育てた。宮原は高校1年の時に肺結核を患い、4年間休学した。
　直木賞では、67年に「追いつめる」で受賞した生島治郎がいた。

生島はハードボイルド小説の基礎を築いた。

サラリーマンの哀歓を絶妙な筆致で描いたコラムニスト、評論家の青木雨彦もOBだった。早大在学中は生島と同じ同人誌「早稲田大学現代文学会」に所属していた。週刊朝日で連載したコラムが評判になった。

宮原、生島、青木は、卒業年次は違うが入学は1948（昭和23）年の同期だった。

歌人の水原紫苑や、脚本家、演出家、映画監督で多くのテレビドラマを担当している大森美香、コピーライター、小説家の光岡史朗、劇作家、演出家の知念正文、放送作家、映画監督の三木聡、フリーライターの佐藤和歌子らもOB、OGだ。


評論家、ノンフィクション作家では、週刊誌ジャーナリズムの草分け的な存在だった草柳大蔵がいた。出版社系週刊誌の草創期に、自らアンカーを務める取材・執筆の「草柳グループ」を率いた。

文芸評論の赤塚行雄もいた。日芸（日本大学芸術学部）の文芸学科に進み、日大助教授、中部大教授などを歴任した。

## 写真家の土門拳

芸術の分野では、戦後の日本を代表する写真家の一人である土門拳がいた。『ヒロシマ』『筑豊のこどもたち』など社会派リアリズムの作品で知られた。後進の写真家を育成するために「土門拳賞」が設けられている。

美術ではさらに、現代彫刻家の田辺光彰、水墨画の稲垣三郎、篆刻家の河野鷹之らがいる。

土門拳

音楽では、昭和期に活躍した作詞・作曲家の高木東六はじめ、尺八演奏家の三橋貴風、ハーモニカ奏者の崎元讓、作曲家・サウンドクリエーターの中塚武、バイオリン奏者の西川玲子、作曲家・編曲家でシンセサイザー奏者の手使海ユトロらがOBだ。手使海は、創立100周年の記念歌・記念組曲を作曲した。
童話作家、作詞家で、童謡の『いぬのおまわりさん』で知られる佐藤義美もいた。旧制大分県立竹田中学（現竹田高校）から転校してきた。

医学者では、内科が専門で虎ノ門病院院長を務めた冲中重雄が、旧制時代に卒業している。1970（昭和45）年に文化勲章を受章した。東京大での退官最終講義で、自身の教授時代の誤診率を14・2％と告白し、話題になった。

新浪博士は心臓外科医で、前述の新浪剛史の弟だ。順天堂大学において「天皇陛下の執刀医」として知られる天野篤（埼玉県立浦和高校卒）の下で、助教授として心臓手術に従事した。

理系の学者では、数学者で日本学士院賞を受賞している深谷賢治、海洋地質学者で地震予知に取り組んでいる木村政昭、発生生物学の水野丈夫、分子生物学の白楽ロックビル、情報工学者の山中直明らがいる。

文系では、経済史学者で国立社会保障・人口問題研究所所長をした馬場啓之助、会計学の森田哲弥、政治学者の安藤次男、医療経済学の印南一路、文化人類学の斗鬼正一らが卒業している。

地球物理学者の坂野井和代は、97年から99年にかけて南極観測越冬隊に参加した。日本人女性としては初めての南極越冬だった。

## 「夜回り先生」の水谷修

元高校教諭の水谷修は「夜回り先生」との異名を持つ。夜間に繁華街をパトロールし、少年少女の非行や薬物依存症の防止に努めているからだ。テレビ出演も多く、ドラマ化もされている。

政治家では、毎日新聞社の政治記者出身で衆院議員を6期務めた鈴木恒夫（自民党）が、08年に文科相に就いた。

法曹界では、弁理士・弁護士の鮫島正洋がいる。東京工業大金属工学科に進学し、両方の資格を取得した。知的財産権やITビジネスが専門だ。

東大野球部選手で1995年の東京六大学野球春季リーグ戦で首位打者になった間宮敦、元プロ野球審判員の五十嵐洋一、競馬騎手の山本茜もOB、OGだ。

14年8月に行われた「短歌甲子園」の決勝戦で、横浜翠嵐高校は団体戦で初出場初優勝した。優れた短歌作者を選ぶ特別審査員賞には2年生の畑勇人が選ばれた。

# 横浜平沼高校

●神奈川県立　●横浜市西区

横浜駅の西口から徒歩10分の地にある。地下1階、地上7階建ての校舎棟と3階建ての体育館棟からなる。粋なデザインで全館冷暖房完備だ。

神奈川県高等女学校として1900（明治33）年にスタートした。神奈川で最初にできた公立高等女学校だ。昭和に入って神奈川県立横浜第一高等女学校と改称された。「県下一の才媛学校」として、横浜のみならず県内各地から優秀な女子生徒を集めていた。

戦前は当然のことながら良妻賢母教育だった。しかし横浜は幕末以来、日本でいち早く文明開化したハイカラな街だった。英語については必修教科とされ、手厚い授業が行なわれていた。また女学校には珍しく修学旅行が定着していた。

27（昭和2）年7月には、有志60人が富士登山に挑戦したという記録も残っている。

## 神奈川県高女が前身

戦後の学制改革の過程で県立横浜平沼高校に衣替えされ、男女共学になった。ただ、高女がルーツという名残か、現在でも女子7・男子3の比率になっている。

校風は「自由と進取」だ。

創立100周年の2000年から始めた「先輩セミナー」というのがある。同様の試みは他の高校でも行われているが、平沼の場合は多彩なOB、OGがそろっており、講師に困ることはない。依頼された先輩も快く母校にやってくるという。

90％が、現役で4年制大学や専門学校に進学する。早稲田大、慶応大、上智大など70以上の大学から指定校推薦を受けている。このため最近は、私学志向が目立っている。

最も知名度が高い卒業生は、女優の岸恵子であろう。昭和20年代の終わりにかけて映画『君の名は』3部作が大ヒットし、絶大な人気を博した。フランス人の映画監督と結婚して（その後離婚）パリに居を構え、フランスと日本を往復しながら多くの映画やテレビに出演した。

文才もあり、エッセーや小説をモノにしている。平沼では演劇と舞踊の二つのサークルに所属、詩や小説もよく書いていたという。「中学三年から高校一年にかけての春休みに書いた、綴方の域を出ない、キザで稚拙で歯の浮くようにみっともない小説」（『私の人生ア・ラ・カルト』から）と自嘲

岸恵子

しているが、1994年には日本エッセイスト・クラブ賞を受賞している。

## 草笛光子は岸より1級下

舞踊サークルで岸の1級下にいたのが草笛光子だ。在学中の16歳、試しに受けた60倍の難関・松竹音楽舞踊学校に合格、周囲に猛反対されたが高校を中退し、芸能界に飛び込んだ。今もなお、舞台、映画、テレビドラマなど幅広く活躍している。

中高年には忘れられない女優もいた。宝塚歌劇団出身の北原遥子で、85年8月12日の日本航空ジャンボ機墜落事故に遭い、24歳で死去した。男優では工藤堅太郎がいる。

15年9月に死去した女優の原節子は幼児、学校の成績はトップだった。横浜第一高女の受験当日、高熱を発したため、まさかの不合格となった。旧制私立横浜高等女学校（現横浜学園高校）に進学したが、2年生で中退した。

横浜平沼高校には旧制時代に始まった「ファウスト」というダンスが伝わっている。中断していたが、創立100周年をきっかけに02年から復活され毎年、体育祭で披露されている。

舞踊とはなにかと縁が深い高校で、日本舞踏界を代表する踊り手、花柳寿南海（としなみ）が高女の卒業生だ。24（大正13）年生まれで、04年には人間国宝になっている。18年9月に死去した。

体操指導者の竹腰美代子もいた。テレビ体操の草分けで、香淳皇后

に美容体操を教えた。

音楽では合唱指揮者の吉田孝古麿、指揮者の手塚幸紀、ウクレレ奏者の北田朋子、若手の歌手・作詞家の三条ユリーカ、歌手・タレントの新垣里沙らがOB、OGだ。音楽プロデューサー・音楽史家の滝井敬子、音楽社会学者の東谷護もいる。

落語家の5代目柳家小せんもOBだ。

美術では日本画の荘司福、鳥山玲子、版画家の高橋幸子、写真家の北井三郎、根付け彫刻師の向田陽佳らが卒業生。伊藤雄壱はCGを使うアニメーション作家だ。

メディア、とりわけ放送界で活躍している卒業生が多い。

日本テレビ出身で11年からフリーになっているアナウンサー、

馬場彰

羽鳥慎一がOBだ。バラエティーから報道番組までこなし、男性アナウンサーの中では人気抜群だ。
TBSを14年に定年退職し、フリーアナに転じた吉川美代子もOGだ。
NHKラジオ深夜便でおなじみのアンカー遠藤ふき子、TBSアナだった小泉正昭、ニッポン放送元アナで「オールナイトニッポン」の初代パーソナリティを務めた斉藤安弘もOG、OBだ。
NHK出身のジャーナリスト・堀潤、国際フォトジャーナリストでソマリアなど紛争地での取材を続けている高橋邦典、日刊工業新聞社社長をした溝口勲夫も卒業生だ。

## 直木賞の安西篤子

小説家では、高女卒の安西篤子が65年に直木賞を受賞している。英文学者の小川高義は翻訳家で、多くのベストセラーを翻訳出版している。ホラー小説を書いている若手小説家の窪《くぼ》依《い》凛《りん》（女性）は、08年まであった通信制で学んだ。

経済界で活躍している卒業生では、38歳でオンワード樫山社長に就き、現在はオンワードHD名誉顧問の馬場彰がいる。「小説や映画が大好きな文学少年だった」と、当時を回想する。京成電鉄の社長をした大塚弘もいる。

高女最後の卒業生である篠崎孝子は、横浜を拠点に店舗展開する書店・有隣堂の創業者の次女だ。兄たちが次々と若死にしたため、95年から4年間、第5代社長をした。現在は相談役で、横浜市内に中・高校を持つ山手英学院の理事長をしている。「戦争中で、おちおち勉強できなかったことが、心残りだ」と回想している。

鎌倉市の出版社、かまくら春秋社代表の伊藤玄二郎もいる。

レーズンサンドで横浜では名の知れた洋菓子店「かをり」の創業家である板倉タケは高女卒。料理研究家の枝元なほみは平沼卒だ。

学者・研究者では、哲学者で御茶ノ水女子大学長を務めた羽入佐和子がいる。16年4月からは国立国会図書館長に就いている。同館長に女性が就いたのは1948年の開館以来初めてだ
物理化学の内田登喜子、宇宙物理学者で米国の大学で長年、教授をした鶴田幸子、経営学の稲葉元吉、環境・エネルギーシステムの斎藤隆之、素粒子物理学の佐藤伸明、言語学者の石黒圭、数理社会学の数土直紀らも卒業生だ。

平田大二は地質学が専門で、神奈川県立生命の星・地球博物館(小田原市)の館長だ。

## 養老孟司の母・静江

医師では、鎌倉市で小児病院を開いていた養老静江が高女の卒業生だ。解剖学者で元東京大教授の養老孟司(神奈川県・私立栄光学園高校卒)の母だ。

生殖内分泌学者の広井正彦は山形県立保健医療大学長をした。

「政官」の分野では、労働官僚出身で参院議員(日本社会党)となり、細川連立内閣で経企庁長官を務めた久保田真苗がいた。

国際機関で仕事をしている卒業生もいる。外務官僚の高須幸雄が前国際連合事務次長、労働官僚出身の堀内光子が国際労働機関(ILO)事務局長補をした。

五神嘉子は地元の神奈川県で、民生委員、横浜地裁民事調停委員などの社会福祉活動に尽くした。横浜平沼高校の同窓会・真澄会会長を二十数年間務めた。15年4月に東大総長に就任した光量子物理学者の五神真(東京・私立武蔵高校卒)の母だ。11年3月に91歳で死去した。

# 平塚江南高校

神奈川県立　平塚市

神奈川県のほぼ中央に位置し、相模湾に面する平塚市。東海道五十三次のうち江戸から7番目の宿場町として徳川時代から栄えていた。今は夏の七夕祭りが観光名物になっている。

1921（大正10）年に県立平塚高等女学校として開校した。公立としては県内2番目の高女だった。戦後の学制改革で男女共学になった。相模川右岸（西側）にあるため、相模川を中国の長江になぞっている。それが校名の由来だ。

教育理念として「自主と自律」「心身の健康」を挙げている。

進路指導が入念に行われている。入学時より生徒が「将来の職業」を考え、学校での学習に目的意識を持てるようにしている。

同窓会も進路指導に熱心だ。「助っ人バンク」と称して卒業生がキャリア講座や新入生へのオリエンテーションに出向いている。

部活動では競技かるた、囲碁、放送委員会などが全国大会に出場している。

毎年春の大学入試では現役、浪人合わせ、東京工業大、北海道大、東北大に各数人が合格する。横浜国立大には約10人だ。

国公立大より、東京都内の私立大に進学する生徒が多い。毎年度、延べ人数で早稲田大約40人、慶応大約10人、日本女子大約20人の合格者を出している。

## 富士ソフトの創業会長

ソフトウエア会社を興し、一代で業界有数の企業に育て上げた創業者がいる。富士ソフト（横浜市）の会長・野沢宏だ。

丸山健太郎は丸山珈琲の創業者で、高級コーヒー市場の草分け的な存在だ。長野県軽井沢町や東京などに十数店舗を構え、卸売りもしている。

企業トップを務めた卒業生は現職、元職が混じるが、遠藤信博（NEC）、小泉光臣（JT）、野地彦旬（横浜ゴム）、久保伸太郎（日本テレビ放送網）、山下徹（NTTデータ）、沼野恵一（相模鉄道）、三井田健（明電舎）らだ。

水島藤一郎は三井住友銀行副頭取を経て、現在は日本年金機構理事長だ。

## 木谷兄妹は6人が平塚江南

囲碁棋士の故木谷実九段は卒業生ではないが、子7人のうち6人が平塚江南高校で学んでいる。長男健一は医師だった。次男の明は人権派の裁判官として知られ、約30件の無罪判決を確定させた実績

木谷明

がある。現在は弁護士だ。三女の小林礼子は女流棋士、四女の吉田智子はアナウンサーだった。

音楽の分野で秀でた卒業生が出ている。音楽史の吉田泰輔と音楽美学の庄野進は、それぞれ国立《くにたち》音楽大学長を務めた。

前田昭雄はシューマン研究で知られ、ウイーン大名誉教授になった。ソプラノ歌手の岩崎由紀子、ジャズピアニストの小橋敦子もいる。

環境社会学の舩橋晴俊がいた。福島大教授で地方行政学の今井照は、原発被災者の公的支援を研究・提言している。

機械振動学の保坂寛、実験心理学の小川園子、天文学の原弘久、気象学の江守正多、生体医工学が専門で乳幼児揺さぶられ症候群の脳の損傷過程を解明した宮崎祐介らもいる。

今宮純はモータースポーツジャーナリスト、佐藤竜雄はアニメ演出家、福田逸は演出家、翻訳家だ。

高女の名残で、社会の各方面で活躍しているOGがいる。井上弘子はNPO法人「聖地のこどもを支える会」の理事長で、紛争が続くイスラエルとパレスチナの若者の交流を進めている。

国文学者の青木生子は万葉集研究で知られ、日本女子大学長を務めた。18年11月に97歳で死去した。

陶芸家の辻協子は、70年に女性として初めての日本陶芸協会賞を受賞した。

英米の小説やノンフィクションの翻訳家・古屋美登里もいる。

# 横浜緑ケ丘高校

●神奈川県立 ●横浜市中区

通称は「緑高《りょっこう》」。横浜市中心部の南側の高台にある。日本最大の中華街が、近くにある。戦後の学制改革で新制高校に衣替えされた際に、地名から取られた校名だ。横浜の一等地にあるため、戦後しばらく占領軍に校庭を接収されていた。

前身は、1923（大正12）年に設立された横浜第三中学校。神奈川県立の旧制中学としては7番目だった。

校訓は「三徳一誠」（知・仁・勇・誠）だが、最近は「未来を創る　未来に生きる　未来を拓く」がキャッチフレーズになっている。

全校生徒に「TOEIC」を受けさせる。理系・文系という枠を越えた「サイエンスキャラバン」、知的探究心を喚起する「緑高セミナー」など多彩なプログラムが組まれている。

校風は自由そのもの。PTAがないのは珍しい。その代わり、旧制時代から「後援三徳会」が組織されている。在校生の保護者だけでなく、卒業生の保護者も加わっている。

大学進学は私立大が8割を占める。2019年春の大学入試では現役、浪人合わせ、延べ人数で早稲田大67人、慶応大に22人が合格している。

国公立大には、横浜国立大17人、横浜市立大14人、北海道大に3人だ。

## 憲法学の木村草太が売れっ子

この数年、売れっ子になっている若手憲法学者がいる。首都大学東京教授の木村草太だ。安倍内閣が集団的自衛権の行使容認を打ち出した14年ころから、現憲法を擁護する論陣を張っていて、メディアによく登場する。

インターネットの商用化で、日本の先駆者になった企業がある。92年設立のインターネットイニシアティブだ。この会社を草創期から育てて社長を務め、現在は会長兼CEO（最高経営責任者）の鈴木幸一が卒業生だ。

企業経営者では、旧制卒の上野豊が海運・石油輸送大手の上野トランステックのトップや横浜商工会議所会頭を務めた。長男の上野孝（県立湘南高校卒）も同社社長と同会議所会頭をした。

1912年創業の老舗中華「華香亭」の3代目・呉肇基もいる。

柴田拓美は、野村アセットマネジメント社長をしたあと、ライバル会社の日興アセットマネジメント社長を務めている。

鈴木幸一

学者・研究者では、昭和期の英文学者で受験対策本でも知られた岩田一男、東洋史の榎一雄、国際法の山本草二、気鋭の教育社会学者である浜中義隆らがOBだ。

理系では、南極観測隊に6回加わり立正大学長をした吉田栄夫（自然地理学）、都市計画の北沢猛、細胞生物学の曽我朋義らがいる。

## 映画監督・松山善三がOB

文化人では、映画監督、脚本家の松山善三が著名だ。監督デビューは61年の『名もなく貧しく美しく』で、この作品で主演の高峰秀子（専門学校文化学院中退）はのちに妻となった。

松山と旧制同期だったのが、「水戸黄門」で知られる俳優の佐野浅夫だ。演出家の井田邦明、劇団四季社長の吉田智誉樹、俳優の益岡徹、ラジオパーソナリティのクリス智子もいる。

小玉武はサントリーの広報・宣伝部門を歩み、『「洋酒天国」とその時代』で織田作之助賞を受賞した。

音楽では、ザ・ゴールデン・カップスのリーダーだったデイブ平尾、テノール歌手の山枡信明、三味線演奏家で邦楽作曲家の清元栄吉、琵琶奏者の室井三紀らが卒業生だ。

スポーツでは、98年の長野冬季五輪でアイスダンス日本代表として出場した田中衆史がいる。

緑高のバトミントン部は48年に誕生している。全国の高校で、1、2を争う古さだ。部員だった小島一平はデンマーク、カナダなどの国際大会で優勝した。

# 聖光学院高校

●私立　●神奈川県横浜市中区

難関大に多数が合格し、全国に鳴り響く進学校だ。東京大の合格者はこの10年で安定的に増え、２０１９年は93人に達した。全国高校ランキングで第４位だ。10年前の09年は49人だった。

現役合格者は77人で、現役だけでは第3位だった。卒業生数は２３１人だったから合格率は33%。筑波大学附属駒場高校（83人・51%）、開成高校（１４０人・35%）に次ぐ3番目だ。

他の難関大学にも現役、浪人合わせ、京都大８人、東京工業大11人、一橋大15人が合格した。横浜国立大には９人だ。私立大には延べ人数で、早稲田大２０９人、慶応大に１４３人だ。

## 東大合格ランキング第4位

横浜市の高台にある。周辺は文教地区で、フェリス女学院中・高校など女子校がいくつかあるが、聖光は男子校だ。高校からの生徒募集をしない完全中高一貫校だ。

設立母体はキリスト教教育修士会（カトリックの男子修道会）。中学校は１９５８（昭和33）年に創立され、３年後に高校がスタートした。

姉妹校として静岡聖光学院中高校（静岡市）と、セント・メリーズ・インターナショナル・スクール（東京・世田谷区）がある。

福島県伊達市に甲子園出場の常連校・私立聖光学院が、山口県光市には私立聖光高校があるが、両校とも、それぞれ独立の学校だ。

「紳士たれ」がモットーだ。学力面ばかりでなく、礼儀を重んじ、カトリックの精神を基盤に強い意志と弱者をいたわる優しい心を持たせる教育を目指している。

卒業生である工藤誠一が04年に校長に就任して以来、「開かれた学校」に衣替えした。

それまでは受験に偏したガチガチの教育だったが、選択科目を増やし、生徒の文化・芸術的な教養を高める「芸術講座」「選択総合演習」「聖光塾」などを、授業とは別に設けた。

生徒会の動きも活発で「即興型ビジネスコンテスト」なども企画している。

17年度から文部科学省によるSSHに指定されている。

これらが功を奏し、横浜市はもちろんのこと神奈川県下や東京南部からトップクラスの生徒が集まってきた。JRの湘南新宿ラインなど交通網が整備されたことで、生徒の通学可能エリアが拡大したことも好影響となった。

戦後にできた学校なので、「政財界の重鎮」とか、「碩学」と呼ばれる学者などは、まだ輩出していない。しかし、社会の各方面で働き盛りの気鋭の人材が育ってきた。

まずは、IT系ベンチャー企業の創業者を紹介しよう。

1967年生まれの杉本哲哉は、ネットを活用した市場調査会社であるマクロミルを創業した。05年4月に東証1部に昇格したが、外資系ファンド会社に買収され14年4月に上場廃止となった。しかし17年に再上場した。

MBO（経営者自身による会社買収)ではなかったが、杉本はファンドと経営委任契約を結んでおり、しばらく会長兼社長を続けた。12年に自ら新しいベンチャーを興した。

## ベンチャー企業の創業者

杉本より6期後輩の高島宏平は生鮮食品のオンラインショップや宅配事業のオイシックスの創業社長だ。13年に東証マザーズ市場に上場した。

17年10月には大地を守る会と合併し、現在はオイシックスドット大地の社長だ。高島は東大工学部修士課程卒で、マッキンゼー・アンド・カンパニーに2年余いて、起業した。

米重克洋は、AIとインターネットによる各種情報提供サービスのJX通信社を、08年に設立した。

企業のトップ経験者はさらに、石川真一（ゼブラ)、中嶋成博（富士フイルムHD)、野渡和義（ユースキン製薬)、酒匂明彦（シーエーシー）牛嶋素一（アルプス技研)野島誠(JR北海道)、吉村俊哉(三井生命保険)、長田邦裕（センチュリー21・ジャパン）らが卒業生だ。

地元の横浜に根を張る経営者で

は、森野知良（モリノブライズ）、田代哲也（一品香）らがいる。

横浜市南区にある増徳院は高野山真言宗の仏教寺院で、横浜では最も古い寺だ。その住職・藤井義章が卒業生。増徳院は幕末・明治のころは現在の繁華街・元町にあって、境内の一部を外国人墓地に提供した。

通産官僚出身の田中伸男は07年から4年間、ＩＥＡ（国際エネルギー機関）事務局長をした。欧州出身者以外で同職に就いたのは、初めてだった。

佐藤直良は国土交通事務次官を務めた。

政治家では、衆院議員の松本純（自民党）が、国家公安委員会委員長、内閣府特命相などを歴任した。

白沢卓二

学者、研究者では、都市工学者の中村文彦が世界の都市交通について研究している。
農学者でバイオエタノールの研究者である森田茂記、原子力工学者でレーザー開発を進めている上坂充、数学史が専門で受験生向きの著書が多い長岡亮介、脳情報工学が専門の夏目季代久らも卒業生だ。
文系では、アイヌ語の研究者である中川裕、農村社会学者の小田切徳美、社会学者でメディア研究をしている北田暁大、小売業界に詳しい結城義晴、比較文学者の西原大輔、日本経済史の落合功、法学者でメディアに関する法制の研究をしている曽我部真裕、国際法の吉井淳らがいる。

## 神経生理学者の白沢卓二

神経生理学が専門でアルツハイマー病を研究している白沢卓二がいる。『100歳までボケない101の方法』（文藝春秋）がベストセラーになるなど、アンチエイジングに関する多数の本を出している。

白沢は千葉大医学部卒でドイツのケルン大に留学した。

福井康之は脊椎脊髄外科の名医として知られる。脊椎手術経験は豊富で、司会者のみのもんた（私立立教高校・現立教新座高校卒）

の手術をしたこともある。

精神科医で統合失調症を研究している笠井清登は08年に、30代にして東大医学部大学院教授になった。

河野玄斗は、東大医学部3年時に21歳にして司法試験に合格した。TVのバラエティー番組によく出演している。「最強の頭脳日本1決定戦！　頭脳王」（日本テレビ）で、18、19年に2連覇した。

大西卓哉はJAXA（宇宙航空研究開発機構）認定の宇宙飛行士だ。全日空のパイロット出身だ。

小田和正

16年に、国際宇宙ステーション（ISS）に約4ヵ月、滞在した。

この際、聖光学院中・高校では生徒と校内のホールで祝福通信や、大西からのメッセージ配信が行われた。また大西は、聖光学院の校旗を宇宙に持っていった。

## オフコースの小田和正

音楽では、『さよなら』などのヒットで知られるオフコースのオリジナルメンバーである小田和正と鈴木康博がいる。小田と鈴木は高3の秋の聖光祭で、同級生の地主道夫、須藤尊史の計4人でコーラスを披露した。これが後年のオフコースにつながった。

小田は、東北大—早大大学院に進み建築家を目指した。鈴木は東工大に進みロボット工学を専攻した。しかし2人とも音楽の道を捨てがたく、数度のメンバー変遷を経てオフコースを結成、昭和の最後に一時代を築いた。オフコースは82年に、日本武道館で連続10日間のコンサートを成功させた。

小田と鈴木は現在は、シンガーソングライターになっている。地主はその後設計士として、また須藤は企業務めの傍らヨットマンとして活躍している。

豊田直之は自称・冒険写真家で、海中・水中撮影を得意としている。

メディア関連では、熊沢敏之が筑摩書房社長を、鹿谷史明がダイヤモンド社社長をしている。

大塚将司は日本経済新聞社の特ダネ記者として鳴らした。現在は、経済小説を執筆し、評論活動もしている。

# 横浜雙葉高校

●私立　●神奈川県横浜市中区

横浜港を見下ろす高台の山手地区にある。幕末から明治にかけ外国人居留地になっていた場所だ。西洋式建築物も残り、歴史的景観エリアとして人気スポットになっている。その一角に小学校とインターナショナルスクール、中高校の横浜雙葉学園がある。

フランス系カトリックの「幼きイエス会」（旧サン・モール会）が1900（明治33）年に、横浜紅蘭女学校として開校した女子校だ。戦後の学制改革で新制高校となり、51年に「横浜雙葉」と改称された。

「雙葉」を名乗る学校は、国内に5校ある。「徳においては純真に、義務においては堅実に」という校訓と、校章、校歌を共有する5校だ。その中では、横浜雙葉が最も古い。

## 「雙葉」5校の中で最古

小学校で80人が入学、中学で100人が加わる。高校入試はない。完全6年制の中高一貫教育だ。フランス語が選択制で学べる。

横浜市内に居住する生徒が60％強で、神奈川県全体では80％強だ。

校風や生徒のタイプについて、卒業生は異口同音に「穏やかで、素朴」「おっとりしていて、根がまじめ」と回想している。

授業は厳しい。中高を通じてほぼ毎日のように小テストが行われる。知らず知らずのうちに基礎を身に着けることができ、大学受験対策にもなっている。

大学入試実績は、堅調だ。19年春には現役、浪人合わせ、東京大3人、一橋大、北海道大に各2人が合格した。

私立大に進学する生徒が多い。合格者の延べ人数で、早稲田大33人、慶応大34人、上智大28人、津田塾大17人、東京女子大22人、日本女子大24人だった。

卒業生には、芥川賞と直木賞の受賞者がいる。

横浜紅蘭女学校を経て神奈川県

川崎町立川崎実科高等女学校（現川崎市立川崎高校）を卒業した中里恒子が、1939年に『乗合馬車』で芥川賞を受賞した。芥川賞は35年から始まっており、中里の受賞は9人目で、女性としては初めてだった。

## 芥川、直木賞が各1名

直木賞は、2006年に『まほろ駅前多田便利軒』で受賞した三浦しをんだ。三浦は12年、『舟を編む』が本屋大賞に選ばれた。ベストセラーになり映画化もされた。

三浦しをん

全国の共学校、女子高校で、女性の卒業生で芥川賞と直木賞の受賞者を出しているのは、大阪府立泉陽高校（堺市。芥川賞・由起しげ子、直木賞・西加奈子）、私立同志社高校（京都市。芥川賞・藤野可織、直木賞・高村薫）、石川県立金沢錦丘高校（金沢市。芥川賞・本谷有希子、直木賞・唯川恵）、それに横浜雙葉高校の4校だけだ。

女性の芥川賞受賞者を2人出している例としては、福岡県立福岡中央高校（森禮子と大道珠貴）がある。

エッセイストでは、心療内科医である海原純子が知られている。東京慈恵会医科大を卒業、「心のケア」「心のサプリ」と題して全国で講演活動を行うとともに、文才を生かして軽妙な随筆を著している。

伊藤緋紗子もエッセイスト、翻訳家だ。上智大在学中にフランスへの留学経験があり、フランスの文化関連の翻訳が多い。

ファッションデザイナーの稲葉賀恵もOGだ。「ヨシエ イナバ」のブランドを主宰し、日本航空、東急電鉄などの企業制服を手がけている。母校の横浜雙葉学園の制服もデザインした。

タレントでは、医師でバラエティー番組に出演している川村優希、東京大卒の瀧口友里奈がいる。タレント、作家の篠原かをりもOGだ。

フリーアナウンサーでは、戸田恵美子（TBS出身）、八木亜希子（フジテレビ出身）、渡辺真理（TBS出身）がいる。

# 日本女子大学附属高校

●私立　●神奈川県川崎市多摩区

広大な日本女子大西生田キャンパスの一角にある。新宿から小田急線で30分という距離にあり、校舎もグランドも広い森に囲まれており、静かで落ち着いた環境だ。

1901（明治34）年に日本女子大の創立と同時に附属高等女学校として開校した。戦後の学制改革で、旧制高女は新制の附属中学・高校になり、6年制一貫教育が続けられている。高校では毎年、海外帰国子女を十数人、受け入れている。

創立者の成瀬仁蔵が唱えた「自念自動」（自ら考え、自ら学び、自ら行う）の教育方針が、連綿と受け継がれている。

附属高校から日本女子大への推薦は、基本的にすべての生徒に保証されている。例年、80～85％の生徒が希望に合う学科を選び、進学している。医、薬、法、芸術など日本女子大にない学部に進学したい生徒には、日本女子大との併願制度を設けている。

## 「自念自動」が教育方針

毎年春の大学入試では現役、浪人合わせ、東京大に数人が合格する。早稲田大、慶応大には十数人だ。私立大の医学部医学科には、十数人が合格する。

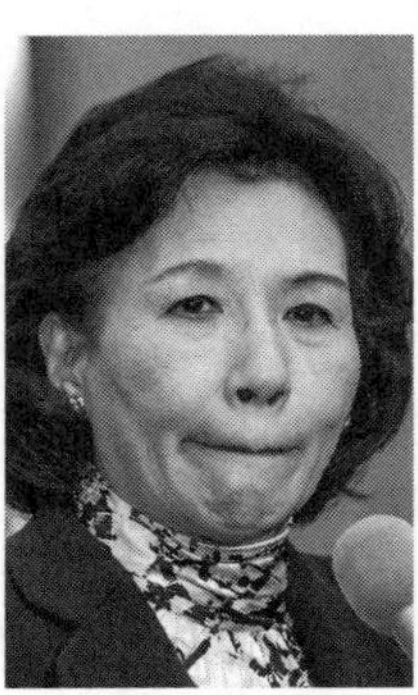
田中真紀子

同校では、「大学進学を教育のゴールとは考えていない。豊かな高校生活を提供し、将来、自立して社会に貢献できる人材、人間性豊かな女性を育てることに力を注いでいる」と、強調している。

自治会活動やクラブ活動、運動会、音楽会などがすこぶる活発だ。生徒は、自治会が主体的に選定した通学服を着ている。

外相、文科相などを務めた元衆院議員の田中真紀子が卒業している。元首相・田中角栄（東京・私立中央工学校土木科夜間部卒）の長女だ。

　早稲田大商学部に進学し演劇活動にいそしんだことはよく知られているが、高校時代については本人もほとんど語ったことがない。

　『御宿かわせみ』シリーズなどが代表作の直木賞受賞作家・平岩弓枝は、戦争中に疎開し福井県立福井高等女学校（現県立藤島高校）に通っていたが、戦後に日本女子大附属高女を卒業した。16年に文化勲章を受章した

平岩弓枝

　女性推理小説家の草分けで「ミステリーの女王」と呼ばれた夏樹静子は、16年3月に死去した。慶応大に進学し、在学中に執筆した推理小説が江戸川乱歩賞の候補となった。

　脚本家、エッセイストの大石静がOGだ。「セカンドバージン」など数々のテレビドラマを手がけ、「ラブストーリーの名手」と言われる。舞台出身の無名な若手俳優の抜擢《ばってき》に定評がある。

　詩人の高良留美子、児童文学者で童話が教科書にも載っている安房直子、劇作家・演出家の鈴木裕美、児童劇の演出家・小森美巳もOGだ。

　ドキュメンタリー映画の監督として平塚らいてう賞など多くの賞を受賞している海南《かな》友子や、やはり映画監督でアカデミー賞短編ドキュメンタリー賞を受賞している伊比恵子が卒業生だ。伊比は87（昭和62）年にミス日本グランプリを獲得している。

## 猿橋賞の大隅正子

　学者では、電子顕微鏡を駆使した細胞生物学のパイオニアである大隅正子が、83（昭和58）年に「酵母細胞の微細構造と機能の研究」で第3回の猿橋賞（若手の女性科学者を対象とした賞）を受賞している。

　分析化学が専門で、元日本女子大学長・理事長の蟻川芳子は、69（昭和44）年に米国の宇宙探査船アポロ11号が持ち帰った「月の石」の元素分析をした。

　無機化学者の松本和子、応用微

生物学が専門でヨーグルト乳酸菌の研究をしている佐々木泰子、形成外科医の吉村陽子、日本近現代文学の研究者・花崎育代、植物生理学が専門で米英でも研究者生活を体験した岡本晴子らが卒業している。

気候学・環境科学の研究者である森永由紀は、筑波大大学院時代の87年に女性で初めて南極観測隊員に選ばれた。

ビジネス界で活躍している卒業生では、渡辺ミキが、父母が創業した芸能プロダクションのワタナベエンターテインメント社長をしている。舞台や映画のプロデューサーとしても活動している。

## 働き方改革の小室淑恵

小室淑恵は、㈱ワーク・ライフバランスを立ち上げ、新しい人事戦略のコンサルティングを行っている。時流にマッチしているため全国で講演活動を行うと共に、政府の各種会議の委員も務めている。

君島十和子は、日本女子大附属高校3年の時にモデルデビューし、映画・テレビなどで女優として活躍した。

30歳前に芸能界を引退し、夫が代表を務めるファッション会社のスーパーバイザーとして活動する傍ら、自らプロデュースしている化粧品などのビジネスに余念がない。

青木愛は、マタニティーウエアや婦人服などの輸入販売会社を創業した。風間敬子は、学術図書出版の風間書房の3代目社長をしている。

デザイナーの渡辺敬子は05年に、毎日ファッション大賞を受賞、「MOKUBA」のブランドが欧州にも浸透しつつある。

安座上真紀子は、日常のオブジェや果物などを紙で表現する自らの作品を「PAPER TOY（ペーパートーイ）」と名付けて、雑誌や広告で活躍している。

中谷芙二子は、「霧の彫刻」の第一人者だ。純粋な水霧を用いた環境彫刻、パフォーマンスなど、世界各地で多数の霧の作品を発表し、「霧のアーティスト」と呼ばれている。雪の結晶を世界で初めて人工的に作った物理学者の中谷宇吉郎（旧制石川県立小松中学・現小松高校卒）の次女だ。

和泉淳子は、狂言師・狂言界初の女性狂言師だ。狂言師・和泉元彌（青山学院高等部卒）の実姉だ。

柏山聡子は宝生流シテ方能楽師、アキコ・カンダは舞踊家だ。

鼓奏者で邦楽囃子の石井千鶴が、詩人や演劇人とのコラボレーションにも取り組んでいる。ハープ奏者の桑島すみれ、ジャズピアニストの松居慶子らもOGだ。

女優、タレントとして活動している卒業生も、たくさんいる。

## 河内桃子がいた

大映のニューフェースとして終戦後から映画に出演しテレビではお母さん役が多かった関千恵子、俳優座出身で舞台とテレビに出演した河内桃子（98年死去）、詩集を朗読する舞台活動も行っている村松英子、クイズや情報バラエティー番組など幅広く活動している坪内ミキ子らがいる。

「自転車キンクリート」という奇妙な名前の劇団がある。82（昭和57）年に日本女子大の学生だった6人が女性だけの劇団を立ち上げたことに始まる。飯島早苗と鈴木裕美はその劇団で、脚本や演出で活動を続けている。松本永実子は舞台演出家だ。

宝塚歌劇団出身の女優では、花總まり、千風カレン、朝風れいらがこの高校に通った。愛原実花は、高1終了後に宝塚音楽学校へ入学した。劇作家のつかこうへい（福岡県立山田高校卒＝現在は廃校）の娘だ。モデルでは、83年生まれの梅田るみかがいる。

社会的活動をしている卒業生としては、出野恵子がNPO（特定非営利活動）法人フリー・ザ・チルドレン・ジャパンの理事兼事務局長をしている。「貧困や児童労働から子どもを解放する」運動に取り組んでいる。

都市計画建築コンサルタントだった杢尾《もくお》雪絵は、青年海外協力隊、国連難民高等弁務官事務所、国連食糧農業機関、国連児童基金などの国際機関に次々と勤務し、海外でエネルギッシュに活動を続けている。「グローバル人材」のお手本のような人物だ。

アナウンサーとして活躍している卒業生もいる。NHK副会長などを歴任した永井多恵子は、アナウンサー出身だった。現職のNHKアナでは、與芝《よしば》由三栄《ゆみえ》が卒業生だ。

坂東香菜子は将棋の元女流棋士だ。

# 清泉女学院高校

●私立　●神奈川県鎌倉市

鎌倉の玉縄城跡の小高い丘の上にキャンパスがある。敷地は2万坪（6万6000平方メートル）もあり、晴れた日には富士山が見渡せる。緑に囲まれた自然あふれる環境だ。

高校からの生徒募集はしない完全中高一貫の私立女子校だ。生徒の半数弱は横浜市内から通学している。

カトリック女子修道会である「聖心侍女修道会」（本部はスペイン・マドリード）を母体として1947年に設立された。

グローバルな視野を育てる教育に力を注いでいる。ニュージーランドへの語学研修や短期留学、英語多読プログラム、中国語、スペイン語授業など、盛りだくさんの実践プログラムが組まれている。

校長の高倉芳子は卒業生だ。「真理を探求する心」と共に、「まわりの人を喜ばせることを自分の喜びと感じる心」を、育んでほしいと強調している。

90%以上の生徒がクラブ活動に参加している。なかでも音楽部が活躍しており、16年秋にはNHK全国学校音楽コンクールの大会に中学、高校そろって出場した。

田中優子

19年春の大学入試実績は現役、浪人合わせ、延べ人数で早稲田大5人、慶応大9人、上智大15人、津田塾大6人、東京女子大8人、日本女子大5人だった。

## 法政大総長の田中優子

最も知名度が高い卒業生は、法政大学総長の田中優子だ。江戸文化研究者で、1986年に『江戸の想像力』で芸術選奨新人賞を受賞した。メディアにも和服姿でよく登場する。

高校では学内誌の編集部に入り、

国語の先生の勧めで法政大文学部日本文学科に進学した。法政大助教授、教授になり、14年4月から、東京六大学で初めての女性総長となった。

前千葉県知事の堂本暁子もOGだ。TBSに入社し、報道ドキュメンタリー「ベビーホテルキャンペーン」で日本新聞協会賞、放送文化基金賞などを受賞した。

1989年の参院選で当選し、環境問題などに取り組んだ。01年には全国で3人目の女性知事となった。

社会運動家もいる。カトリック修道女の中村葉子は、東ティモールにおける人権の尊重と民族自決の活動を支援している。

学者では、天文学の長島薫がいる。太陽の内部を音波を使って調べる「日震学」という手法で、太陽物理学の研究を続けている。

手塚由比は建築家、松田美智子は料理研究家だ。

音楽では、「CMソングの女王」といわれた松木美音がいる。現在は「ミネハハ」の名前で、ソロシンガーとして主にボランティア活動をしている。

スポーツでは、アーティスティックスイミング選手の酒井麻里子がいる。12年のロンドン五輪で日本チームの一員として出場し、5位に入賞した。

フィギュアスケート選手の村主章枝・千香姉妹がOGだ。

諸岡奈央は空手家だ。3歳で空手を始めたが、清泉には空手部がなかった。しかし学校が高体連登録をしてくれ、部員1人ということで試合には「清泉」の名で参加した、という。国体優勝、アジア空手道選手権大会優勝などを続けた。

大村奈央は、高3の時にプロサーファーとしてデビューし、2020東京五輪の有力候補だ。

## 民芸出身の真野響子

芸能では、劇団民芸出身の女優である真野響子がいる。藤間恵都子は日本舞踊家、玉川奈々福は浪曲師だ。

「メーカーズシャツ鎌倉」で役員として経営に携わっている貞末奈名子もOGだ。

後藤圭子は鎌倉彫の老舗「博古堂」の28代目当主、妹の尚子は鎌倉彫の作家だ。姉妹はそろって清泉の卒業生だ。

# 熊谷高校

埼玉県立　熊谷市

埼玉県北部に位置し、人口20万人の熊谷市。内陸性気候の典型で、冬は寒く、夏は「全国一の暑い街」として知られる。18年7月23日に41・1度の観測史上国内最高値を記録した。

熊谷高校は、埼玉県の第二尋常中学として1895（明治28）年に開校した。愛称は「熊高《くまこう》」だ。埼玉県の伝統高校は戦後の学制改革でも男女共学に踏み切らず、それは現在でも続いている。熊高も男子校だ。

教訓は、「質実剛健」「文武両道」「自由と自治」だ。この校訓をもとに、生徒は学業、部活動、学校行事に真剣に取り組んでいる。この3つを「熊高の三本の矢」と表している。教育目標として「これからの日本と世界に貢献できる人材を育成する」を掲げている。

## 前身は県立二中で今も男子校

土曜授業、朝学習、部活終了後の補習、図書館を開放しての夜学習など、様々な学習機会がある。

その一方、文化的な行事も設けている。図書委員会と学習指導部のコラボで19年7月からは「名作を楽しむ会」が始まった。

進学型単位制の教育課程を編成し、2年次から少人数授業が増える。「熊高ゼミ」と称した課題探究学習をしている。約30のゼミに分かれて、各自テーマを設定して研究に励む。その成果を1人1人に発表させるという取り組みだ。

文部科学省からSSHに指定されている。

国公立大に現役で合格する比率は、卒業生数の十数%。難関大学合格実績は、1950～70年代には東京大に毎年、十数名が合格していたが、今は低迷している。

毎年春の大学入試では現役、浪人合わせ、東京大、東京工業大、一橋大、北海道大、東北大に各数人が合格する。埼玉大に約20人が合格している。

私立大には、延べで早稲田大約

20人、慶応大約10人で、東京の私学に進学する生徒が多い。

「熊高」が誇りにしている卒業生を挙げてみよう。戦後の革新俳句の中心的存在だった金子兜太《とうた》がOBだ。自身の戦争体験などをもとに社会性俳句、前衛俳句運動を進めてきた。

## 俳人・金子兜太が誇り

旧制熊谷中―旧制水戸高校―東大経済学部の学歴で、日銀に入行した。従業員組合の初代事務局長になったため、出世はおぼつかなかった。74年9月には55歳の定年を迎えたが、最後の肩書は係長クラスの証券局主査だった。

日銀勤務の傍ら俳誌「海程」を創刊した。08年には文化功労者になった。18年2月、98歳で死去した。

実家は秩父市の開業医だった。弟の金子千侍《せんじ》も卒業生だ。旧制新潟医専（現新潟大医学部）で脳外科を学び、実家を継いだ。やはり俳人で、秩父音頭家元でもある。

ラグビー日本代表監督など日本のラグビー界の指導者だった宿沢広朗も熊高が誇りにしているOBだ。早稲田大に進み活躍、住友銀行に就職しビジネスマンとしても優秀で取締役になった。

登山中の06年、心筋梗塞で急死した。葬儀には4000人もが参列し、55歳という若すぎる死をしのんだ。

宿沢広朗

「ラグビータウン熊谷」と言われる。熊谷市は、全国でも指折りのラグビー場を持ち、19年秋のラグビーワールドカップの試合会場にもなったからだ。宿沢が存在したこともあずかって力になったのだろう。

経済界では、大塚陸毅（JR東日本）、藤重貞慶（ライオン）、浦野文男（ペンタックス）、須田征男（JR北海道）などの卒業生が、企業トップの経験者だ。

江戸時代から続く地元老舗の酒造会社の経営者に、滝沢常昭、権田清志がいる。2人のそれぞれの息子2人も熊高卒だ。

学者・研究者になった卒業生では、評論家、思想家で『評伝 北一輝』などを著した松本健一がい

松本健一

た。東アジア外交史にも詳しく、民主党政権では内閣官房参与も務めた。14年11月に死去した。

経営情報システム論が専門で高崎経済大学長を務めた石川弘道、地球環境研究者の町田敏暢、電波天文学の河野孝太郎、光ファイバーの実用化に貢献した国分泰雄らもOBだ。

医師では脳梗塞治療の名医といわれる内山真一郎がいる。04年に脳梗塞で倒れたミスター・長嶋茂雄（千葉県立佐倉第一高校・現佐倉高校卒）の主治医でもある。

加部一彦は新生児医療の第一人者で、秋篠宮妃紀子（学習院女子高等科卒）の長男・悠仁親王の出産の担当医でもあった。堤治は、東宮職御用掛として皇太子妃雅子（現皇后）の出産を担当した。

埼玉県立がんセンター総長をした武田文和は、がん疼痛治療の第一人者だ。埼玉県立循環器・呼吸器病センター初代総長をした新井達太は、心臓外科医として5000例の手術を達成した。

作家・司馬遼太郎（大阪市・旧制私立上宮中学・現上宮高校卒）の『街道をゆく』の挿絵を担当した洋画家の須田剋太もOBだ。

画家や彫刻家として活躍した人物ではさらに、森田恒友、里見明正、出口喜平、志郎武久、高木康夫、矢嶋利行、保坂晶、小島恭三、佐藤秀、須永高広らが学んでいる。

写真家の関口照生は、テレビのコメンテーターもしている。妻は、女優の竹下景子（名古屋市・私立南山高校女子部卒）だ。

音楽では、ギタリストの葛城哲哉、バリトン歌手の原田勇雅、車いすに乗って全国でライブを行っている森圭一郎（定時制卒）らがいる。

熊谷市の郊外には、建物全体が彫刻で覆われた歓喜院聖天堂がある。12年に国宝に指定されている。その院主である鈴木英全も卒業生だ。

## 同期の2人が厚生労働次官に

官僚では、熊高同期卒の戸苅利和と江利川毅の2人が厚生労働事務次官になっている。江利川は内閣府事務次官に就いたあとに厚生労働事務次官になり、そのあとに人事院総裁に就任した。２つの府省の事務次官を務めたのは異例だ。

文部官僚だった佐々木正峰は、文化庁長官や国立科学博物館館長を務めた。衆院議員経験者に増田敏男、田並胤明がいる。02年から熊谷市長を務めている富岡清もいる。

メディア関連では、朝日新聞記者出身でテレビのキャスターをした江森陽弘がいた。

毎日新聞記者だった佐藤健は独学で仏教を学び、臨済宗妙心寺派の僧侶になった。

## 赤い服に金髪のカズレーザー

芸能ではお笑い芸人で、クイズ番組の常連であるカズレーザーがいる。赤い服に金髪がトレードマーク。同志社大に進学し、喜劇研究会に所属していた。

歌舞伎狂言作者だった宇野信夫、多くのテレビドラマに出演している俳優の相島一之、気鋭の映画監督・入江悠らがOBだ。

旧制熊谷中ゆかりの人物で、小説のモデルになった２人を紹介しておこう。

卒業生ではないが、熊谷中教諭として19年間勤務した弘中又一（京都市・旧制私立同志社中学・現同志社中高校卒）は、夏目漱石の『坊っちゃん』のモデルといわれている。漱石は旧制愛媛県尋常中学（現県立松山東高校）で英語教師をしていた時期があるが、弘中もそのころ同じ中学に務めており、交流があった。

小林秀三は、旧制熊谷中を卒業後に埼玉県内の小学校の代用教員になった。21歳で夭逝したが、死後残された日記を田山花袋が読み込んで、小説『田舎教師』のモデルとした。小林は弘中の教え子の１人だった。

熊谷中第2回の卒業式の写真に、弘中は28歳の教師として、小林は18歳の卒業生として写真に収まっている。

18年8月、２人のことを紹介した記念碑が同窓会有志により、校内に建てられた。

熊谷市内には、熊谷高校と「対《つい》」のような形で県立熊谷女子高校がある。１９１１年に旧制熊谷高等女学校として設立され、戦後の学制改革で新制の熊谷女子高校となった。

# 川越高校

埼玉県立　川越市

埼玉県南西部に位置する人口35万人の川越市。江戸時代には川越藩八万石が領する城下町だった。蔵造りの町並みが残り、「小江戸」として親しまれている。

川越高校の前身は、1899(明治32)年に設立された県第三尋常中学だ。すぐに川越中学と改称され、戦後の学制改革で県立川越高校となった。男子のみで、略称は「川高《かわたか》」だ。

初代校長増野悦興が、自主自立の青年教育を建学の精神とした。これは、現在も学業はもちろん部活動、学校行事などに脈々と引き継がれている。

オーストラリア・ケアンズのセント・オーガスティン・カレッジと姉妹校提携をしている。隔年で交互に夏季休暇中にホームステイ、短期留学を行ってきた。

毎年春の大学入試では現役、浪人合わせ、東京大、京都大、東京工業大、一橋大に各数人の合格者を出している。

## 梶田隆章がノーベル賞

伝統的に北海道大、東北大への進学者が多く、例年、各約10人が合格している。地元の埼玉大には約20人だ。私立大には延べ人数で、早稲田大約80人、慶応大に約30人が合格している。

卒業生の中から2015年に、ノーベル賞の受賞者が出た。東大宇宙線研究所所長の梶田隆章で、物理学賞を授与された。受賞理由は「ニュートリノに質量があることを示すニュートリノ振動の発見」で、「質量ゼロ」の前提で組み立てられた現代物理学の見直しを求め、物質や宇宙形成の謎に迫る成果と評価された。

日本人のノーベル賞受賞は梶田で24人目(米国籍の者も含む)だった。埼玉県内の高校出身者としては初めてのノーベル賞受賞だ。

梶田は川越高校から埼玉大に進学、東大大学院で理学博士となった。川越高校での成績は中の下程度で、大学時代は高校から続けていた弓道の部活動に熱中した。東大大学院で学究生活の面白さに目覚めたというから、まさに大器晩成だ。

川高は、文部科学省から06年以来11年間、ＳＳＨの指定を受けてきた。17年度からはそれを発展させ、独自の最先端科学教育「川高サイエンス探究」を継続している。

顔が売れている卒業生はニュースキャスター、ジャーナリストの辛坊治郎だろう。準キー局の読売テレビ（大阪市）に属していたため関西人に思われがちだが、物心ついたころから埼玉県の育ちだ。

「うぶかた　とう」という凝ったペンネームの冲方丁は、09年に刊行した『天地明察』で吉川英治文学新人賞と本屋大賞をとった。映画化もされ、一躍、名が知れわたった。

小説家の奥泉光は、94年に『石の来歴』で芥川賞を受賞している。12年からは、芥川賞選考委員を務めている。

## 小説家の冲方、奥泉、内田

推理小説家の内田康夫は、著作の『浅見光彦シリーズ』がテレビドラマによく登場する。18年3月に死去した。

作家、ルポライターの本橋信宏、ノンフィクション作家の神山典士、小説家の盛田隆二、推理作家の矢野龍王、ＮＨＫアナウンサー出身でスポーツ評論家の山本浩、漫画家のきただりょうまもいる。

学者では梶田のほか、精神科医、教育者で埼玉医科大の創立者である丸木清美、地球電磁気学の加藤進、流体力学の神部勉、脳神経外科が専門で国立循環器病研究センター前理事長の橋本信夫、分子生物学が専門で東京慈恵会医科大学長の松藤千弥、ナノ・マイクロ科学の和田雄二、電気工学の大槻知明、工学者で千葉工業大学長の小

辛坊治郎

奥泉光

宮一仁、建築学の藤村龍至らがOBだ。

詩人の宮沢賢治（旧制岩手県立盛岡中学・現盛岡第一高校卒）の主治医をした佐藤隆房もOBだ。佐藤は旧制栃木県立大田原中学（現大田原高校）から川越中学に編入してきた。外科医となり、岩手県花巻市で病院長に就いたことから賢治と親密になった。

文系の学者では、社会学の加藤秀一、民法の山川一陽がOBだ。

大企業のトップでは、戦後に再建された三菱商事で3代目の社長に就き、「商事中興の祖」といわれる藤野忠次郎がいた。明治安田生命保険社長の根岸秋男もいる。

川越市や埼玉県の発展に情熱を燃やした卒業生もいた。戦後すぐから18年9ヵ月、川越市長をした伊藤泰吉、埼玉銀行頭取をした山崎嘉七らだ。

埼玉銀行は合併を繰り返し現在は埼玉りそな銀行として、りそなHDの傘下に入っているが、協和銀行と合併した際のあさひ銀行時代には吉野重彦と田中正が頭取を務めた。

笹森清は、労働組合の最大組織である連合の第4代会長を務めた。東京電力労働組合の出身だった。

## 特許権訴訟の弁護士

弁護士の荒井裕樹は、特許権訴訟で名をはせた。ノーベル物理学賞を受賞した中村修二（愛媛県立大洲高校卒、米国籍）は、青色LEDの開発をめぐり元勤務先企業に対して「発明の対価」を求めて訴訟を起こした。

荒井は升永英俊弁護士（都立戸山高校卒）と共にその原告側弁護団に加わり、04年の第一審で200億円の損害賠償判決を引き出した。その後、東京高裁で約8億円余で和解が成立した。

市民運動家の吉川勇一は、60年代半ばから10年間、べ平連（ベトナムに平和を！市民連合）の事務局長をした。

フリージャーナリストの安田純平は15年6月に内戦下のシリアで武装勢力に拘束された。18年10月に3年5ヵ月ぶりに解放され帰国した。

安田は一橋大に進学し、信濃毎日新聞の記者となった。数年でフリーに転じ危険地報道を続けてきた。

芸術家では、旧制時代の卒業で

篆刻家・書道家の小林斗盦《とあん》が、04年に篆刻家として初めて文化勲章を受章した。

彫刻家の長沢英俊は、恒久保存されている作品がイタリア各地の庭園に数多くある。日本国内でも、東京ビッグサイトの「七つの泉」など、都内を中心に10以上ある。長沢は、18年3月に死去した。

画家では、洋画家の岩崎勝平、彫刻家、現代芸術家の関根伸夫がＯＢだ。

音楽では、作曲家、指揮者の荻久保和明がいる。母校の音楽部顧問を務め、合唱団を全国指折りのレベルに引き上げた。ゲーム音楽の作曲家である脇田潤もいる。

映画監督では、森義隆、金井純一という気鋭の2人が出て、新風を巻き起こしている。

## 「ウォーターボーイズ」

毎年9月に行われる文化祭は「くすのき祭」という。創立当初から生えているといわれる正門前の2本のクスノキに由来する。

くすのき祭の時しか一般に披露されない水泳部のアーティスティックスイミングは、映画、ドラマ「ウォーターボーイズ」のモデルとなった。映画は01年に公開された。その影響で02年度は３万人を超える入場者が訪れたという。その後も毎年、１万８０００人ほどの入場者があり、高校の文化祭としては異例の盛り上がりを見せる。

スポーツでは、36年のベルリン五輪の陸上１００メートルなどに出場した鈴木聞多がいた。自己ベスト記録は10秒6だった。

野球部は、旧制時代の31年春と新制になってからの59年夏に、甲子園の全国大会に出場している。

戦前に全国にあった公立中学校と公立高等女学校は、戦後の学制改革で新制高校になったのを機にほとんどの都道府県で男女共学になった。ＧＨＱ（連合国軍総司令部）の指導に、従ったのだ。

埼玉県の伝統校は、共学化しなかった。それは現在でも続いている。群馬県、栃木県の伝統高校も埼玉県と同様に、別学を続けている。

川越市にも川越高校と「対《つい》」のような形で、県立川越女子高校がある。ニュースキャスターを務めた田丸美寿々と小宮悦子、写真家の長島有里枝がＯＧだ。

# 春日部高校

埼玉県立　春日部市

埼玉県東部にあり、人口約24万人の春日部《かすかべ》市。東京のベッドタウンだ。春日部高校は、東武野田線八木﨑駅から徒歩1分の至近距離にある。

1899（明治32）年に県第四尋常中学校が設立され、すぐに粕壁中学校と改称された。戦後の学制改革で、新制の春日部高校に衣替えした。埼玉県の伝統高校は、現在も男女別学が続いている。春日部高校も全日制は男子のみ、定時制は共学だ。

「質実剛健」が校訓で、「文武両道」が教育方針だ。文科省からSSHに指定されている。「知の構造化、そして共有化」がキャッチフレーズだ。

春日部市周辺は昭和時代には人口増が激しく、春日部高校の生徒定員は1989（平成元）年度には33学級、1573人に達した。現在も、28学級の大規模校だ。

## 人口増で大規模校に

キャンパスは広い。野球場、ラグビー、サッカーの運動場、ハンドボールコート、硬式テニスコート、格技館、弓道場、体育館、小体育館などのほか、音楽ホールもある。すこぶる恵まれた校舎施設を持っている。

とりわけ音楽ホールは、公立普通高校としては全国でも珍しい。NHK交響楽団の演奏会など数々のイベントが開かれ、東武沿線での文化発信基地としての役割を果たしている。

6割強の生徒が運動部に、3割が文化部に加入し、部活動に熱心に取り組んでいる。陸上競技、バレーボール、卓球、剣道、物理、囲碁部などが、関東大会や全国大会によく出場している。19年は書道部、化学部が全国大会に参加した。

大学進学では、「第一志望の合格を目指せ」と指導している。このため毎年度、40％以上の生徒が浪人する。

19年春の合格実績は現役、浪人合わせ、東京大1人、京都大4人、東京工業大4人、一橋大1人、北海道大10人、東北大16人、名古屋大、九州大各2人など全国の国立大に広がっている。地元の埼玉大には26人だ。

私立大には延べ人数で、早稲田大41人、慶応大24人だ。

文学や芸術で活躍した卒業生が、多い。推理作家の北村薫は、09年に『鷺と雪』で直木賞を受賞した。1980年から14年間、母校の春日部高校で国語教師をしながらミ

北村薫

ステリー小説を書いていた。その時の教え子にお笑い芸人・ラーメンズの片桐仁、演劇集団・キャラメルボックスの西川浩幸がいる。

## 推理作家の北村と折原

折原一は北村より2期後輩で、やはり推理作家だ。2人とも早稲田大に進学、在学中は共にワセダミステリクラブに属していた。折原は小説家の妻・新津きよみ（長野県立松本深志高校卒）と共同執筆した小説も刊行している。

大正・昭和時代に流行作家となり、『雪之丞変化』の代表作を残した三上於菟吉と、芥川賞候補作も著した豊田三郎は、ともに旧制粕壁中学卒だ。作家の森村桂（学習院女子高等科卒）は、豊田の長女だ。

俳人では、全国俳誌協会会長を務めた秋尾敏が、漫画家では大亜門、絵本作家では中川ひろたかがいる。

美術では、日本画の巨匠で東京芸術大美術学部の教授を務めた後藤純男がいた。日本画では関根将雄もいた。

遊馬正は、ニューヨーク画壇で活躍した。麦倉忠彦は彫刻家、斎藤武は油絵作家、橋本真之は鍛金造形作家だ。

芸能では、落語家の三遊亭楽生と春風亭一之輔がいる。2人は、春日部高校を96年に卒業した同期だ。

芝山努は日本を代表するアニメ映像監督だ。『ドラえもん』の映画版、テレビアニメの『ちびまる子ちゃん』で監督、シリーズ監修

を務めた。
アニメに手を染めたのは、明治大を卒業し最初に東映動画に就職したのが、きっかけだった。アニメ映画監督として世界にその名が響く宮崎駿（都立豊多摩高校卒）とは1941年生まれの同年生であり、東映動画にも同期入社した。

メディア関連では、多くのドキュメンタリー番組を制作した竹村勝彦、放送作家、クイズ作家の矢野了平、気象予報士の片平敦らがいる。

シテ方観世流能楽師で重要無形文化財「能楽」保持者の関根祥六、舞台俳優の西川浩幸、お笑い芸人の片桐仁、きくりんもいる。

学者・研究者では、マクロ経済学の浅子和美がいる。一橋大経済研究所所長を務め、日本経済の実証分析で定評がある。

中国古典学の村山吉広、古代史の藤森健太郎、演劇学の関根勝、日本近代文学の関口安義もOBだ。

## イグ・ノーベル賞の田口

理系では、生物学者の田口文章がいる。パンダの糞から分離した廃棄物処理菌など地球環境へ配慮した微生物の有効利用研究の第一人者で、09年にイグ・ノーベル賞の生物学賞を受賞した。

理論計算機科学の岩間一雄、バイオものづくりで気鋭の野地博行、千葉県水産試験場の研究員を務めイワシやサバの漁況を予報する「イワシ予報官」として活躍した平本紀久雄らがOBだ。

医学では解剖学の金子丑之助、眼科医で白内障治療で知られる谷口重雄が卒業している。

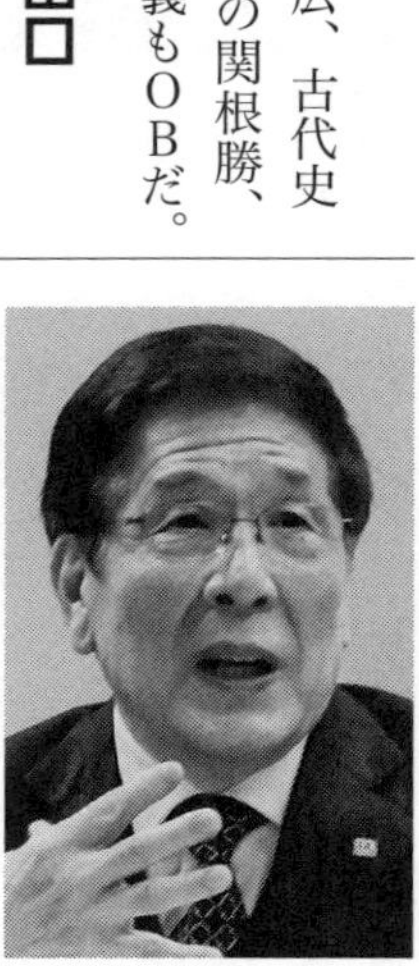
大塚勝久

経済界では、大塚家具の創業者である大塚勝久がOBだ。春日部市は桐箪笥《きりだんす》の名産地として知られるが、箪笥職人の家に生まれた勝久は春日部高校定時制を卒業後に、東武鉄道春日部駅西口に家具店を開いた。その後全国展開し、上場企業に育て上げた。

09年には会長に就き、長女の大塚久美子（東京・私立白百合学園高校卒）を社長にしたが、経営方針を巡って親子の骨肉の争いが14年に表面化した。勝久夫妻、久美子の兄妹などが入り乱れてお家騒動となり、経済界のみならず社会問題として広く話題になった。

結局、株主総会での委任状争奪戦の末、いったん社長を解任された久美子が社長の座に復帰し、大塚家具を現在、経営している。勝久は15年に新会社「匠大塚」を設立し会長を務め、春日部と都内で家具店を開いている。その後の大塚家具の業績は不振だ。

企業でトップを経験したOBは、新井尭爾(日本交通公社)、島村昭治郎(島忠)、松橋功(JTB)、時田勉(トキタ種苗)、松永功(松永建設)、丸山昇(日本煉瓦製造)、清原當博(ホテルオークラ東京)、高柳昌幸(富士薬品)、東金吉明(RDC)、山内裕司(アメリカンファミリー生命保険)らだ。


さいたま市岩槻区は「人形の街」として知られる。矢作恒良は矢作人形店社長で、セラミック素材で人形を作るなど伝統の岩槻人形に新風を吹き込んでいる。

春日部高校は旧制時代から、与野党にまたがって衆参国会議員を輩出し、その数は累計で10人を超える。わずか69日間だけ国土庁長官を務めた野中英二はその一人だった。

官僚では、山田昭典が公正取引委員会事務総長だ。山口宏と三枝安茂が春日部市長を務めた。

スポーツでは、スピードスケート選手で1992年のフランス・アルベールビル冬季五輪の男子1000メートルで、銅メダルを取った宮部行範がOBだ。17年3月に48歳で死去した。

## スポーツキャスターの青島

スポーツキャスターの青島健太も元野球選手で、春日部高校—慶応大—東芝—ヤクルトスワローズで活躍した。青島は19年8月の埼玉県知事選挙に立候補したが、敗れた。

サッカーでは、56年のメルボルン五輪に日本代表選手となった高林隆がいた。

宮下宏紀は躰道選手で、01年の那覇世界選手権で金メダル、13年のヘルシンキ世界選手権で銀メダルを獲得した。

なお前埼玉県職員で、マラソンの「公務員ランナー」として知られた川内優輝(埼玉県立春日部東高校卒)は、かつて春日部高校の事務職員として勤務していた。

# 浦和第一女子高校

●埼玉県立　●さいたま市浦和区

埼玉県で最初の高等女学校として、1900（明治33）年に設立された。41（昭和16）年に浦和第一高等女学校の名前になり、戦後の学制改革で浦和第一女子高校というネーミングにした。つまり、戦後も女子のみの学校であることを変えなかった。

栃木、群馬、それに埼玉県の旧制中学、旧制高等女学校の伝統を引き継ぐ新制高校は、戦後になっても男女共学化せず、今にいたるも別学を貫いている。このため、さいたま市では男子校の浦和高校と女子校の浦和一女高とが「対《つい》」のような形で存在している。

地元では、通称「一女」で通っている。全国の公立の女子高で現校名に「一女」を冠しているのは、ここだけだ。仙台市にはかつて「宮城県第一女子高校」があったが、08年度から男女共学となり校名は「宮城第一高校」に変わっている。

## 「一女」を冠する公立校は？

校章には「浦和」の文字が純白で描かれている。それは、「一女」の教育方針の一つである「清潔」を象徴している。

「国際社会で活躍できる実力を身に着けた女性のグローバルリーダーを育成したい」というのが教育目標だ。

文部科学省から長年にわたりSSHに指定されている。16年度からはさらにSGHにも指定された。SSHとSGHの両方を指定されている高校は、全国で二十数校しかない。

卒業生で話題を呼んだのは、女優・タレントの向井亜紀だ。夫は元総合格闘家でタレントの高田延彦。夫妻は米国の女性に代理出産を依頼し、03年に双子の男児が誕生した。一連の経過がドキュメンタリー番組としてテレビ放映され、またドラマにもなった。

出生届の受理をめぐって裁判が続いたが、最高裁は07年に「区役所の受理は認められない」とする決定をし、向井夫妻の敗訴が確定した。しかし、代理出産をめぐる法律のあり方について、大きな論争を巻き起こした。

　児童文学作家、翻訳家の石井桃子は、08年に101歳で死去した。

　コラムニスト、エッセイストの中野翠もOGだ。1985年以来、サンデー毎日でコラムを連載している。

　ノンフィクション作家、コメンテーターの吉永みち子は、日本初の女性競馬新聞記者で、昭和時代に大宅ノンフィクション賞を受賞

向井亜紀

した。政府の各種会議の委員を務めている。

　直木賞候補にも挙がる須賀しのぶ、評論家として知られる小沢遼子、俳人の鎌倉佐弓がOGだ。

　漫画家では赤石路代、伊藤結花理、北川玲子がいる。

　音楽では、作詞作曲家、シンガーソングライターの児島由美、シンガーソングライターの丸山圭子がいる。

　芸能リポーターの東海林のり子、気象予報士の荒木真理子もOGだ。

　芸術家では、明治から大正時代にかけての日本画家である野口青華がいた。

　学者では、岡真理がアラブ文学者で、京都大教授だ。パレスチナ問題などを研究している。月田早智子は大阪大教授で分子生物学が専門だ。

　スポーツでは、熊倉（結婚後は浜田姓）美咲が、08年の北京五輪女子軽量級ダブルスカルに出場した。

## レベルが高い大学進学

　大学進学では毎年度、第一志望の合格を目指して25％の生徒が浪人する。女子の大学浪人としては高い比率だ。

　19年春の大学合格実績は現役、浪人合わせ、東京大4人、京都大1人、一橋大2人、北海道大7人、東北大6人、お茶の水女子大9人、地元の埼玉大に18人などだ。

　私立大には延べ人数で、早稲田大63人、慶応大29人、上智大33人、津田塾大29人、東京女子大87人、日本女子大に74人が合格している。

# 慶応義塾志木高校

●私立　●埼玉県志木市

学校法人慶応義塾は国内に4つの高校を持っている。慶応義塾志木高校、通称「志木高」はその一つで、男子校だ。

ほぼ生徒全員が推薦によって慶応大に進学できるので、人気が高い。入試の試験日が他の高校と比べ早期に実施されることもあり、首都圏の進学校と併願する受験生が多い。入試偏差値では埼玉県でトップになっている。

全校生徒は約750人で、コンパクトだ。東武東上線で便利に通学できるため、生徒の半分弱は東京23区や市部に住んでいる。

設立は1948（昭和23）年で、慶応義塾農業高校としてスタートした。57年に、普通科高校に転換した。農業高校の名残からキャンパスは広大で、野火止用水跡や柿畑も広がる。タヌキの棲みかもある。現在でも、毎秋に「収穫祭」という名の学園祭が開かれている。

福沢諭吉が定めた建学精神の「独立自尊」を、校是としている。「ことばと文化」と「語学課外講座」という独特なカリキュラムも設けられている。

前者は、『ハンムラビ法典を読む』といったユニークな講座で構成されている。後者では、独仏伊中韓語はもちろんのことアラビア語、ペルシア語など計二十数ヵ国語の講座が用意されている。

## 大企業の経営者がいっぱい

卒業生は、慶応大の文系学部を出て、大企業のビジネスマンになる者が多い。社長、会長などを経験した卒業生として、伊藤雅俊（味の素）、田口義嘉寿（セイノーHD）、潮田洋一郎（LIXILグループ）、平野浩志（損害保険ジャパン）、大戸武元（ニチレイ）、山田豊彦（東急建設）、岩崎博充（ファイザー）、岡本良彦（不二ラテックス）、野田亨（西友HD）、溝呂木斉（ディスコ）、大瀧守彦（ジョンソン・エンド・ジョンソン日本法人）らを挙げられる。

企業の創業者を3人、紹介しておこう。ピザーラなど外食産業を多角的に経営しているフォーシーズの浅野秀則、メールマガジン配達サービスの「まぐまぐ」の大川弘一、それに学習塾の東京個別指導学院の馬場信治だ。

政治家では、衆院議員の逢沢一郎（自民党）がいる。元首相野田佳彦（千葉県立船橋高校卒）と同じ松下政経塾の1期生だ。

慶応大医学部にも推薦で毎年度、7人が進学している。

そのコースを歩んだ卒業生の中では、再生医学、脳科学が専門の岡野栄之が国際的に名高い。人工多能性幹細胞（iPS細胞）を使った脊髄損傷患者の機能改善の研究などで知られる。大塚宣夫も慶大医学部に進み、東京都内で高齢者専門病院を開いている。

岡野栄之

早稲田大学先進理工学部教授の武田京三郎は、慶大・計測工学科の出身だ。慶応卒だが早稲田大の教職員になっている20人ほどが、「早稲田三田会」をつくっている。その代表が武田だ。

## 慶応卒だが「早稲田三田会」

国際経済学の浦田秀次郎はスタンフォード大大学院に留学、世界銀行エコノミストをするなど豊富な海外経験を持っている。浦田も慶大に進学したが、早大教授だ。

塩沢修平は理論経済学が専門で、東京国際大学長だ。

文化人では小説家の三田完、舞踏家で映画監督でもある岩名雅記がいる。盲目のイラストレーター、児童文学作家であるエムナマエは19年3月に死去した。

慶応大に進学し2年生だった加嶋宏毅は、野球部投手として、13年に対東大戦で無安打無得点試合を達成した。東京六大学野球では、史上24度目（23人目）だった。

アナウンサーになったOBが数人いる。その内の一人でTBS出身のフリーアナ松下賢次は同窓会会長を務めた。

昭和を代表する大スター・石原裕次郎は、慶応義塾農業高校に籍を置いていたが、51（昭和26）年に慶応義塾高校（横浜市）に移った。

# 佐倉高校

千葉県立　佐倉市

「ミスター」と呼ばれる野球の長嶋茂雄は、昭和時代が生んだ大スターだ。その長嶋が巣立ったのが佐倉高校だ。

長嶋在学時には佐倉第一高校という校名だった。甲子園に出場したわけではなく、高校時代の長嶋は、公式試合で本塁打を1本打った程度の、目立った選手ではなかった。

立教大学に進学して東京六大学リーグで頭角を現した。1957年には六大学リーグの通算新記録となる8本塁打を放った。その後は、読売ジャイアンツの選手、監督、アテネ五輪野球日本代表チーム監督などとして常に脚光を浴びてきた。

74年10月の引退セレモニーでは、「我が巨人軍は永久に不滅です」という有名な言葉を残した。2013年には、国民栄誉賞を受賞した。

## 長嶋茂雄の母校

長嶋が出たからと言って佐倉高校は、野球の強豪校というわけではない。前身をさかのぼれば、江戸時代から230年弱も続く、日本有数の伝統校として知る人ぞ知る存在なのだ。

江戸時代には佐倉藩11万石の城下町で、「南関東の学都」といわれた。藩主堀田家は歴代、「好学・開明」の気風が濃く、1792（寛政4）年に学問所を創立、洋学を導入した。

藩校は温故堂、成徳書院、開智館などと改称され、1871（明治4）年の廃藩置県により佐倉県立成徳館になった。

その伝統を引き継ぎ、旧藩主・堀田家などの支援により73年に私立の鹿山中学となった。千葉県で

長嶋茂雄

最初の中学校の誕生だ。県に移管され旧制佐倉中学となったのは99（明治32）年であり、千葉中学（現千葉高校）に次ぐ千葉県下２番目の県立中学だった。

　全国には「藩校からの歴史を引き継ぐ」と称する高校がいくつもある。だが、明治維新から旧制中学の設立までの間に10年とか30年の断絶があり、実のところ藩校の名称だけを借用した学校が多い。佐倉高校は正真正銘、18世紀末から連綿と続いてきた学校なのだ。

　キャンパスにある地域交流施設には、藩校以来の和漢洋書が展示されている。日本初の蘭和辞典「ハルマ和解《わげ》」をはじめとする蘭学に関する貴重な史料もたくさん残っている。

「記念館」（旧本館）は、百年をこす明治時代の洋風木造建築校舎で、国の登録有形文化財だ。２０１２年度上半期のＮＨＫ朝の連続テレビ小説『梅ちゃん先生』で女子医専の撮影舞台にもなった。

　最近の佐倉高校は、国際交流に力を注いでいる。藩校時代に蘭学が盛んだったこともあり、オランダへ生徒を派遣したりオランダの高校生を受け入れたりしている。

　オーストラリア研修を実施し、韓国、エストニアなどの高校生とも交流している。

## 藩校時代からの史料

　教育方針としては、「質実剛健」「積極進取」「独立自尊」を掲げている。学校は「先人たちは、社会の各分野で活躍した。先輩たちのように、課題を自分の力で乗り越える意欲と力を持った人材の育成こそが佐倉高校の使命である」と強調している。

　大学入試では毎年度、卒業生の約30％が現役で国公立大に合格する。現役、浪人合わせ19年春は、東京工業大、東北大各４人、一橋大２人、千葉大37人、筑波大に12人が合格した。

　私立大には延べ人数で、早稲田大48人、慶応大に13人の合格者を出している。

　文化勲章の受章者が２人いる。旧制鹿山中学で学び、明治から昭和期の建築家として知られる伊東忠太がその一人だ。東京・築地本願寺などが今に残る。法隆寺が日本最古の寺院建築であることを学問的に解明し、日本建築史を創始した。

もう一人は佐倉集成学校（やはり佐倉高校の前身）出身で、鋳金工芸作家の香取秀真だ。アララギ派の歌人としても鳴らした。

さらに古く幕末から明治の初めにかけ藩校・成徳書院などで学んだ人物を挙げてみよう。佐倉高校の同窓会では、藩校で学んだ人物も、広く同窓とみなしている。

多くの後進を育てた洋画家の浅井忠がいた。父は成徳書院の校長で、17歳で上京し、工部美術学校で西洋画を学んだ。明治時代に多くの作品を仕上げた。代表作は東京国立博物館蔵の「春畝」で、重要文化財に指定されている。

## 津田梅子の父も

農学者・キリスト教学者の津田仙もいた。津田は津田塾大の創設者である津田梅子（米私立アーチャー・インスティチュート女子校卒）の父だ。

明治、大正期の司法官・渡辺暢も成徳書院に学んだ。娘が女優の東山千栄子（仏英和女学校・現東京・私立白百合学園高校卒）だ。

明治期の外交官で日英同盟に調印し初代駐英大使をした林董《ただす》は、幼少期に藩校で学んだ。佐倉藩の蘭医で順天堂（現順天堂大学）を開いた佐藤泰然の子だ。

数学者で、和算と西洋数学に通じ太陽暦採用への準備を担当した高橋卯之助、漢学者の依田学海、啓蒙思想家の西村茂樹らも成徳書院で学んでいる。

ほかにも芸術家として名を成した卒業生がいる。鋳金工芸作家の津田信夫、人体解剖図が得意な画家・永倉江村人、室内装飾のデザイナー・森谷延雄、洋画家の桜井慶治と牛玖健治らだ。銅版画家の生田宏司は、日米をまたにかけ活躍した。

芸能界では俳優、歌手の藤木直人が、平成、令和にかけて活躍中だ。高2の時に「ミスター佐倉高校」に選ばれ、進学した早稲田大でも端正なルックスが評判になり俳優デビューした。

10代の若者の間で人気が高いロックバンド「BUMP OF CHICKEN（バンプ・オブ・チキン）」はメンバーの4人全員が79（昭和54）年生まれの佐倉市育ちだが、その内の増川弘明と升秀夫が佐倉高校OBだ。

音楽ではさらに、バリトン歌手でキリスト教の音楽伝道者でもある今仲幸雄、声楽家の弥勒忠史、やはり声楽家で千葉県内の合唱団を指導している若林浩、ソプラノ歌手の杉島理恵らがＯＢ、ＯＧだ。

加藤美津子は演劇女優、落語家の桂文雀は10年から3代目文雀を襲名した。

佐倉中学・佐倉高校を卒業した学者では、数学者の宇野利雄、米国文学者の斉藤忠利、土木工学者の市原松平、海洋生物学者の大野磯吉、保険学者の水島一也、分析化学者の内海喩、犯罪心理学者の村松励らがいる。

東海大海洋学部教授で海洋問題研究家の山田吉彦は、「国境」の専門家だ。尖閣諸島など国境をめぐる外交が焦点になった10年前から、報道番組などメディアに頻繁に登場している。

医学者では、労働科学研究所長を務めた斉藤一、スポーツ科学の専門家である勝田茂らがいる。牧師で日本基督教団の指導者である都田恒太郎は、口語訳聖書がベストセラーになった。

経済界では、戦前は陸軍軍人で戦後に塚本総業などのオーナーになった塚本素山、終戦前後に毎日新聞社の代表をした高田元三郎、ノーリツの社長をした神崎茂治らが卒業生だ。

## リクルートＨＤ社長の峰岸

現職では、リクルートＨＤ社長兼ＣＥＯ（最高経営責任者）の峰岸真澄がいる。立教大学を卒業し、リクルートに入社、12年から社長だ。19年4月には経済同友会副代表幹事に就いた。

日本ルツボ前会長の岡田民雄もＯＢだ。

地元経済界では佐倉商工会議所会頭で、同窓会・鹿山会会長をした鈴木博がいる。鹿山会は、「記念館」や藩校以来の文化財の維持保存に尽くしたことなどから08年に文部科学大臣表彰を受けた。同窓会が表彰されるのは異例のことだ。

スポーツでは１６７センチの小柄ながら十段を所有し、日本の柔道界の発展に貢献した大沢慶巳が卒業生だ。

峰岸真澄

# 船橋高校

●千葉県立　●船橋市

東京と千葉市のほぼ中間に位置し、人口63万人の船橋市。市内には戦後に設立され、サッカーなどの強豪校である市立船橋高校もある。このため略称は「県船」「市船」と使い分けられている。

船橋中学院として1920（大正9）年に設立された時には、私立だった。戦争直前に船橋市に移管され、戦争中の1944（昭和19）年に今度は千葉県立になり、戦後の学制改革で男女共学の船橋高校として再出発した。

教育目標の一つとして「自他敬愛の精神に立って互いに切磋琢磨し、専心研学の校風を樹立する」を掲げている。

## 急伸する大学進学実績

大学進学実績は、この10年で急伸している。毎年度、約30％の生徒が浪人し、第一志望への合格を目指す。

2019年の大学入試では現役、浪人合わせ、東京大15人（09年は2人）、京都大8人（09年は1人）、東京工業大13人（09年は8人）、一橋大に16人（09年は7人）が合格している。地元の千葉大には44人、筑波大に28人だ。

私立大には延べ人数で、早稲田大111人（進学者は31人）、慶応大61人（進学者は18人）だ。

千葉県内では、千葉、東葛飾それに船橋が県立御三家と称されている。船橋高校が全国的な知名度を得たのは、元首相・野田佳彦によるところが大きい。

野田は、県船から早稲田大政経学部に進学し、松下政経塾1期生として入塾した。11年9月に民主党として3人目の首相になったが、12年12月の総選挙で惨敗し、自民党政権にあけ渡した。

民主党政権で2人目の首相・菅直人（都立小山台高校卒）と野田は、徒手空拳で首相のポストを獲得した。

野田は19年1月、衆院会派「社会保障を立て直す国民会議」を結成した。旧民進党の流れをくむ立憲民主党と国民民主党との間の橋渡し役を果たす、という。

藤代孝七は船橋市長を16年間務めた。

## 江川紹子は野田より1期後輩

野田より1期後輩に、ジャーナリストの江川紹子がいる。大学も野田と同じく早稲田大政経学部卒だ。オウム真理教の報道でテレビに登場し、以降、国内外の様々な社会問題を論評している。

野田佳彦

「千石先生」としてテレビにしばしば登場した動物学者の千石正一は、県船時代から「爬虫類オタク」だった。

京大教授の藤原耕二は、05年に日本数学会の「幾何学賞」を受賞した気鋭の数学者だ。

服部龍二は日本政治外交史などの研究者だ。渡辺啓貴は国際政治学者、比較文化論が専門の牛村圭もOBだ。

広告会社でアートディレクターをしている大垣友紀恵は小学6年の時の93年に、「全日空テクノジャンボ機体デザイン公募」で最優秀賞をとり、機体いっぱいにクジラの姿をユーモラスに描いたデザインのジャンボ機が空を飛んだ。船橋高校—千葉大—同大学院・デザイン専攻と進み、今や気鋭のデザイナーとして活躍している。

祷真理子は、女子学生囲碁選手権や女流アマチュア囲碁選手権で優勝経験がある。山田敦幹はアマチュア将棋界の強豪だ。

映画監督の大河原孝夫は『ゴジラvsモスラ』が大ヒットした。片渕須直はアニメーション監督で、16年公開のアニメ映画『この世界の片隅に』が多くの映画賞に輝いた。

俳優のディーン・フジオカがOBだ。15年度下半期放送のNHK連続テレビ小説「あさが来た」で五代友厚役を演じ、一躍、ブレークした。

福本高一郎は東陽テクニカ社長をした。林昇志はホテルグリーンタワー幕張の創業オーナーだ。

猪野薫は18年1月から、化学メーカーのDIC社長だ。

# 木更津高校

千葉県立　木更津市

千葉県中西部に位置し、人口13万人の木更津市。市制施行は第二次大戦中だったが、旧制木更津中学の設置は1900（明治33）年で、県内3番目だった。

戦後の学制改革で男女共学になり、新制木更津高校となった。木更津第一高校と称していた時期もあった。

校訓は「質実剛健」「自主自律」だ。

文部科学省からSSHに指定されている。09年から単位制に移行し、3年生には多くの選択科目が用意されている。千葉大教育学部との高大連携講座があり、単位として認定される。

毎年度の大学入試では、千葉大に約20人の合格者を出している。さらに、東京工業大、北海道大、東北大、筑波大などに各若干名が合格している。

学区広域化の影響で、千葉県の公立トップ校・千葉高校に優秀な生徒が吸引されてしまうため、近年は難関大学の合格者が減っている。東京の私立大への進学者が多い。

## おジン俳優が2人

名の知れたおジン俳優が2人いる。アクションスターの元祖ともいわれる千葉真一と、絵画や陶芸といった幅広い趣味も持つ中尾彬だ。

中尾彬

政治家では浜田幸一・靖一父子が知られている。浜田幸一は衆院議員として当選7回を数えたが、「政界の暴れん坊」として有名になり多くの逸話を残した。

父の地盤を引き継いだ浜田靖一は麻生内閣で防衛相になり、父親が果たせなかった入閣を息子がかなえた。親子とも旧制木更津中学と新制木更津高校の出身だ。

衆院議員で松下政経塾出身の松野博一は、16年8月の第3次安倍再改造内閣で文相として初入閣した。

検事出身の横田尤孝は10年から最高裁判事に、通産官僚出身の長谷川栄一は首相補佐官に就いた。

企業経営者としてトップを経験した卒業生は現職を含め、最上努（精工舎）、小柴和正（伊勢丹）、鈴木政志（野村証券）、梶川隆（ヤマハ発動機）、佐藤勝彦（フォードジャパンリミテッド）、中島美博（東急ハンズ、東急リバブル）、佐久間英利（千葉銀行）らがいる。京葉銀行頭取をした浜田正雄は、浜田幸一の実弟だ。

文化人では、俳人の片山由美子、イラストレーター・漫画家の土居孝幸がOG、OBだ。木更津市で保育園園長をしている宮崎栄樹は、里山保育の実践者として知られる。

学者・研究者では、国際政治思想史の飯島昇蔵、国立天文台野辺山宇宙電波観測所長を務め銀河の研究をしている久野成夫らが卒業生だ。

スポーツでは、陸上競技の岡崎高之がいる。木更津高校3年の57（昭和32）年に三段跳びで15メートル70の高校日本新記録を樹立し、28年間も破られなかった。岡崎はローマ五輪では走り幅跳び、東京五輪では三段跳びに出場した。

大坪政士も東京五輪で棒高跳びに出場した。

杉岡泰は、東大に進み野球部選手となった。03年春の東京六大学では、打率0・424を記録し首位打者争いを演じた。

## 光クラブ事件の山崎

敗戦後の混乱期、48（昭和23）年に光クラブ事件というのがあった。東大生の山崎晃嗣が中心となって起こしたヤミ貸金業「光クラブ」が警察に摘発され、山崎が自殺した事件だ。

山崎は旧制木更津中学―旧制一高―東京帝大法学部という本流コースを歩んだ。三島由紀夫（東京・私立旧制学習院中等科・現高等科卒）の『青の時代』は、この事件をモデルにした小説だ。

元連合赤軍幹部の坂口弘も、木更津高校の出身だ。大量殺人で死刑が確定しているが、死刑は現在も執行されず、東京拘置所に収監されている。獄中から07年に、歌集を出版し話題になった。

# 東葛飾高校

千葉県立　●柏市

千葉県北西部にある柏市。東京の典型的なベッドタウンだ。

柏が市になったのは戦後で、それまでは東葛飾郡と呼ばれていた。このため、1924（大正13）年に旧制中学が設立された際、東葛飾中学校という校名となった。戦後の学制改革で、男女共学の新制東葛飾高校に衣替えされた。

県立千葉、県立船橋高校と共に千葉県の「公立御三家」に数えられてきた。略称は「東葛《とうかつ》」だ。

進学校だが、難関大学への進学実績はこのところ低迷している。例えば1994年などは東京大に25人の合格者を出したが、最近は数人にとどまっている。東京都内や千葉県の私立や国立の6年制中高一貫校に優秀な生徒を吸引されているからだ。

## 医歯薬コースを開設

千葉県教委は数年前から、てこ入れを始めた。東葛飾高校に医歯薬コースを開設、中高一貫教育重点校に指定し、16年4月からは東葛飾中学校を併設した。

毎年春の大学入試では現役、浪人合わせて東京大、京都大、東京工業大、一橋大に各数人が合格している。地元の千葉大に約30人、筑波大にも約30人が合格している。進学実績は復活する兆しが出ている。

「自主自律」の校是のもと、「学力」「人間力」「教養」を高め、さらに生涯にわたるキャリアアップをとおし、グローバル社会で活躍できる人材を育成する――ことを教育目標としている。

年間で50を超える課外教養講座が、土曜日を中心に開講されている。これを「東葛リベラルアーツ講座」と称している。

卒業生には歌壇で評価を年々、高めている女性歌人がいる。米川千嘉子で、1985年以降、角川短歌賞、若山牧水賞、迢空賞など主要な賞を総なめにしてきた。

文芸では、脚本家で映画監督の

高橋洋、推理小説家の坂本光一、漫画家の岡野剛、柏木ハルコがいる。

　役重真喜子は東葛から東大法学部に進学、農水省にキャリア官僚として入省した。しかし、すぐに出向先の岩手県東和町(現花巻市)に再就職し、現地の地方公務員(兼業農家)と結婚した。

　こうした体験を、『ヨメより先に牛《ベコ》がきた――はみだしキャリア奮戦記』(家の光協会)としてまとめ、出版した。テレビドラマ化もされた。

米川千嘉子

## 政治家も生んでいるが……

　政治家では、衆院議員の渡辺博道が復興相を、桜田義孝が五輪担当相を務めた。桜田は、失言がたたって19年4月に大臣を辞任した。

　武田信二は東京放送(TBS)HDの社長を経て会長だ。京大卒後、毎日新聞の経済記者だったが、91年にTBSに転籍した。夏目誠は成田国際空港社長だ。

　学者では、慶応大教授で循環器内科学の福田恵一が心臓病の再生医学の研究で知られる。

　眼科医の栗本康夫は、iPS細胞網膜の移植手術執刀医だ。

　社会基盤工学の松岡俊文、天文学の戸谷友則、量子物理学の寺嶋容明、電子物理工学の宮本恭幸、ナノ・物性研究の渡辺正裕らもOBだ。

　気象予報士、写真家として活躍する武田康男は、第50次の南極越冬隊員となった経歴を持つ。

　音楽では、音楽プロデューサー、ロックバンド「爆風スランプ」のサンプラザ中野くんとパッパラー河合が、東葛で同級生だ。

　作詞家の覚和歌子、ギタリストの宮永治郎、音楽プロデューサーの岸利至もOG、OBだ。

　芸能では、俳優、演出家の流山児祥、落語家の三遊亭とん楽がいる。NHKアナウンサーでは、結城さとみ、山田賢治、守本奈美が卒業生だ。

　陸上部では3年生だった畦地将史が、17年7月の全国高校総体(インターハイ)の男子やり投げで、68メートル73を出して優勝した。

# 市川高校

●私立　●千葉県市川市

東京都の東隣にある市川市。人口は48万7000人で、安定している。都内に勤務するサラリーマンが多い、典型的なベッドタウンだ。

その市川市に1937（昭和12）年、私立の旧制市川中学として創立された。ロンドン大留学から帰国した教育者の古賀米吉（旧制福岡県立嘉穂中学・現嘉穂高校卒）が、英国のパブリックスクールの教育に共感して一念発起、出資者を集めて設立した。

戦後の学制改革で、新制の中高一貫校に衣替えした。長らく男子校だったが、2006年度から男女共学になった。現在では、生徒は男子6・女子4の比率だ。

運営する市川学園の理事長・学園長の古賀正一はOBだ。元東芝副社長のらつ腕経営者で、古賀米吉の長男だ。

市川学園は中学、高校のほか千葉県内に付属幼稚園を4つ、持っている。大規模校だ。中学では1学年8学級、高校では12学級になる。生徒総数は中高合せて計約2300人を数える。千葉市、市川市、船橋市など千葉県内の近隣の市から通う生徒が大半だが、都内からも来ている。

## 中高で2300人

市川市郊外にある校地は広大で、施設は整っている。本校舎には、本館、中学棟、高校棟、総合体育館、多目的コンサートホールがある。本校舎にある総合グランドのほか、近くに3つのグラウンドを持つ。

恵まれた施設やグラウンドを活用してクラブ活動が活発だ。約80%が参加している。水泳、ハンドボール、チアリーデイングなどが全国大会に出場している。

世界で活躍できる品格あるリーダーを輩出する「リベラルアーツ教育」を基本としている。

文部科学省からSSHに指定されている。課題研究、少人数のリベラルアーツ・ゼミ、対話型セミナーの「市川アカデメイア」など、一連の「アクティブラーニング」によって、「一人ひとりをよく見る教育」を実践している。

海外短期留学も盛んで、英オックスフォード大、ケンブリッジ大、米ハーバード大などに毎年、180人を派遣している。

大学進学については、数値目標を明確にしている。例えば現役だけで、東京大合格者を20人以上、国公立大を150人以上、難関私立大を延べで250人以上—などと掲げる。

19年春の合格実績を見ると、現役、浪人合わせ東京大16人（うち現役は14人）、京都大7人（4人）、東京工業大10人（7人）、一橋大7人（2人）、地元の千葉大に28人（19人）だ。国公立大合格者は計149人（95人）だった。

私立大には延べ人数で、早稲田大110人（うち現役は75人）、慶応大85人(48人)が合格している。

国公立大医学部医学科への合格者は20人（現役は11人）、私立大医学部医学科には39人（14人）が合格している。

## ユニークな経営哲学の吉越

卒業生にはユニークな経営哲学と卓越した手腕で、企業の業績を伸ばし続けた元経営者がいる。国

吉越浩一郎

内下着業界2位のトリンプ・インターナショナル・ジャパンの社長を務めた吉越浩一郎だ。

1992年から社長を務め、「早朝会議」「ノー残業」「がんばるタイム」などスピードと効率重視の仕組みを導入して、06年に社長を退任するまで連続して増収増益を達成した。

ドイツのハイデルベルク大に留学後、上智大を卒業した。現在は経営コンサルタントだ。

吉越は、日本的経営とは真逆の「哲学」を説いて廻っている。例えば、「仕事に生きがいや自己実現を求めるな」「軸足は私生活に」「ホウ・レン・ソウ（報告・連絡・相談）は無駄だ」などだ。

「スイミングスクール」を日本で初めてビジネスとして成功させた

元五輪選手もいる。セントラルスポーツの創業者で、現在は会長の後藤忠治だ。

後藤は、64年の東京五輪の競泳に出場し、4×100メートル自由形リレーで4位だった。

「水泳と体操で、世界的選手を育成する」ことを目的に70年に、スポーツスクール、フィットネスクラブを運営するセントラルスポーツを設立し、東証1部上場企業に育て上げた。市川高校同窓会会長でもある。

セントラルスポーツで育った五輪選手の代表格は、88年のソウル五輪の100メートル背泳ぎで金メダルを取り、現在は初代スポーツ庁長官の鈴木大地（千葉県・船橋市立船橋高校卒）だ。

元ユニデン社長の国枝宏安は、母校の市川学園に多目的コンサートホールを建てた。「国枝記念国際ホール」と命名されている。

荒井邦彦は、インターネットM&A（企業の合併・買収）市場の「ストライク」の創業社長だ。

吉松徹郎は、化粧品の口コミサイトを軸に店舗も展開する「アイスタイル」の創業社長だ。同社は東証一部に上場している。

大西啓介は、携帯電話向け経路探索サービスを提供している「ナビタイムジャパン」の創業社長で、CEOだ。

中村吉伸（セイコーHD）、熊谷俊行（京葉銀行）、千葉県を中心に商品スーパーを経営する吉野秀行（ワイズマート）、田中秀夫（エー・ディー・ワークス）らの企業トップ経験者もいる。

## ベンチャー精神を発揮

駒崎弘樹は社会企業家だ。待機児童、病児保育問題などに取り組むNPO法人「フローレンス」の代表理事だ。慶応大卒後、大企業などには就職せず、「リスクを取らない人生で良いのか」と自問し、ベンチャーの方向に舵を切った。

厚生労働省の「イクメンプロジェクト」推進委員はじめ、政府や東京都などの各種審議会や協議会の委員を任命されることもしばしばだ。19年4月には、慶応大学SFC特別招聘教授に就任した。

60年卒の同期に、大手芸能事務所のトップがそろっている。「バーニング」グループの創業者・周防郁雄と、「ケイダッシュ」の創業会長・川村龍夫だ。

高橋英樹

芸能といえば、俳優の高橋英樹が卒業生だ。市川高校在学中に日活ニューフェイスとして入社、近年は時代劇俳優としてテレビドラマでは欠かせない存在となり、とりわけＮＨＫの大河ドラマでは常連出演者になっている。

映画監督では伊藤匡史がいる。12年公開の『ガラスの親指』で脚本、監督を務めた。

文芸では、時代物を得意とする作家の高橋義夫がいる。直木賞候補になること4度を経て、『狼奉行』で１９９１年下半期の直木賞を受賞した。山形市在住で、ライター講座を開講している。

能村研三は俳人で「沖」を主宰した。父親も俳人で市川学園教諭を務めた。

美術では、日本画の東京芸大教授・吉村誠司が、彫刻では青木三四郎がいる。

写真家の亀山亮は、アフリカの紛争地で撮影した作品で13年に土門拳賞を受賞した。漫画家ではえびはら武司、綱本将也がいる。

## 気鋭のメディアアーティスト

真鍋大度は気鋭のメディアアーティスト、映像デザイナーだ。２０１２年末のＮＨＫ紅白歌合戦で「嵐」などの演出を担当、13年には２０２０年東京五輪招致のためのプレゼンテーション映像を制作した。

14年のアップルのＭａｃ誕生30周年スペシャルサイトでは、30人のキーパーソンの内の一人に選出され、国際的なクリエーターとなった。

音楽では、作詞家の千家和也がいた。「ひと夏の経験」「赤い衝撃」など山口百恵（東京・私立日出女子学園高校卒）の持ち歌の作詞が多い。19年6月に死去した。

作詞・作曲家の伊藤薫、バリトン歌手の石崎秀和もいる。

学者では、薬理学の鎌滝哲也、計算機科学が専門で人間型ロボットを研究している橋本周司、生命工学が専門で東京農工大学長の大野弘幸、モバイルメディア通信の上岡英史、分子工学の佐藤啓文、天文学の宮本英昭が卒業している。

# 土浦第一高校

茨城県立 土浦市

茨城県南部にあり、江戸時代から商都として栄えていた土浦市。広さが国内2番目の湖・霞ケ浦の西に広がり、北方に筑波山を望む。

土浦第一高校は、1897（明治30）年、茨城県尋常中学校（現水戸第一高校）の土浦分校として開校された。すぐに土浦中学校として独立し、戦後の学制改革で男女共学の土浦第一高校となった。

水戸一高の「弟分」という位置付けだったが、1990年代からは県内トップの進学校になっている。97年には東京大合格者が43人に達し、全国の公立高校で1位になったこともあった。

2019年春の大学合格実績は現役、浪人合わせ、東京大20人、京都大11人、東京工業大3人、一橋大4人だった。

さらに北海道大10人、東北大26人、名古屋大、大阪大各4人、茨城大19人など、全国の国立大学にまんべんなく合格者を出している。

地元の筑波大には59人が合格し、トップ校だった。

## 県内トップの進学実績

私立大には延べ人数で、早稲田大54人、慶応大に33人が合格した。

進学実績が高い背景として、筑波研究学園都市の存在がある。企業や公的機関の研究施設が約300あり、国内外で博士号やMBAをとっている学者・研究者は数千人にのぼるという。そういう知識階層の子がたくさん入学している。

校訓は「自主　協同　責任」だ。教育理念として「Noblesse Oblige（高き位に重き務めあり）」を掲げている。

春休みに米国海外研修を行っている。1、2年生の30～40人が10日間ほど、米MIT（マサチューセッツ工科大学）、ハーバード大学、ウッズホール海洋生物学研究所などを訪問し、研究員と交流する。

文科省からSGHの指定を受け、国際的に活躍できるグローバル・リーダーの育成に力を注いでいる。

　1904年建設の旧土浦中学校本館が自慢だ。明治の木造洋風建築で、国の重要文化財に指定されている。17年秋に行われた創立120周年式典の記念事業として、全面改修工事を行った
　NHK朝の連続テレビ小説「おひさま」、スペシャルドラマ「坂の上の雲」や、映画のロケにしばしば使われており、公開日には一般の人も訪れている。

　体育祭は「一高オリンピック」という名称で行われている。生徒の自主的な運営のもと、クラス対抗で球技やリレーを競う。

　ノーベル賞受賞の期待がかかる卒業生がいる。物理工学が専門で、東大教授兼理化学研究所主任研究員の香取秀俊だ。超高精密な「光格子時計」を考案し、開発した。その功績で香取は、シーボルト賞、日本学士院賞など内外から多くの学術賞を得ている。

## ノーベル賞候補の香取秀俊

　これまではセシウム原子時計が時間をはかる物差しとなっていたが、6000万年に1秒、ずれる計算だという。「光格子時計」の場合では「ずれ」は300億年に1秒という超々高精度だという。

　数理物理学者の西成活裕は、「渋滞学」の研究をしている。高速道路、工場の生産ライン、通勤ラッシュの駅など、人、物、車が流れる場所のいたる所で起こる「渋滞」という現象を、科学的に解明しようという研究だ。

　西成の研究成果では、道路の渋滞について「40メートル以上の車間距離を取れば渋滞しにくい、ということを数学で証明した」という。

　航海計器学が専門だった茂在寅男は、カラーソナー水中探査技術を活用した水中考古学の分野まで研究領域を拡大し、長崎県松浦市近くの海底で13世紀の元寇の遺物を発見することにつながった。

　電子工学者で集積回路の研究者である池田博一、インターネット情報工学の石田晴久、感性認知脳科学の志賀隆、電子工学の高野忠もOBだ。

　文系では、国際関係、安全保障論が専門の立教大教授、長《おさ》有紀枝が異色の存在だ。認定NPO法人「難民を助ける会」の理事長を

長有紀枝

務めており、緊急人道支援、地雷禁止条約策定交渉などに長年、携わってきた。

長は学者としての研究テーマと社会運動家としての活動が一致している、稀有なケースと言えよう。

近世文学の山口剛、英文学の中西秀男、ロシア語学の東郷正延、日本工芸史の中野政樹、日本近代史の海野福寿、建築文化史の一色史彦、英文学の栗原行雄、民法の吉田克己、環境経済学の有村俊秀、哲学の一ノ瀬正樹、憲法学の渡辺康行、日本外交史の福岡万里子らがOB、OGだ。

大久保幸夫はリクルートワークス研究所所長で、人材育成や雇用問題の専門家だ。

## DeNA社長の守安功

経済界では、ディー・エヌ・エー（DeNA）社長の守安功がいる。東大工学部に進み、修士課程を終えると外資系の日本オラクルに入社した。すぐに辞め、創業されたばかりのDeNAに転職し、ソーシャルゲームのモバゲータウンを育てた。

飯塚哲哉は、東大卒後に東芝の技術者だったが飛びだした。半導体メーカーの「ザインエレクトロニクス」を創業し、上場企業に育てた。現在は会長だ。

企業や団体のトップ経験者としては、武井大助（安田銀行、文化放送）、岡野保次郎（三菱重工業）、高杉晋一（三菱電機）、関仁太郎（常陽銀行）、田山正雄（東洋製紙）、幡谷祐一（全国信用協同組合連合会）と弟の幡谷浩史（茨城トヨタ）、入江俊昭（日本モトローラ）、北島正和（古河電池）、土井修（東洋製油）、糸賀勲（日本信託銀行）、永松恵一（新むつ小川原）、中村三喜（トップ）、栗原権右衛門（日本電子）、藤川雅海（筑波銀行）、柴沼隆之（三井農林）らが卒業生だ。

政官界で要職に就いた卒業生は、最高裁判事の色川幸太郎、経済企画事務次官のあとアラビア石油のトップとなった宮崎仁、国土交通事務次官を務めた小幡政人、人事院公平局長のあとダイエー会長を務めた雨貝二郎らだ。

地元の土浦市で市長を務めた卒業生は、福田謹、天谷丑之助、天谷虎之助、細田武、野口敏雄、それに現職の中川清だ。

## 前「野鳥の会」会長の柳生博

文化人では、タレント、司会者で、19年6月まで「日本野鳥の会」会長を務めた柳生博がいる。70年代末から山梨県大泉村に居を構えている。ここにギャラリー・レストラン「八ヶ岳倶楽部」を開設し、陶芸家をはじめとしたアーティストの作品の展示販売を行っている。

柳生博

美術では、洋画家の熊岡美彦、鶴岡義雄、福田輝男、版画家の永瀬義郎、彫刻家の一色邦彦が卒業している。

作家では、昭和期に活躍した下村千秋や薄井ゆうじ、佐賀純一がOBだ。佐賀は医師でもあり、小説の一節がノーベル文学賞受賞のミュージシャンであるボブ・ディランに歌詞として引用されたことが話題となった。

エッセイスト、イラストレーター、自称漫画家の能町みね子がOGだ。07年に性別適合手術を受けて、戸籍上も女性となった。

映画監督の中村義洋、劇作家の高田保、漫画家の鷹岬諒と大和田秀樹もいる。

音楽ではシンガーソングライター、作詞・作曲家の小室みつ子がOGだ。小室は慶応大に進学、在学中に小柳ルミ子（宝塚音楽学校卒）に楽曲を提供し、作詞・作曲家デビューした。80年代からは小説も出し、シンガーソングライターとしても活動した。

落語家の立川志のぽん、気象予報士の菊池真以もいる。

スポーツでは、高校野球指導者の木内幸男がOBだ。選手としては甲子園に行けなかったが、茨城県立取手二高（84年夏優勝）、私立常総学院（01年春、03年夏優勝）の監督として甲子園で計3度の全国優勝を果たした。

プロ野球阪神タイガースの監督を務めた安藤統男は、土浦一高時代に木内から指導を受け、3年生の時に夏の甲子園に出場した。

# 下妻第二高校

## 茨城県立 ● 下妻市

茨城県南西部の田園地帯にある人口4万3000人の下妻市。江戸時代には井上家下妻藩1万石が領していた。

茨城県尋常中学校（現水戸第一高校）の下妻分校として1897（明治30）年に設立された。現在の土浦第一高校と同年のスタートで、県下では2番目にできた旧制中学だった。

すぐに下妻中学と改称され、戦後の学制改革で男女共学の下妻第一高校になった。略称は「下高《しもこう》」。「為桜《いおう》学園」という愛称もある。「為桜」は、水戸学の大家・藤田東湖の歌から引用されている。

「誠実　剛健　進取」の綱領がある。教育方針は「文武不岐」だ。学習と部活動を岐《わけ》ず、その両立を積極的に奨励している。

下妻市内には、旧制下妻高女を前身とする下妻第二高校がある。

2019年春の大学入試では、現役、浪人合わせ東京工業大1人、北海道大2人、東北大4人、地元の筑波大に7人、茨城大に20人が合格した。例年、卒業生の40％強が現役で国公立大に合格する。

経済界で活躍した卒業生が、目立つ。

### 「出世魚」のような企業のトップ

富士電機から富士通が生まれ、富士通からファナックが育った―さながら「出世魚」のような企業グループだが、そのファナックをNC（数値制御）、産業用ロボットの世界的メーカーに育て上げた稲葉清右衛門がOBだ。

稲葉は、75年から2000年まで社長、会長を務め、1925年生まれながら現在も創業者・名誉会長というポストを占めている。

昭和時代に三井不動産のトップを務めた江戸英雄も卒業生だ。同社は戦後、屈指のデベロッパー（都市開発者）となり、東京ディズニーランド、筑波研究学園都市の建設などに力を注いだ。江戸はその総指揮官だった。

マーガリンなどのメーカーである月島食品工業を創業した橋谷亮助もいた。

写真用ストロボ、カーステレオなど2000件以上の特許を持ち「日本の特許王」といわれた伴五紀もいた。

銘酒「一人娘」の山中酒造店（常総市）の8代目蔵元・山中直次郎、「霧筑波」で知られる小泉商店（つくば市）の5代目当主・浦里浩司がOBだ。

政治家では、内閣官房副長官の

江戸英雄

北沢直吉、農林相の赤城宗徳が昭和時代にいた。戦前に内閣書記官長を務めた風見章も、旧制時代に在籍していた。

芸術家では、彫刻の市村緑郎、書道の松本筑峯、メキシコを題材とした情熱的な作品を残した画家の利根山光人がいた。

「チャンチキおけさ」「赤いグラス」などの作詞家・門井八郎もOBだ。

## 直木賞の海老沢泰久

文芸では、ノンフィクション作家で94年に『帰郷』で直木賞を受賞した海老沢泰久がいた。モータースポーツ、野球、ゴルフなどスポーツ関係のノンフィクションを得意とした。

漫画家の佐川美代太郎、児童文学作家の岡本文良、テレビドラマ「水戸黄門」などの脚本家・桜井康裕もいた。

大蔵官僚出身の俳人・戸恒東人、読売新聞記者出身で小説家の堂場瞬一、脚本家の山口誓志が活躍中だ。

学者では、日本古代史の肥後和男、極低温物理学の粟野満、独文学の岡田浩平、同じく独文学者で文芸評論家の根本萌騰子《もとこ》、システム情報学者で理化学研究所次世代スーパーコンピュータ「京」の研究開発にたずさわった横川三津夫、インド仏教の研究者で高野山大学長を務めた生井智紹らがOB、OGだ。

弁護士の門井節夫は、家永教科書裁判の弁護団の一員で、現在は常総市に事務所を構えている。

# 竜ヶ崎第一高校

●茨城県立　●龍ケ崎市

茨城県南部の田園地帯に広がる龍ヶ崎市。東京通勤圏で、人口は7万8000人で安定している。

JRの最寄り駅は常磐線の「佐貫」で、「龍ケ崎」駅はない。「佐貫」駅から関東鉄道で2つ目の終点にある駅名は「竜ヶ崎」だ。竜ケ崎第一高校は龍ケ崎市にあるものの、「竜」の字を使っているなど、ややこしい。

1900（明治33）年に、茨城県土浦中学校（現土浦第一高校）の龍ヶ崎分校として開校した。すぐに龍ヶ崎中学校として独立し、戦後の学制改革の過程で、男女共学の竜ヶ崎第一高校となった。この時、「龍」は「竜」に改められた。

文科省からSSHに指定されている。

2019年春の大学入試では現役、浪人合わせ、東北大に3人、大阪大に2人、地元の筑波大に12人、茨城大に47人が合格した。

運動部の活躍が目覚ましい。野球部は、旧制時代を含め春夏の全国大会に計10回出場している。

## 4校で甲子園に出場

高校野球の「名将」といわれる持丸修一が、卒業生だ。母校を含め監督をした4校すべてで、甲子園に出場させた。

持丸は、竜ヶ崎一高時代に二塁手として甲子園に出場、母校の教諭・監督となり2度、次に茨城県立藤代高校（取手市）の監督として、さらに私立常総学院高校（土浦市）監督として各2度、甲子園に導いた。

07年暮れからは専修大松戸高校（千葉県松戸市）監督に就いていたが、15年夏に同校を初の甲子園に出場させた。

かつては柔道部も強かった。64年の東京五輪では、中量級の日本代表として出場した岡野功が金メダルを獲得している。

岡野は中学時代から柔道を始め中央大に進学、在学中に金メダリストになった。65年の世界選手権でも優勝し、21歳で柔道中量級における世界のトップ選手となった。「昭和の三四郎」といわれた。

文化勲章の受賞者では、武藤清がいた。建築家で、東京大教授を退官後に鹿島建設副社長となり、日本初の超高層ビルである霞が関ビルを設計した。

兄の武藤完夫は外科医で福島県立医科大学長を、建築家の小林政一は明治神宮外苑の主任設計者で千葉大学長を務めた。

学者では、政治学者で広島市立大平和研究所長を務めた福井和弘、消費経済論の井原哲夫、数学者で微分幾何学が専門の山口孝男がOBだ。

## ドキュメンタリーの牛山純一

文化人では、テレビ映像にドキュメンタリー番組を確立させた牛山純一がいた。

お笑い芸人だった藤崎翔は14年に、『神様のもう一つの顔』で第34回横溝正史ミステリ大賞を受賞した。

お笑いコンビ「フルーツポンチ」の一員・村上健志もOBだ。クイズ番組ではインテリ芸人として出演している。

芸術家も輩出している。花鳥画で知られた永田春水、水墨画の鈴木草牛はじめ服部正一郎、岡田清一、川北英嗣、片岡洋一、広津龍伍、松田朝旭らが卒業している。

陶芸家では植竹敏、柿沼千亜季がいる。書家の秋山海堂、七宝芸術の平田英夫、仏師の那花隼、園芸家の川原田邦彦らも卒業生だ。

経済界では、日本鋼管社長の河田重、丸紅の初代社長で大阪商工会議所会頭を務めた市川忍、1869（明治2）年創業のパン屋の老舗・木村屋総本店の社長を務めた木村一郎がOBだった。

現職では、ビックカメラ社長の宮嶋宏幸がいる。法政大を卒業し、大卒1期生でビックカメラに入社し、05年から社長だ。

鈴木礼子は、化粧品のレイナチュラルを東京・銀座に創業した。

政治家では、防衛庁長官を務めた中山利生と、その長男の現龍ヶ崎市長・中山一生がともにOBだ。

宮嶋宏幸 ㈱ビックカメラHPより）

# 宇都宮女子高校

●栃木県立　●宇都宮市

略称は「宇女高《うじょこう》」。前身の栃木女学校の創立は１８７５(明治8)年だ。２０１９年時点で１４０周年を迎える公立高校は、全国でもごく少ない。

日本の公立名門高校のルーツとなった創立年を、みてみよう。京都府立洛北高校（１８７０＝明治3年）、大阪府立北野高校（明治6年）、東京都立日比谷高校（明治11年）、同じ栃木県の宇都宮高校は明治12年の創立だ。男子のみの旧制中学を前身とする名門高校と比べても、宇女高の校歴の古さはきわだっている。

女子高校では私立の女子学院（東京都）と、フェリス女学院（横浜市）が明治3年の創立だ。公立高等女学校では、京都府立鴨沂高校の創立（「新英学校および女紅場」として設立し、のちに京都第一高女に）が明治5年で日本最初だが、戦後の学制改革の過程で男女共学になっている。

## 公立女子高校としては最古

現存する公立女子高校としては、宇女高は日本最古ということになる。ただし、公立女子高校は現在、栃木、群馬、埼玉、千葉県などに計約20校しか残っていない。国立ではお茶の水女子大学附属高校だけだ。

明治初期の栃木県令（県知事）鍋島幹は啓蒙主義を信条としており、女子教育の模範として栃木女学校をいち早く設立した、という来歴が伝わっている。

宇女高は「白百合よ、貴《たか》きをめざせ」のスローガンのもと「強健実践、自主創造、温雅清純、至誠敬愛、報恩奉仕」の指標を掲げている。

教育目標は「歴史と伝統を尊重し、個性の伸長をはかりながら、視野を広め、社会に貢献する人材の育成をめざす」だ。服装は自由で、生徒は白百合（マドンナリリー）をかたどった校章を身につける。

毎年度の大学入試では現役、浪人合わせ、東京大、京都大に各2、3人、東北大に十数人が合格する。北海道大、筑波大、お茶の水女子大に各数人、宇都宮大に十数人が合格している。

私立大には延べで、早稲田大、慶応大、上智大に各数人、津田塾大、日本女子大に各十数人だ。

## 「なでしこ」の安藤梢

女子サッカー選手で、日本代表（なでしこジャパン）になり、ドイツでも活躍した安藤梢がOGだ。

安藤梢

安藤は、宇女高サッカー部時代から国際試合で活躍した。11年の女子ワールドカップ（W杯）ドイツ大会では全試合に先発出場し、初優勝に貢献した。「なでしこジャパン」は国民栄誉賞を受賞した。筑波大後期博士課程を卒業しており、文武両道だ。

元サッカー選手の笠井香織は、安藤の3期後輩だ。

学者・研究者では、英文学が専門で、ケルト・ファンタジー文学を研究している井村君江、生化学の紺野美智子、応用生命化学の高橋美智子、医療社会学の細田満知子らがいる。

文芸では、随筆家の志賀かう子が『祖母、わたしの明治』で83年に日本エッセイスト・クラブ賞を受賞している。

高野悦子は立命館大に進学、69年に自殺した。死後に日記が『二十歳の原点』として出版され、のちに映画化もされた。

俳人では黒田杏子がいる。雑誌「広告」の編集長などを務め、「桜の俳人」として知られる。

脚本家では大島里美がいる。NHK大河ドラマの「花燃ゆ」で脚本を担当した一人だ。

文化人では舞踊家で多くの後進を育てた石井みどり、ソプラノ歌手の家田紀子、女優の近内仁子、NHKアナウンサーの礒野佑子、フリーアナウンサーの橋本奈都江らがいる。

上野通子は参院議員だ。高校で国語教師をした後、栃木県会議員になり、公募で自民党所属の参院議員として10年に初当選した。

# 栃木高校

## 栃木県立　栃木市

日光への例幣使街道の宿場町として江戸時代から栄えていた栃木市。明治の初めには栃木県の県庁が置かれていた時期もあった。

その県庁跡地に１８９６（明治２９）年、県尋常中学校栃木分校が設立された。すぐに県第二中学―栃木中学と改称され、戦後の学制改革で栃木高校となった。

栃木県の伝統校は新制になっても男女別学を続けた。

校内には創立当時の校舎が「記念館（御聖蹟）」として残っているほか、明治から大正にかけて建てられた「講堂」「記念図書館（養生寮）」がある。３つの建物は国の有形文化財に登録されている。

校訓は、独立自尊、和信敬愛、進取創造、質実剛健。「発展する伝統進学校」が合い言葉だ。略称は「栃高《とちたか》」だ。

文部科学省からＳＳＨに指定されている。

２０１９年度の大学入試では、国公立大学に１４７人が合格した。現役、浪人を合わせた難関大の合格者は、東京大３人、京都大1人、東京工業大３人、一橋大1人、東北大１４人、北海道大４人など。

私立大では、早稲田大13人、慶応大10人だった。

吉川真（JAXA HPより）

### 「はやぶさ2」のマネージャー

宇宙航空研究開発機構（ＪＡＸＡ）は19年7月に小惑星探査機「はやぶさ２」が小惑星リュウグウへの2回目の着陸に成功した、と発表した。そのミッションマネージャーの吉川真がＯＢだ。

金子勇は東京大大学院の特任助手時代の02年に、ファイル共有ソフト「ウィニー」を開発し、ネットで公開した。「ウィニー」は日本のみならず世界の先端プログラマーから支持された。しかし、このソフトを悪用した音楽や映像の不法なダウンロードが後を絶たない状況になった。

金子は著作権法違反幇助の疑いで逮捕され、京都地裁で有罪判決を受けた。「刃物で人を刺したからといって、刃物を作った人や金物屋まで処罰されることはあり得ない」と有識者からの批判が巻き起こった。

二審の大阪高裁で逆転無罪の判決、11年には最高裁が検察側の上告を棄却し、無罪が確定した。しかし金子は13年7月、42歳の若さで急死した。

## 公害問題の宇井純

中高年にとって懐かしい名前は、環境学者で下水道技術が専門の宇井純だ。東大都市工学科助手時代の1965年に新潟水俣病を告発、東大で公開自主講座「公害原論」を15年間続け、公害問題研究の第一人者になった。

地震学者で京大教授をした入倉孝次郎は、「強震動予測レシピ」を考案した。政府、自治体のハザードマップ作成に活用されている。

金属材料工学の中嶋英雄、物理学者でカーボンナノチューブを研究している片浦弘道、植物生態学の舘野正樹らもいる。

文系では法学者の木下毅、社会学の高橋三郎らがいる。

経済界で活躍した卒業生は、舘野万吉（日本製鋼所）、小松原俊一（三井鉱山）、有富慶二（ヤマトＨＤ）、牛久崇司（キッコーマン）、小林豊（クレハ）、関根福一（住友大阪セメント）、山内幸夫（ニチレキ）、川西孝雄（ジェーシービー）らだ。

池田輝彦と5期後輩の野中隆史は、04年から13年まで相次いでみずほ信託銀行の社長ポストを占めた。

椎名時四郎は住友商事副会長のあと日本ラグビーフットボール協会会長をした。

政治家では衆院副議長、労働相などを歴任した小平久雄がいた。

佐江衆一は、5回も芥川賞候補になった。存在感のある作家になっている。

感性科学、作曲などマルチな才能を発揮している大橋力、お笑い番組が得意な脚本家・演出家の福田雄一、アニメ脚本家の桜井圭記らもいる。

# 足利高校

栃木県立　足利市

中世から続いた日本で最古の学校といわれる足利学校跡が、貴重な文化財として残る足利市。栃木県の南西部にあり、中心部を渡良瀬川が流れる。

1921（大正10）年に県立足利中学校として開校、戦後の学制改革で新制足利高校となった。

栃木県の旧制中学、高等女学校を前身とする高校は、今もって男女別学を貫いており、足利高校も男子のみだ。

略称は「足高《あしたか》」で、校訓は「質実剛健」「文武両道」だ。ガリ勉タイプはおらず、自由闊達《かったつ》でおおらかな校風だ。

文部科学省からSSHに指定されている。

「足利から世界へ」のスローガンのもと、スーパーカミオカンデ（岐阜県）見学、つくば研究施設研修、米イリノイ大学スプリングフィールド校での海外研修、小中学生と触れ合うSSHオープン理科教室など、様々なプログラムが組まれている。

大学入試では毎年度、3～4割の生徒が現役で国公立大に合格している。現役、浪人を合わせた大学別合格者は例年、東京大、一橋大、東京工業大に各1人ほど、東北大、宇都宮大に各数人、群馬大に約10数人が合格する。

足利市は、基幹の織物産業が衰退するにしたがって人口流出が加速している。

子どもの数も急激に減少しており、15歳の人口は30年前に比べて半分以下になってしまった。

## 少子化で揺れる

少子化の波は、足高を揺るがしている。この数年の足高入試では定員200人に対し合格者が定員を下回ることもあった。定員の8割を占める一般入試では、受験した全員が合格となった。

足利市の和泉聡市長は朝日新聞記者出身で、足高OBだ。和泉は、市の将来と足高の現状に危機感を募らせており、振興策に躍起となっている。

　文芸で著名な卒業生を2人、輩出している。

　詩集『にんげんだもの』など、平易な詩を独特な書体で書いた作品で知られる相田みつをが、旧制卒だ。在学中から書、短歌、絵に親しみ、１９８０年代から詩集がベストセラーになり、「書の詩人」といわれるようになった。

　長男の相田一人《かずひと》も足高卒で、出版社勤務などを経て、父の死後に「相田みつを美術館」を東京都内に開き、現館長だ。

相田みつを

## 「火宅の人」の檀一雄

　相田より13期先輩に、『火宅の人』などを著した直木賞作家の檀一雄がいた。私小説、歴史小説、料理本、作詞などで知られ、「最後の無頼派文士」といわれた。

　足高の校門近くに、檀の文学碑が建っている。足高の生徒、教職員、卒業生の寄付で作られ、１９７７年秋の文化祭で除幕式が行われた。女優、エッセイストの檀ふみ（東京教育大附属高校・現筑波大附属高校卒）は長女だ。

　檀一雄と同時期には、文芸評論家で36歳で夭逝した杉山英樹もいた。

　映像の世界で活躍中のＯＢもいる。

　想田和弘は、米ニューヨーク在住の映画監督だ。世界約２００カ国でテレビ放映された『選挙』や、精神科クリニックを舞台にした『精神』など、音楽もナレーションも使わない映像制作が特徴だ。

　足高で想田より7期後輩の菊地健雄も映画監督で、14年夏、長編として初監督作品の『ディアーディアー』を足利市内で撮影した。

　コピーライターの小野田隆雄、版画家で多摩美術大教授の丸山浩司がいる。

　音楽では、蓮沼秀昭が「Ｒｅｎ」という名で、南米の竹笛「ケーナ」の演奏家として活動している。

　作詞家の売野雅勇もいる。上智大学卒後、コピーライターの仕事に就いたが、１９８２年に中森明菜の「少女Ａ」が大ヒットし、作詞家としての地歩を固めた。

学者では、光化学が専門で群馬大学長の平塚浩士がいる。群馬大は、医学部付属病院で数年前から医療事故が相次ぎ、大きな社会問題になっている。平塚は、その検証と再発防止、病院の改革に取り組んでいる。

東北大教授で原子核物理学者の田村裕和は、09年度の仁科記念賞を受賞した。素粒子物理学の想田光もOBだ。

慶応大教授を務め労働経済学の第一人者である樋口美雄もいる。政府の労働政策審議会（労政審）会長や、労働政策研究・研修機構理事長などのポストにも就いている。

厚生労働省の毎月勤労統計の不正調査問題が19年春、クローズアップされた。樋口は厚労省の特別監視委員会の委員長を務め、「組織的な隠ぺいはなかった」と結論づけたが、隠ぺいの意図の有無を担当職員に直接尋ねていないことが判明した。

このため国会や、メディアは樋口の責任を追及した。樋口は19年5月、任期切れを理由に労政審会長を辞任した。

西洋経済史が専門で、元一橋大経済学部長の大槻康弘、動物行動学者で東大教授の岡ノ谷一夫もいる。

近世日本文学や落語の研究者だった興津要もいた。1970年代に講談社文庫として刊行した「古典落語」シリーズ全6巻は、200万部を超えるロングセラーになっている。

襟川陽一

## 「信長の野望」のゲーム

経済界では、コンピューターゲームメーカー、コーエーテクモHDの創業社長である襟川陽一が卒業している。『信長の野望』『三国志』各シリーズなどのゲームプロデューサーであり、ゲーム作品については「シブサワ・コウ」の名前を使っている。

襟川は、前述の売野雅男と幼稚園から高校まで一緒だった。

栗山年弘はアルプス電気社長だ。

池田典義は、情報システムサービ

ス会社のアイネット（横浜市）の創業者で、現会長だ。横浜商工会議所副会頭や、横浜ドームを実現する会の会長も務めている。

佐野圭作は、日系企業向けの保険仲介会社「ＪＥＩＢ」をロンドンで創業した。英国日本人会会長でもある。

地元の企業で、経営を担っている卒業生も多い。

フジの花棚が有名で、年間１２０万人が訪れる「あしかがフラワーパーク」の運営会社「足利フラワーリゾート」の創業社長である早川慶治郎と、長男で専務の公一郎がＯＢだ。

自動車、建設機械などの部品の歯車を製造している菊地歯車（足利市）も、会長の菊地義治と、次男で社長の義典がそろってＯＢだ。

## 党人派、国際派の茂木

政官界では、自民党衆院議員の茂木《もてぎ》敏充がいる。93年の衆院選に日本新党公認で立候補し当選、その後、自民党に移り計9選を重ねた。経済産業相、経済再生担当相を歴任し、19年9月からは外相だ。

茂木は、東大—米ハーバード大大学院修了後にビジネスマンになった党人派だ。自民党に多い世襲議員でもない。英語が堪能な国際派であり、将来の日本を背負う有力な政治家として期待されている。

地元足利市の市長には、吉谷宗夫が旧制足利中、足高を通じて初の就任だった。吉谷のあとを大豆生田《おおまみうだ》実、さらに前述の和泉聡とＯＢが続いている。

弁護士出身の須藤正彦は、09年12月から3年間、最高裁判所判事を務めた。

10年の参院選を巡る「1票の格差」訴訟の判決で、「違憲状態」の結論に対し「何らの改革も実現していない」と、「違憲」とする反対意見を述べた。16年11月に死去した。

メディア関係では、小池唯夫が毎日新聞社社長・会長のあと、プロ野球パ・リーグの会長を務めた。

足高は85年以来、群馬県立太田高校と毎年、運動競技を中心とした対抗戦を行っている。両校は県境をまたいでいるが、10キロメートルほどしか離れていない。

部活動が盛んで、最近では水泳、ソフトテニス、囲碁将棋部などが全国大会に出場している。

# 太田高校

群馬県立　太田市

関東平野北部にあり、群馬県内随一の工業都市である太田市。富士重工業（現ＳＵＢＡＲＵ）の企業城下町として知られる。

この街に、群馬県尋常中学校新田分校と称する中学校ができたのは１８９７（明治30）年のことだった。ほどなく太田中学として独立し、戦後の学制改革で新制の太田高校となった。

旧制時代はもちろんのこと、現在に至るまで男子のみだ。

略称は「太高」。「たこう」あるいは「たたか」と読む。「文武両道・質実剛健の校風の振興を図り、21世紀の担い手としての、知・徳・体の調和のとれた人間の育成を目指す」が教育目標だ。

旧制第二高等学校（仙台）の教授・土井晩翠が明治時代に作詞した校歌乙には「太田高校高き名を伝へむ責はあゝ我に……」という一節がある。当時は「中学」のはずだったが、新制高校になって「高校」と改変されている。

## 校歌は土井晩翠が作詞

敷地内には稲荷山古墳がある。校内に古墳があるのは全国的に珍しく、学校のシンボルになっている。このため校舎は古墳を避けるように直角に曲がっている。

１、２年生約30人を対象に数年前から、春休みに米国ＮＡＳＡ（航空宇宙局）への研修旅行を実施している。

２年生になると文系、理系のコース制に分かれる。通常の授業のほかに夏休み、冬休みの課外授業や補習授業が念入りに行われる。

毎年春の大学入試では、約40％が現役で国公立大に合格している。浪人も合わせた合格者は例年、東京大、京都大、東京工業大、一橋大に各1～3人、東北大に約10人、地元の群馬大に約40人だ。

私立大には延べ人数で、早稲田大に約30人、慶応大に約15人が合格している。

工業都市という特色を反映して、

経済界で活躍した卒業生が多い。

昭和時代の経営者、政治家として大屋晋三の名が残っている。帝人を合成繊維大手に育て上げ、名経営者と呼ばれた。

しかし社長在任が26年余に及んでワンマンの独善経営に陥り、多角化路線が裏目に出て、晩年は評価を落とした。一方で、戦後すぐに参院議員になり、大蔵、運輸相などを歴任、政治家としても活躍した。

大屋晋三

大屋はまず群馬県立前橋中学（現前橋高校）に入学、3年次には太田中学邑楽分校に移った。4、5年は太田の本校に通った。中学時代は偉人の伝記を読みふけった、という（日本経済新聞社「私の履歴書」より）。

## 大屋、小山という経営者

もうひとり著名な経営者が巣立っている。三井銀行の社長、会長を務めた小山五郎だ。1960年代後半から80年代にかけて金融界のドンとなり、三井グループの調整役として手腕を発揮した。

さらに企業でトップになった卒業生を列挙すると、秋草篤二（日本電信電話公社総裁）、吉野照蔵（清水建設）、殿岡利男（アキレス）、小林勇（同）、野島富雄（新潟鉄工所）、森田恵三郎（日鉄鉱業）、森保男（足利銀行）、山崎一男、渡辺一正、斎藤一雄（群馬銀行）、真下菊五郎（群馬バス）、田畑輝夫（三洋半導体）らがいる。

島田英一と長島武夫は日東紡績社長を務めた。旧制太田中学で島田は11期先輩だが、2人は日本興業銀行に入行し日東紡に派遣、という同じコースを歩んだ。

中島乙未平《きみへい》は、戦前の航空機メーカーの中島飛行機（のちの富士重工業）創始者・中島知久平（海軍機関学校卒）の弟で、技術担当の要職を任され、のちに社長となった。

関口久一は中島飛行機から本田技術研究所に移り、ホンダのF1チーム整備監督として手腕を発揮した。田沼謹一は日産自動車でスーパースポーツカー「GT-R」の開発責任者だ。

地元の石川建設オーナー経営者で、群馬経済同友会の代表幹事を務めた石川重政は、太田高校の前同窓会長でもある。太田都市ガス会長の本島虎太もいる。

講談社副社長を務めた森武文は、業界屈指の編集者だ。久保田博南は医療機器開発コンサルタント、サイエンスライターだ。

## 官房副長官を務めた石原信雄

官僚では、石原信雄が自治事務次官から竹下内閣の内閣官房副長官（事務担当）になり、以降、村山内閣まで7つの内閣で副長官を続けた。在任期間の長さでは、後任の古川貞二郎（佐賀県立佐賀高校卒）に次いで2番目だ。

鈴木道雄は建設事務次官、日本道路公団総裁を、谷津龍太郎は環境事務次官を務めた。

石原信雄

福井盛太は、終戦後の46年に検事総長になり、昭和電工事件などに関わった。その後、日本野球機構初代コミッショナーに就いた。

日銀出身の田中哲二は、キルギス、カザフスタンなど中央アジア3ヵ国で大統領や銀行の顧問を務めた。現在は、民間人ながら手薄な日本のユーラシア外交を補完し、ユーラシアと日本の架け橋役を果している。

地元の自治体では、現群馬県知事の大沢正明が卒業生だ。OBで太田市長を務めたのは、成田作兵衛、中村藤兵衛、武川英男、戸沢久夫それに現職の清水聖義らだ。

学者・研究者になった卒業生は、脳神経外科医の野村和弘、病理学者で結核の検診などに尽力した岡治道、臨床心理学者の内山喜久雄、物理学者で児童、生徒向けの著作も多い江沢洋、大正から昭和期の整形外科医で新潟医科大（現新潟大医学部）学長、旧制五高（熊本）校長を務めた本島一郎らだ。

田中崇資は、制御工学の気鋭の学者だ。13年度に日本学術振興会の海外特別研究員の資格を得て、MIT（マサチューセッツ工科大）で研究した。

文系では、ドイツ文学者でニーチェの翻訳などで知られる富岡近雄、哲学者の中田光雄、経営学者の宮下藤太郎と田島壮幸、国際会計学の大野薫らが卒業生だ。

　江戸時代中期の尊皇思想家である高山彦九郎は、太田市細谷町の出身だ。正田喜久は、母校の太田高校校長や太田市教委教育長を務めたあと高山彦九郎研究会会長をしている。

　文化人では、詩人の清水房之丞、笹沢美明、洋画家の正田二郎と正田壌、書家の小暮清風らが卒業している。定方雄吉は太田高校の音楽教諭の傍ら、小中学校の校歌や歌謡曲、民謡を数多く作曲した。

　芸能の分野では、人気バンドでギタリストとして活躍し、現在は芸能事務所を経営している岸部清がいる。後藤貴之も「ニューワールドプロダクションズ」という芸能事務所の創業社長だ。

　音楽評論家の宮沢淳一、落語家で作家の立川談四楼、俳優の長克己らがＯＢだ。

　ラグビー、テニス、水泳、バドミントン、空手道部などが関東大会や全国大会に出場している。

　校風が似かよっている栃木県立足利高校との間で毎年7月に、対抗戦が行われている。

　県境を越えて対抗戦が行われる珍しい例だ。女子がいないので、お互いの威信とプライドをかけて全力でぶつかる男同士の戦いだ。

## ラグビー部が伝統を誇る

　伝統を誇るのはラグビー部だ。部ができたのは学校が創立されて10年後の１９０７（明治40）年。あまり知られていないが、旧制中学では慶応義塾普通部に次いで全国2番目の古さだ。12年には、創部１０５年目にして初めて「花園」（全国高校ラグビーフットボール大会）に出場した。

　現ラグビー部部長の田口慶太は太田高校の国語科教諭、前監督の金田健一郎は保健体育科教諭で、ともに太田高校ＯＢだ。

　サントリーラグビー部サンゴリアスの金井健雄（84年生まれ）は、太田高校と慶応大でキャプテンを務めた。日本代表にも名を連ねた。

　プロゴルファーの室田淳、大町昭義もＯＢだ。室田は日本シニアオープンゴルフ選手権競技で、11年と13年に優勝した。

　小林清は外務省派遣の柔道教師としてポルトガルに行き、リスボン大学で教える傍ら道場を開いて「マエストロ小林」と敬称された。

# 桐生高校

群馬県立 ● 桐生市

古くから絹織物の産地として知られてきた桐生。ここに1917（大正6）年にできた中学校は、桐生町立だった。

4年後には群馬県立に移管されたとはいえ、旧制中学のスタートが「町立」だったのは、全国でも珍しい。

この街には1915（大正4）年に国立の桐生高等染織学校（現群馬大理工学部）ができた。このため公立の旧制中学は開設されず、進学希望者は近隣の太田や前橋の中学に通うことを余儀なくされていた。

桐生町民の間から「わが街にも中学校を」という運動がわきあがり、町民1000人余から3万円（現在では2～3億円に相当）の寄付金が集まり町立中学の設立にこぎつけた、という経緯があった。

戦後の学制改革で新制桐生高校となった。ただし、群馬県の他の伝統校と同様、桐生高校も「男子のみ」を変えなかった。1998年に男女共学の理数科を設置したが、普通科の方は相変わらず女子に門戸を開いていない。このため、生徒全体としては女子は10％ほどしかいない。

## 21年に桐生女子高校と統合

ただし、21年4月には県立桐生女子高校と統合され、全面的に男女共学となる。群馬県の伝統校では、桐生より先に18年4月、富岡高校（前身は富岡中学）と富岡西高校（前身は富岡高等女学校）が統合され、新たな富岡高校となった。

少子化による人口減が、その背景だ。群馬県は戦後の学制改革では、男子校の旧制中学と女子のみの旧制高女とが統合せず、それぞれ独立した新制高校となったが、その伝統は貫徹できなくなった、ということだ。

略称は「桐高《きりたか》」。校訓は、「独立自尊　文武両道」だ。体育祭と文化祭が1年交代で行われる。「火文字」といって組み上げた大壁面に火で2文字を表す催しが、それぞれの後夜祭で行われ、名物行事になっている。

07年度以来、文部科学省からSSHの指定を受けている。物理部は、ロケット製作実験の分野で09年度に全国優勝している。

85%が現役で大学に進学する。国公立大学には毎年度、現役で約45%が合格、近年、この比率は増えている。

毎年度の大学入試では現役、浪人合わせ、東北大、筑波大、信州大に各数人が、地元の群馬大に約30人が合格する。

織物の町であることを背景に美術で活躍している卒業生がたくさんいる。このため、「文化的な香り」が校風という。

## 「詩画」で人気の星野富弘

芸術で活躍している卒業生で最も著名なのは、「詩画」で知られる星野富弘であろう。中学校の体育教師時代、クラブ活動の指導中に頸椎を損傷し手足の自由を失った。口に筆をくわえて文章や絵を書き、1980年代から全国各地で「花の詩画展」を開き、人気を呼んでいる。

星野富弘

山口晃は気鋭の画家だ。作品の多くが自由でユーモラスな発想と緻密な筆致で描かれている。本の装丁や広告のポスターの原画なども手掛けている。

山口は洋画家だが、京都・宇治の平等院境内養林庵書院に襖絵を奉納している。13年には『ヘンな日本美術史』で第12回小林秀雄賞を受賞している。

海外でも高く評価された画家としては、旧制桐生中卒のオノサト・トシノブがいた。油彩、版画の抽象画が得意で、戦前・戦後に前衛芸術を切り開いた。

テキスタルデザイナーの新井淳一もいた。

造形作家のヤマザキミノリは、廃業した織物工場跡で独特のノコギリ屋根のある建物を工房として使っている。ヤマザキも桐生の街にマッチした作家だ。日本画の藤谷和春もOBだ。

塩谷太郎はドイツ語の翻訳家、如月かずさは児童文学作家。朝日新聞記者出身で囲碁ライターの田村竜騎兵もいた。

草野翔吾は03年卒の新進映画監督。12年に公開された『からっぽ』では、桐生市内がロケ地になっている。須藤典彦はアニメーション演出家、監督だ。

学者・研究者では、京大農学部出身の農学者で、シイタケの人工培養技術を研究・開発した森喜作がいた。研究にとどまらず森産業を興して、自ら事業化した。

理系では、京都大教授を務めた核物理学者で原子力安全基盤機構理事長をした中込良広、ナノサイエンス学者で千葉大の「飛び入学」制度の提唱者の一人である落合勇一、情報学者でIEEE（米国電気電子学会）のフェローに就いたこともある韓太舜、雪氷学の小野延雄、設計工学の岡部平八郎、天文学の小暮智一、地震・火山学の長谷川昭らがいる

舘内端《たてうちただし》は自動車評論家、レーシングカーの設計者で、EV（電気自動車）の普及活動に情熱を燃やしている。

## 数理経済学の稲田献一

文系では、数理経済学の稲田献一が大阪大社会経済研究所所長・教授を務め、近代経済学の泰斗だった。情報社会学の青柳武彦、商法の河内隆史、民法の清水千尋、経営学の青木幸弘らがOBだ。

京都府長岡京市には、大学生対象の禅道場である長岡禅塾がある。禅を通した人材育成および育英事業を目的として設立されている財団だ。浅井義宣はその2代目塾長だ。

経済界で活躍した卒業生では、ホームセンターの「セキチュー」を創業した関口忠がいた。

さらに企業トップ経験者は、毒島秀行（SANKYO）、阿久戸庸夫（ミツバ）、川村治（テー・オー・ダブリュー）らがいる。

地元では桐生ガスの事実上の創業者で、現会長の塚越平人がいる。桐生高校同窓会の前会長だ。

現同窓会長の宮地由高は菓子店・青柳（本店・桐生市）の3代目社長。桐生市ボランティア協議会会長などNPOのリーダーでもある。東日本大震災では震災直後に三陸などの被災地に赴き、炊き出し支援をした。その後も多くの

桐生市民を動員して炊き出しを30回以上、泥かき清掃支援活動を140回以上、継続している。桐生高校の生徒も多数が参加している。

高瀬真一は、群馬県高崎市で24時間体制の循環器専門の診療所を開いている。冠動脈血管の治療・手術は大病院で行われるのが普通だが、小回りがきくクリニックでも可能にした。

「官」で活躍した人物では、大出峻郎が内閣法制局長官、最高裁判事を務め、正田泰央は環境事務次官をした。

地元の自治体では、桐生市長をした大沢善隆と現職の亀山豊文がいる。亀山が大沢を破った07年の桐生市長選挙は同窓どうしの争いだった。元群馬県みどり市長の石原条もOBだ。

戦前、戦後の昭和時代には野球の強豪校で、甲子園の全国大会には春12回、夏14回、合わせて計26回も出場、うち2回は決勝で惜敗している。

## 昭和時代には野球の強豪校

ただし、1978年夏の大会を最後に、甲子園から遠ざかっているのは、いささかさみしい。

野球部出身で大学野球、プロ野球で活躍した人物がたくさんいる。

桐生中、桐生高の監督を長くし多くの後輩を育てた稲川東一郎、東映フライヤーズで外野手だった毒島章一、1996年のアトランタ五輪で野球日本代表チーム監督を務めた川島勝司、07年の日米大学野球選手権大会で日本代表監督をした河原井正雄、プロ入りしなかったがスラッガーとして名をはせた阿久沢毅、慶応大野球部時代に東京六大学リーグ戦で史上初の3打席連続本塁打を記録し、のちに慶応大監督を務めた相場勤らだ。

鏑木毅はトレイルランニング（登山マラソン）の国内トップランナーだ。アルプス・モンブランなどの大会でも上位の成績を記録している。

大森義夫は昭和時代の俳優だ。劇団民芸で重要な脇役を務めた。映画「事件記者」シリーズでは軽妙な演技で人気を博した。

鏑木毅

# 3章
# 北海道の伝統高校　7校

# 札幌北高校

北海道立　札幌市北区

ＪＲ札幌駅の北3キロにある。1902（明治35）年に設立された北海道庁立札幌高等女学校が前身だ。道内では最初の公立女学校だった。

戦後の学制改革によって北海道札幌女子高校になり、50年に北海道札幌北高校と改称、男女共学となった。

現在の生徒比率は女子55・男子45だ。

校訓は「寛容　進取　良識」。校訓どおりのきわめてオーソドックスな校風だ。男女とも制服が定められており、詰め襟、セーラー服の伝統的なスタイルを堅持している。

文部科学省からＳＳＨの指定を、北海道内ではいち早く、制度が始まった２００２年度から受けている。

進路指導は手厚く、すこぶる面倒見が良い。夏季、冬季、春季講習の他に折々の休日講習もある。首都圏への大学訪問など、３年間を見通したキャリア教育を1年生から実施している。

## 北海道大合格者のトップ校

授業は、「主体的・対話的で深い学び」を実現するための多様なアクティブ・ラーニングを、目指している。

こうしたことから、大学進学は着実な実績をあげている。毎年春の入試では、国公立大学への現役合格者は約55％と、高い比率だ。

19年春には北海道大に現役で75人が合格した。浪人も合わせた北大合格者は計１０６人で、札幌南高校を上回るトップ校だった。

19年の東京大合格者は現役、浪人合わせ３人、京都大には８人、東京工業大４人、一橋大1人、東北大に６人だ。私立大には早稲田大９人、慶応大４人だ。

国公立大医学部医学科には現役、浪人合わせ、北大４人、札幌医科大7人、旭川医科大５人など。医学部合格者は年々、増えている。

9割の生徒が部活動に参加している。全国大会に出場するのは、体育系が空手道部、文科系が合唱部、吹奏楽部、書道部、放送局、華道部などだ。

ただし、ダラダラとした活動は、ご法度だ。1日の活動時間は2時間程度、学校の休業日は3時間程度とされている。合理的かつ効率的な部活動を心がけることを、要求されている。

ノーベル化学賞受賞の期待がかかる卒業生がいる。ソニーの業務執行役員上席常務などを歴任し、携帯電話やパソコンなどに用いられるリチウムイオン二次電池を開発した西美緒だ。

## ノーベル賞級の西美緒

西は14年に、工学分野のノーベル賞といわれる「チャールズ・スターク・ドレイパー賞」を受賞した。愛知県立旭丘高校に入学、1年生の夏休みから札幌北高校に転校して卒業した。慶応大工学部応用化学科卒業だ。

構造材料設計学の竹山雅夫、生物学の高橋正三、海洋資源学の飯田浩二、札幌医科大医学部長の當瀬規嗣、環境生命科学の森千里らもOBだ。森の曾祖父は、小説家の森鴎外だ。

文系では、日本政治論が専門で駿河台大学長を務めた成田憲彦が、異色の経歴だ。東大法学部に進学、国立国会図書館に入館し、立法補佐を担当する調査マンになった。細川護熙首相の首席秘書官に抜てきされた。

西美緒

憲法学の常本照樹、独文学の木村直司、英文学の丹治愛、仏教学の近藤良一、国際金融論の小川英治、都市社会学の町村敬志、防衛政策の小野圭司らもいる。

文芸では旧高女の名残からか、女性が目立っている。89年に『熟れてゆく夏』で直木賞を受賞した藤堂志津子がOGだ。恋愛小説作

藤堂志津子

家として現在も文壇の第一線に立つ。札幌在住だ。

札幌高女を中退しているが、昭和時代には随筆家の森田たまがいた。自民党の参院議員も1期、務めている。

翻訳家では英米文学を対象とした中村佐喜子がいた。詩人、エッセイストの中村和恵は活躍中だ。

俳人の五十嵐秀彦は、北海道に俳句集団「itak」を立ち上げた。俳誌といった出版物を持たず、ネットで情報発信を行うなど若い世代の俳句熱を盛り上げている。

## 103歳まで現役の片岡球子

美術でも、女性が活躍している。89年に日本画の片岡球子が文化勲章を受章している。札幌高女から女子美術専門学校（現女子美術大学）に進学、教授になった。08年に103歳で大往生した。

さらに、洋画家の小川マリ、岸葉子、八木伸子、ワグナーちよが札幌高女OGだ。

札幌北高校卒では、日本画の福井爽人がいる。佐々木康人は華道家だ。

沢則行は人形劇師で、チェコのプラハを拠点に公演ツアーで世界を回っている。

演劇では、鈴木喜三夫が劇団さっぽろを創設、道内演劇界で指導的役割を果たした。

音楽では、札幌高女卒の声楽家村井満寿がいた。北海道の音楽文化の礎を築いた。

札幌北高校卒では、作曲家の柳田孝義、NHKの幼児番組「おかあさんといっしょ」で、「うたのおにいさん」として8年間も活躍したシンガーソングライターの坂田おさむがいる。

ピアニストの川染雅嗣、ホルン奏者の中島大之、ジャズピアニストの豊口健、ジャズシンガーの小笠原千秋、ソプラノ歌手の宮崎晶子、ボーカルの江畑兵衛、作曲家・ピアニストの松本望、ギタリストの鳴海賢治、ミュージカル作家、作曲家のまきりかもOB、OGだ。

今沢カゲロウはベーシスト、作曲家で、両手両足、口を総動員したベースソロパフォーマンスが特徴だ。ヨーロッパ、インドなどでファンが多い。

若手では、2年生だった新庄龍馬が12年の全日本学生音楽コンクールのピアノ部門高校の部で優勝した。

メディア関連では、若者に人気のポップ・カルチャー専門のウェブ・サイト「ナタリー」を運営する「ナターシャ」社長の大山卓也がいる。

牧原俊幸はフジテレビのアナウンサーだ。

札幌北高校1期卒の大星公二は、東大法学部卒で日本電信電話公社に入社した。85年に同公社が民営化され、92年に移動通信網がNTTドコモとして独立した際に、その初代社長に就いた。ケータイ・ブームをけん引し、ドコモ急成長の礎を築いた。

## 民営化の先頭に立った2人

もう一人は、4期卒の松田昌士だ。北大卒後に日本国有鉄道に入社した。政府の方針に沿って国鉄の分割民営化に尽力し、「国鉄改革3人組」の一人といわれた。民営化後の93年、東日本旅客鉄道(JR東日本)の社長に就いた。全日本アマチュア野球連盟会長も務めた。

大槻博(北海道ガス)、石井純二(北洋銀行)、笹原晶博(北海道銀行)渡辺卓(北海道放送)、赤坂祐二(日本航空)らのトップ経験者もいる。

中谷純士は、医療システムのICTソリューション企業・ドゥウェル(本社・札幌市)の創業社長だ。

丹羽祐而は社会事業家、市民活動家で、札幌市教委教育委員長を務めた。

政治家では、日本共産党副委員長で、参院議員を24年間務めた小笠原貞子が札幌高女卒だ。

日本共産党の国会議員では、柄沢とし子もいた。46年に行われた戦後初の衆院選では、初めて39人の女性代議士が誕生したが、柄沢はその一人だった。

共産党員では、戦前からの党員で戦後は社会事業家として地域活動をする傍ら著作にも励んだ福永操もいた。

北海道放送のキャスター出身で衆院議員(自民党)を3期務めた石崎岳が卒業生だ。

オウム真理教幹部で松本サリン事件の実行犯などとして18年7月、死刑が執行された遠藤誠一がOBだ。遠藤は帯広畜産大大学院修了時に、獣医師の資格を取得した。さらに京大医学部博士課程を中退して入信し、出家した。

# 旭川東高校

北海道立　●旭川市

北海道のほぼ真ん中に位置し、札幌に次ぐ第２の都市・旭川。ここに１９０３（明治36）年、北海道庁立上川中学校が設立された。大正になって旭川中学校、戦後の学制改革によって北海道立旭川高校と改称され、50（昭和25）年に男女共学の北海道旭川東高校となった。

地元での通称は「東《ひがし》」、あるいは「東高《とんこう》」だ。

校訓は、「生をよろこべ　矩《のり》にしたがえ　全力を尽くせ」。学校標語というものもある。戦前から伝わる「シマレ　ガンバレ」と、１９５７年に制定された「挙校大《きょこうたい》和《わ》」だ。

毎年度、半数強の生徒が現役で国公立大に合格する。地理的な制約から大学進学時には８割が親元を離れる。卒業生のざっと半数が、東京など道外の大学に進んでいる。

２０１９年度の大学入試では、現役、浪人合わせ、東京大３人、京都大２人、東京工業大５人、一橋大に３人、東北大に６人、大阪大に２人が合格した。

私立大には延べ人数で、早稲田大10人、慶応大３人、道外私立大に計２０９人だ。

## 旭川医科大に12人が合格

北海道大の合格者は41人で、そのうち医学部医学科は８人だった。地元の旭川医科大医学科には12人の合格者を出している。

文武両道が伝統で、03年度、04年度の２年連続で男子バレー部が全国高校バレーボール選抜優勝大会に出場した。02年には全国高校生クイズ選手権大会で優勝した。10年にはＮＨＫ全国高校放送コンテストの創作テレビドラマ部門で『究極の登校』が全国優勝した。

旭川東高校の南側道路に面して宮沢賢治（旧制岩手県立盛岡中学・現盛岡第一高校卒）の詩碑がある。賢治は１９２３年の夏、樺太へ向かう旅の途中で７時間だけ旭川に立ち寄った。その光景をたった28

行だが、「旭川。」という小品に残した。そこには「旭川中学校」の5文字も出てくる。このため、03年の創立100周年の記念に詩碑が据えられた。

市内の花咲スポーツ公園内には市営の「スタルヒン球場」がある。時おり、プロ野球公式戦が行われる。日本で初めての人名を冠した野球場だ。

命名の由来となったのは、プロ野球黎明期の投手で、通算303勝を達成しているヴィクトル・スタルヒンだ。白系ロシア人で、旧制私立甲陽中学（現甲陽学院中高校、兵庫県西宮市）に3ヵ月間だけ在籍、旧制旭川中学に転校してきた。プロ野球入りするために、3年の時に中退した。

ヴィクトル・スタルヒン

現在の読売ジャイアンツの前身である東京野球倶楽部に入団、39（昭和14）年にはシーズン42勝を挙げた。西鉄ライオンズの稲尾和久（大分県立別府緑丘高校・現芸術緑丘高校卒）が61年に42勝しており、この2人がプロ野球年間最多勝利記録を持っている。

## 「スタルヒン球場」がある

スタルヒンは57年に、交通事故により40歳の若さで死去した。60年に競技者表彰の第1号として野球殿堂入りした。

戦前に満鉄欧州事務所長などを務め、戦後には自由党結党を後押しした坂本直道は、幕末の志士・坂本龍馬の名跡継承者だ。上川中学から、旧制愛媛県立宇和島中学（現宇和島東高校）に転校した。

新制旭川東高校の1期生である鶴羽肇が、立志伝中の人物だ。薬局チェーンのツルハHD（本社・札幌市）を、東証1部上場で業界3位の大企業に育て上げた。

鶴羽は、京大薬学部を卒業し薬剤師となった。父親が旭川市内に創業した30平方メートルの薬局を引き継ぎ、次々と全国に出店するとともに同業他社を吸収し業容を拡大した。現在は取締役名誉会長。

河端敏博は、漢方薬のチェーン店・薬日本堂の創業者だ。

卒業生から北海道電力のトップが2人、出ている。昭和の最後か

真弓明彦

ら平成初めにかけて社長・会長をした中野友雄と、14年に社長、19年から会長の真弓明彦だ。2人とも北大工学部卒だ。

酒井広治は、地元の旭川信用金庫の初代理事長をした。短歌でも知られ、旭川歌話会を創設した。旭川信金の現理事長・原田直彦もOBだ。豊島弘通は地元のバス会社・旭川電気軌道会長だ。

「男山」を名乗る酒は全国各地にあるが、旭川市の「男山」が元祖だ。山崎志良はその経営を担った。

著作家・フリーライターの永江朗が、新聞、雑誌によく登場している。

小説家では清水博子が芥川賞候補になっているが、13年10月に45歳で死去した。小説家では八匠衆一、板東三百《みつお》もいた。俳人では藤田旭山がいた。漫画家では佐々木倫子、寺沢武一、藤田和日郎がOG、OBだ。

美術では彫刻家の加藤顕清、版画家の百瀬寿、ガラス工芸作家の菅井淳介、画家・グラフィクデザイナーの山口正城、イラストレーター・絵本作家の中村泰敏、洋画アーティストの西村公一らがOBだ。

建築家の藤本壮介は、次代を担うと目されている若手のホープだ。台湾、フランス、ハンガリーなどでプロジェクトが進む。

音楽ではピアニスト、作曲家の座光寺公明、ピアニストの安田里沙、ジャズボーカリストの門馬瑠依らがOB、OGだ。

スポーツでは、スキー指導者の八木祐四郎が卒業生だ。全日本スキー連盟専務理事や、日本五輪委員会会長などを歴任する一方、ビルメンテナンスの東京美装興業を創業し、スキー選手などを多数、社員として雇った。

但野寛は戦前にクロスカントリー、アルペンスキー選手だった。身長200cmの二木健太はバレーボール選手だ。

## プロのポーカー選手も

00年卒の木原直哉はプロのポーカープレーヤーだ。12年の世界ポーカー選手権大会で日本人として初めて優勝した。東大理学部に進学したもののギャンブルにのめりこんだ。

メディア関連では朝日新聞社出身の前田義徳がNHK会長を、平岡敏男が毎日新聞社社長を務めた。

気象予報士の折坂章子は、93年4月よりNHK初の女性気象キャスターとして、毎朝の気象情報コーナーに出演した。

奥山コーシンはラジオパーソナリティー、放送作家だ。

小林米作は昭和期の記録映画カメラマンだ。鈴木聖史は若手の映画監督・脚本家だ。

芸能では、俳優・声優の品川徹と青野武、ものまねタレントの原一平、お笑いタレントのさんだあすらがいる。

学者・研究者では、日本史の赤松俊秀が1950（昭和25）年に焼失した金閣寺の再建に奔走した。

西洋古典哲学の斎藤忍随、中国近現代史の藤岡喜久男、ドイツ文学の小島衛、民事訴訟法が専門で明治大学長を務めた納谷広美らがOBだ。

法学者の安念潤司は、11年3月の福島原発事故以降、政府の総合資源エネルギー調査会・電気料金審査専門委員会委員長を務め、電力各社の電気料金値上げ問題を審査している。原発の早期再稼働を主張している。

末岡外美夫は、日本で数少ないアイヌの星座を研究した。天文学者の谷口義明は銀河の研究で知られる。

ソフトウェア技術者の村田真は、日本語仕様のインターネットの新技術開発で成果を挙げている。内科医師の吉崎栄泰はプログラマーでもあり、データ圧縮技術などを開発した。

## 元パイロットの市長

旭川市の公選市長を務めた卒業生は、松本勇、坂東徹、現職の西川将人の3人。西川は日本航空の元パイロットという異色の経歴だ。

旭川は戦前、陸軍第七師団が置かれ軍都だった。このため旧制上川中学を中退・卒業して陸軍士官学校に進み、軍人になった者も多かった。

太平洋戦争の緒戦時、加藤隼戦闘隊を率いて「空の軍神」とされた陸軍少将の加藤建夫や、ともに陸軍中将になった有末精三・次兄弟などはこのコースを歩んだ。

# 札幌西高校

●北海道立　●札幌市中央区

かつての旧制札幌二中が今の北海道札幌西高校だ。その札幌二中は1912（明治45）年に北海道内5番目の北海道庁立中学として設立認可されている。

札幌西高校は札幌市の西郊にあり、周辺は落ち着いた住宅街だ。校舎はWESTのWの字をデザイン化した設計で、キャンパスはしゃれた雰囲気が漂う。部活動も活発で中学生の人気は高い。

創立100周年（定時制は90周年）の記念式典を2012年秋に開いたが、それだけではない。ゆかりの芸術家の作品を集めた美術展・書道展や演奏会を開いたり、校庭に彫刻プロムナード（散歩道）を整備して地域の市民にも開放するなどの記念事業も行われた。

札幌西高校は普通高校だ。芸術科とか美術科、音楽科を併設しているわけではない。だが、芸術家や小説家など文化人を多数、輩出させている。全国の高校の中でも珍しい存在なのだ。

## 芸術家が巣立つ

まず彫刻家。『わだつみのこえ』など多くの作品を残した本郷新は、旧制札幌二中を中退したあと旧制北海中学（現北海道・私立北海高校）を卒業した。

佐藤忠良も旧制札幌二中卒で、女性像などをブロンズや木彫で表現した。女優の佐藤オリヱ（東京・私立鴎友学園女子高校卒）は娘だ。

旭川市常盤公園に設置された『風雪の群像』を本郷と共に共同制作した本田明二、やはり旭川に多くの作品を残した山内壮夫、鉄やステンレスなど金属を使った彫刻作品が多い国松明日香も卒業生だ。ゆかりの人物だけで校庭で彫刻プロムナードを飾れる所以だ。

佐藤忠良

画家の坂本直行は、幕末の志士・坂本龍馬の末裔だ。帯広市の六花亭製菓の包装紙のデザインを手がけたことで知られる。

『海猿』『ブラックジャックによろしく』などの漫画家・佐藤秀峰もOBだ。『海猿』は、テレビドラマ化、映画化されている

芥川賞作家が、2人出ている。李恢成は72年に、『砧をうつ女』で芥川賞を受賞している。日本文壇初の外国人による受賞だった。早大・露文科に進学した。

もう一人は高橋揆一郎《きいちろう》で、北海道在住の作家として初めて78年に『伸予』で受賞した。旧制札幌二中の定時制を卒業した。

多くの新聞小説を書き芥川賞候補にもなった船山馨が、一時期、在籍していた。恋愛小説の谷村志穂が、OGだ。

芸能では、女優の田中裕子がOGだ。1983年度に放送されたNHKの連続テレビ小説『おしん』で主役を演じ、大人気となった。少女期おしんは小林綾子（都立大泉高校卒）が、青春・青年期は田中が、中年期は乙羽信子（宝塚音楽歌劇学校卒）が演じた。

## 「おしん」の田中裕子

田中裕子

この番組は、平均視聴率が52・6％、最高視聴率が62・9％というテレビドラマ史上の最高視聴率を記録している。世界約70ヵ国で放送され、各地で共感を呼んだ。

俳優では、昭和から平成にかけて活躍し、時代劇によく出た左右田一平がいた。「用心棒シリーズ」などで人気が出た。コメディアンの小野栄一もOBだ。

映画評論家の品田雄吉もいた。キネマ旬報編集部の出身で多摩美術大教授を務めた。

音楽では、映画やクラシック音楽の作曲家・伊福部昭、音楽評論家の三浦淳史、指揮者の中田昌樹、声楽家の三部安紀子、音楽ゲームや音楽プロデューサーとして活躍している水口哲也、キーボード演奏家で作曲家の三国義貴、札幌出身のコーラスグループ「サーカス」の一員である叶高らが卒業している。

このように文化人を多数生んだ背景には、札幌西高校の「自由」な校風があるだろう。制服も、厳しい校則もない。

校訓は「自由」のほか、「自律」「叡智」「創造」。「シンプルな4つの単語に深く大きな意味が込められている。これが先輩から脈々と受け継がれている」としている。

もう1つ、「西高実行精神」と称している合言葉がある。「やることはやる、やるときはやる、やれるだけやる」で、これに「やれなくてもやる」を付け加えて叱咤激励する先生もいるという。

卒業生には企業の経営者も多い。

ベンチャー精神あふれる投資事業家を紹介しよう。01年から株式上場しているスパークス・グループ社長の阿部修平だ。札幌西高校から上智大を経て米パブソン大に留学、野村総合研究所に入社した。

独立心が旺盛で脱サラして投資顧問会社を設立、「ヘッジファンドの帝王」といわれる米国のジョージ・ソロスの下で修業し、中東のオイル・マネーを集めたりして投資資金を増やしていった。投資会社といえば大資本の金融法人の傘下にあるのがほとんどだが、阿部は徒手空拳でこの事業を育て上げた。

大企業のトップ経験者では、渡辺忠雄（三和銀行）、川村隆（日立製作所）、蛇川忠暉（日野自動車）、数納清（朝日生命保険）、笹哲三（興亜火災海上保険）、成毛真（マイクロソフト日本法人）、内山斉（読売新聞グループ本社）、松尾英男（東急不動産）、松村誠一（ピジョン）らがいる。

## 川村隆が東電会長に

この内、川村は17年6月に政府の要請で、東京電力会長に就任した。

トヨタ自動車の技術者だった八重樫武久は、プリウス搭載のハイブリッド開発の統括をし、現在は自動車環境技術コンサルタントをしている。

地元で活躍している経営者もいる。ラーメンの菊水社長・杉野邦彦、洋菓子きのとやの創業社長・長沼昭夫、登別の温泉旅館第一滝本館社長・南太郎、北海道放送社長のあと札幌ドーム社長をしている長沼修らが札幌西高校のOBだ。

「政官」の分野では衆院議員で、北海道知事のあと衆院議長をした横路孝弘が、札幌西高校を1年の1学期だけ通学して東京都立九段高校（現千代田区立九段中等教育学校）に転校した。

科学技術事務次官のあと宇宙開発事業団理事長をした大沢弘之もOBだ。鈴木昭雄は自衛隊の航空幕僚長をした。石丸修太郎は北海道税理士会会長をした。

## 中国文学の中野美代子

学者になった卒業生では、『西遊記』などの翻訳で知られる中国文学者で、エッセーや評論も多数発表している中野美代子がOGだ。

歌舞伎などの演劇研究の第一人者である郡司正勝、宇宙環境学者でオーロラ研究の世界的権威の上出洋介、経済学者で北海学園の理事長をした森本正夫、政治学者の荒木俊夫、新領域の計測物理を研究している佐々木裕次、法学者で戦争犯罪の研究をしている前田朗らが卒業している。

経営学者で札幌商科大学の初代学長をした室谷賢治郎、教育社会学の山内亮史、経済学者で釧路公立大学長をした荒又重雄らも卒業生だ。

医学では、内科医で北海道医師会会長をした長瀬清、外科医で鏡視下手術が得意な宮坂祐司、先天奇形症候群の研究に携わってきた前北海道医療大学長の新川詔夫、薬学者で北海道薬科大学長をした大和田栄治らがOBだ。

中川元は、知床の自然保護や調査に力を入れ、斜里町立知床博物館館長をした。05年に知床が世界自然遺産に指定される道筋をつけた。

札幌西高校は12年度から文部科学省のSSHに指定され、理数系の人材育成にも取り組んでいる。特に、札幌医科大学や旭川医科大学と連携して、医療系人材を育てようとしている。

19年度の大学入試では現役、浪人合わせ、地元の北海道大に71人（うち医学部医学科4人）、東京大に1人、京都大に4人、東京工業大2人、一橋大1人、東北大に3人が合格している。私立大には、早稲田大12人、慶応大3人だ。

栗原沙織は2年次の2010年に国際生物学オリンピックで金メダルを、3年次に国際化学オリンピックで銀メダルを受賞している。東大に進学し、理学部大学院で生物化学の研究を続けている。

# 室蘭栄高校

北海道立　室蘭市

「鉄の街」として発展し、北海道を代表する重化学工業、港湾都市の室蘭。しかし鉄鋼業の合理化などで、人口はピーク時の半分の8万5000人だ。

1917（大正6）年に北海道庁立室蘭中学が開校した。戦後の学制改革で男子校の道立室蘭高校になり、50年には男女共学を実施し室蘭栄高校と改称された。

「質実剛健」の伝統、および「文武両道」の精神の下、様々な活動に打ち込んでいる。

医療系人材や理数・工学系人材の育成が、地域からは期待されている。そこで北海道教育委員会から「医進類型指定校」を、文部科学省からはSSHの指定を受けている。

大学入試では、現役で国公立大に合格した比率がここ数年、約55％となっている。道内の公立高校ではトップクラスだ。

2019年の実績は現役、浪人合わせ、東京大、京都大各1人、北海道大11人、東北大3人、地元の室蘭工業大に19人だ。

学者・研究者として活躍した卒業生では、アイヌ研究の第一人者・知里真志保、マルクス経済学の大島清、京大原子エネルギー研究所長を務めた水科篤郎、法学者で明治学院大学長を務めた和田昌衛、憲法学者で元北大総長の中村睦男、法学者で常磐大学長をした森征一、日本教育史の逸見勝亮らがいた。

## 優れた医師も

医師では、がん基礎医学が専門で弘前大学長を務めた白渕勇、白血病の権威で国立名古屋病院長をした木村禧代二、免疫学が専門で札幌医科大学長を務めた菊地浩吉、小児科学が専門で国立国際医療センター総長をした鴨下重彦らが卒業生だ。

植物学者で京大総合博物館の初代館長をした河野昭一もいた。各地の天然林の伐採反対運動をリードするなど自然保護に尽力、南方熊楠賞を受賞している。

「官」では、いずれも元職だが、建設官僚出身で日本道路公団総裁の富樫凱一、駐英大使の湯川盛夫、農林水産事務次官の田中宏尚らが卒業している。

経営者では、栗林商会社長の栗林徳光、室蘭民報社社長を務めた一戸豊信、現社長の工藤忞《つとむ》がＯＢだ。

文化人では、44年に芥川賞を受賞した八木義徳がいた。「早稲田文学」に参加し戦後になって評価が高まり、日本芸術院会員になった。

八木義徳

室蘭市立室蘭港の文学館に、八木に関する資料が保存されている。新制４期卒の三村美代子は、その館長を16年３月末まで９年間務めた。

## 室蘭ゆかりの芥川賞作家

なお、室蘭ゆかりの芥川賞作家としては、さらに２人がいる。

１９８７年受賞の三浦清宏は、室蘭で生を受け、旧制東京府立高校（東京都立大・現首都大学東京と同附属高校・現桜修館中等教育学校の前身）を卒業した。

02年に受賞した長嶋有は、道立室蘭清水丘高校出身だ。

文芸評論家の高沢秀次、歌人、川柳作家の松木秀、劇作家の三浦大輔は現在活躍中だ。

漫画家では、旧制卒の井崎一夫と新制卒の岩泉舞が、写真家ではアイヌ民族の姿を映した掛川源一郎が卒業生だ。笹森琴絵は自然写真家だ。

ＮＨＫアナウンサーの高橋美鈴は、東大卒後に入局し、17年４月からＮＨＫ Ｅテレの「日曜美術館」で司会をしている。

ＮＨＫのシニアアナウンサー・堀伸浩もＯＢだ。

音楽では、ジャズミュージシャンの豊岡豊がいた。ドラマーとして多くのテレビ番組で、ゲスト歌手の生演奏担当として出演した。

俳優では、奥野瑛太が売り出し中だ。17年放送のＮＨＫの大河ドラマ「おんな城主直虎」に出演するなどテレビドラマや映画で活躍している。

## 帯広柏葉高校

北海道立 ● 帯広市

道東の十勝には、畑作地や放牧地がどこまでも続く雄大な平野が広がる。いかにも北海道、というのびやかな景観だ。

帯広市はその真ん中にある。屯田兵ではなく民間ベースで開拓された街だ。人口は17万人弱だ。

前身の北海道庁立帯広中学校が開校したのは１９２３（大正12）年だ。戦後の学制改革を機に周辺の高校を統廃合し、男女共学となった。その際に、地名の下に「柏葉」の２文字を加えた。校地周辺に柏の木が多かったからだという。

北海道の公立伝統高校には、帯広柏葉高校のみならず小樽潮陵高校、釧路湖陵高校、北見北斗高校など格調高い４字の校名が多い。

24（大正13）年制定の「綱領」というのが、連綿と受け継がれている。「公明正大の心情を養うべし　遠大の希望に向って猛進せよ　師を敬し友を愛せよ」だ。

### 新聞コンクールで全国一

クラブ活動がすこぶる活発で、生徒の90％以上が加入している。文化部では新聞局の活動が目覚ましく、高校新聞コンクールで全国一を十数回とっているほどだ。

国際理解教育にも熱心に取り組んでいる。米国からの短期ホームスティ留学生を四十数人受け入れたり、帯広柏葉高校の生徒も米国に行っている。

同窓会は、生徒のキャリア教育のお手伝いをしている。「柏葉塾」と称し、１学年を対象に各界で活躍しているＯＢ、ＯＧが学校を訪ね、講演する。「薬剤師という仕事」「公務員という仕事」などという演題だ。

毎年度の大学入試では、東京大、京都大、東京工業大、一橋大に各１人ほど、北海道大に約３０人の合格者を出している。

旭川医科大（19年は８人）、札幌医科大（５人）など、医学部医学科へ進む者も多くなっている。

帯広という場所の宿命であるが、

大学進学時には札幌の大学を含め親元を離れることになる。「帯広を離れるなら、札幌も東京も関西も同じ」というわけで、全国の大学に散らばって受験をすることになるという。

例えば、立命館大学（京都市、滋賀県草津市）、京都産業大にも毎年度、各約10人が合格している。

1980年卒の小原比呂志は、遠く離れた鹿児島大水産学部に進学、それがきっかけとなって現在は、屋久島でエコツアーのガイドを業としている。

中島みゆき

学校では、「帯広柏葉高校は恵まれた環境にある、文武両道にチャレンジするとともに、郷土を愛する心を持ってほしい」と強調している。

帯広柏葉高校の名を高くしているのは、2人の実力派シンガーソングライターを輩出していることにある。中島みゆきと吉田美和だ。

中島は高校3年生の時に文化祭で初めてステージを踏んだ。私立藤女子大学（札幌市）に進学し、活発に音楽活動を展開、「コンテスト荒らし」の異名をとった。75

吉田美和

（昭和50）年にレコード・デビューし、以来、70年代、80年代、90年代、2000年代と4つの年代にわたってシングルチャート1位を獲得する人気ぶりが続いた。

## 中島みゆきと吉田美和

ジャンルはフォークソング、ニューミュージックで、他の歌手にも曲を提供する作曲家・作詞家としても、評価が高い。

吉田は北海道池田町出身で、帯広柏葉高校では中島より14年後輩だ。中学時代からバンドを結成し、ベースの中村正人（千葉県立国府台高校卒）と共に「ドリカム」を組み、ボーカルを務めている。95年にソロ・デビューもしている。

2人のほかにも、オカリナ奏者で作曲家の本谷美加子、ジャズピアニストの朝倉由里らがＯＧだ。

文化人では、評論家の草森紳一が卒業生だ。文学、歴史、美術、建築、宗教……と、様々な分野で旺盛な執筆活動を繰り広げた。莫大な量の蔵書を保有していたことでも知られる。

学者では、国際政治学者で筑波大名誉教授の進藤栄一がいる。京大卒で、米プリンストン大、ハーバード大、英オックスフォード大などでも研究生活を送った。故郷の帯広市で、「とかち創生塾」を開き、地域活性化にも努めている。

物理学者の川路紳治は、半導体の研究で仁科記念賞、学士院賞を受賞している。

心理学者で米国の大学で教壇に立っている秋場大輔は、米国にスケート留学したが、結局、学者になったという逸話の持ち主だ。

内科医の新津洋司郎は臨床腫瘍学が専門で、がん細胞のメカニズムの研究などに打ち込んでいる。内科医の嵩文彦は、異風の現代俳句で知られる。

## 人気男子アナの安住

メディア関連では、ＴＢＳの人気アナウンサー・安住紳一郎がＯＢだ。タレント的な女性アナウンサーは「女子アナ」と呼ばれているが、安住はさしずめ「男子アナ」と言えるだろう。

十勝地方で「新聞社」といえば、北海道新聞社や東京に本社を置く全国紙ではなく、十勝毎日新聞社（勝毎＝かちまい）を指す。その勝毎の会長・主筆の林光繁と息子で社長の林浩史は、そろって柏葉高校で学んだ。

ジャーナリスト、編集者では、和多田進がいた。昭和から平成にかけ、ルポルタージュ専門の出版社を立ち上げ、93年に「週刊金曜日」の初代編集長・社長を務めた。その後、勝毎の編集委員などをした。

地元の行政や経済界などで活躍している卒業生では、帯広市長に吉村博、高橋幹夫、米沢則寿が就いている。

萩原一利は地元ゼネコンの萩原建設工業の、山本英明は十勝の豆類などを扱う山本忠信商店の、田村昇は菓子メーカーの柳月のトップ経営者だ。

医師の細川吉博は、地域病院や老人福祉施設を経営している。

スポーツでは、全国高校総体ス

ピードスケート競技の女子500メートルで、山根佳子が、12、13、14年と3連覇した。

道立高校で教諭をしている柏倉早智子は、大妻女子大に進学し、チアリーディングと出会った。30歳の時、日本女子チームの主将として第1回チアリーディング世界選手権大会に出場し、優勝した。前述の安住アナの実姉だ。

芸術では、現代美術の国安孝昌が丸太を用いたダイナミックな野外作品などで知られる。

小説家の鳴海章は91年、『ナイト・ダンサー』で江戸川乱歩賞を受賞した。

映画監督の熊切和嘉は74年生まれで、同世代の映画監督で最先端を走っている。14年には『私の男』がモスクワ国際映画祭で最優秀作品賞を受賞した。

この映画をはじめ熊切の作品は、内外の映画祭に多数、出品されている。

八鍬新之介はアニメーション映画やテレビの演出家、監督で、「ドラえもん」シリーズの多くの作品にタッチした。

## 書道部が活躍

クラブ活動が活発なことを前述したが、新聞局と並び書道部の活躍が目立つ。その基礎を築いたのは新制1期卒で前衛書の長沼透石で、92年まで37年間、母校で書道を指導した。

長沼は高校生の時、野球部のメンバーとして甲子園に出場、母校の野球部監督も務めた。

長沼の弟子には、竹下青蘭、八重柏冬雷（前帯広柏葉高校書道教諭）、野坂武秀らがいる。長沼らは、日本最大の書道展である毎日書道展の審査員を務めた。一つの高校の卒業生から審査員をこれだけ輩出したのは、異例と言えよう。

人権派弁護士として活躍している卒業生もいる。自衛隊イラク派遣差し止め訴訟、豊浜トンネル崩落国賠訴訟などの弁護人を務めている佐藤博文で、納税者・労働者・消費者の立場に立って活動している。

藤原志帆子は、人身取引被害者を支援するNPO法人「ライトハウス」の代表だ。米ウィスコンシン州立大学に留学し、卒業後は被害者支援団体ポラリスプロジェクトに勤務、04年に日本事務所を設立した。

# 北海高校

私立　札幌市豊平区

創立130余年の、北海道の私立高校の名門だ。卒業生は約4万人を数え、学者、文化人、実業家、スポーツ選手など多くの優れた人物を送り出してきた。

5年制の旧制私立北海中学が創立されたのは1905（明治38）年。だが、そのルーツは1885（明治18）年に創立された北海英語学校だ。札幌農学校予科入学を目指した中等教育機関だった。

北海道の旧制公立中学で最も早く設立されたのは、札幌一中（現北海道札幌南高校）と函館中（現北海道函館中部高校）だが、北海高校は両校より10年古い校歴を誇る。

戦後の学制改革で新制北海高校になった。旧制時代と同様、男子校だったが、1999年に男女共学制に移行した。

学校法人北海学園としては、北海学園大、北海商科大、北海学園札幌高校も有している。

## ルーツは明治18年創立

「質実剛健」「百折《ひゃくせつ》不撓《ふとう》」を、建学以来の基本精神としている。校風は元気で明るく、幅広い個性を持った生徒が多い。

1学年は10クラスで約400人。男55：女45の割合だ。名物行事は毎年7月の支笏湖遠足。全生徒が札幌〜支笏湖間の34キロを歩く、ハードな遠足だ。

沖縄への修学旅行も三十数年、続けている。予選を経て各学年の上位者3人が決勝大会で熱弁をふるう弁論大会は、50年以上続いている。

大学への進学は毎年度、120〜130人が推薦などにより北海学園大に進む。これを含め半数が道内の私大に、20％は道外の私大に進学する。

国公立大への進学者は10％だ。19年春には北海道大に7人、東北大に1人、慶応大に2人が合格している。

大谷喜一は、調剤薬局大手の「ア

インＨＤ」の創業者だ。北海高校から日大理工学部薬学科（現薬学部）に進学した

富山睦浩は「サツドラＨＤ」の創業者で現会長だ。大谷より2年先輩で、昭和大薬学部を卒業し、72年に札幌市内のスーパーに1号店を出した。

## 地元経済界で活躍

さらに経営トップを挙げると、ＪＲ札幌駅前に店を構える佐藤水産・佐藤寿、「白い恋人」で知られる石屋製菓・石水創、和洋菓子「もりもと」・森本吉勝、菓子卸売業「ナシオ」・名塩良一郎、飲食業のライフコーポレーション・坂口政義らがいる。

旧制中学では、酒井喜四（帝国石油）、中道昌喜（中道機械）、八反田角一郎（読売テレビ）らの経営者が卒業している。

政治家では、厚相をした三井辯雄、石狩市長の田岡克介がいる。

文芸で名を成した卒業生が多い。

新選組などの時代小説で多くのファンを獲得した子母沢寛がいた。大正から昭和にかけ、明治大学を卒業後に東京日日新聞（現毎日新聞）などで新聞記者をし、時代小説家として独立した。

転向文学を代表する一人である島木健作がいた。1937年に発表した「生活の探求」がベストセラーになった。

寒川光太郎は40（昭和15）年に北海道出身の作家として初めて芥川賞を受賞した。「密猟者」という本が対象で、樺太で生活していた時のマタギとの出会いがこの作品の素材になった。

和田芳恵は、「塵の中」で63年下半期の直木賞を受賞している。樋口一葉研究で知られる。

大正、昭和期の詩人・吉田一穂は、旧制北海中学から旧制海城中学（現東京・私立海城高校）に転校した。小説家、脚本家の朝倉賢は札幌市の収入役を務めた。

小説家の倉島斉、漫画家の森熊猛、詩人・俳人の新妻博もいた。

芸術では、彫刻家の本郷新が旧制札幌二中（現北海道札幌西高校）を経由して北海中学に転校してきた。彫刻家では坂担道もいた。

画家では栃内忠男、菊地精二、菊地又男、挿絵画家・彫刻家の梁川剛一、写真家の小野寺昌道らもＯＢだ。洋画家の斉藤陽向、波田浩司は活躍中。

学者・研究者では、内科医で東北大総長を務めた黒川利雄がいた。文化勲章を受章し、日本学士院院長も務めた。

三松正夫は北海中学を中退しているが、アマチュア火山研究家として知られる。有珠山麓の麦畑から43（昭和18）年に突如、噴火した昭和新山の定点観測を続けた。

戦前の非合法時代の日本共産党の理論的指導者で、在野のマルクス経済学者の野呂栄太郎は、北海中学時代から秀才の誉れ高かった。

北海英語学校から札幌農学校予科・本科に進んだ半沢洵は、応用菌学者になり純粋培養の納豆菌を作り「文化納豆」の名で全国に広めた。

公衆衛生学の辻義人は福島県立医科大学長を、行政法の熊本信夫は北海学園大学長を、海洋生物学の西山恒夫は北海道東海大学長を務めた。

労働経済学の阿部利雄、流通経済学の小堀雅浩、スポーツ史の笹岡征雄、機械工学の田下和男らもOBだ。

## 金メダリストの南部忠平

旧制時代からスポーツが盛んで、多くの有力選手を送り出している。

日本の陸上競技を築きあげた一人である南部忠平がいた。32（昭和7）年のロサンゼルス五輪に出場、三段跳びで金メダルを、走り幅跳びで銅メダルを取った。走り幅跳びでは1931年に7メートル98の世界記録を樹立（当時）、この記録は39年間、日本記録として保持された。

南部忠平

冬季五輪でも活躍している。金野昭次は1972年の札幌五輪に出場し70メートル級ジャンプで銀メダルを取った。

冬季五輪出場選手としては他に、高橋昂（クロスカントリー）、山田勝巳（ノルディック複合）、多田修（アルペンスキー）、田尾克史（スキージャンプ）、高木孝（リュージュ）らがいる。

北海高校野球部は、夏の甲子園大会に38回出場している。松商学園（私立・長野県松本市）の36回を上回る全国最多出場だ。

## ヤクルトの若松勉

多くのプロ野球選手を輩出しているが、その代表格はヤクルトの選手、コーチ、監督を務めた若松勉だ。北海高校から電電北海道を経て１９７０年にヤクルト入りした。１６８センチと小柄ながら首位打者２回、生涯打率０・３１９を残し、野球殿堂入りしている。

ラグビーでは戦前の日本代表選手でその後に映画俳優になった笠原恒彦、明大で鳴らし日本代表監督になった斎藤寮らがＯＢだ。

若松勉

日大ゴルフ部出身のプロゴルファー・高橋勝成がいる。03、04年に全日本シニアオープンを制覇し、後進の指導に力を入れている。

旭化成柔道部監督の斎藤制剛も卒業生だ。北海高校―国士館大―旭化成で活躍した。大相撲力士で、小結になった大翔鳳昌巳もいた。

野村輝之は冒険家で、81年に太平洋一周に成功、00年にヨットの「シーガル号」で世界一周を達成した。

中高年にとって懐かしい芸能人も学んでいる。喜劇俳優の益田喜頓と坊屋三郎の２人は、長く舞台、映画の世界で活躍した。

渋い演技の脇役・千秋実、悪役が多かった山本麟一も旧制卒だ。

活躍中の芸人では、落語家・タレントの三笑亭夢之助、お笑い芸人のタカ、俳優の伊藤祐輝がいる。

音楽で才能を発揮している卒業生も。作曲家では映画音楽で多くの作品を残したが、41歳で若死にした早坂文雄がいた。萩原哲晶は、『スーダラ節』など昭和時代に人気を博したクレージーキャッツのほとんどの曲で、作曲・編曲を手がけた。作曲家の西田直道、作詞家では吉川静夫もＯＢだ。

長らく男子校だったため、活躍が目立つ女性はまだ少ないが、12年卒の渡部愛《まな》は将棋の女流棋士で、17年に「女流王位」のタイトルを取り女流三段になった。

10年卒の渡辺由香里はバトントワラーとして高校時代にスリーバトン部門で全国優勝した。09年の世界大会のシニア年代では世界一になった。

# 函館ラ・サール高校

●私立　●函館市

フランス系カトリックのラ・サール修道会が1960（昭和35）年に設立した男子のみの中高一貫校だ。鹿児島市にあるラ・サール高校は姉妹校だ。

北海道各地のみならず、関東や関西からも生徒が入学してくる。このため、6割の生徒が親元を離れ、寮生活をしている。

その寮は、全国的にも珍しい「大部屋」方式だ。ひとつの部屋に50人分の二段ベッドがずらりと並んでいる。中学生と、外部から高校入試を経て入学してきた1年生は、この大部屋で生活する。

ラ・サール中学から進学してきた1年生と、2、3年生は4人部屋だ。

寮は、寝食と勉学の場を提供するだけの場所ではない。共同生活を通して学ぶ規律ある生活や、忍耐・協調の精神を学ぶ場でもある—という考え方に基づいている。

## 50人の大部屋も

クラブ活動は盛んで、約80％の生徒が加入している。陸上競技、バレーボール部などが全国大会に出場している。ラグビー部は17年末の97回全国高校ラグビー大会（大阪府東大阪市、花園ラグビー場）に出場した。2大会ぶり2度目の出場だった。

19年春の大学入試では現役、浪人合わせ、東京大、京都大に各1人、北海道大10人などの合格者を出した。

私立大には延べ人数で、早稲田大13人、慶応大5人だ。

中央大法科大学院教授の野村修也が、ニュース番組のコメンテーターとしてよく登場する。函館市出身で、中央大に進学した。

野村は会社法、コンプライアンス（法令順守）研究などで知られる。政府や自治体の各種審議委員を務めている。

評論家の宇野常寛も、ラジオやテレビのコメンテーターを務める。ミニコミ誌の編集長でもある。

理論経済学の柿崎繁、経営学の鶴日出郎、国際政治史の林忠行、憲法学の岡田信弘、教育学の高橋智、民法の佐藤鉄男、会社法の梶浦桂司が卒業生だ。

　理系では、眼科医で旭川医科大学長の吉田晃敏、免疫学の西村孝司、生化学の菅敏幸、光触媒化学の橋本和仁らがOBだ。橋本は物質・材料研究機構理事長を務め、政府の科学技術政策にも携わっている。

　小説家では、警察モノ、伝記など多彩な分野の小説約200冊を著し、日本推理作家協会理事長の今野敏がいる。

今野敏

　朝日新聞記者出身でノンフィクション作家、探検家の角幡唯介、漫画家ののむら新保、放送作家の植竹公和もOBだ。
　経済界ではニッカウヰスキーの山下弘、北海道新聞社の菊池育夫が、トップ経験者だ。
　吉沢慶信は北海道副知事のあと、AIR DO会長を務めた。
　地元函館市の市長は07年以来、前任の西尾正範、現職の工藤寿樹と、函館ラ・サール高校のOBが就いている。

## 原発訴訟の函館市

　函館市は14年4月、青森県・大間町で建設中の大間原子力発電所について、事業者のJ－POWER（電源開発）と国を相手取り、建設差し止めを求める訴訟を東京地裁に起こした。自治体が原発差し止め訴訟の原告になったのは、初めてだ。

　函館市は津軽海峡を挟んで大間原発と最短で23キロにあり、「事故が起きれば、主要産業の水産業、観光業が壊滅的打撃を受ける」（工藤市長）と、訴えている。

　福岡高等検察庁検事長を務めた鈴木和宏は、東京地検時代の1995年、オウム真理教の主任検事として捜査を指揮し、教祖の麻原彰晃（熊本県立盲学校卒）の起訴を行った。

　シンガーソングライターのあがた森魚、作曲家、ギタリストの芳野藤丸と藤井真吾、シンセサイザー奏者の杉山圭一がOBだ。

# 4章

# 東北の伝統高校　9校

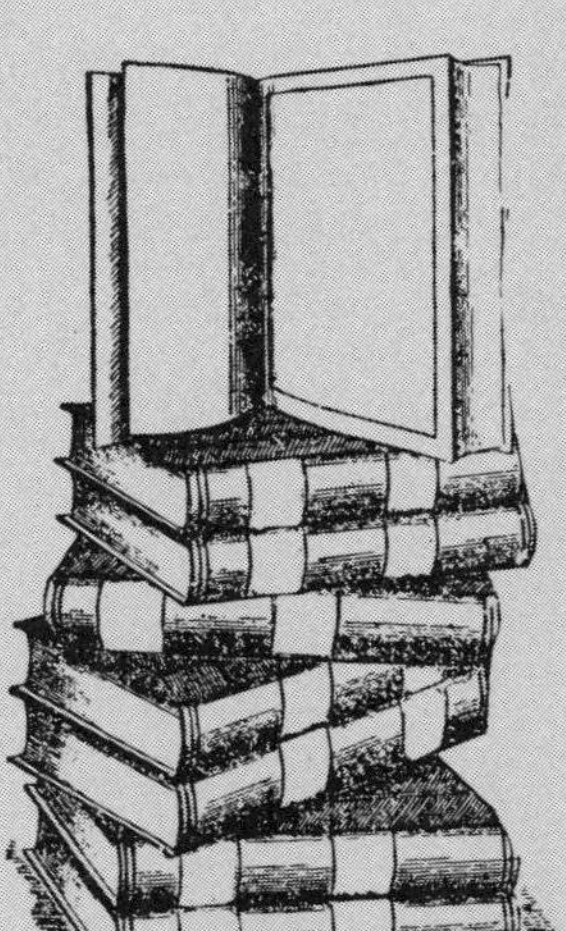

# 八戸高校

青森県立　八戸市

本州最北端の青森県は、日本海側の津軽地方と太平洋側の南部地方に大別される。南部地方の中心都市である八戸《はちのへ》に1893（明治26）年、青森県尋常中学八戸分校として創立されたのが、八戸高校のルーツだ。

県第二中―八戸中と改称され、戦後の学制改革で新制八戸高校に衣替えされ男女共学となった。青森県の公立高校としては弘前高校（旧制青森一中）に次いで2番目に設立された中学で、青森高校（旧制青森三中）より古い校歴だ。8万平方メートルという全国屈指の広大なキャンパスを持つ。

八戸市は、港町と工業都市の二つの性格を併せ持つ。高度成長期の1965（昭和40）年ころ八戸高校は、24学級・生徒定員1320人の大規模高校だったが、最近は若年人口が急減し、18学級・720人と縮小している。

## 旧制青森二中が前身

大正時代から伝わる「綱領」というのがある。「一、須ク自重スヘシ　一、唯本分ニ向ツテ猛進セヨ　一、師ヲ敬シ友ヲ愛セヨ」だ。

120余年で培われた校風は、文武両道、質実剛健、自主自立であるという。

かつては硬式野球部も強かった。旧制時代を含め、甲子園には春1回、夏6回出場している。しかし94年夏の出場以来、遠ざかっている。

青森県でトップの進学校になっている。大学入試では、現役で60％弱の生徒が国公立大に合格している。

19年度の合格実績は現役、浪人合わせ、東北大30人、東京大、京都大各2人、北海道大8人だった。弘前大には24人が合格、その内、医学部医学科は14人だった。

私立大には延べで早稲田大10人、慶応大3人だ。

郷土の期待を背に多くの政治家を輩出していることが、八戸高校の特色だ。

活躍ぶりが目立つのは15年4月から衆院議長の大島理森《ただもり》だ。衆院議員として当選12回を数える。

大島は、慶応大に進学、毎日新聞社に入社したがすぐに青森県議となり、1983年から国政に転じた。文相、農相、自民党幹事長などを歴任した。気配りの政治家として知られる。

衆・参両院の議員を務めたのは、アイスホッケーで五輪出場経験を持つ元農相の田名部匡省と、工藤堅太郎だ。

大島理森

衆院議員経験者は、元青森県知事の山崎岩男と現知事の三村申吾に加え、農相をした三浦一雄や、夏堀源三郎（旧制八戸中中退）、山内亮らだ。
参院議員では、13年に初当選した青森県議出身の滝沢求がいる。参院議員経験者では、参院副議長をした松尾官平、国際政治学者で立教大総長をした松下正寿、それに武内五郎がいた。

## 郷土を背に多くの政治家

八戸市は、1929（昭和4）年に市制が施行されている。歴代市長10人のうち、山内亮、夏堀悌二郎、秋山皐二郎、中村寿文、それに現職の小林真の計5人が、旧制八戸中・新制八戸高校の卒業生だ。


官僚では、農水省の事務次官をした京谷昭夫がいた。92年の宮沢内閣時代に農水省は、大臣が前述の田名部で事務次官が1期下の京谷という八戸高校コンビが、仕切ったことがあった。

企業でトップを務めた卒業生では、日清製粉社長をした中村隆司、アドバンテスト社長の吉田芳明、毎日新聞社元社長の北村正任がOBだ。北村はその後、横綱審議委員会委員長を務めた。

北村の父は、青森県知事を務めた北村正哉（旧制青森県立野辺地中学・現野辺地高校卒）だ。

地元経済界では、梅内敏浩と井畑明男が青森銀行の頭取を、杉本康雄がみちのく銀行頭取を務めた。

文化人として活躍した卒業生では、新制高校第1回生の三浦哲郎

三浦哲郎

が、1961（昭和36）年に『忍ぶ川』で芥川賞を受賞した。後年、芥川賞選考委員もした。

劇作家、小説家の北村小松、多くの短歌賞を受賞している梅内美華子もOB、OGだ。梅内は八戸高校時代に「歌林の会」に入会、NHK歌壇の司会なども務めた。

音楽では、『北上夜曲』の作曲者である安藤睦夫がいる。13年度上半期に放送されたNHKの朝ドラ『あまちゃん』で演奏された『南部ダイバー』の作曲者でもある。

作詞家の旦野いづみは、水森かおりが唄う『庄内平野風の中』を作詞した。男性ボーカルグループ「ゴスペラーズ」のメンバー北山陽一は、慶応大在学中にメジャーデビューを果した。

## 音楽で才能を発揮

音楽評論家の星加ルミ子は、音楽雑誌「ミュージックライフ」（1998年で休刊）の編集長を10年間、務めた。日本で初めてビートルズの単独インタビューに成功した。

ミュージシャン、俳優の坂本サトル、新進声楽家の泉萌子も卒業生だ。

画家では、「新表現主義」創立に参加した豊島弘尚がいた。豊島の1期後輩の久保田政子は、馬を題材にした油絵を描いている。大久保景造は画家・詩人だ。

書家の佐々木泰南、落語家の3代目桂小文治もOBだ。

学者・研究者では、国際政治学者の桜田淳が硬派の論客として知られる。親米リアリストの系譜にあることを自認し、一部の保守論客への批判を続けている。

内田俊宏は民間エコノミストとして、メディアによく登場している。

公共哲学、社会思想史の山脇直司、民法の福田弥夫と田高寛貴、八戸大学長をした蛇口浩敬、日本語学者の加藤重広らがいる。

理系では、日本細菌学会の第一人者である野田公俊、森林生態学の北山兼弘、

皮膚再生科学の権威で再生医学全般についても研究している玉井

克人、無機化学の山崎昶《あきら》らが卒業している。

工学者で東北大大学院教授の堀切川一男は、中小企業からの技術相談に応じ、製品化、実用化を産学連携で進めている。御用聞き型企業訪問スタイルは、「仙台堀切川モデル」といわれている。

思想家3人にまつわる話を、紹介しよう。

江戸時代中ごろに八戸には、『自然真営道』などの著作がある町医者・安藤昌益（秋田県大館市生まれ）が開業医として住んでいた。

旧制八戸中出身の山田鑑二、上杉修、野田健次郎、それに新制卒で現安藤昌益資料館館長の三浦忠司の4人の郷土史家は、昌益研究で知られる。三浦は、八戸藩に関する多くの著書を執筆している。

旧制八戸中を中退した江渡狄嶺《えとてきれい》は、明治から昭和前期にかけての思想家だ。東京郊外で農業を営み、「場の理論」という独自の考えを打ち出した。農本思想者の代表の一人だった。

## 「天城山心中」

もう一人は昭和初期に右翼的思想をよりどころに昭和維新の運動を起こした大久保弥三郎だ。大久保は船用金具商をし、南部鉄道常務なども務め、八戸ではよく知られた人物だった。

大久保の長男・大久保武道は八戸高校8回生で、1957（昭和32）年に起きた「天城山心中」の当事者だ。ともに学習院大2年生だった大久保と愛新覚羅慧生《あいしんかくらえいせい》（学習院女子高等科卒）が伊豆半島の天城山でピストル心中をした事件だ。

慧生が清朝最後の皇帝にして旧満州国の皇帝でもあった溥儀の姪、つまり溥儀の実弟・溥傑の長女だったことから、当時、「天国に結ぶ恋」などとマスコミに騒がれ、大きな話題を呼んだ。「無理心中」説（大久保によるストーカー殺人）と「情死」説があるが、学習院関係者の間では、「無理心中」と見る人が圧倒的に多い。

八戸はレスリングの盛んな土地柄だ。少年レスリング教室「八戸クラブ」会長の沢内和興は、五輪メダリストの女子レスリング選手である伊調千春（京都府立網野高校卒）・馨（私立至学館高校卒）姉妹を育てたことで、知られている。

# 横手高校

秋田県立 ● 横手市

秋田県南部にあり、「かまくら」(雪洞)で知られる横手市。中心街からやや離れた北郊に、旧制秋田県第三中学校が開校したのは、1899(明治32)年のことだった。すぐに横手中学校と改められた。

戦後の学制改革で新制高校に衣替えされた際に7年間余、県立横手美入野高校と名のっていたが、1955(昭和30)年には現在の横手高校に改称された。51年度から男女共学化されている。

横手市内には戦前、県立横手高等女学校があった。現在の横手城南高校だ。こちらが男子に門戸を開いたのは、2008年だった。

小説家の石坂洋次郎(青森県立弘前中学・現弘前高校卒)が、この横手高女と横手中で、延べ13年にわたって国語科教諭を務めていた。

横手高校では「校訓」とは言わず、「指針となることば」というのがある。「剛健質朴」「青雲の志」「天祐自助」だ。

校章は雲型の図案になっている。大正末に制定された校歌には「剛健質朴理想となして」の一節がある。

## 体育施設が充実

体育館、第二体育館、武道場、弓道場、陸上競技場、野球場と屋内練習場、テニスコートが、それぞれある。大都市にある高校では考えられないほど、体育施設が充実している。

恵まれた環境を生かし、運動部では陸上競技、ハンドボール、庭球、柔道、剣道、山岳、水泳、相撲、フェンシングなどが、文化部では吹奏楽、放送研究、文芸、将棋、囲碁同好会などが東北大会や全国大会に出場している。野球部は69年に夏の甲子園大会に出場したことがある。

2年生から普通科と理数科に分かれる。大学進学時には、地理的な制約からすべての生徒が親元から離れることになる。

毎年度の大学入試では、約60%が現役で国公立大に合格する。現役、浪人合わせ毎年度、東京大、京都大、一橋大に各1人ほど、東北大、秋田大、新潟大に各約20人が合格する。

横手高校では、「うちの生徒は受験技術に長けていない。そのぶん、大学での伸びしろが大きい。星雲の志を抱け、と檄を飛ばしている」という。

個性が際立った卒業生を輩出している。16年8月に101歳で死去した反骨のジャーナリスト・むのたけじがその一人だ。

むのたけじ

むのは、朝日新聞記者だったが戦争責任を痛感して敗戦を機に退社した。48年から30年間、週刊新聞『たいまつ』を発刊し、護憲・反戦の立場から言論活動を続けた。

数年前も、集団的自衛権の行使を容認する安倍政権の右傾化に、警鐘を鳴らしていた。

## 反骨精神あふれる卒業生

「憲法九条を守る」という運動を続けている卒業生が、もう一人いる。横手市長を20年間務めた千田謙蔵だ。千田は、東京大在学中の52年に起きた東大ポポロ事件の被告人として有罪判決を受けたことがある。

中央・地方政界で活躍した卒業生が多いのが、特徴だ。

寺田典城《すけしろ》・学《まなぶ》という父子がいる。そろって横手高校卒だ。典城は千田の後任の横手市長になった。97年から09年にかけて秋田県知事を務め、その後、参院議員をした。学は衆院議員だ。

学は、03年の衆院選挙で当時としては史上最年少の27歳で当選した。民主党政権下で、首相補佐官を務めた。

187センチあり、政界一の長身だ。現在は立憲民主党・市民クラブの所属だ。

寺田静は、19年7月の参院選で野党統一候補として初当選した。寺田学が夫だ。静は県立横手城南高校を中退、大検に合格し早大に進み卒業した。

自治官僚出身の佐々木喜久治は、

寺田典城の前任の秋田県知事で、5期17年を務めた。

農林官僚出身の笹山茂太郎は、自民党公認の衆院議員として9選したが、入閣は果せなかった。日本社会党所属で衆院議員を8期連続当選した川俣健二郎も、旧制の卒業生だ。

旧横手町が市制を敷いたのは1951年。初代市長の佐々木一郎以降、小味渕肇、武茂礼治、田畑栄太郎、千田謙蔵、寺田典城それに前市長の五十嵐忠悦までの62年間余、横手中・横手高校出身者が市長の座を占めた。

小野寺清と根岸均は秋田県教育長を務めた。文部科学省の全国学力学習状況調査で、秋田県は全国トップクラスを維持しているが、2人はその土台を築いた。

北欧社会や女性学の研究者である三井マリ子は、東京都議会議員をした。男女共同参画社会の実現に向けて、市民運動を続けている。

学者・研究者になった卒業生には、航空工学の大御所として知られた佐貫亦男がいた。航空機事故があると、メディアによく登場していた。

## 航空工学の大御所・佐貫

太陽光発電工学が専門で八戸工業大学長を務めた藤田成隆、内科医で膠原病の研究をした本間光夫、動物生理学の最上善広、内科医で大腸がん研究の福田真作、地震・火山学の三浦哲と渡辺俊樹、分子生物学の藤井宣晴らもOBだ。

文系では、社会政策学の平田冨太郎、前述の笹山茂太郎の息子で日本古代史が専門の笹山晴夫、法学者で現代中国法を研究している西村幸次郎、宗教学の深沢助雄、社会保障論が専門で中央社会保険医療協議会会長をした土田武史、行政学の佐藤克広、社会教育学の矢口悦子らも卒業生だ。

今後が期待される若手もいる。東北大は優秀な院生、学部生を毎年度、表彰している。14年度には、横手高校卒で修士課程の佐々木渉太（電子工学）が総長賞を、学部生の内藤祥子（生体電子工学）が工学部長賞を受賞した。

経済界では、伊藤忠商事出身の上田準二が流通大手のユニー・ファミリーマートHD社長を17年2月まで務めた。

斎藤隆夫は北都銀行頭取を、柿崎征英は仙台空港ビル社長を務めた。

本田技研工業の技術者だった佐藤登は、リチウムイオン電池など自動車用大型電池の研究開発でリード役を果たし、のちにサムソン・グループにスカウトされた。

今野宏は、酵母菌、乳酸菌などの製造販売をしている秋田今野商店（秋田県大仙市）の代表だ。100年以上の社歴があるユニークなバイオ関連企業で、環境に悪影響を与えない生物農薬の研究で知られている。

富木謙治は武道家で、戦後に合気道の普及発展に貢献した第一人者だった。

出版・報道関連では、横手中1期卒の福岡易之助が1915年、白水社を創業した。日本で初めて仏和大辞典を編纂するなど、フランス文学の翻訳者を多く、手がけた。

小笠原直樹は1874年創刊の秋田魁新報社の前社長だ。

## 「広告批評」の島森路子

島森路子は、『広告批評』の2代目編集長・発行人を務めた。広告の世界ではよく知られた天野祐吉（旧制愛媛県立松山中学から新制松山南高校に移り卒業）と共に「広告批評」を、一流の雑誌に育て上げた。

美人でエッセイストでもあった。

島森路子

平成時代の終わりに民放テレビの情報番組でキャスターやコメンテーターを務めたが、13年に66歳で病没した。
竹林宏はNHKのスポーツアナウンサーだ。高校時代は野球部だった。プレーヤーとしては行けなかった甲子園に何度も行き、高校野球の実況中継をしている。五輪中継もたくさんしている。
文化人では、佐々木宗一郎が旧制卒の洋画家、佐々木久美が気鋭の日本画家だ。音楽では、ジャズドラマーの大坂昌彦、サクソフォーン奏者の成田徹がいる。成田は東京芸大卒で、洗足学園音楽大で教えている。
豊島ミホは若手の小説家だ。幼少期からの夢は漫画家になることだった。

# 角館高校

●秋田県立 ●仙北市

江戸時代から京文化が移入され武家屋敷跡が残ったことから、「みちのくの小京都」といわれる角館《かくのだて》。1925（大正14）年に県立角館中学校として開校した。戦後の学制改革で男女共学の新制角館高校に衣替えした。

人口減に対応するため2014年には、旧制角館高等女学校を前身とする角館南高校（女子校）と統合した。15年には、旧角館高校跡地に全日制課程の新校舎が完成した。

各学年6クラスで計約210人。男子4・女子6の比率だ。

統合校なので、2つの校風を受け継いでいる。自ら高い志をかかげ挑戦する旧角館高校の「若杉精神」と、清く賢く強い人間を目指す旧角館南高校の「駒草精神」だ。

校歌も両校の校歌をそのまま残し、「若杉」と「駒草」と名づけている。校章は、角館出身の日本画家・平福百穂（旧制東京美術学校・現東京芸術大卒）がデザインした「若杉」だ。

## 知事の佐竹は佐竹北家当主

部活動が盛んだ。野球部は、統合初年度の14年夏に旧制時代を含め初の甲子園出場を果たした。県大会では、たびたび決勝に進出している。

バレーボール部女子は、角館南高校時代に全国高校バレーボール選抜優勝大会に計8回も出場している。スキー部も全国大会の常連だ。

8割が進学し、2割が就職する。毎年度、秋田大、新潟大など国公立大に約30人が合格する。私立四大、短大に約100人、専修学校や各種学校などに進む生徒は約60人だ。

秋田県知事の佐竹敬久が卒業生だ。01年から7年7ヵ月間、秋田市長を務め、17年4月に行われた知事選で3選を果たした。

角館は江戸時代、秋田藩を領した佐竹氏の分家である佐竹北家が統治した。佐竹敬久は佐竹北家の第21代当主だ。角館高校から東北大に進学し、県庁職員を経て知事になった。

73年から90年まで、連続5期秋田市長を務めた高田景次は、旧制角館中学出身だ。仙北市長の門脇光浩もいる。

名が通った2人の俳優を輩出している。脇役として出演することが多い山谷初男と、「ギバちゃん」の愛称で親しまれている柳葉敏郎だ。

## 柳葉敏郎、藤あや子

小説家では、90年代に4度も芥川賞候補に挙がった塩野米松がいる。時代小説の花家圭太郎もいた。

音楽では、作曲家、編曲家の矢野立美、作曲家・プロデューサーの菅原弘明がいる。

アニメ美術監督、挿絵画家の男鹿和雄が卒業生だ。88年公開の宮崎駿（東京都立豊多摩高校卒）製作の『となりのトトロ』の美術監督を務めるなど、スタジオジブリ作品の背景画を支えている。

「機動戦士ガンダム」「ドラゴンボール」など人気アニメーション・マンガを中心にプラモデルや玩具、映像音楽プロデユース事業などを展開しているバンダイナムコＨＤの田口三昭社長が卒業生だ。

学者・研究者では、東大医学部で物療内科を専攻し、大衆薬の「薬効」について疑問を抱き、昭和時代に「薬を監視する国民運動の会」を組織した高橋晄正がいた。

柳葉敏郎

建築家の渡辺豊和、応用電子工学の橋本修もＯＢだ。

角館南高校ＯＧでは、元バレーボール選手の荒木田裕子がいる。日立製作所チームに入り日本代表として活躍、76年のモントリオール五輪、77年のワールドカップで日本の優勝に貢献した。

元バレーボール選手の利部陽子も日立に入り、84年のロサンゼルス五輪バレーボール女子の銅メダル獲得で活躍した。

美人演歌歌手の藤あや子が、角館南高校を卒業している。92年に『こころ酒』が大ヒットし、スターの道を歩んできた。

# 一関第一高校

岩手県立 ● 一関市

岩手県の最南端に位置し、県内第2の人口（約12万人）と面積を擁する一関市。この地に県内で2番目にできた旧制中学校を前身とする。１８９８（明治31）年設立の一関尋常中学校で、すぐに一関中学校と改称された。

戦後の学制改革の過程で一関市立女子高校などと統合、再編され、男女共学の新制一関第一高校となった。２００９年には県内では初めて附属中学校が併設され、６年制中高一貫教育をしている。

内陸にあるため、11年3月11日の東日本大震災では、津波とは無縁だった。しかし、体育館の外壁が落下するなど大きな被害を受けた。

## 「遂げずばやまじ」が座右銘

校訓は「高志　修文練武　温故知新　切磋琢磨　不屈不撓　遂げずばやまじ」と、盛りだくさんだ。

このうち一関一高の座右銘になっているのが、「遂げずばやまじ」だ。日本最初の近代的国語辞典「言海」を編纂した大槻文彦（１８４７年生まれ）が、祖父玄沢（一関市生まれ）の遺戒として常に心にとめていた言葉だ。

理数科の2年生が行う「課題研究」の時間は、特徴的だ。チームを作って1年間、科学的思考力、プレゼンテーション能力を養う。「ミミズはなぜ地上に出るのか」「植物を洗剤から守ろう」など、様々なテーマに挑戦している。

部活動の内、陸上競技、音楽、競技歌留多、吹奏楽研究部は、中高一緒に活動している。

水泳、女子ソフトボール、競技歌留多、将棋部が、全国大会に出場する。歌留多部は県大会で連覇を続けている。

音楽部は91年に全日本合唱コンクール全国大会で金賞を受賞している。

野球部は旧制時代に3回、夏の甲子園大会に出場している。春のセンバツ甲子園大会には、新制になった１９５５年と04年（21世紀枠）の2回、出場している。

ほとんどの生徒が、現役で大学に進学する。現役での国公立大合格率は約60％と、高い。

毎年度の大学入試では現役、浪人合わせ、東京大、京都大、東京工業大に各1人ほど、東北大、岩手大、弘前大に各十数人が合格する。

文芸で才能を発揮した卒業生が多い。

三好京三

三好京三は75年出版の『子育てごっこ』で文学界新人賞と直木賞を受賞した。長年、小学校教師を務めた。岩手県に終生、在住し東北弁の研究者としても知られた。

内海隆一郎は『蟹の町』が芥川賞候補になった。15年間断筆したあとに書いた4作品が直木賞候補となった。

星亮一は福島中央テレビの報道制作局長出身で、歴史小説を得意とした。とりわけ、幕末・戊辰戦争を題材とした作品が多い。

ＳＦ作家の光瀬龍や及川和男、推理小説の中津文彦、動物研究家でもあった遠藤公男、ライトノベルの馬里邑れいもＯＢ、ＯＧだ。

俳人の加藤楸邨は旧制一関中学に2年間いたが、石川県立金沢第一中学（現金沢泉丘高校）に転校した。

作家・エッセイストの島地勝彦もＯＢだ。集英社に入社し、『週刊プレイボーイ』の編集長や集英社インターナショナル社長を務めた。

劇作家、演出家、俳優の上野火山がいる。慶応大学在学中に演劇活動を開始し、演劇集団ＵＰＳ（アップス）の創設に参加した。

翻訳家では、ボードレールの詩集『悪の華』を本邦初訳した矢野文夫や、柳沢由実子が出ている。

## 「ジャズの聖地」

一関一高から徒歩3分にジャズ喫茶「ベイシー」がある。「日本一、音質の良い喫茶店」として知られ、国内のみならず海外からも多数のジャズ愛好家が訪れ、「ジャズの聖地」になっている。ここの店主でオーディオ評論家の菅原正二が、

菅原正二

卒業生だ。

菅原は3浪して早稲田大に進学、在学中にバンド・マスター、ドラマーとして活躍した。早大では、のちに司会者として鳴らすタモリ（福岡県立筑紫丘高校卒）らとも交流した。菅原は郷里に帰って、70年に「ベイシー」を開いた。

一関市は学生、一般とも合唱活動が盛んであり、「合唱の街」と称している。

一関一高を卒業後、歌でプロになる者も多い。その代表格は、オペラ歌手の佐藤恵利、テノール歌手の鈴木秀和だ。

一関市民合唱団の指揮者である黒川俊之も卒業生だ。

きくち伸は、フジTVの音楽プロデューサーで、まだ評価の高くない歌手やタレントの才能を見抜き、何人もスターに育て上げた実績を持つ。

二宮柊子はファッションデザイナーで、杉野学園ドレスメーカー学院院長を務めたあと、一関市で「ギャラリー柊」を開設している。

劇団民芸所属の俳優・伊藤孝雄、洋画家の渡部吟子、イラストレーターのなかだえり、影絵劇を駆使する芸術家のジョヴァンニ安東、漫画家の藤野耕平らもいる。

### 毛越寺の貫主・藤里

一関市の隣町、「平泉の文化遺産」が11年に世界遺産に登録された。その構成遺産の一つ、毛越寺《もうつうじ》の貫主である藤里明久が卒業生だ。

同じく構成遺産である中尊寺の仏教文化研究所長・佐々木邦世もいる。

一関市内にある祥雲寺の前住職・千坂げんぽうは、木々や花をあしらった場所に個人を埋葬する「樹木葬」を日本で初めて発案した。

岩手の教育界では、教育委員会教育長の高橋嘉行、元教育長の佐藤勝が、さらに一関市教育長の小菅正晴が卒業生だ。

地元の経済界で活躍した卒業生には、岩手銀行元頭取の永野勝美、IBC岩手放送元社長の河野逸平、一関商工会議所会頭の佐藤晄僖（世嬉の一酒造会長）、老舗菓子店の松栄堂4代目店主・小野寺真利、元一関信用金庫理事長の及川弘人らがいる。

全国的には、東北配電（現東北電力）社長を務め俳人でもあった遠藤俊一、日本プラズマ工業社長を務めた畠中大輔がOBだ。

辻・本郷税理士法人グループの創業者である本郷孔洋もOBだ。全国に50の事業所を持ち、税理士やコンサルタントなど傘下のスタッフは1100人にのぼる。

東京・池袋駅から徒歩10分の場所に天狼院書店という小さな本屋がある。このオーナー店主・三浦崇典が卒業生だ。三浦が太鼓判を押す作品を「秘本」と銘打って売ることにより、絶版必至の本を何点も世にひろめた。

政治家では防衛庁長官を務めた志賀健次郎、農林官僚出身で参院議員を務めた増田盛がいた。増田の三男は、前岩手県知事の増田寛也（都立戸山高校卒）だ。

浅利三朗は、内務官僚で、戦前に香川、栃木県知事を務めた。戦後は衆院議員を務め、日本鋪道社長などを歴任した。

官僚では菅原郁郎が17年7月まで、経済産業省の事務次官に就いた。最高検次長検事を務めた佐藤欽一もOBだ。

## 老人・乳児の医療費無料化

昭和時代に深沢晟雄という名村長がいた。岩手県和賀郡沢内村（現西和賀町）の村長として1960年代に、全国に先駆けて老人と乳児の医療費無料化制度を実施した。62年には国内初の乳児死亡ゼロを達成した。

学者・研究者では、旧制1期生でコンクリート工学の権威・阿部美樹志がいた。戦後は、戦災復興院総裁として、住宅供給政策を立案した。

大正から昭和にかけて長く英語教師をした上野芳男、ドイツ法学の研究者・山田晟、果樹栽培研究者の永沢勝雄、植物学の佐藤重平、土木工学の赤塚雄三、社会学の佐藤郁哉、算数教育の第一人者で学習院初等科科長を務めた三浦芳雄、比較文学の畠中美菜子、消費者行動学の吉田満梨らがOB、OGだ。

医学者では、私学としては初めて病院管理学の講座を開き日本大学理事長をした永沢滋、結核対策で力を発揮した千葉保之、産婦人科医で子宮頸がんの研究者である今野良が卒業している。

# 石巻高校

宮城県立　石巻市

東日本大震災の2011年3月11日。太平洋に面する石巻市は街中が津波に襲われ、死者・行方不明者は4000人にもなった。東北の全市町村の中で最も多い。石巻高校は通称・鰐山《わにやま》といわれる高台にあるため、津波によるキャンパスの被害はまぬかれた。

ただし、発熱により学校を欠席していた生徒1人が死亡し、生徒や教職員で住居が流された者や家族を失ったものが、数多く出た。

同窓会館、武道館などを住民の避難所として7ヵ月間、開放・提供した。避難者はピーク時には1500人に達した。

県石巻中学校として1923(大正12)年に、開校した。戦後の学制改革で新制石巻高校となったが、宮城県の他の伝統校と同様、「男子のみ」であることは変えなかった。

## 震災避難者は1500人

06年に県の教育方針に基づいて、女子にも開放し共学校となった。現在は、男女ほぼ半々だ。

通称は「石高《せきこう》」だが、生徒、卒業生など関係者は、鰐山を音読みにした「鰐陵《がくりょう》」と呼んでいる。

生徒心得綱領というのがある。旧制時代からの校訓「質実剛健　進取独創　自ラ進運ヲ開拓スベシ」だ。生徒はこの漢文をそらんじている。

生徒の自主・自律を重んじ、質実剛健の気風で、自由で明るい雰囲気があふれている。

2年次から文系、理系に分かれる。1～3年次を通して、コミュニケーション英語に、力を入れている。

毎年度、約40%の卒業生が現役で国公立大に合格する。現役、浪人合わせ、東北大、山形大に各10数人、岩手大に約10人が合格する。多くは東北学院大など仙台市内の私立大に、進学している。

卒業生には、優れたジャーナリストや写真家が出ている。

共同通信社記者の辺見庸は北京特派員時代の1979年に「近代化を進める中国に関する報道」で新聞協会賞を受賞した。

91年には「自動起床装置」で芥川賞を受賞、さらにその後、「もの食う人びと」で講談社ノンフィクション賞を取った。

## 4分野で賞を取った辺見庸

通信社を退社後は詩集も出し、中原中也賞なども受賞した。報道、小説、ノンフィクション、詩の4分野で賞を取ったわけで、前例がない。

辺見庸

朝日新聞記者の扇谷正造は、戦後すぐに週刊朝日編集長になった。小説家の太宰治（旧制青森県立青森中学・現青森高校卒）の心中事件で特集号を組むなど、同誌の発行部数を10万部から150万部に伸ばした。

石巻日日《ひび》新聞社というローカル紙がある。紙齢105年を超える夕刊紙で、社長・近江弘一はじめ10人が石高OBだ。

津波と停電で大震災直後に新聞発行は不可能になったが、近江の指揮のもとフェルトペンで書き込んだ「号外壁新聞」を6日間、市内の避難所6カ所に張り出しライフライン情報などを伝えた。この壁新聞は欧米のメディアでも評判になった。

震災の「語り部」をしているOBもいる。

石巻市立大川小学校は、津波で児童と教職員計84人が犠牲になった。同小6年生の次女を亡くした元中学校教諭の佐藤敏郎は、全国各地で講演し「防災」について啓発している。

大川小は18年3月末で閉校したが、旧校舎は震災遺構として残されている。

18年3月に石高を卒業した雁部那由多は震災時は小学5年生。同窓生2人と震災語り部活動をまとめた共著「16歳の語り部」が児童福祉文化賞推薦作品に選ばれた。

写真家では、「瞽女」「石巻」の写真集で知られる橋本照嵩と、自然の風景が得意な高砂淳二がOBだ。

英米文学の翻訳家・白石佑光、科学評論家の丹羽小弥太もいた。

美術では、31歳で戦死した彫刻家の高橋英吉の名が残る。石高には「聖観音立像」が残されている。

彫刻家ではさらに高家理、それと版画家の岩渕欣治が活躍中だ。オブジェ中心の美術家・佐々木岳久や、オイルパステル画が得意な浅井元義、民間美術教育施設を主宰する新妻健悦もいる。

俳優、歌手の中村雅俊が知名度抜群だ。慶応大3年の時に文学座の研究生募集に通り、本人が驚くほどとんとん拍子にスターの座を駆け巡り、主演したテレビの連続ドラマは三十数本にのぼる。

中村雅俊

中村は、宮城県女川町から石高に通学した。津波で街が壊滅し、800人を超える町民が亡くなった町だ。海岸から200メートルほどの街中にあった中村の実家も津波にのみこまれた。いとこ3人の命が奪われた。

俳優の天津敏、声優の亀山助清、作曲家の和泉耕二、映画監督の大和優雅も卒業生だ。

弁護士の佐藤大和は17年に、芸能人の権利を守る日本エンターテイナーライツ協会を設立し、その共同代表理事になった。

仙台市で事務所を持つ弁護士の阿部泰雄は、1955年に発生した松山事件（大崎市で一家4人の放火殺人）に伴う冤罪事件で長年、再審請求の弁護団の一員として活動、84年に無罪判決を勝ち取った。

学者・研究者では、日本史学者で古代史、中世史が専門の石母田正、比較文化論の生江義男、考古学者の石野博信、軍事史の荒川憲一、英語学者で日本語を見直す「ことば学」を提唱している大津幸一、材料機能学が専門で岩手大学長の岩渕明らがOBだ。

医学者では、消化器病学の山形敞一がいた。アララギ派歌人としても知られていた。

## 特別養子縁組制度

石巻市内で開業していた産婦人科医の菊田昇は、養子を戸籍に実子として記載できるようにした1987年の特別養子縁組制度導入の生みの親だ。

菊田は胎児の生命を救うため中絶手術を求める女性を説得し思いとどまらせる一方、生まれた赤ちゃんを子宝に恵まれない夫婦に無報酬であっせんするなどしていた。赤ちゃんをもらい受けた夫婦は、実子として届けるケースが多かった。この事実を73年、毎日新聞がスクープした。

その後十数年にわたり、菊田の行動は賛否両論の大きな渦になった。やがて「違法だが、人道に沿った勇気ある行為」という理解がゆきわたり、国会を動かした。さらに91年には、国連で世界生命賞を受賞するに至った。

政治家では、NHK記者出身の安住淳が民主党政権時代に財務相を務めた。


亀山紘は石巻専修大教授から、09年に石巻市長になった。

企業経営者では、山形明夫が17年6月からホーチキ社長だ。

久保真治は国連難民高等弁務官事務所のバングラデシュ代表で、ミャンマーからバングラデシュに避難してきているロヒンギャ族の支援に努めている。

石高は昭和時代、ラグビーが強かった。冨永栄喜、伊藤隆は早稲田大に進学し活躍、日本代表にもなった。

野球部は新制高校に衣替えした48年に、夏の甲子園大会に出場した。開会式の選手宣誓は、石高の主将・石川喜一郎が務めた。

日野庄弥は石高時代は野球部だったが、早大に進学して米式蹴球（アメリカンフットボール）部で主将として活躍、のちに監督を務めた。

## 被災した艇庫が復活

ヨット部は1953年の創部で、インターハイ入賞などの実績がある。しかし津波でヨットや艇庫が被災し、休部を余儀なくされた。OBなどの協力で16年に艇庫が再建された。

1923年生まれの中塩善治郎は、高齢者対象の全日本マスターズ陸上競技選手権大会などの投てき競技（砲丸投げ、ハンマー投げなど）で数々のメダルを獲得している。

32年生まれの清野満平は、日本マスターズ水泳選手権大会で100メートル背泳で世界記録を出している。

# 宮城第一高校

●宮城県立　●仙台市青葉区

仙台市の北西の住宅街の中にある。2008（平成20）年3月までは女子校だったが、現在は男女共学になっている。

1897（明治30）年に仙台市高等女学校として開校した。すぐに宮城県に移管され、戦後の学制改革で宮城県第一女子高校となった。東北地方の公立の高等女学校としては、最も歴史が古い。

県立仙台第一高校や宮城第一女子高校など戦前からの伝統校は、学制改革でも男女別学を貫いた。しかし2000年代から県当局や県教委の指導により、男女共学化が推進された。宮城第一女子高校は08年度から男子にも門戸を開放し、宮城県宮城第一高校と校名改称された。

## 08年度から男女共学に

略称は「宮一《みやいち》」だ。1学年は普通科200人、理数科80人。進学重視型単位制だ。生徒は男2・女8の比率だ。

「自主自律」の校風が受け継がれている。02年には文部科学省からSSHの指定を受けた。

ロンドン郊外にあるシティ・オブ・ロンドン・フリーメンズスクールと16年、姉妹校の締結をした。

毎年度の大学入試では現役、浪人合わせ、地元の東北大に約20人、宮城教育大に十数人が、さらに山形大に約20人が合格している。早稲田大、慶応大には各数人が合格する。東京大、京都大には毎年度、どちらかに1人が合格している。

黒田玲子

学者になった卒業生では、生物物理学者で東大教授を務めた黒田玲子がいる。1993年には、若手の女性科学者に贈られる猿橋賞を受賞している。

西崎文子はアメリカ外交史が専

門で、東大教授だ。TBS系列の情報番組「サンデーモーニング」にコメンテーターとして出演している。

栄養学者で「食生態学」を提唱している足立己幸、家族社会学が専門でジェンダー論を研究している遠藤恵子らも卒業生だ。

生物海洋学者の大越和加は、第42次南極観測隊（00～01年）に日本初のママさん隊員として参加した。

医学者では、産婦人科医の長池博子が日本女医会吉岡弥生賞を受賞するなど、女性医師の草分けの一人だった。産婦人科医の古賀詔子は、日本女医会副会長を務めた。

内科医の水沢亜紀子は8年間、臨床に従事した後、99年から弁護士となった。医療訴訟の医療機関側代理人として活躍している。

脳外科医の日下康子は16年に、国際山岳医の認定を受けた。

朴沢綾子は大正、昭和時代の教育者で仙台市の朴沢学園や仙台大の創設などに尽くした。

## ハリー・ポッターの翻訳者

文化人では、翻訳家で出版社・静山社社長の松岡祐子がOGだ。「ハリー・ポッター・シリーズ」の日本語版の翻訳者として名が通っている。

ドイツ児童文学の翻訳家・若林ひとみ、英米文学の翻訳家・伊藤知子もOGだ。

明治時代には、歌人の原阿佐緒が1年半、在籍していた。上京して私立日本女子美術学校（現都立忍岡高校）に移った。俳人では「駒草」を主宰した蓬田紀枝子が卒業している。

小説家では、1985年に「卵」で中央公論新人賞を受賞し、芥川賞候補にもなった佐佐木邦子や、斎藤史子が卒業生だ。

漫画家では、千葉真弓、瀬田ハルヒと、「朱い絲のパラレル」が代表作の佐野未央子がいる。

美術では、日本画の小関きみ子と畑井美枝子、洋画の小紋章子、彫刻家の吉岡ひろと日下育子、養蚕も行う染織工芸家の渡辺つる子、陶芸家の設楽洋子らがOGだ。

音楽では、声楽家の菅英三子と佐藤香、ハーピストの成田しのぶ、クラリネット奏者の三井香織、作詞家の秋元薫らが卒業している。

NHKアナウンサーの滝島雅子がOGだ。

# 米沢興譲館高校

●山形県立 ●米沢市

明治の10年代、英国の女性旅行家イザベラ・バードは『日本奥地紀行』を著した。山形は南から北へと旅し、米沢平野を「アジアのアルカディア（牧歌的理想郷）」とほめたたえた。

その米沢は江戸時代、上杉氏が領していた。名君として知られる上杉鷹山が藩校を「興譲館」と命名した。『大学』の一節から引用したのが「興譲」だ。1776年、米国の独立宣言の年だ。

1886（明治19）年に、中学校令による私立の正則中学が創立された。興譲館の流れをくむ学校だった。やがて県に移管され米沢尋常中学校となり、曲折を経たうえで戦後の学制改革の過程で、現校名の米沢興譲館高校になった。

## 藩校「興譲館」がルーツ

文科省からSSHに指定されている。15年には台湾の国立台湾師範大学付属高級中学と姉妹校締結をした。16年には、「科学の甲子園」全国大会の生物の実技部門で、1位となるなどの成果が出ている。

部活動は活発で、全員加入制だ。フェンシング、陸上、水泳、ホッケーなどが、全国大会に出場している。

我妻栄

現役で55～60％の生徒が、国公立大学に進学する。毎年度の大学入試では、現役で東北大に約10人、山形大に約30人、新潟大に約20人、福島大、秋田大に各数人が合格する。

民法の権威である我妻栄が旧制時代の卒業だ。64年には文化勲章を受賞している。哲学者で日本に現象学を紹介した高橋里美もいた。文化功労者に選ばれ、東北大総長も務めた。

経済学者、評論家の大熊信行、

電気通信技術の秋山武三郎、日本経済論の大塚勝夫、英学者の松野良寅も卒業生だ。

活躍中の学者では、宇宙線研究の西村純、犯罪心理学の桐生正幸、海洋政策学の川辺みどり、マクロ経済学の星岳雄らがいる。

大滝則忠は、国立国会図書館館長を務めた。医師では、聖隷浜松病院の元院長・堺常雄がOBだ。救急医療の充実に努めた。

明治から昭和にかけ、米国でジャーナリストとして活動した河上清もいた。

文芸では、大正から昭和にかけて多くの童話を著した浜田広介がOBだ。

活躍中の漫画家が、2人いる。『酒のほそ道』で知られるラズウェル細木と、宮沢賢治作品の漫画化などの業績があるますむらひろしだ。

青木薫は女性翻訳家だ。京都大理学部博士課程修了の理論物理学者であり、欧米科学者の著作を数多く翻訳出版している。

脚本家の高橋正圀もいる。NHKの連続テレビ小説「まんさくの花」「はっさい先生」の脚本を担当した。

美術では、水彩画家で民家をモチーフにした黒沢悟郎がいた。

大企業でトップを務めた卒業生は、北沢敬二郎（大丸）、石塚庸三（パイオニア）、星秀一（伊藤忠食品）、鈴木茂（NTTスポーツコミュニティ）らだ。

政治家では、労働相などを歴任した近藤鉄雄、農林水産相などを務めた遠藤武彦がOBだ。安部三十郎は米沢市長を務めた。

## カットボールの先駆者

スポーツでは、プロ野球南海ホークス（現福岡ソフトバンク）の投手で221勝を挙げた皆川睦雄がOBだ。日本で最初にカットボールを投げたといわれる。

OGでは、フェンシング選手の原田めぐみがいる。米沢興譲館高校3年の時にフェンシングジュニア世界選手権に出場、その後アテネ、北京五輪に出場した。

俳優では真島秀和がいる。

明治時代の卒業生には軍人が多い。日露戦争で日本海海戦を指揮した山下源太郎、太平洋戦争で真珠湾の奇襲攻撃をした南雲忠一の両海軍大将をはじめ海軍の中枢をたくさん輩出している。

# 会津高校

●福島県立　●会津若松市

理不尽にも朝敵＝賊軍に追いやられてしまった幕末・維新の会津藩の悲劇は、多くの小説やドラマで描かれてきた。明治維新から150年を数える2018年あたりからは、幕末・維新の歴史を見直す動きがあらためて強くなってきた。

明治になっても会津は薩摩・長州閥の官軍＝新政府に何かと疎んじられるのだが、実は会津高校は、前身の会津中学の創立時から苦難のスタートを強いられている。

福島県は幕末、計11の藩が林立していた。断トツの大藩は会津・松平家23万石だった。だから他県の例にならえば、福島県の県庁と県立一中は会津に設置されてしかるべきだった。

だが、明治政府は県庁を福島にもってきた。福島藩はたった3万石の小藩にすぎなかったが。

## 「朝敵」のため私立で開始

また県立の最初の中学は、守山藩があった郡山に創設した。現在の安積《あさか》高校だ。守山藩はやはり2万9千石の小藩で、水戸徳川家の支藩にすぎなかった。親藩だったが、戊辰戦争では戦わずしていち早く官軍側に寝返っている。

会津中学は1890（明治23）年に私学として開設された。1901（明治34）年にようやく県に移管されて、今日の会津高校の前身となった。ただし県立二中（現磐城高校）、県立三中（現福島高校）のようなナンバースクールにはさせてもらえなかった。明治新政府により忌避されたのだ。

司馬遼太郎は『王城の護衛者』で、「会津松平家というのは、ほんのかりそめな恋から出発している」と書いている。会津高校がナンバースクールになれなかった淵源は、この「かりそめな恋」にある、といっても過言ではないのだ。

徳川2代将軍秀忠といえば、NHKの2011年の大河ドラマ『江—姫たちの戦国』のヒロイン・

江が3度目に嫁した相手だ。だが、江の死後、秀忠に婚外子がいることが判明した。保科正之で、のちに会津の初代藩主となった。つまり、正妻である江に隠れて秀忠が浮気をしたことで、会津藩が誕生したのだ。

3代将軍家光（江が生んだ子）はこの異母弟を深く信頼し、正之は家光の死後、その遺命により4代将軍家綱の将軍補佐役（大老格）として支え、「パックス・トクガワーナ（徳川による平和）」の礎を築いた。以来、会津藩は徳川宗家にたいするロイヤリティーがめっぽう強く、「将軍を一心大切にせよ」が代々、藩の家訓となった。

200年以上も経過した幕末動乱期になっても、会津藩はその家訓をかたくなに守った。徳川幕府に忠誠を尽くした会津藩は、官軍（薩長）にとって怨念の標的となってしまった。悲劇の地になった謂れである。その累が会津中学の設立にまで及んだのだ。

会津藩士の息子でのちに東京帝国大総長を12年近く務めた物理学者の山川健次郎らが中学校設立の運動に立ち上がり、これを旧幕臣の文相・榎本武揚らがバックアップして、ようやく私立会津中学としてスタートしたのだった。

東北地方の伝統校は、長らく男女別学が続いていた。しかし、この十数年ですべてが男女共学化した。

新制会津高校は、ぐらついた。51年に女子に門戸を開き、13人を迎え入れた。5年後には、共学を廃止し、男子校にもどった。

福島県内の公立伝統高校が順次、共学化していくのに歩調を合わせ、50年弱たった2002年に会津高校もあらためて男女共学制を導入した。現在では、男子55・女子45という比率の生徒数になっている。

## 「好学愛校　文武不岐」

校是は「好学愛校　文武不岐」だ。目指す生徒像のひとつに「気品を備え、『会津人』としての粘り強さ、礼儀正しさ、奉仕の精神を有する生徒」を掲げている。

現役で国公立大に進学するのは約35％で、大半は東京の私立大に進学している。

毎年度の大学入試では現役、浪人合わせ東京大、京都大に各1人ほど、東北大に約10人が合格している。新潟大には約30人、福島大には約20人だ。1950年代には、東大合格者が福島県内の高校でトップだったこともある。

原発事故後に動向が頻繁にニュースに取り上げられた卒業生がいる。12年から17年にかけて原子力規制委員会の初代委員長に就いた田中俊一だ。

田中は民主党政権のもとで委員長に就任した際には「原子力ムラの人間ではないか」と批判されたが、自民党政権下では「唯我独尊に陥っている」と原発早期再稼働を主張する推進派からの批判が絶えなかった。

田中俊一

すっかりニュースから遠ざかった卒業生は、衆院議員として当選14回を続けた渡部恒三だ。「政界の御意見番」「平成の水戸黄門」というキャッチで、テレビで洒脱なコメントを披露してきたが、12年末で政界を引退した。

渡部恒三

## クリーンな政治家

政治家では、自民党の実力者でありながら金権政治には無縁のクリーンさで知られた伊東正義という卒業生もいた。外相や内閣官房長官などを歴任、89年にリクルート事件で首相を退任した竹下登（島根県立松江中・現松江北高校卒）の後任に推され固辞した際の「本の表紙を変えても、中身を変えなければ……」というフレーズが有名だ。

地元の会津若松市長・室井照平は、OBだ。

官界で活躍した人物としては、初代最高裁判所長官を務めた三淵忠彦が旧制会津中学から山形県立旧制荘内中学（現鶴岡南高校）に移った。鉄道省の技術官僚だった黒河内四郎は東京高速鉄道の新橋―渋谷間の地下鉄設計・建設を指揮した。現在の地下鉄銀座線の一部だ。

柏村信雄は警察庁長官を、やはり警察官僚出身の川島広守は、内閣官房副長官やプロ野球コミッショナーをした。

経済界では、日曹コンツェルン創業者の中野友礼、大蔵官僚出身で日本不動産銀行の初代頭取をした星野喜代治、大成建設社長をした本間嘉平、旭硝子社長をした倉田元治、秋田銀行頭取をした前田実らが卒業している。伊藤文大はクラレ社長、北村清士は東邦銀行頭取を務めた。

新井田傳は、ラーメンチェーンの「幸楽苑」を東証1部上場企業に育て上げた。

学者では、京大理学部、米ミシガン大などで学び、政治学、理論経済学、法社会学など幅広い学問領域をこなした小室直樹がいた。小室は母子家庭で貧しく、前述の同級生渡部恒三が生活を援助した。

## 国立天文台の渡部潤一

国立天文台副台長の渡部潤一が、知られている。東大理学部天文学科に進み、太陽系天文学を専攻した。国立天文台で天文情報公開センター長などを長く務めた。

さらに、梅毒の研究をした医学者で大阪医科大学長をした松本信一、歯学者で日本大学総長をした鈴木勝、農林経済学者で京大教授のあと平安女学院理事長をした菊地泰次、国際法学者で青山学院大学長をした大平善梧らもOBだ。

偉人伝で知られ、千円札の肖像にもなっている細菌学者野口英世は、自筆履歴書に私立会津中学に課外特選生として通学したことが記されているが、学校側の記録には残っていない。

文化人では、94年に『おどるでく』で芥川賞を受賞した小説家の室井光広が、卒業生だ。

映画監督の仁科熊彦、映画カメラマンで『男はつらいよ』の撮影をした高羽哲夫、作詞家の石原信一らも卒業している。

音楽では、作詞・作曲、サンボマスターのギター・山口隆が卒業生だ。山口は、福島県出身の他の3人と10年、バンド「猪苗代湖ズ」を結成した。東日本大震災のチャリティーソングを録音・配信した。

戦後に「お富さん」「別れの一本杉」が大ヒットした歌手の春日八郎が、旧制会津中学を中退している。

スポーツでは、ハーフマラソン日本記録（1時間0分25秒）を07年に打ち立てた佐藤敦之がいる。

# 磐城高校

●福島県立　●いわき市

浜通り（太平洋岸）の南部に位置し、福島県内最大の34万人強の人口、および面積を持ついわき市。工業都市で、仙台市に次ぐ東北2番目の工業製品出荷額がある。

2011年3月11日の東日本大震災では震度6弱を観測し、津波や土砂崩れで400人以上が死亡した。また東電福島第一原子力発電所の事故により、一時は3分の1の市民が市外へ避難した。

磐城高校は海から約10キロ離れた高台にあるため、大きな被害はなかった。校内は住民の一時避難所となり、原発事故により避難指示が出された県立双葉高校のサテライト校にもなった。約1年間、磐城高校以外の高校生が磐城高校のキャンパス内で学習した。

1896（明治29）年設立の県尋常中学校（現安積高校）の磐城分校がルーツだ。すぐに、第二尋常中学として独立し、磐城中学校と改称された。戦後の学制改革で新制磐城高校に衣替えされた。略称は「磐高《ばんこう》」、または「磐高《いわこう》」だ。

## 高度成長期には中学浪人も

いわき市では、高度成長期の1960～70年代、人口増に対し高校の数が追いつかず、大量の中学浪人が出た。4人に1人が中学卒業後、1年たってからの入学だった、という年もあった。

いわき市内の高校の定員が増えても中学浪人はなかなか減らなかった。地域住民の間で磐城高校のブランドが、すこぶる高く評価されていたためだ。全国的なニュースにもなった。

学制改革で女子の入学も認められたが、たった4年で女子生徒の募集は停止された。あらためて男女共学になったのは、01年度からだ。県当局と県教委の主導で、福島県の他の伝統校と同様に男女別学が改められたのだ。07年度には初めて女子生徒数が男子生徒数を上回った。

「知性と責任」という校是のもと、

「質実剛健」と「文武両道」が校風となっている。

現役で40％が国公立大に合格するが、難関大合格者はこのところ減っている。東京大、京都大、東京工業大、一橋大の合格者は毎年度、合計して数人にとどまっている。1967年には東大だけで13人が合格している。

毎年度、東北大、福島大の合格者は約10人、茨城大に約20人が合格する。

起業家や会社創業者の卒業生が目立つのが、磐城高校の特色だ。

岡野原大輔は、人工知能（AI）ベンチャーの「プリファード・ネットワークス」（PFN）の創業メンバーの一人で、現在は副社長だ、

東大理学部情報科学科に進み、大学院時代には東大総長賞も受賞した。東大のクラスメートや京都大の理系学生6人で06年にPFNの前身のベンチャーを興した。「深層学習（ディープラーニング）」の技術を生かす、AIの最先端を走る企業だ。

佐藤安太は「タカラ」（現タカラトミー）を、一代で日本屈指の玩具メーカーに育て上げた。ビニール製品を扱う中小企業だったが、「ダッコちゃん」「リカちゃん」「チョロQ」などのヒット商品を次々と開発した。10年に86歳で山形大の大学院博士課程を卒業したことでも、話題になった。

## 起業家が目立つ

江尻義久は、婦人服を中心としたSPA（製造小売り）システムの「ハニーズホールディングス」の創業社長だ。

矢内広はチケット販売の「ぴあ」創業社長だ。中央大在学中に映画などのエンターテインメント情報を網羅した月刊情報誌を創刊したのが発端となった。

牛めしなど外食の「松屋フーズ」を創業し、現会長の瓦葺利夫も卒業生だ。

蛭田史郎（旭化成）、能勢秀幸（大東銀行）のトップ経験者もOBだ。

最も知名度が高い卒業生は、作曲家、指揮者の小林研一郎だ。プラハ、アムステルダムなどヨー

小林研一郎

ロッパの一流オーケストラ、国内では東京交響楽団、日本フィルハーモニー交響楽団などで指揮し、「炎のマエストロ」といわれる。

　小林は磐高時代、音楽だけでなくスポーツや学業も優秀だった。東京芸術大の作曲科に進んだものの、卒業後に再度入学し、指揮科を卒業した。

　磐高などで音楽科教諭を務めた石河清は福島県合唱連盟理事長になり、県内の合唱団の指揮者、作曲家として活躍した。

　詩人で文化勲章を受章している草野心平は旧制時代に中退しているが、いわき市内に市立草野心平記念文学館がある。

　美術では、洋画家の若松光一郎、テンペラ技法を現代的に駆使した作品で知られ、いわき市立美術館館長も務めた田口安男が卒業生だ。

　声優の飯塚昭三は、テレビ、映画などのアニメや、映画の吹き替えなどに出演すること50年を超えるベテランだ。

　漫画家の山口太一、お笑い芸人のゴー☆ジャスもOBだ。

## 「『フクシマ』論」の開沼博

　開沼博という新進気鋭の社会学者がいる。東京電力福島第一原発をめぐる地域開発や福島県政について、東日本大地震の前からリサーチしていたが、11年6月に『フクシマ』論」（青土社）を出版して一躍、脚光を浴び、毎日出版文化賞を受賞した。東大に進み、大学院博士課程に在籍中の、当時27歳だった。現在は立命館大准教授だ。

開沼博

　亀山正邦は京大医学部の神経内科の初代教授で、住友病院院長を務めた。

　オーロラの研究など宇宙物理学者で、南極越冬隊長を務めた江尻全機、電気工学が専門の若松秀俊もOBだ。

　藁谷《わらがい》友紀《ともき》は経営学の早大教授で、早稲田実業学校中等部・高等部校長を兼任している。哲学者の円谷裕二も卒業生だ。

　政官界では、前自民党参院議員で法相をした岩城光英、高度経済成長期に福島県知事を務めた木村守江がOBだ。自民党衆院議員の吉野正芳は復興相に就いた。

地元のいわき市長を務めたOBは、前述の岩城光英、さらに櫛田一男、現職の清水敏男だ。郵政官僚出身の品川万里は、現福島県郡山市長だ。

軍人では、海軍大将の高木武雄がいた。42年のスラバヤ沖海戦で乗艦を沈められて漂流していた敵兵多数に対し、救助命令を出し大勢を救助したことから、米スミソニアン博物館で功績を紹介されている。

磐高は部活動がすこぶる盛んだ。文化部への入部率は約40%、運動部へは約50%だ。

全国大会によく出場するのは、文化部では吹奏楽、天文地質、物理、文学、将棋などだ。放送委員会は通常各クラスから1人以上選出される。NHK杯全国高校放送コンテストなどに積極的に参加し、全国大会入賞17回、うち全国1位相当8回を数える。

運動部ではラグビーが全国高校ラグビーフットボール大会に17回、サッカーが全国高校サッカー選手権大会に5回出場している。U-18日本代表監督の影山雅永がOBだ。

野球部は1906年創部と古く、甲子園に夏7回、春2回出場している。

## 「小さな大投手」田村

1971年夏の甲子園大会で磐城高校は準優勝を遂げたが、その時のエースが田村隆寿だ。身長165センチ・体重62キロで準決勝まで3試合を完封、「小さな大投手」といわれた。安積商業高校や母校の野球部監督を務めた。

昭和期に、大毎オリオンズなどで投手だった小野正一もいた。

明治大学に進学しウエイトリフティング部で活躍した木村岳夫は、1968年のメキシコ五輪に出場し、ライト級で7位に入賞した。

いわき市内には、県立磐城桜が丘高校がある。1904年創立の県立磐城高等女学校が前身だ。戦後の学制改革で県立磐城女子高校となり、01年の共学化により現校名となった。

元プロゴルファーで日本女子プロゴルフ協会会長の小林浩美、才色兼備の女優・秋吉久美子、芥川賞作家の松村栄子が磐城桜が丘高校のOGだ。

# 5章

# 甲信越の伝統高校　9校

# 日川高校

山梨県立　山梨市

甲府盆地の北東にあり、ワインの産地として知られる山梨市。そこに1901（明治34）年、山梨県第二中学校が設立された。すぐに日川中学校と改称され、戦後の学制改革の過程で男女共学の新制日川高校となった。旧日川村に校地があったことが、校名の由来だ。

校訓は「質実剛毅」。教育方針は「To Cultivate Your Own Mind（心を磨きなさい）の精神の下、文武両道を軸に知・徳・体のバランスの良い生徒の育成を目指す」となっている。

文科省からSSHに指定されている。

2019年春の大学入試では現役、浪人合わせ、山梨大に23人、山梨県立大7人、信州大に2人など国公立大に57人が合格している。

## 「日芸」出身の林真理子

著名な卒業生は、小説家・エッセイストの林真理子だ。86年に直木賞を受賞した。

1983年から週刊文春で連載してきたエッセイ「夜ふけのなわとび」は、19年9月5日で1615回を数え、週刊誌エッセイの史上最多回数に達した。

林真理子

深沢七郎は旧制日川中卒。昭和時代の作家でギタリストだ。姥捨山をテーマにした『楢山節考』が出世作だ。

山に囲まれているために、県外に出てビジネスに精を出す者が多い。「甲州商人」という言葉があるほどだ。

教育専門の出版社である旺文社を創業した赤尾好夫が、旧制時代の卒業生だ。文化放送や日本教育テレビ（現在はテレビ朝日）の設立にも貢献した。

菓子メーカー、ワイナリーなど

を多角経営するシャトレーゼＨＤ社長の斉藤寛もいる。

企業のトップ経験者では古屋哲男（富国生命保険）、矢崎恭徳（日産生命保険）、弦間明（資生堂）、早河洋（テレビ朝日）、高野義雄（東京スタイル）、太刀川恒夫（東京スポーツ新聞社）らが卒業生だ。

政治家では、山梨県知事、衆院議員を歴任した田辺国男、山梨市長を務めた中村照人らがＯＢだ。

官僚では、科学技術・学術政策局の局長だった佐野太が18年7月、文科省汚職に絡み受託収賄の疑いで逮捕された。

学者では、東洋史の前嶋信次、哲学・美術史の矢崎美盛、英文学の小菅隼人らが卒業生だ。古屋真一は山梨学院を創設した。

部活動がすこぶる活発だ。ラグビー、野球、バスケットボール、バレーボール、ウエイトリフティングなどが全国大会常連だ。

## 花園に48回出場

特にラグビー部は、全国高校ラグビーフットボール大会（東大阪市・花園ラグビー場）に18年末までに県代表として13大会連続・48回出場するなど強豪だ。

野球部も甲子園大会に夏4回、春1回出場している。

多くのラグビー選手を輩出している。有賀健・剛父子はそろってＯＢで、親子2代にわたって日本代表になった。日本ラグビー史上、初めてだ。

元サッカー選手の横森巧は韮崎高校教諭・サッカー部監督を務め、80年代に黄金時代を築き多くのサッカー選手を育てた。

レスリング選手として72年のミュンヘン五輪に出場し、その後、プロレスラーとして鳴らしたジャンボ鶴田もいた。

今村俊雄は、重量挙げ選手として04年のアテネ五輪に出場した。

武井美男は、明治大学付属中野高校教諭・相撲部監督として、相撲界に若乃花、貴乃花、栃東を送り出した。

冒険家として活躍している卒業生が、2人いる。オートバイによる史上初の北極点と南極点到着などの記録を持つ風間深志と、シルクロード９３７４キロを完走した中山嘉太郎だ。

漫画家の吉沢やすみ、お笑い芸人でエッセイストのマキタスポーツらもＯＢだ。

# 韮崎高校

山梨県立　韮崎市

甲府盆地の北西端に位置する韮崎市。北に八ヶ岳、西に南アルプス、南に富士山……という恵まれた風景が広がる。

この地に育ち韮崎高校を卒業した者の中から、ノーベル賞受賞者が出ているのだ。北里大特別栄誉教授で、元北里研究所所長の大村智（1935年生まれ）だ。2015年に医学生理学賞を受けた。

大村は山梨大―東京理科大大学院などを経て、北里研で微生物から化合物を作成する研究に没頭、「寄生虫によって引き起こされる感染症の治療の開発」が評価されて、ノーベル賞の受賞となった。開発に携わった抗寄生中薬「イベルメクチン」はアフリカなどで年間3億人を超える人々を感染症から救っている。

## ノーベル賞受賞の大村智

大村は5人姉弟の長男で、5人とも韮崎高校卒。美術にも造詣が深く、私費で「韮崎大村美術館」を設立して市に寄贈している。大村姉弟も郷土愛が強いことがうかがわれる。

東京大宇宙線研究所長の梶田隆章（1959年生まれ）も15年、ノーベル物理学賞を受賞した。梶田は埼玉県立川越高校―埼玉大―東大大学院卒。「地元の県立高校から地元の国立大に進学」という点で大村と、梶田は共通している。

大村智

1922（大正11）年設立の旧制県立韮崎中学校と旧制県立韮崎高等女学校とが、戦後の学制改革で統合されて新制韮崎高校となった。韮崎市だけでなく、北杜市、甲斐市などから通う生徒も多く、戦前から「地域の人材育成の拠点校」と位置づけられていた。

山梨大に約20人、信州大に数人

など国公立大に毎年度、現役、浪人合わせ60~70人の合格者を出している。専門学校に進む生徒が例年、10%ほどいる。文科省からSSHに指定されている。

校訓は「百折不撓《ひゃくせつふとう》」。学習と部活動との調和を図ることを「一人二芸」と言っている。「文武両道」に代わる韮崎高校独自の表現だ。

サッカー、山岳、弓道などが強い。とりわけサッカー部は、国体で3回、全国高校総合体育大会で1回、全国優勝している。

陸上、女子バスケットボール部も全国大会の常連だ。

多くの有力選手を輩出しているが、最も著名なのは「ヒデ」の愛称で親しまれた中田英寿だ。Jリーグのベルマーレ平塚、イタリアのセリエA、イングランド・プレミアリーグで活躍し、2006年に現役を引退した。日本が初出場した98年フランス大会から3大会連続でワールドカップ（W杯）に出場した。

## 伊・英で活躍した中田英寿

韮崎高校時代から「サッカーしか知らない人間にはなりたくない」との思いが強く、将来のセリエA行きに備えてイタリア語を勉強していたという。

ほかに、塚田雄二、羽中田昌、坂本武久、大柴克友、堀井岳也、石原克哉、仲田建二、鶴見智美、深井正樹、千野俊樹、柏好文などのサッカー選手がOBだ。

学者では、大村のほか統計学者の伏見正則、数学者でカナダ・クイーンズ大教授の由井典子がいる。

政治家では、衆参議員を務め民主党の野田内閣時代に党幹事長を務めた輿石東、建設官僚出身で山梨県知事を務めた横内正明が卒業生だ。

韮崎市長は、現職の内藤久夫と前任の横内公明ともOBだ。公明は正明の弟だ。

官僚では、文化庁長官のあと奈良国立博物館館長を務めた内田弘保がいた。

地元の経済界では、山梨中央銀行会長の進藤中、真空関連部品のメーカー・ミラプロ社長の津金洋之、江戸時代中期から続く老舗の山梨銘醸を経営する北原兵庫・亮庫兄弟らがいる。

ジャーナリストの皆川豪志、元宝塚歌劇団雪組娘役の神麗華、声優、歌手の三沢紗千香が卒業生。

# 上田高校

長野県立　上田市

上田といえば、真田氏が居城とした戦国時代から江戸時代初めにかけての歴史小説でお馴染みの街だ。

その歴史の縁を映してか上田高校は、しっとりとした典雅なたたずまいのキャンパスだ。18世紀初めから統治した上田藩5万3千石の藩主・松平家の藩主館跡に校舎があり、校門は居館表御門を継承している。

戦前は上田中学と呼ばれているが、その前身は1875（明治8）年まで遡ることができるという伝統校だ。戦後の学制改革で男女共学になった。

上田高校スクール・アイデンティティーというのがある。「『試百難』の心構え」だ。困難から逃げない、周到な準備をする、最後まで粘り抜く……の3つだ。

文科省から、SGHに指定されている。

## 上田藩藩主館跡に校舎

文化人として活躍した卒業生が多い。

昭和期の洋画家で文化勲章を受章している小山敬三は、旧制上田中学の出身だ。新制卒では、洋画の清水正教がいる。

菅谷昭

音楽では、多くの流行歌手の歌詞をつくった作詞家の山川啓介、台湾で生まれ日本で活躍し北京に没した作曲家の江文也、楽器「コカリナ」の命名者で奏者としても第一人者である黒坂黒太郎らが卒業している。チェリストの山岸宣公は、18年2月に死去した。

詩人の田中清光、囲碁のプロ棋士で囲碁界に関する著作も多い中山典之、競馬評論家の柏木集保、俳優の西沢仁太、気象予報士の関嶋梢らもOB、OGだ。

俳人の矢島渚男は『冬青集』で16年、俳壇最高の賞といわれる蛇笏賞を受賞した。

松本市長の菅谷昭が異色だ。上田高校から信州大医学部に進学し、信大の医師になったが、NGO(非政府組織)グループによるチェルノブイリ原発事故の医療支援活動に参加した。その後、信大を退職しベラルーシ共和国で小児甲状腺がんの治療を5年半、続けた。東電福島第一原発事故後に、体験にもとづく菅谷の発言が一躍、注目されるようになった。

学者・医学者では、大正・昭和期の病理解剖学者である山極勝三郎、脳神経外科の学者である小林茂昭、認知症など老年看護の研究者である堀内ふき、大正・昭和前期の医学者金井章次、哲学者の樫山欽四郎が卒業している。

欽四郎の娘は、女優の樫山文枝(東京文化学園高校・現新渡戸文化高校卒)だ。1966年のNHK朝の連続テレビ小説「おはなはん」で主役を演じた。

法曹では、金子宏が租税法学の権威で、18年に文化勲章を受章した。憲法学者の小林直樹もOBだ。弁護士出身の山浦善樹は最高裁判事を務めた。

上田市の別所温泉のお寺に生まれ、第256世天台宗座主《ざす》を務めた半田孝淳は旧制時代の卒業生だ。

## 東急Gの五島慶太は転校

東急Gの事実上の創業者である五島慶太は上田中3年を終え、松本中学(現長野県立松本深志高校)に転校した。

箱根小涌園など藤田観光の創業者である小川栄一が、旧制上田中の卒業だ。

上田高校では「部活」といわず「班活」と呼んでいるが、硬式野球班は、57年と87年の2度、夏の甲子園に出場している。

大学進学では毎年度、現役、浪人合わせ、国公立大学に約200人が合格している。ただし難関大学への合格者は低迷している。例えば1962年には東京大に16人も合格しているが、最近は数人にとどまっている。

19年度入試では、現役、浪人合わせ、東京大、京都大各1人、北海道大、東北大各4人、地元の信州大に43人が合格している。

私立大には、延べで早稲田大14人、慶応大6人だった。

# 諏訪清陵高校

長野県立 諏訪市

山に囲まれた盆地にある諏訪市。諏訪湖の周辺に精密機械工業が立地し「東洋のスイス」などともいわれたが、高冷地で農地が乏しく、豊かな場所ではなかった。

諏訪清陵高校は、地域の気候・風土の影響を濃厚に受け継いでいる。校風は「自治・質実剛健・勤勉努力」だ。

「自反而縮雖千萬人吾往矣」という「校是」もある。出典は孟子。自分の行いを振り返って正しいと確信できたら、たとえ敵が千万人いても恐れずに立ち向かっていくべきである、といった意味だ。

この校是と3つの校風とを合わせて「四大精神」と呼ばれている。反骨精神あふれた人物が必然的に育っていった。

2014年4月からは附属中学校を開設し、併設型中高一貫校になった。長野県立では、屋代高校・附属中学に次ぐ2校目だ。

1895（明治28）年に諏訪郡立実科中学校として創立、1901（明治34）年に県立諏訪中学になり、戦後の学制改革で男女共学の新制諏訪清陵高校となった。

横浜市にも県立横浜清陵総合高校という名前の高校がある。

## 日本一長い校歌

「日本一長い校歌」が110余年にわたって伝わっている。長調の「東に高き」の第一校歌・計8番と、短調の「ああ博浪の」の第二校歌・計10番だ。

教育方針の一節には「益々勉学一途の生活態度を助長すると共に……」とあるが、清陵高校は多くの文化人や学者を輩出してきた。

出版界で活躍した人物が目立つ。岩波書店を創業し文化勲章を受章した岩波茂雄は、諏訪実科中学が設立された年に入学し、東京の私立日本中学（現日本学園高校）に進んだ。大正時代から夏目漱石の小説を世に出すなど、日本の出版文化をリードした。

五味敏雄は三省堂社長を、その

1期後輩の小松敏郎は学習研究社（現学研ＨＤ）社長をした。武居俊樹は、２００人もの漫画家を育てた小学館の編集者だ。

作家では気象庁の課長から転身し、56年に「強力伝」で直木賞を受賞した新田次郎が卒業している。

妻の藤原てい（長野県立諏訪高等女学校・現諏訪二葉高校卒）は『流れる星は生きている』で、次男で数学者の藤原正彦（都立西高校卒）も05年の『国家の品格』がベストセラーになった。藤原ていは16年11月、98歳で死去した。

新田次郎

劇作家の阿木翁助と藤森成吉、時代小説作家の大久保智宏、ノンフィクション作家の朝倉一善、歌人の武川忠一、漫画家の山田孝太郎らもＯＢだ。

三沢陽一は13年に、ミステリー小説の新人作家に贈られる第３回アガサ・クリスティー賞を受賞した。

現在活躍中の建築家・建築史家として、藤森照信が著名だ。前衛美術家の赤瀬川源平（愛知県立旭丘高校卒）らと路上観察学会を結成し、一般向けのエッセーも執筆している。16年から東京都江戸東京博物館館長をしている。

学者・研究者では、茅野粛々（ドイツ文学）、今井登志喜（西洋史）、山田晶（西洋哲学）、有賀喜左衛門（農村社会学）、八幡一郎（考古学）、藤森栄一（考古学）、戸沢充則（同）、小口忠彦（心理学）、五味智英（万葉集）、長田新（ペスタロッチ教育学）、上島武（ソ連経済学）、矢沢大二（地理学）らを挙げられる。

理系では、植物学者で筑波大学の初代学長をした三輪知雄、地質学者で愛媛大学長をした小松正幸、数学者の小松醇郎がＯＢだ。

## 『琵琶湖周航の歌』を作詞

電信電話の研究者で旧制三高（現京都大学）ボート部員の時に『琵琶湖周航の歌』を作詞した小口太郎がいた。71年に加藤登紀子（都立駒場高校卒）がカバーしたレコードは、大ヒットを記録した。

遺伝学者で国際基督教大学長をした篠遠喜人、オーロラ研究が専門の地球物理学者で南極越冬隊長を務めた小口高、動物生態学者の石城謙吉、航空宇宙工学の宮澤政文、超高速プラスチック光ファイバーを開発した理工学者の小池康博らが卒業生だ。

気象学者で、戦前に中央気象台長を務めた藤原咲平は、前述の新田次郎の叔父だ。藤原は2つの台風が接近した時の現象を「藤原の効果」として理論づけた。

後輩の地震学者・河角広や諏訪彰、天文学者・古畑正秋らを育てたことでも知られる。

医薬学・分子生物系の学者では、抗がん剤イリノテカンの開発をした宮坂貞、次世代型人工心臓の研究開発の外科医・山崎健二、病理学者で原爆症の研究をし名古屋大学長も務めた飯島宗一、児童精神科医の斎藤万比古、高齢医学の鳥羽研二、京大霊長類研究所教授の今井啓雄らが卒業生だ。

新制諏訪清陵高校が誕生した1948（昭和23）年に初代校長に招かれた千野光茂は、生物学者で京都大助教授だった。独学でショウジョウバエの遺伝学研究をして国際的に認められた。

小平均は日本初のLSI（大規模集積回路）を開発し、1970年代の電卓量産の先導役となった。

農業工学者の林尚孝と在野の研究者である小平克は、それぞれ森鷗外の研究をしている。林の実弟である林正高は医師で、日本住血吸虫病の研究で知られる。

## 「学校群制度」を導入

東京都教育委員会教育長を務めた小尾乕雄は、1967（昭和42）年度から都立高校の入試に「学校群制度」を導入した。都立高校の格差是正を狙った措置だったが、日比谷高校はじめ都立の名門高校からの東大合格者は想定以上にガタンと落ち込んだ。一方で、国立と私立の6年制中・高校の進学実績が急上昇した。

芸術や文化関連では、音楽写真家の木之下晃がいた。

フォークシンガーで翻訳家の三浦久は長野県辰野町に住み、「伊那谷のディラン」と呼ばれている。ノーベル文学賞受賞のボブ・ディランの歌詞対訳や研究書の翻訳でも知られる。

洋画家の高橋靖夫、童画家の武井武雄、現代美術家の松沢宥、CG挿絵画家の後藤克典らもOBだ。

彫刻家では矢崎虎夫、清水多嘉示、立川義明、藤森汎らが学んだ。映画監督・脚本家の飯田譲治、俳優の内山森彦ら、音楽では指揮者の柳沢寿男、今井光也、作曲家の竹内邦光らも卒業生だ。

京都の東福寺は紅葉の名所として知られる。その第３０４世管長の遠藤楚石もＯＢだ。慶応大に進み、24歳で出家し修業した。

企業の創業者もいる。郊外型ファミリーレストランの「すかいらーく」は、70年から横川４兄弟が打ちたてた新業態だ。４兄弟の内、長男・横川端と４男・紀夫の2人が諏訪清陵高校で学んでいる。

独創的なおつまみ類を開発し上場企業に育てた「なとり」の名取小一や、欧州出身者以外で初めて国際ソムリエ協会会長をした小飼一至もＯＢだ。

大企業のトップ経験者としては現職がまじるが、服部一郎と花岡清二（セイコーエプソン）、河西計介（阪神百貨店）、小口久雄（セガ）、茅野實（八十二銀行）、岩本敏男（ＮＴＴデータ）らがいる。

マスコミ関連では、ベトナム戦争などの取材で知られるフォトジャーナリストの中村梧郎、朝日新聞記者出身で下諏訪町長をした高橋文利、やはり朝日ＯＢのジャーナリスト・岩垂弘、ＮＨＫ出身でロシア通の小林和男らがＯＢだ。

## スピードスケートの上原三枝

スポーツでは、スピードスケート選手として上原三枝と、２０期後輩の牛山貴広が冬季五輪に出場している。

中央大学に進学した村上深は囲碁部に属し、06年に学生本因坊とアマチュア本因坊になった。22歳で両方の本因坊になったのは史上初めてだ

国公立大の進学者は卒業生の半数近い。毎年度、30%弱が浪人する。ここ数年の大学入試合格実績では現役、浪人合わせ、北海道大、東北大、名古屋大、筑波大に各数人が合格している。地元の信州大には約30人だ。東京大、東京工業大には2年に1人程度だ。

上原三枝

# 野沢北高校

長野県立　佐久市

北方に　浅間火の山
南方に　八ッの群峯
千曲川　うねり流るる

校歌の冒頭だ。野沢北高校が豊かな自然に囲まれていることが伝わってくる。

内陸県・長野の東部に広がる佐久平。北陸新幹線とJR小海線が交わる佐久平駅から南方5キロに、野沢北高校のキャンパスがある。国の重要文化財に指定されている旧中込学校（1875年建設）がすぐ近くだ。

1901（明治34）年に県立上田中学校野沢分校として設立、すぐに独立し野沢中学校となった。戦後の学制改革で男女共学の野沢北高校に。普通科4学級と理数科1学級がある。男子の方が若干多い。

①心身の練磨に努める　②粘り強く勉学に励む　③創造・友愛の精神を貫く　④自主・自律に心がける――という4つの生徒目標がある。

7月初めの文化祭を「日輪祭」と呼ぶ。ベートーベンの交響曲第9番を全校生徒がドイツ語で合唱することが、88年から続く伝統行事になっている。

## 「君の名は。」の新海誠

この数年、最も話題を集めた卒業生は、アニメーション作家・映画監督の新海誠だろう。新海が手掛けたアニメ映画『君の名は。』は16年8月下旬に封切られた。日本国内での興行収入は250億円を超え、日本映画としては歴代2位の記録となった。

新海は、野沢北高校から中央大学に進んだ。ゲーム会社に勤めたが、01年に退社し、アニメ映画を自主製作した。『君の名は。』は、ロサンゼルス映画批評家協会で長編アニメーション賞を受賞するなど、国際的にも評価された。

19年7月、3年ぶりの新作アニメ映画『天気の子』が公開された。宇宙航空研究開発機構（JAX

Ａ）の宇宙飛行士・油井亀美也も話題になった。15年7月23日から12月11日までの１４１日間余、国際宇宙ステーションに長期滞在した。日本人の宇宙飛行は通算10人目で、長期滞在は5人目だった。

政官界で活躍した人物としては、昭和時代に法相などをした小林武治、農相、官房長官などを歴任した井出一太郎が野沢中の卒業だ。

井出は歌人としても知られ、皇居での新年歌会始の召人に選ばれている。

## 井出ファミリー

井出は元禄時代から続く蔵元・橘倉酒造の生まれだ。姉に社会評論家の丸岡秀子（旧制長野県立長野高等女学校・現長野西高校卒）、弟に病理学者で千葉大学長をした井出源四郎、『アトラス伝説』で直木賞を受賞した井出孫六（野沢中から転校し、都立九段高校・現千代田区立九段中等教育学校卒）がいる。

一太郎の長男・井出正一は、父の地盤を継ぎ衆院議員となり、厚相、新党さきがけ代表を務めた。18年9月に死去した。

二男・亜夫は通産官僚出身で日銀政策委員などを歴任、三男・民生は橘倉酒造の蔵主だ。3人とも野沢北高校卒だ。

現職では、参院議員の田村智子（日本共産党）、佐久市長の柳田清二がいる。

油井亀美也

経済界で名を残した人物では、王子製紙の社長、会長になり、労働争議を収拾して同社を紙・パルプ業界のトップ企業に押し上げた田中文雄がいた。日経連副会長を務め、財界人としても活躍した。

鉄道省出身で東武鉄道会長をした工藤義男、サッポロHD社長をした岩間辰志らも卒業している。

無料通信アプリのＬＩＮＥは、日本で現在、最も人気があるＳＮＳ（ソーシャル・ネットワーキング・サービス）だ。「LINE中毒」や、犯罪の温床になったりする弊害も指摘されている。

このアプリを運営するＬＩＮＥは韓国資本の会社だが、社長兼最高経営責任者（ＣＥＯ）に就いて

出沢剛

いる出沢剛が、92年に野沢北高校を卒業している。早稲田大に進学し新ライブドア社長などのあと14年からトップの座に就いた。

由井克己は、ヨシモトポールを創業し現在は会長だ。佐久の花酒造の代表・高橋寿知はじめ地元の酒蔵の経営者で、OBはたくさんいる。地元の建設業堀内組社長の堀内文雄もOBだ。

文芸では井出孫六のほか、ノンフィクション作家の吉岡忍の名が通っている。

85年の日航ジャンボ機墜落事故を題材にした『墜落の夏』で、87年に講談社ノンフィクション賞を受賞した。兄の吉岡攻もノンフィクション作家だ。

文芸評論家、詩人、北欧文学者の山室静、大正~昭和期にかけて詩集『佐久の歌』などを著した詩人の三石勝五郎は野沢中卒だ。

## 「北国の春」を作詞

作詞家では、いではくが多くの流行歌を作詞している。千昌夫(岩手県・私立水沢第一高校中退)の持ち歌「北国の春」が代表作だ。日本音楽著作権協会(JASRAC)会長を務めている。

出版編集者では、光文社を経て現三笠書房の小田切裕、PHP研究所を経て現幻冬舎の小木田順子がいる。

青木理は、共同通信記者出身のジャーナリスト、コメンテーターだ。ロシア通ジャーナリストの中沢孝之もいる。

学者、教育者では、旧制野沢中卒で学習院教授、院長を務めたドイツ文学者の桜井和市がいた。数学者の小林昭七、仏文学者の秋山晴夫もいた。秋山は野沢中時代、同校の「学生歌」を作詞した。

新制高校になってからは、日本近代史の由井正臣、神経解剖学の井出千束、薬理学の小泉修一らが卒業している。

美術で才能を発揮した卒業生も多い。大正、昭和時代の洋画家・神津港人、日本芸術院会員の洋画家・山本文彦がOBだ。牧野伸英と白鳥純司は、日本画家だ。

花岡和夫は、ガラスの表面を削

り彫刻を施す「グラビール」技法を追求するガラス工芸作家だ。スペインのバルセロナで修業し、佐久市に工房を設立している。

イラストレーターのハタタケルは、年賀状クリエーターで知られる。2000年代に東京・渋谷の忠犬ハチ公像の前に座り人々の悩みを聞き、それを絵と言葉で綴ってきた、という特異な体験の持ち主だ。写真家では小山博孝がいる。

音楽ではピアニストの小沢英世、俳優では田口計がいる。

小林宏は日本におけるカーリングの草分けの一人で、98年の長野五輪ではカーリングの競技委員長を務めた。06年のトリノ五輪や10年のバンクーバー五輪ではテレビの実況中継の解説者になり、親しまれた

高柳憲昭は、76年のモントリオール五輪でアーチェリー日本選手団監督を務めた。稲垣克臣は元総合格闘家だ。

## 山岳医の油井直子

整形外科医でスポーツ医学が専門の油井直子は、毎年夏になると北アルプスの槍ヶ岳山荘に併設された「夏山診療所」で医療ボランティアをしている。

看護士の堀内園子は、長野県で認知症の人を対象にしたグループホームの運営に携わり、また認知症を介護研究するNPO法人を設立した。

野沢中3期生の軍医少佐・小池勇助は、敗戦間際の沖縄で私立積徳高等女学校（戦後廃校）の生徒らが看護する野戦病院の隊長をしていた。ひめゆり学徒隊など多くの女子生徒が自害したが、小池は「生きて親元に帰れ」と諭し、多くの生徒の命を救った。小池自身は自決した。

長野は教育県といわれてきた。しかし、それは30年前の話で、最近の文科省の小中学校学力テストでは、47都道府県で真ん中あたりの位置にいる。

野沢北高校も、1951年には東京大に7人が合格するなど、かつては難関大学に着実に合格者を出していた。しかし、ここ数年の入試では、東京大、京都大、東京工業大を合わせて2、3人の合格にとどまっている。

国公立大への現役合格者は例年、約80人で、卒業者数の4割に当たる。信州大には、約20人だ。

# 飯田高校

●長野県立　●飯田市

長野県の市の中で最も南に位置する飯田市。伊那谷を流れる天竜川沿いに街が広がる。

　1882（明治15）年、下伊那郡立下伊那中学校として創立された。すぐに県立の支校となったが、1900年4月15日に県立松本中学校（現松本深志高校）から独立し飯田中学校となった。この日を「独立記念日」と称している。

　戦後の学制改革で女子にも門戸を開いた。飯田東高校、飯田高松高校と改称し、58年に現在の飯田高校に落ち着いた。

　校歌の一節にある「理想は高く智慮深く」を、校訓代わりとしている。学校では、「学力に加え、人間力も高めさせたい」と強調している。

## キャリア教育優良校

　生徒個々に適した進路実現を支援するキャリア教育に熱心に取り組んでおり、「キャリア教育優良校」として文部科学大臣表彰も受けている。

　92年に「飯田高校生徒刺殺事件」が起きた。事件の反省に立って反暴力、反いじめに取り組み、安全で平和な学校づくりを目指している。生徒自治会の活動が充実している。

萩本博幸（多摩川精機㈱HPより）

　同窓会の活動が活発だ。対外試合で好成績を出した班（クラブ）には褒賞金を出している。またPTAと共催し、教育振興基金を作り、エアコン設置、難関大学受験チーム朝補習授業などに寄付をしている。

　毎年度の大学入試では現役、浪人合わせ、京都大、名古屋大、東北大に各数人が合格する。例年、信州大に約35人、金沢大には約10人が合格する。生徒の半分は、東京、京都などの私立大学に進学している。

ヤクルトの開発者で創始者の代田稔が、旧制飯田中学の卒業生だ。旧制二高（仙台）を経て京都帝大を卒業、京大医学部微生物講座の講師を務めていた1930年に「乳酸菌シロタ株」を発見した。

「健康な腸を保つことで長生きを」というのが代田の願いだった。

代田自身は販売組織づくりにはタッチせず、ヤクルト本社の会長・中央研究所所長を長年、務めた。「事業者」ではなく「創始者」に徹した。

独創的な技術で、世界企業の一員に数えられる会社の経営者を紹介しよう。

GOKOグループの創業会長・後藤正が卒業生だ。コンパクトカメラの大企業各社へのOEM（相手先ブランドによる生産）を基に、その生産量は世界の40％を超え、世界一になった会社だ。

もう一人は、セイコーアドバンスの社長・平栗哲夫だ。特殊な塗料・印刷分野でユニークな技術を誇っている。

中村久三は真空技術を得意とする製造装置メーカーのアルバック社長を務め、中国に進出して売上高を10年で3倍にした。

外食産業を創業したOBもいる。立ち食いすしの「魚がし日本一」を経営するにっぽん会長の村田宣政だ。

飯田市に本社を置く多摩川精機という精密機械メーカーがある。会長の萩本博幸、前社長の萩本範文、社長の関重夫がそろってOBだが、それにとどまらない。従業員730人の内、約200人が飯田高校の同窓生だ。

さらに飯田市に本拠を置く会社では、旭松食品の社長・木下博隆、マルマンの会長・中田教一が卒業生だ。

トップ経験者はほかに、佐々木孝治（ユニー）、武藤高義（カルピス）、今尾和実（JA共済連）、丸山寿（日立化成）らがOBだ。

南信州地区の自治体の首長に、多くの卒業生が就任している。

## 日本一美しい星空の村

熊谷秀樹は阿智村村長で、「日本一美しい星空の村」として売り出し、全国から多くの観光客を集めている。

伊藤喜平は前下条村村長で、「カ

リスマ村長」といわれた。行政のスリム化による村財政の健全化を成し遂げ、子育て支援で出生率を大幅に改善させ若年人口比率を向上させた。

首長経験者ではさらに、牧野光朗（飯田市）、深津徹（松川町）、下平善隆（豊丘村）、市瀬直史（喬木村）、永峰誠一（天竜村）、松島貞治（泰阜村）らがいる。

国政では、戦前、戦後に衆参議員を務め全日本農民組合連合会の初代会長に選出された野溝勝、衆院議員で科学技術庁長官を務めた中島衛、通産官僚出身で内閣官房長官を務めた熊谷弘、前参院議員（自民党）の吉田博美が卒業生だ。

個性的な弁護士が出ている。一人は東京高裁判事出身で、人権派弁護士として知られた中平健吉だ。アムネスティ・インターナショナル日本支部長や北朝鮮難民救援基金代表などを務めた。

「刑務所弁護人」といわれているのは古畑恒雄だ。ヤメ検（検事出身）で法務省保護局長の経歴も持つ弁護士だ。実刑判決が確定してから収監、出所までを陰で支える役回りの弁護士だ。

著名な建築家二人が、OBだ。原広司と北川原温で、共通して日本建築学会作品賞、村野藤吾賞を受賞するなど、内外から多くの賞を受賞している。

## 京都駅ビルの原広司

原は東大・建築学科、北川原は東京芸術大・建築学科卒だ。原は京都駅ビル、北川原は中村キース・ヘリング美術館（山梨県北杜市）が代表作品だ。

学者では、演劇学者で早稲田大教授・演劇博物館館長を務めた河竹繁俊が旧制卒だ。67年には文化功労者になった。

美術史家で京都国立博物館館長を務めた松下隆章、彫刻史が専門で飯田市美術博物館館長を務めた井上正、農業史の古島敏雄、言語学の松村一登、日本語学の林史典、中国研究の小島麗逸らが卒業生だ。

理系では、近畿大教授で水産研究所（和歌山県白浜町）の第2代所長を務めた原田輝雄がいた。網いけすを用いて小さく飼う「小割式」によって魚の養殖技術を確立させた。近大はクロマグロの完全養殖に成功したが、その生みの親が原田だ。

地震学の石田瑞穂は１９８９年

に、若手の女性研究者に贈られる猿橋賞を受賞した。

　東京・虎の門病院院長を務め糖尿病の権威だった小坂樹徳、解剖学を専門とする医学者で宮崎大学長を務めた菅沼龍夫、生物学の宮下直らもＯＢだ。

　神経科学が専門の池田正明は、体内時計の時計遺伝子「ビーマルワン」を発見した。

　文化人では、詩人で英文学者の日夏耿之介（中退）、児童文学作家で鹿児島県立図書館館長を務めた椋鳩十、やはり児童文学作家で

石田瑞穂

教育評論家でもあった宮下正美らがいた。

　朝日新聞記者出身のジャーナリスト・本多勝一、講談脚本家の牧内雪彦、競馬・カジノ文筆家の松井政就もＯＢだ。

　美術では昭和期の洋画家、漫画家の須山計一、日本画家の平岩洋彦、版画家の北野敏美、美術評論家の南嶌宏、洋画家の山岸忠彦、彫刻家の南島和也、写真家・童画家の熊谷元一らが卒業している。

　永井郁はグラフィックデザイン界の草分けの一人で、日本航空の「鶴」のマークを考案した。

　羽場仁志は作詞・作曲家で、多くの歌を歌手に提供している。

## 39の班活動

39のクラブがある。これを「班活動」と呼んでいる。運動班ではラグビー、陸上、卓球、弓道、空手、水泳などが、学芸班では邦楽、将棋、競技かるたなどが全国大会に出場している。

　なかでもラグビーは、長野県内の高校の草分けだ。17年12月に花園ラグビー場で開幕した第97回全国高校ラグビーフットボール大会で県代表として出場した。６年ぶり、８度目の全国大会出場だ。

19年７月、全国７人制大会に出場した。

　陸上競技では、園原健弘が１９９２年のバルセロナ五輪で50キロ競歩に出場した。

　北城節雄と松島信幸は59年、飯田山岳会の一員として、ネパールの未踏峰サルバチョメ（６９１８メートル）の初登頂に成功した。

# 高田高校

新潟県立　上越市

高田市と直江津市が1971(昭和46)年に合併してできた新潟県上越市。2015年春には北陸新幹線が開通し、上越妙高駅が置かれた。日本海に面し、戦国時代には上杉謙信の城下町として栄えた

旧高田市の中心部にある高田高校の校是は「第一義」だ。謙信が座右の銘としていた。校訓は「質実剛健　堅忍不抜　自主自律」だ。

幕末に高田藩15万石は藩校・脩道館を設立した。それを改め1874(明治7)年に公立新潟学校第四分校として開校したのが、高田高校のルーツだ。1900(明治33)年からは高田中学校となり、戦後の学制改革で新制高田高校に衣替えし、女子にも門戸を開いた。

## 藩校・脩道館がルーツ

略称は「高高《こうこう》」。「高高　未来Clue Plan(こうこうミラクルプラン)」と称するキャリア教育が、特徴だ。

なかでも、卒業生の協力の下に実施している東京への企業訪問が充実している。事前に訪問企業の下調べをして企画書にまとめ、訪問先の企業では幹部の前でプレゼンテーションをする。学校に戻ると、その成果をまとめ発表する。同窓会からの寄付金を得て、ベトナムの企業へも訪問している。

優れたキャリア教育を推進しているとして、13年には文部科学大臣表彰を受けた。また13年度からは、文科省からSSHの指定を受けている。

大学進学については、15%が浪人する。19年春の大学受験実績は、現役、浪人合わせ、東京大1人、京都大3人、東京工業大3人、北海道大2人、東北大5人など。例年、新潟大に約30人、富山大、金沢大に各約10人が合格する。

最も著名な卒業生は、国際司法裁判所(本部・オランダのハーグ)前判事の小和田恆だ。刻苦勉励して東大に進み外務官僚となり、外

務事務次官、国際司法裁判所所長などを歴任した。

小和田は皇后雅子（東京・私立田園調布雙葉高校から米ボストン私立ベルモント・ハイスクールに移り卒業）の実父だ。恆の父親つまり雅子妃の祖父の小和田毅夫も旧制高田中学卒で国語、漢文の教師だった。戦後に母校・高田高校の校長を12年間、務めた。

## 皇后雅子の実家

小和田一家は秀才5兄弟で知られる。恆は次男で、3男・鎌田隆、4男・小和田統、5男・小和田亮も高田の同窓で東大に進学、弁護士や官僚になった。

小和田恆

政官界で活躍した卒業生としては、戦前に外相などを務め大物外交官といわれた芳沢謙吉が学んでいる。国連難民高等弁務官などを務めた緒方貞子（旧制私立聖心女子学院・現高等部卒）は、孫だ。

郵政相、新潟県知事をした塚田十一郎もいた。

田中弘邦は、特定郵便局OBで組織する大樹全国会議の会長だった。

庄山悦彦

地元では、上越市長をした小山元一、植木公、宮越馨がOBだ。日本共産党籍を持っていたことで注目された三和村（現上越市）の村長・関口荘六もOBだ。

企業のトップを経験した卒業生としては、日立製作所7代目社長の庄山悦彦、日産自動車6代目社長の山本惣治、中部電力会長の太田四郎や、南雲忠信（横浜ゴム）、下山敏郎（オリンパス光学工業）、佐久間昇二（WOWOW）、内山郁夫（日本ケミコン）、小島国人（第四銀行）、南雲龍夫（サノヤス・ヒシノ明昌）、金津猛（亀田製菓）、大島精次（上越ケーブルビジョン）、橋本真孝（上越信用金庫）らを挙げられる。このうち、庄山と佐久間は、前述の企業訪問の先導役をしている。

サーバーやソフトをネットを通じて利用できるクラウドコンピューティングの分野で関連製品の開発・販売を手がけている「テラスカイ」という会社がある。最先端のIT系ベンチャーで、15年4月に東証マザーズ市場に上場した。その創業社長の佐藤秀哉が卒業生だ。

IT系ベンチャー企業では、3Dの技術開発で世界標準になることを狙う「ラティス・テクノロジー」がある。その社長・鳥谷浩志は高田高校で佐藤より4期先輩だ。

学者・研究者では、中国文学者の倉石武四郎と弟でドイツ語学者の倉石五郎が、そろって旧制高田中学卒だ。

「酒の博士」といわれ発酵・醸造の権威だった坂口謹一郎は旧制高田中学から東京・私立旧制順天中学（現順天高校）に移った。67年に文化勲章を受章している。歌人としても知られていた。妻は倉石武四郎の妹・カウだ。

国際法の中村進午、建築家の長野宇平治、建築史の関野貞、仏教学の宮本正尊らが、明治から戦前にかけての卒業生だ。

新制になってからは、民法の新井誠、高エネルギー宇宙物理学の高橋忠幸、ギリシャ哲学の今井知正、ナノバイオサイエンスの陶山明、地理学者で活断層の専門家である渡辺満久らがいる。

ニッセイ基礎研究所のエコノミスト・矢嶋康次は13年度のエコノミスト賞を受賞している。

マーケティング・アナリストの三浦展は、05年に著した『下流社会』がベストセラーとなった。

上越市は雪国だ。横山宏太郎、本山秀明、上石勲という雪氷学の研究者も育っている。

医学者では、心臓外科の小柳仁、神経学の水沢英洋、産婦人科の佐藤和雄、乳がん治療の佐野宗明、メタボリックシンドローム予防の栗原毅、不整脈治療の新田隆と庭野慎一らがいる。

## 童話作家の小川未明

文学では、「日本のアンデルセン」と称された童話作家の小川未明が学んでいる。

芥川賞受賞作家である小田嶽夫、詩人・作詞家で早稲田大校歌「都の西北」など多くの校歌を残した相馬御風も、旧制中学卒だ。

小説家、コラムニストとして活躍中の小林信彦は、旧制東京高等師範学校付属中学（現筑波大付属高校）を卒業しているが、戦時中に疎開し旧制高田中学で1年間、学んでいる。

「週刊少年マガジン」（講談社）で長期連載した『ゴッドハンド輝』などで知られる漫画家の山本航暉は、OGだ。

## 芸術祭を企画する北川フラム

北川フラムは、日本を代表するアートディレクターだ。新潟の里山や瀬戸内海の島々を巡る芸術祭などをプロデュースしている。18年に文化功労者に選定された。

高田にまつわる作品を多く残した洋画家の斎藤俊雄、陶芸家の内田邦夫、洋画家の倉石隆、篆刻家の古川悟、彫刻家の岩野勇三、絵本作家の川端誠らも卒業生だ。

音楽では、太田茂がファゴット奏者として活躍中だ。戦後に「東京の恋唄」のヒットで人気歌手となった鳴海日出夫、ジャズボーカリストの丸山繁雄、「オクタビスト（バス音域のさらに1オクターブ下を受け持つことができる男性歌手）」の石塚勇、オペラ歌手の宮沢彩子、ソプラノ歌手の高橋維、シンガーソングライターで若者に人気の斉藤ジョニーらOB、OGだ。

演劇・芸能・メディア関連では劇作家・演出家の清水邦夫、落語家の三遊亭白鳥、女優・声優の萩尾みどり、女優の佐藤栞菜、NHKアナウンサー（現在は嘱託）の桜井洋子がOB、OGだ。

獣医の丸山（旧姓高橋）知美は、テレビ新潟が14年にドキュメンタリー映画化した「夢は牛のお医者さん」の主人公だ。小学3年生から27年間、密着取材を受け、高田高校から岩手大に進学し、獣医になる夢をかなえた。

上越市は日本のスキー発祥の地だ。交換将校として来日したオーストリア・ハンガリー帝国の軍人・レルヒ少佐が、1911年から第13師団歩兵第58連隊（現在は陸上自衛隊高田駐屯地）などで、スキー技術を伝えたからだ。

旧制高田中学の生徒もレルヒ少佐からスキーを教えてもらい、戦前に永田実、保科武雄、上石巌の冬季五輪出場選手を輩出した。また、スキー界の指導者として活躍した小川勝次、野崎彊らも生んだ。

# 佐渡高校

新潟県立 ● 佐渡市

新潟県西部の日本海に横たわる佐渡島。金銀山跡やトキの飼育で知られる。

1896（明治29）年に佐渡郡全町村組合立佐渡尋常中学校として創立され、すぐに県立佐渡中学校となった。新潟県内で4番目の公立中学だった。戦後の学制改革で、男女共学の新制佐渡高校に衣替えされた。

島の全域が佐渡市だが、この30年で人口は3割も減り、現在は約5万6000人だ。このため2004年には、県立佐渡女子高校を統合した。佐渡地区の高校、中等教育学校は現在4校になった。

校訓は「自主　自律、求真《ぐしん》　窮《きゅう》理《り》、協調　責任、誠実　感謝」だ。「ふるさとへの愛着と誇りを持ったグローバル人材の育成」に取り組み、佐渡の高校、小中学校、佐渡市などと連携し、佐渡の自然を生かした持続可能な循環型社会を目指した探究活動を行っている。

野球部は11年春のセンバツ大会に21世紀枠で選ばれ、甲子園に初出場した。

1学年は5クラスで200人弱だ。男女はほぼ半々だ。6割が4年制大学に、2割強が専門学校などに進学する。例年、国公立大の合格者は現役、浪人合わせ約50人だ。そのうち、新潟大には約15人、新潟県立大に約10人が合格する。

芸術で才能を発揮した卒業生が、目立つ。

## 文化庁長官の宮田亮平

イルカをモチーフにした作品「シュプリンゲン（飛翔）」で知られる金属工芸家の宮田亮平を、挙げられる。05年から東京芸術大学長を務め、16年からは文化庁長官だ。

宮田は男3人・女4人の兄弟姉妹7人の末っ子だ。7人の内、6人が佐渡中学・佐渡高校卒だ。6人中男3人・女1人の計4人が東京芸大に、2人は私立の美術大に進学したというから、きわめつきの芸術一家だ。7人の父親は、佐渡に伝わる金属工芸の伝統的技術保持者だった。

長男の宏平は鋳金工芸家、次男の脩平はデザイナーとして鳴らした。

陶芸家で重要無形文化財認定保持者（人間国宝）の三浦小平二、やはり人間国宝の陶芸家・五代伊藤赤水も卒業生だ。二人とも江戸時代から続く佐渡の窯元の末裔だ。

学者では、物理学の後藤鉄男、原子力工学の清水彰直、発生生物学者で内外から多くの学術賞を受

宮田亮平

賞している浅島誠、文化人類学者で国立民族学博物館館長などを歴任した須藤健一、皮膚科の医学者・玉置邦彦、日本中世史が専門の池上裕子らがＯＢ、ＯＧだ。

文化人では、児童文学作家の高田由紀子がいる。

経済界では、舟崎由之（日本金属）、戸田正之（佐渡汽船）、伊藤修之助（福田組）、石塚由成（西日本高速道路）らのトップ経験者が出ている。

三浦基裕は日刊スポーツ新聞社社長のあと、16年4月から佐渡市長だ。前任の甲斐元也も佐渡高校ＯＢだ。

明治時代の卒業生には、哲学者、思想家として歴史に残る北一輝・昤吉兄弟がいた。

一輝は国家社会主義者であり、二・二六事件を引き起こした皇道派青年将校の理論的指導者として逮捕され、死刑判決を受け刑死した。

陸軍中将で、太平洋戦争でフィリピン攻略戦を指揮した本間雅晴も明治時代の卒業生だ。

## 拉致被害者の曽我ひとみ

北朝鮮による拉致被害者の曽我ひとみが、佐渡高校沢根分校（定時制）の卒業生だ。准看護婦だった曽我は19歳の1978年8月12日、母親と共に佐渡の海岸で拉致された。

日本政府は母娘が拉致された事実を掌握していなかったが、02年10月の日朝首脳会談で北朝鮮側がひとみの帰国を認めた。同時に拉致された母親の消息は不明だ。

# 新潟明訓高校

●私立　●新潟県新潟市江南区

新潟市の郊外で、中心部から南東4キロの田園地帯にある。

好学の勤労青年が集まり、働きながら学ぶ新潟夜間中学講習会を、1921（大正10）年に組織したのが、そもそものルーツだ。すぐに新潟夜間中学校と改称、43年には新潟明訓中学校になった。

スタートが夜間中学で、特定の学園創立者がいない私立というのは、全国的にきわめて珍しい。

戦後の学制改革で新制の新潟明訓高校となった。2004年にJR亀田駅近くに移転、07年には併設中学校を設立し中高一貫校となった。男女共学で生徒数は、ほぼ半々だ。

校訓は「好学　自治　協力　質実　奉仕」だ。勤労青年が集まったという校歴から、校風は「自由で、自発的」だという。

グローバル教育に、とりわけ熱心に取り組んでいる。

高1では、米国東海岸、西海岸、カナダ、オーストリア、シンガポールなどのアジア5地域で、海外研修を行う。

高2では、夏休みの5日間、米ハーバード大などの学生を招致し、生徒宅にホームステイさせながら学校でアクティブラーニングをする、というプログラムもある。

約30％の生徒が現役で国公立大に合格している。

19年の大学入試では現役、浪人合わせ、東京工業大2人、北海道大、東北大、富山大に各7人、金沢大に3人、地元の新潟大に79人が合格した。

私立大には延べで、早稲田大9人、慶応大7人、津田塾大4人だ。

芥川賞受賞者を2人出すなど、文芸で才能を発揮した卒業生が目立つ。

## 新井満と藤沢周が芥川賞

著作家、作詞作曲家、環境映像プロデューサーなど多才な新井満が、知られている。1988年に「尋ね人の時間」で芥川賞を受賞、

01年には「千の風になって」を作曲、歌手・秋川雅史（愛媛県立小松高校卒）らによってカバーされ、100万枚を超える大ヒットとなった。

もう1人は、98年に「ブエノスアイレス午前零時」で芥川賞を取った藤沢周だ。母校の法政大で教授を務めており、日本文化論などを講じている。

大宅壮一ノンフィクション賞を受賞した作家の中野不二男、評論家の若松英輔も卒業生だ。

新井満

文化人では、映画監督の橋本一、漫画家の山田芳裕がいる。

作曲家の清水研作、ジャズピアニストの山本剛、ボーカリストのTOKU、松岡美代子、ロックミュージシャンの難波章浩が活躍中だ。

学者・研究者では、地域社会学の平川毅彦、言語学の大竹芳夫、民俗学者で新潟妖怪研究所所長の高橋郁丸がいる。

鈴木裕子は国立極地研究所の特任助手で、南極地域観測隊の越冬隊員として日本の昭和基地でオーロラ観測などを行った。

経営者では、京セラの2代目社長を務めた安城欽寿、岡山放送社長の中静敬一郎、一正蒲鉾（新潟市）社長の野崎正博、和洋菓子の老舗・丸屋本店（新潟市）社長の本間彊がOBだ。

部活動が盛んだ。高校入試では「スポーツ専願」を1クラス・40人、設けている。野球、陸上競技、剣道男子、サッカーで、中学時代に優秀な競技成績を残した者が入ってくる。

## 漫画「ドカベン」のモデル校

野球部は甲子園の全国大会に春1回、夏7回、出場している。水島新司の野球漫画「ドカベン」に登場する「明訓高校」は、新潟明訓高校から名前が取られている。水島は新潟明訓高校への進学を熱望していたが、家庭の経済状況から高校進学を断念した。

56年のメルボルン五輪のレスリング男子フリースタイルライト級で、銀メダルを獲得した笠原茂がOBだ。

# 6章 東海の伝統高校 13校

# 明和高校

**愛知県立 ● 名古屋市東区**

名古屋城のすぐ東、官庁やオフィスビル、高級住宅地が並ぶ一等地にある。しっとりと落ち着いたたたずまいだ。

戦後の学制改革で、旧制明倫中学校と旧制第一高等女学校とが統合されてできた。

明倫の「明」と、高女の同窓会名「和楽会」の「和」を合わせて「明和」とネーミングされた。

明倫中学の開校は１８９９（明治32）年だが、「先蹤《せんしょう》」あるいは「起源」と表現している学校がある。江戸時代の１７８３（天明３）年に尾張第９代藩主徳川宗睦により開かれた藩校「明倫堂」のことだ。「明倫堂」が明和高校のルーツというわけだ。「明倫堂」は、現在の名古屋東照宮の地にあった。

## 藩校「明倫堂」がルーツ

学校では論語にある「行くに径《こみち》に由らず」を引用し、「学校教育も、地道ながら大道をしっかり進めていきたい」と強調している。

２０１１年度以来、文科省からＳＳＨの指定をうけている。

科学技術系人材育成の第一歩は、「科学の方法論」を習得することだ。これを実現させるために明和高校では「論理的思考力」と「創造的発想力」の育成を教育活動の中心に据えている。

小林誠

理論物理学者の小林誠が２００８年にノーベル物理学賞を受賞したことで明和高校の名が全国に響きわたった。

小林は生粋の名古屋っ子。明和高校から名古屋大理学部物理学科に進んだ。素粒子理論が専門で、「小林・益川理論」が評価された。

共同研究者の益川敏英（名古屋市立向陽高校―名古屋大理学部卒）と、さらに南部陽一郎（旧制福井県立福井中学・現藤島高校—旧制一高（東京）—東京大卒）も08年にノーベル物理学賞を同時受賞した。一度に3人の受賞は、日本として初めてだった。南部は15年7月に死去した。

小林と益川には、ノーベル賞の発表を追いかけて文化勲章が授与された。

偉大な卒業生をもう一人挙げるとすれば、トヨタ自動車2代目社長で事実上の創業者である豊田喜一郎になるだろう。喜一郎は豊田自動織機創業者の豊田佐吉の長男

豊田喜一郎

だ。旧制明倫中学—旧制二高（仙台）—東京大工学部の学歴。家業の自動織機製造会社に自動車部門を作って独立させ、戦前・戦後にかけて自動車の自力生産を始めた。

## トヨタ自動車の創業者

倒産の危機にさらされたこともあったが、「世界のトヨタ」の礎を築いた。喜一郎のベンチャー精神がなければ、今日のトヨタは存在しなかっただろう。

6代目社長の章一郎（東京府立一中・現都立日比谷高校卒）は長男、11代目の現社長・章男（慶応義塾高校卒）は章一郎の長男だ。

経済界で活躍した卒業生が数多い。深谷紘一は年間売上高5兆円を超えるデンソー（本社・愛知県刈谷市）のトップを務めた。東京工業大・機械工学科の出身で、デンソー（当時は日本電装）の生え抜き入社だ。

現在では三菱UFG銀行に吸収されているが、加藤隆一と伊藤喜一郎は東海銀行の頭取をした。

さらに大企業のトップを務めた卒業生は、内藤明人（リンナイ）、青柳守城（住友金属鉱山）、岩沙弘道（三井不動産）、作田久男（オムロン）小川進と水野耕太郎（東邦ガス）茶村俊一（J・フロントリテイリング）、市橋保彦（日野自動車）らがいる。

明倫中学卒の端山孝は、テレビアンテナメーカーとして日本トップのシェアを持つ「マスプロ電工」を創業した。

福島良典は、ニュースアプリの開発、運営をしている東証一部上

場の「グノシー」の創業者だ。東大大学院在学中の12年に、スマホ向けメディアを運営する「グノシー」を創業した。

政官界では、労働運動出身で民社党委員長をした塚本三郎、自治省官僚出身で愛知県知事をした仲谷義明が旧制明倫中卒だ。黒野匡彦は運輸事務次官のあと東京国際空港公団（成田）総裁を務めた。

卒業生には小林誠のほかにも優れた理系の学者がいる。分子生物学者の塩見美喜子は09年に、自然科学の分野で顕著な研究業績を収めた若手の女性研究者に与えられる「猿橋賞」を受賞した。

地震学の浅野周三、宇宙物理学の西田篤弘、原子物理学の広瀬立成、建築耐震工学の福和伸夫らもOBだ。

医学系では、細菌学が専門で名古屋大総長をした加藤延夫、産婦人科医で浜松医科大学長をした寺尾俊彦、法医学者でDNA鑑定の研究をしている勝又義直らがOBだ。

医師の山本紘子は神経内科が専門で、日本女医会会長、藤田保健衛生大教授などを歴任した。テレビドラマや映画化された『1リットルの涙』の著者・木藤亜也の主治医だった。

文系では厚生経済学の鈴村興太郎、民俗学の高取正男、英文学の大橋洋一らが卒業生だ。

異色のOBでは、予備校のカリスマ数学講師として大学受験生に親しまれている安田亨がいる。

法曹界では、最高裁判事をした宮川光治がしばしば少数意見を出した。例えば、12年の光市母子殺害事件の最高裁判決で、他の裁判官が死刑を支持する中、少年法の規定に沿ってただ一人「審理を差し戻すべきだ」とする反対意見を述べた。

人事・労務問題が専門の弁護士・高井伸夫は、ビジネス関係の著作が多い。

八木康夫は元TBSのプロデューサーで、「おやじの背中」など多くのテレビドラマを手がけた。

文芸では、小説家の三木澄子、福永令三、山下智恵子、詩人の永瀬清子、脚本家・作詞家の荒川稔久が卒業している。洋画家では徳田信保がいた。

## 花柳界入りしたOGも

花柳界入りした卒業生もいる。

91年生まれの野崎こず枝だ。11年に舞妓「ひこ乃」としてデビューした。名古屋花柳界の芸者は高齢化が進み、30歳以下の舞妓は数人しかいない。

ラグビー部が健闘している。13年春の第14回全国高校選抜ラグビーフットボール大会（埼玉県熊谷市）ではチャレンジ枠で出場した。予選リーグで2勝1敗の戦績を残したが、決勝トーナメントには進出できなかった。

明和高校には50年以来、愛知県の県立高校では唯一の音楽科が設置されている。名古屋市立では菊里高校に音楽科がある。

明和の音楽科には、各学年で女子が30数人、男子が数人、在籍している。声楽、ピアノなどの専任教員が5人いる。非常勤講師はチェロ、オーボエなど楽器ごとに計約70人という陣容だ。

作曲家・編曲家の渡辺宙明は、音楽科が設置される前の明倫中学の出身だ。東大文学部に進学したが、在学中から団伊玖磨や諸井三郎に師事していた。

音楽科の設置後は、74年同期卒のソリスト・池田京子とバイオリニスト・水野佐知香、同じくピアニストの川上ミネらがOGだ。

さらに若手では、ピアニストの田村響、北村朋幹がいる。

ジャズ歌謡のシンガーソングライターであった倉橋ヨエコは08年に引退している。

## 県立では唯一の音楽科

クラシック音楽の指揮者である松尾葉子は普通科の出身で、82年にブザンソン国際指揮者コンクールで女性として史上初、小沢征爾（東京・私立桐朋女子高校音楽科卒）に次いで日本人2人目の優勝を遂げ、一躍、注目された。

19年度の大学入試では現役、浪人合わせ、東京大に10人、京都大に14人、東京工業大に1人、一橋大に4人が合格している。

地元の名古屋大には71人だ。71人というのは愛知県立岡崎高校に次いで2番目だ。

私立大には延べで、早稲田大に52人、慶応大に25人だった。

音楽科の卒業生は毎年度、愛知県立芸術大に10数人の合格者を出している。東京芸術大の高校別の合格者数では、ベスト10に入ることが多い。19年度入試では4人で、第8位だった。

# 時習館高校

愛知県立　豊橋市

東海道五十三次で吉田宿、二川宿を擁し、城下町、宿場町として栄えてきた豊橋。江戸時代の1752（宝暦2）年には、ここを領する吉田藩7万石が藩校時習館を創設した。時習館高校の名は、これに由来する。

もっとも藩校は明治維新で廃止されているので、直接のつながりはない。ルーツとなった私立補習学校時習館の設立は1893（明治26）年で、この年をもって時習館高校の創立としている。

1956（昭和31）年に時習館高校と改称されるまで、愛知四中、豊橋中、豊橋高校などと何度も校名は変遷した。しかし、「時習」の由来である「学びて時に之を習う、亦説《またよろこ》ばしからずや」の教えの下、「自主・独立」の精神と「自ら考え、自ら成す」を尊ぶ姿勢が脈々と継承されている。

## 藩校・時習館に由来

時習館高校は愛知県の公立普通科高校の校地平均の倍の敷地を持つ。全国の普通科高校の中でも、1、2を争うほどの敷地だ。

この数年、特に力を入れているのがグローバル人材の育成を目指した新しい英語教育だ。「読む・書く」に偏していた従来の英語教育を改め、「聞く・話す」を重視した授業を実践している。

「英語の授業では、英語しか使わせない。英語は座学ではなく実技科目である、という意識を徹底させている。生徒を英語脳に変貌させる」「文法などは家でやれ、とにかく実践英語だ、と割り切っている」と、同校では歯切れよく解説する。

英国のセント・ポールズ校など英独3校と姉妹校提携している。3月に日英独3ヵ国の高校生による科学技術に関する研究発表会なども開催している。

「1浪を覚悟して志望大学を貫け」という進路指導をしている。このため毎年度、卒業生の4割が浪人する。

2019年の大学入試では現役、浪人合わせ、東京大7人、京都大14人、東京工業大、一橋大各2人、地元の名古屋大に40人が、私立大には延べ人数で早稲田大21人、慶応大に13人が合格している。

## 宮城谷昌光の小説が人気

多くの読者を獲得している卒業生がいる。歴史小説家の宮城谷昌光だ。古代中国の偉人にスポットを当てた長編作品が多い。1991年に『夏姫春秋』で直木賞を受賞している。早大卒後、40歳代半ばまで、著作が売れず苦労した。

宮城谷昌光

戦前に逓信次官まで務めあげた官僚である一方、第一級の俳人としても鳴らした富安風生がいた。

小説家・評論家の杉浦明平は、故郷にほど近い田原藩の江戸家老だった渡辺崋山に関する著作が多い。

詩人の丸山薫も旧制四中の卒業生だ。代表作に詩集「仙境」「月渡る」などがある。豊橋市は丸山薫賞を設けている。

ユニークな医師を輩出している。大正から昭和にかけての産婦人科医であった荻野久作だ。女性の月経周期と妊娠との関連性を研究した先駆者だ。「オギノ式避妊法」という言葉ができた。

現役では、豊橋ハートセンター院長の鈴木孝彦が心臓カテーテル治療で知られる。

植物生態学者で「照葉樹林文化論」を提唱した中尾佐助、情報通信工学者で音声分析合成方式を発明した板倉文忠、低温科学者で南極観測越冬隊長も務めた大山佳邦、物理学者の土井正男らもOBだ。

浜本隆二は、ゲノム医科学で気鋭の研究者だ。

文系では、ケインズ経済学研究の第一人者である塩野谷九十九がいた。ケインズの著書『雇用・利子および貨幣の一般理論』の初代翻訳者だ。

経営学者で人本主義を唱えた伊丹敬之は、産業界の現状に詳しく大企業の社外取締役や監査役などもしている。

独文学者の子安美知子は、70年

伊丹敬之

代に家族で西独に留学、シュタイナー教育に触れその体験を描いた『ミュンヘンの小学生』が、話題になった。

民族学者の大林太良、国文学者で愛知大学長をした久曽神昇、民事訴訟法学者の新堂幸司、憲法学者の松井茂記、西洋史学者の池上俊一らも卒業生である。

政界では、公明党代表や国土交通相をした太田昭宏がOBだ。

通産官僚出身で2000年から8年間、大阪府知事を務めた太田房江がOGだ。太田は日本初の女性知事で、現在は参院議員だ。

元参院議員でサラリーマン新党代表の青木茂、通産相をした村田敬次郎は旧制卒だ。

官僚では、郵政事務次官をした白井太、大蔵官僚出身で環境事務次官をした岡田康彦がいる。

地元豊橋市の市長は、83年に就任した高橋アキラ、続く早川勝、現職の佐原光一までの31年余、時習館高校の卒業生で占めている。

## 地元の経済界に貢献

経済界では神野家が代々、豊橋市の発展に寄与した。旧制卒の神野太郎は中部ガスを創業、その息子信郎が後を継ぎ、弟義郎は豊橋鉄道社長をした。

小林佳雄は「物語コーポレーション」前会長兼CEO（最高経営責任者）で、一代で東証1部上場企業まで育て上げた。慶応大に進学したが、板前修業をして飲食業を学び、焼肉やラーメン店などを全国展開している。

精密切削工具などのメーカー、「オーエスジー」の会長大沢輝秀は2代目だが、同社の海外展開に手腕を発揮している。

地場企業では、佐藤元彦・善彦父子（ヤマサちくわ）、中村陽一（イチビキ・醤油）、志賀弘嗣と志賀重介（いとこ同士、金トビ志賀・製麺）、関谷徹（関谷醸造・清酒）、福井英輔（福井ファイバーテック）らがいる。

大企業のトップ経験者では、山崎巖（横河電機）、後藤達郎（ホテルオークラ）、今西晃（丸美屋食品工業）、楠兼敬（日野自動車）、鈴木正（第一製薬）、近藤晴貞（西松建設）らが卒業生である。

文化人では、書家の鈴木翠軒、演芸評論家の小島貞二、画家の冨安昌也、写実・リアリズム絵画の野田弘志、声楽家の荒道子と岡田三千枝、漫画家の牧野圭一、山岳写真家の水越武らが卒業している。

日本映画衛星放送社長の杉田成道は、フジテレビ時代に『北の国から』シリーズを演出した。57歳で30歳年下の女性（のちに医師）と再婚し、芸能マスコミの話題になった。NHKアナウンサーの阿部悌もOBだ。

時代劇の名悪役だった川合伸旺、俳優の平田満、舞台俳優の村上大樹と加藤啓、俳優で映画監督の佐々木洋平、タレント、スポーツキャスターの福井仁美らもOB、OGだ。

スポーツでは、旧制名古屋高商（現名古屋大学）時の1932（昭和7）年にロサンゼルス五輪で、競泳の100メートル背泳ぎで金メダルをとった清川正二が、旧制の卒業生だ。

清川は後年、兼松江商（現兼松）の社長になり、また日本人初のIOC（国際五輪委員会）の副会長も務めた。

## 東京五輪の鈴木亜由子

早大・応用物理学科に進学した尾川智子は、ワンダーフォーゲル部でアルパイン・クライミングを練習、日本人女性として初のプロクライマーになった。

東大に現役合格した鈴木翔太は2010年、1年生秋の東京六大学野球の対早大戦で4－2で完投勝利した。これ以降、東大は勝ち星から遠ざかり、15年5月の法政大戦に勝利するまで94連敗が続いた。

名古屋大を卒業し、日本郵政グループ女子陸上部に所属する鈴木亜由子が、20年夏の東京五輪のマラソンに出場する。19年9月の「マラソングランドチャンピオンシップ」で2位になり、代表選手枠に入った。

時習館は高校野球皆勤校だ。1915年夏から始まった高校野球で、地方大会の予選から欠かさず出場している旧制中学・新制高校は全国で15校しかないが、時習館はその一つだ。

時習館の全国大会出場は過去、春2回、夏1回を数える。

# 瑞陵高校

●愛知県立 ●名古屋市瑞穂区

「ずいりょう」と読む。名古屋市の中東部、瑞穂区の文教地帯にある。

1907（明治40）年に県立第五中学校として開校した。戦後の学制改革で県立愛知商業学校（旧愛商）、県立女子商工学校などと統合され、男女共学の現校名になった。

校内には「感喜堂」という愛商の講堂が残っている。東京大の安田講堂より1年古く、24年の竣工だ。

「自由、自主、自律」を旨としたおおらかで、のびやかな校風だ。

母校愛の強い卒業生が目立つ。この十数年で3人の篤志家が出ている。

学校医だった広瀬清市が2004年に、預金など3億円を寄付した。広瀬の没後、歯科医の浜島誠一朗が「奨学事業」として、あとを引き継いだ。

## 母校愛が強い卒業生

12年には3人目が現れた。資産家の熊沢喜八郎により「一般財団法人瑞陵高校助成基金」が設けられた。

一連の寄付金を原資に、年に2、3回、生徒は国内や海外で見聞を広める。教員、生徒の立案による内外の研究所、米欧の博物館、美術館などの見学会の運営資金に充てられている。

同窓会も「瑞陵高校瑞陵会基金」を作り、感喜堂内部を整備、空調設備を導入し学習環境を整えた。多くの卒業生の母校愛が光る。

19年春の大学入試では現役、浪人合わせ、京都大、東北大各2人、名古屋大35人、大阪大4人、神戸大5人、名古屋工業大23人の合格者を出している。

現役で国公立大に合格したのは、約43%だった。

国際的に高く評価されている卒業生がいる。外交官だった杉原千《ち》畝《うね》だ。第2次世界大戦中にリトアニアの領事館に赴任していた杉原は、ナチス・ドイツの迫害により欧州各地から逃れてきたユダヤ系難民たちに、2139通のビザ(通過査証)を発給、約6000人の避難民を救った。外務省本省からの訓令に反した独断だった。

## 杉原千畝の「命のビザ」

杉原は、旧制五中から早稲田大予科—日露協会学校(のちのハルビン学院)に進学した。ロシア語に堪能になり、外務省にノンキャリアの書記生として入省した。

杉原千畝

86年に死去したのち、妻で歌人の杉原幸子(旧制香川県高等女学校・現高松高校卒)が90年代に『六千人の命のビザ』を著し、杉原の足跡が広く知られるようになった。

イスラエル政府は「建国の恩人」として杉原を顕彰した。12年には在日イスラエル大使館から瑞陵高校にオリーブの木が寄贈された。銘板には、ヘブライ語と日本語で「正義の人を偲んで」と記されている。

瑞陵高校正門西側には18年10月、愛知県により杉原千畝顕彰施設が設置された。

テレビ番組制作のディレクターで、杉原より70数年も後輩の金沢知子は11年に、杉原に関するドキュメンタリー番組を制作し、放送した。

文化勲章を受章している学者が、2人いる。旧制2期生の電子工学者であった岡部金治郎と、瑞陵3期生の生化学者で神戸大学長を務めた西塚泰美だ。

医学者では、公衆衛生学の瀬木三雄がいる。厚生省の初代母子衛生課長を務め、母子健康手帳を創設した。

自律神経学の高橋昭、生化学者でパーキンソン病の治療法開発に貢献した永津俊治、脳動脈瘤治療の杉田虔一郎、先端医療に挑む眼科医の三宅養三らも卒業生だ。

滋賀医科大講師の今井真は6人の仲間と共に11年に「イグ・ノーベル賞」の化学賞を受けた。この賞は「ユーモアで笑わせた後、なるほどと考えさせる研究」に贈られるもので、山葵の刺激臭を使った聴覚障害者用の火災警報装置の開発が評価された。

内科医の花村泰範は11年までの10年間、沖縄・与那国島で離島医療を続けた。03年から06年にかけて「Dr．コトー診療所」というテレビドラマが放送され、与那国島でロケが行われた。花村は医療指導という立場で制作に助言した。

名古屋市には、百余年続く眼科の杉田病院がある。2代目院長杉田英一郎、3代目雄一郎、4代目元太郎、5代目で現院長の潤太郎、現副院長の威一郎はそろって五中・瑞陵のOBだ。

宇宙物理の村上敏夫、物質構造化学の野村昌治、知能情報学の鈴木麗璽、国際環境農学の木村園子ドロテアもOB、OGだ。

都留重人

文系でも高名な学者が出ている。哲学者で法政大総長を務めた谷川徹三は、旧制一高卒後、西田幾太郎（石川県師範学校予備科卒）に影響され、京大・哲学科に進んだ。

経済学者で一橋大学長を務めた都留重人もいた。都留は47（昭和22）年に、第1回経済白書『経済実相報告書』を執筆した。

英文学者で評論家の本多顕彰、日本中世史の小島鉦作、西洋史学の尾鍋輝彦、ソビエト経済の野々村一雄、三菱商事出身の経営学者・河村幹夫、東欧経済史の家田修らもOBだ。

大学学長を務めた卒業生は、外科医の柴田清人（名古屋市立大）、交通工学の加藤晃（岐阜大）、水族病態生理学の岡本信明（東京海洋大）らだ。

## 推理作家の江戸川乱歩

文芸では、大正から昭和にかけての推理作家・江戸川乱歩が著名だ。米国の作家エドガー・アラン・ポーをもじってこの筆名をつけた。

文芸評論家の本多秋五、コラムニスト、舞台作家のペリー荻野、児童文学作家ののまみちこも卒業生だ。

ニュースキャスターの先駆け・日比英一、映画監督の武重邦夫、ジャズギタリストの安藤正容、アルゼンチンタンゴのプロダンサー・古瀬陽子、チェロ奏者の野村友紀、お笑い芸人のパンサー向井らもOB、OGだ。

企業でトップを経験した卒業生では、現役も混じるが加藤乙三郎(中部電力)、松下雋(日本ガイシ)、白石豊彦(愛知時計電機)、白石信喜(東陽倉庫)、荒川和夫(サッポロビール)、判治誠吾(大同メタル工業)、中野吉晴(雪印メグミルク)、久田宗弘(DCMHD)、丸山昌宏(毎日新聞GH)らがいる。

河合邦人は父親が創業した河合塾の経営を引き継ぎ、兄とともに河合塾を三大予備校の一つに育て上げた。

兼元謙任は、名古屋証券取引所セントレックスに上場している「オウケイウェイヴ」の創業会長だ。

ユニークな技術を誇る中小企業もある。成瀬拓郎は、日本でも数少ないゼンマイ式時計の製作技術を持っている。愛知万博の巨大モニュメントである千年時計を作ったり、和時計の再生をしている。

江口克彦は松下電器産業に入社し、PHP総合研究所社長、参院議員を歴任した。

通産官僚出身の中村利雄は、05年の愛知万博で事務総長を務めた。同窓会の瑞陵会会長だ。

## 苦節13連敗

マック赤坂は19年4月、東京・港区議会議員選挙に当選した。衆参議員、大阪市長、東京都知事など国、自治体の選挙に出ること12年間で14回を数えたが、13連敗の末、念願達し港区議として初めて選挙に勝った。

瑞陵高校から京大農学部食品工学科に進学し、バイオ研究に取り組んだ。伊藤忠商事に入社し、48歳で脱サラし貿易会社を経営した。

部活動が活発だ。硬式野球部は旧制五中設立の2年後に創立され、甲子園の全国大会に1949年夏、50年の春夏に出場している。

陸上では、三段跳びの村木征人が68年のメキシコ五輪、72年のミュンヘン五輪に出場した。

ショートトラックスピードスケート選手の河合季信は、92年フランス・アルベールビル冬季五輪の5000メートルリレーに出場し、銅メダルを取った。

女子走高跳びの今井美希は、00年のシドニー五輪に出場した。01年のスーパー陸上では、1メートル96の日本記録を樹立した。

# 刈谷高校

愛知県立　刈谷市

デンソー、豊田自動織機などトヨタ・グループ企業の本社や工場が集積する日本有数の工業都市・刈谷市。

1919（大正8）年に、この街に県立第八中学校として設立された。22年に刈谷中学校と改称した。戦後の学制改革の過程で、県立刈谷北高校との統合、分離を経て男女共学の刈谷高校となった。

旧制時代から英国の名門パブリックスクールであるイートン校を範とした学校運営を行ってきた。

1988年の創立70周年記念行事の一環として、イートン校のサッカー部と柔道部を刈谷高校に招いたことから同校との交流が定期的に始まった。

2年ごとの相互交流が続いている。イートン日本語学科の生徒が刈谷高校の生徒宅にホームステイをしながら剣道や茶道などを体験、刈谷高校の生徒はイートンの寮に泊まり英国文化を肌で実感する。

## イートン校と交流

イートン校と交流している高校は国内にいくつかあるが、刈谷高校の場合はイートン校の校長自らが訪問に来ており、最も親密な付き合いと言える。

増本智美はイートン校からのホームステイ交流の際にホストファミリーを引き受け、翌年に刈谷高校からの文化交流でイートンに行った。南山大学卒業後にロンドン大学でマスターを取得、イートン校日本語学科の教員になった。

19年春の大学合格実績は現役、浪人合わせ、東京大3人、京都大13人だ。名古屋大には65人が合格しており、高校別ランキングでベスト4だ。さらに北海道大11人、東北大3人、大阪大11人、九州大2人など各地の国立大学に分散して多数が合格している。

私立大には延べで、早稲田大14人、慶応大9人、南山大165人だ。

トヨタ・グループの企業城下町であることから、グループ企業のトップに就いた卒業生が出ている。

年間売上高が5兆円を超えるグローバルな自動車部品メーカーであるデンソーの元社長・加藤宣明と岡部弘がそうだ。2人ともトヨタ自動車本体には入社せず、刈谷市に本社を置く日本電装（現デンソー）に入社した生え抜きだ。

## トヨタGの経営者

「カンバン方式」などトヨタ生産方式を体系化した人物として産業界に知られるトヨタ自動車工業（現トヨタ自動車）元副社長の大野耐一がOBだ。

豊田工機社長をした加藤東洋は、旧制の卒業生だ。豊田自動織機社長をした石川忠司は新制卒。

日本ビクターの元副社長で「VHSの父」といわれる高野鎮雄は、大野より12期後輩の旧制卒。

石川と同期の竹中登一はアステラス製薬社長を、杉野正博は住生活グループ（現LIXILグループ）社長を、西川盛郎はジョンソン日本法人社長を務めた。

刈谷市には、金物と石油の卸し・直売商社の老舗・太田商事がある。そのオーナー経営者の太田一造と長男の会長・太田宗一郎が卒業生だ。2人とも刈谷商工会議所会頭を務め、宗一郎は現職だ。

愛知県の自治体で活躍している卒業生も多い。前副知事の中西肇のほか、刈谷市・竹中良則、大府市・久野孝保、碧南市・禰宜田政信、高浜市・吉岡初浩の4人の現職や前職の市長がいる。

学者・研究者では、英文学者・言語学者でエッセイストの外山滋比古《とやましげひこ》の知名度が高い。日本語に関する著作や俳句についての評論など多数の著作を積み重ねてきた。明晰な文章が国語教科書に引用され、また大学入試問題にもよく採用されている。

中国文学の伊藤漱平、経済学の市古尚三、科学技術社会論の兵藤友博、国際経済学の多和田真らも卒業している。

理系では、数学者で元京都大教授の永田雅宜が代数幾何学で国際的に評価されている。「ヒルベルト第14の問題」という難問につい

外山滋比古

て、反例を用いて解決方法を生み出した。また「永田の定理」といわれる公式を発見している。

数学のノーベル賞と言われるフィールズ賞を受賞した日本人は3人いる。永田はそのうち、京大での弟子である広中平祐（旧制山口県立柳井中学・現柳井高校卒）、森重文（名古屋市・私立東海高校卒）の2人を育てた。

建築学が専門で東京工業大学長をした加藤六美、宇宙物理学の小山勝二、気象庁長官をした長坂昂一、応用ゲノム科学の磯貝隆夫、音声映像科学の村瀬洋、機械学の竹内芳美、農業土木の服部九二雄らもOBだ。

医師では、整形外科医の武藤芳照がバルセロナ五輪などで水泳チームドクターを務める一方、ドーピング問題や高齢者の転倒、骨折予防の研究をした。

精神科医で詩人の中野嘉一は、東京武蔵野病院で作家・太宰治(旧制青森県立青森中学・現青森高校卒）の主治医を務めた。戦後に詩誌「歴象」を創刊、主宰した。76年には「前衛詩運動史の研究」で、日本詩人クラブ賞を受賞している。

内科医で奈良県立医科大学長をした石川兵衛、公衆衛生学の宍戸昌夫、生体医工学の牛田多可志、循環器内科学の宮崎青爾らもOBだ。

眼科医で元名古屋大医学部長の粟屋忍と元刈谷高校国語科教諭で詩人の粟屋誠陽がそろってOBだ。粟屋兄弟は男5人・女3人の8人兄妹で、このうち男5人と女1人

太田幸夫

が刈谷高校の卒業だ。

文化人では、現代美術家の河原温が14年7月に81歳で死去していることが分かった。「コンセプチュアル・アート（概念芸術）」の第一人者として国際的に高い評価を受けていた。

## ピクトグラムの第一人者

デザイナーの太田幸夫は、「走る人」のマークでおなじみの「非常口サイン」を考案し87年に世界標準化を果たした。

こうした絵文字は「ピクトグ

ラム」（絵文字）と呼ばれており、太田は日本におけるこの方面でのデザイン作成の第一人者だ。

歌手の酒井雄二は、早稲田大4年の時に男性ボーカルグループ・ゴスペラーズの一員になった。NHKの俳句番組で詠み人としてナレーションを担当したこともある。

多くのピアニストを育てた杉浦日出夫、ソプラノ歌手の太田みのり、ピアニスト佐藤理沙もいる。

映画監督・脚本家では内藤誠と広瀬襄がいる。戸塚たすくは漫画家、天白松嵐は画家・染色工芸家、後藤繁雄は編集者・クリエイティブディレクター、トロック祥子は備前焼の陶芸家だ。

メディア関連では、NHK記者出身の日高義樹が国際ジャーナリストとして活躍している。元毎日新聞社専務の石黒克己は競輪、オートレースを振興する公益財団法人JKAの会長を務めた。

刈谷高校では、旧制時代からサッカーが「校技」になっている。全国高校サッカー選手権大会には通算19回、全国高校総合体育大会には7回、国体に11回出場した。国体では、1954、55年に連続して全国制覇している。

日本サッカー殿堂入りしている高橋英辰が旧制の卒業だ。早稲田大の有力メンバーになり早大監督、日本代表監督などを務めた。09年に日本サッカー「殿堂入り」した。

## サッカーが「校技」

高橋の6期先輩には、河本春男もいた。兵庫県立第一神戸中学(現神戸高校）の体育教諭になり、同高サッカー部の部長として4度の全国優勝を成し遂げた。戦後は実業界に進んで、神戸市の菓子店・ユーハイムの社長をした。

登山家の田辺治がOBだ。信州大に進学し山岳部に所属、社会人になってからエベレスト南西壁冬季登攀や世界第2の高峰K2を難ルートから制覇するなど世界的なトップクライマーになった。

10年9月にネパール・ヒマラヤ山脈のダウラギリ1峰（8167メートル）登攀中に雪崩に巻き込まれ、行方不明のままだ。49歳だった。

卒業生には、京都を代表する神社の宮司になった兄弟も出ている。昭和時代に下鴨神社の宮司となった鈴木義一と、2期下の弟で八坂神社宮司を務めた鈴木日出年だ。

# 掛川西高校

静岡県立　掛川市

人口約11万人で安定している掛川市。東海道の宿場町として、また掛川城を核とした城下町として江戸時代から栄えてきた。

掛川城西のお花畑だった場所に、1901（明治34）年に開校した県立掛川中学校を前身とする。掛川中のルーツはさらに、1877年設立の私塾冀北《きほく》学舎まで遡れる。

戦後の学制改革の過程で新制掛川西高校に衣替えされ、男女共学となった。86年度から理数科が設置され、93年度には生徒定員1317人というマンモス校となった。現在は1学年が8学級の320人で、男女はほぼ半々だ。

野球が強く、甲子園の全国大会には夏5回、春4回出場している。陸上競技、水泳（水球）、弓道、バドミントン、吹奏楽部なども全国大会によく出場している。

大学入試では浪人も含め毎年度、京都大、北海道大、東北大、大阪大に各1～2人、名古屋大に約10人、静岡大に約30人が合格している。

## 山本篤はメダリスト

卒業生には、パラリンピックのメダリストがいる。陸上選手の山本篤（1982年4月生まれ）だ。08年の北京パラリンピック走り幅跳びで銀メダルを獲得し、日本の義足陸上選手初のメダリストとなった。

16年のリオデジャネイロ・パラリンピックでは、やはり走り幅跳びで銀を、アンカーを務めた400メートルリレーで銅メダルを獲得した。

山本はバレーボール部だったが、2年生の時に交通事故で左脚を切断した。高校卒後に義肢装具士の資格を取り、義足の左足で踏み切ることで記録を伸ばしてきた。

リオ・パラではさらに、男子マラソン（視覚障害）で銅メダルの岡村正広もOBだ。

五輪選手では、旧制卒の水泳選手・鵜藤俊平が36年のベルリン五輪の400メートル自由形で銀を、1500メートル自由形で銅メダルをとった。

芸術で光っているOGに、鍛金作家の大角幸枝がいる。金属を素材に器を作り、表面を削って装飾を施す金工の分野で15年に、女性初の人間国宝（重要無形文化財保持者）に認定された。

大角幸枝

文芸では、直木賞作家の榛葉英治、文芸評論家の窪川鶴次郎がいた。

『ゲド戦記』の翻訳で知られる児童文学者の清水真砂子、大蔵官僚出身の翻訳家・山川紘矢が、OG、OBだ。

協和銀行副頭取のあと作家となった三戸岡道夫、児童文学作家の望月正子もいる。

漫画家では、かまちよしろうと所十三が卒業生だ。

学者では、行政学が専門で京大教授を務めた村松岐夫、独文学者で東京学芸大学長を務めた鷲山恭彦がいる。

企業でトップを務めた人物では現職もまじるが、常盤敏時（イオン）、赤岩覚（日本リーバ）、岡本甲子男（日本油脂）、朝比奈豊（毎日新聞グループHD）、渡辺武（秀英予備校）らが、卒業生だ。

政治家では、建設相の戸塚九一郎、農林相の足立篤郎がいた。大蔵官僚出身で金融再生担当相などを務めた柳沢伯夫は、引退後に城西国際大学長に就いた。93年から16年間、静岡県知事を務めた石川嘉延は、掛西の同窓会長だ。

榛村純一は、77年から28年間にわたり掛川市長を務めた。東海道新幹線掛川駅の設置など、掛川市の「街づくり」に大きな功績を残した。

## 「伊達判決」の裁判長

「伊達判決」として、裁判史に残る判決を出した伊達秋雄が、旧制時代の卒業生だ。在日米軍が使用する立川飛行場（東京都砂川町・現立川市）の拡張に反対する「砂川事件」で、東京地裁の裁判長を務めた伊達は、日米安保条約による米軍の駐留は日本国憲法第九条違反とする判断を下した。

# 浜松西高校

●静岡県立　●浜松市中区

徳川家康が17年間を過ごし、天下統一の足がかりとした浜松。現在では自動車や楽器など、日本有数の商工業都市になっている。

1924（大正13）年、この地の西郊に県立浜松第二中学校が開校した。戦後の学制改革で男女共学の浜松西高校に衣替えされた。2002年には中等部が設置され、併設型の中高一貫教育校になった。

校訓は「知（高い知性）、仁（豊かな心）、勇（たくましい力）」だ。

中等部では4学級160人を募集する。人気が高く入試倍率は毎年度、2～3倍になっている。高校では2学級80人を募集し、1学年は計6学級240人になる。男子の方が若干、多い。

全国高校総体には、テニス、ボート、陸上部などが出場している。野球部は81年夏に、1度だけ甲子園大会に出場したことがある。文化部では、弦楽、百人一首、国際文化部などに特色がある。

大学入試では毎年度、現役、浪人合わせて東京大、京都大、東京工業大、一橋大に各数人が、合格している。名古屋大には約10人、地元の静岡大には約20人だ。

例年、国公立大には現役で4割弱が合格するが、これを2人に1人とすることが目標だという。

私立大には、延べ人数で早稲田大に約15人、慶応大に約10人が受かっている。

天野浩

## 天野浩にノーベル賞

ノーベル物理学賞の受賞者が、2014年に出た。79（昭和54）年に浜松西高校を卒業した名古屋大教授の天野浩だ。青色発光ダイオード（青色LED）の開発に世界で初めて成功したことが、評価された。

天野の師である名城大終身教授・名古屋大特別教授の赤崎勇(旧制鹿児島県立第二鹿児島中学・現甲南高校卒)、米カリフォルニア大サンタバーバラ校教授の中村修二(愛媛県立大洲高校卒)との共同受賞だった。

天野は、はにかみ屋ですこしもえらぶらないタイプ。妻の香寿美(島根県立浜田高校卒)は語学に堪能でロシアで日本語教師をしている。夫妻そろっての記者会見では、おどけた調子で記者の質問に答え、好感度が高まった。

古橋広之進

天野より34年前の45(昭和20)年に、水泳選手の古橋広之進が旧制浜松二中を卒業している。日本大学に進学し、競泳で次々と世界記録を樹立した。「フジヤマのトビウオ」と呼ばれ、国民的ヒーローになった。

## 「フジヤマのトビウオ」

ただ、敗戦国の日本は1948年のロンドン五輪には参加が認められなかった。日本水連は日本選手権をロンドン五輪の水泳競技決勝と同日に開催した。

古橋は400メートル自由形で4分33秒4、1500メートルで18分37秒0を出した。ロンドン五輪金メダリストの記録及び当時の世界記録を上回った。

49年には、理論物理学者の湯川秀樹(旧制京都府立第一中学・現洛北高校卒)が日本人で初めてのノーベル賞(物理学賞)を受賞、湯川とあいまって古橋は敗戦で打ちひしがれた日本人を勇気づけた。

古橋は日本水泳連盟会長、日本五輪委員会会長などを歴任、08年にはスポーツ選手では2人目の文化勲章を受章した。09年8月に、ローマで客死した。

五輪出場選手では、溝口紀子が92年のバルセロナ五輪の柔道・52キロ級で銀メダルを獲得している。

陸上競技選手の中村宝子は06年のカタール・ドーハでのアジア大会に、高校3年生ながら日本代表に選ばれ、4×100メートルリレーで銀メダルを取った。

太田誠は、05年まで35年間にわたり駒沢大野球部監督を務めた。

東都大学リーグで歴代2位の通算501勝を挙げた。

野崎舞夏星《まなほ》は、女子相撲選手だ。小学生時代のわんぱく相撲を皮切りに多くの大会で優勝、浜松西高校では柔道部に所属、14年の世界女子ジュニア相撲選手権大会の軽量級で優勝した。

実力に加え、そのルックスから「美少女アスリート」として話題になっている。立命館大学を19年春に卒業した。

経済界では、「もの作りの街」を象徴するような兄弟が浜松西高校から巣立っている。河島喜好・博兄弟だ。

兄の喜好は、浜松高等工業学校（現・静岡大工学部）に進学、社員10人余の町工場にすぎなかった本田技術研究所（現ホンダ）に入社し、73（昭和48）年に創業者の本田宗一郎（静岡県二俣町立二俣尋常高等小学校・現浜松市立二俣小学校卒）のあとを受け45歳の若さで2代目社長になった。

二輪車から四輪車にも進出し、日本の自動車メーカーとして初の米国生産を成し遂げ、「世界のホンダ」に育て上げた。

## 「もの作り」の河島喜好・博兄弟

弟の博は、名古屋経済専門学校（現名古屋大経済学部）に進み、日本楽器製造（現ヤマハ）に入った。77年に46歳で社長になった。その後、スーパーのダイエーの副社長や副会長をした。

独創性に富んだ卒業生もいる。藤田欣司は、諏訪精工舎（現・セイコーエプソン）の技術者でクオーツ腕時計チームの責任者となり、世界で初めてその開発に成功した。

旧制卒で富士製作所（現フジコーポレーション、静岡県森町）の創業社長だった柴田水穂は、63年に計量式米びつを開発しヒット商品に育て上げた。

高畑啓子は、婦人服のアパレルブランド「アップルハウス」の直営店約40店舗を全国に展開している。浜松市内に工場を持つSPA（製造小売業）だ。

軽自動車の世界的メーカーであるスズキは浜松市に本社を置いている。その会長の鈴木修は卒業生ではないが、息子たちが浜松西高校に通っていたので、PTA会長や後援会長をしたことがある。

修の長男・鈴木俊宏は15年6月末にスズキの社長に就任している。また内山久雄はスズキの元会長だ。晝馬明は浜松ホトニクス社長だ。

家業などを継いで事業を盛り立て、地元の経済界で活躍している卒業生もたくさんいる。

元職、現職がまじるが、中村又三（浜松酒造）、高田和夫（花の舞酒造）、鈴木勝人（ベルソニカ）、鈴木覚（鈴覚）、飯村明（京浜金属工業）、寺田一彦（エンシュウ）、根木均と秋野富司（日本形染）、長坂之義（東洋ピアノ製造）、鈴木純一（弁いち）、鈴木東洋雄（桝形）、伊達清一郎（鳥浜）、鈴木富士夫と御室健一郎（浜松信用金庫）らだ。

長谷川力は、浜松市を中心に病院や高齢者世話ホームを展開する聖隷福祉事業団の理事長をした。

加藤真代は消費者運動家で、主婦連合会副会長をした。

## 2代続いた警察庁長官

警察庁長官というポストを浜松西高校の卒業生が2代続けて占めた、という珍しい事例もある。

城内康光とその3年次後輩の国松孝次だ。国松は、長官在任中の1995年に何者かに狙撃され一時、危篤状態になった。回復後にスイス大使などをした。

前述の天野のほかにも、優れた学者を輩出している。地球科学の塩崎平之助、原子力工学が専門で九州東海大学長をした川島協、数学者の望月望、森林生態学の渡辺弘之らがOBだ。

文系では、言語教育学の村石昭三、商法の鈴木薫、会計学の新井益太郎、ギリシャ哲学の内山勝利、洋学史の岩崎鉄志らが出ている。

文芸では童話作家の那須田稔、その息子の小説家・那須田淳、推理作家の七尾与史、絵本作家のスズキコージ、漫画家の小林たつよしらが卒業している。

美術界では、ルポルタージュ絵画の中村宏、新象作家協会を立ち上げた河村家正、日本画の山下邦雄と仲山計介、アートディレクターの田中秀幸、陶芸の三輪雅彦らがOBだ。

音楽では、作詞家の康珍化、シンガーソングライターの岡野宏典、作曲家の佐藤賢太郎がいる。

芸能では、俳優の斉木しげる、落語家の瀧川鯉昇がいる。フラメンコ舞踏家の大塚友美もOGだ。

# 四日市高校

三重県立　四日市市

中京工業地帯の代表的な都市である四日市市。かつては公害に悩まされた。人口は現在、31万人を超え、県庁がある津市を上回る。

四日市高校の前身は、1899（明治32）年設立の三重県第二中学だ。大正期に地名にちなんだ冨田中学と改称された。戦後の学制改革で旧制四日市高等女学校など2校と統合され、男女共学の新制高校となった。

校歌は、地元ゆかりの人物によって作詞・作曲されている。作詞が、三重県鈴鹿市出身の歌人である佐佐木信綱だ。作曲は、『春よこい』などで知られる作曲家の弘田龍太郎（三重県立第一中学・現津高校卒）だ。また応援歌『希望の門』の作詞者は、母校出身の作家・丹羽文雄（後述）だ。

通称は「四高」で、「文武両道」が校是となっている。1955（昭和30）年には、夏の甲子園大会で優勝し、三重県勢として初めての深紅の優勝旗をもたらしている。

文部科学省から、SGHとSSHの両方を指定されている。両方とも指定されている高校は、全国に約20しかない。

普通科7クラスとは別に、英語、数学の時間を多くとる国際科学コースを2クラス、設置している。2年生からは多様化する進路希望に応えるため文系・理系に分けたカリキュラム編成をしている。

先生たちが自主作問する校内模試をして、生徒の独自偏差値を判定する。それをもとに徹底した進路指導を、繰り返すという。

## 県内トップの進学実績

そうした結果、三重県一の進学校になっている。2019年春の大学入試では現役、浪人合わせ、東京大10人、京都大22人、北海道大6人、一橋大2人、名古屋大32人、大阪大に9人が合格している。三重大は69人だった。国公立大には現役で例年、約55％が合格する。私立大には19年春、延べで早稲田大28人、慶応大11人だ。

四日市高校の生徒、父母の間ではとりわけ「京大人気」が高い。東大合格の可能性が高い生徒でも京大を受験する場合が多いという。

高校主催で毎年、平日に父母を対象にした京大見学バス・ツアーを実施しているが、その見学会に約250人が参加したこともあったという。

また近年、医学部医学科に進学する卒業生も多く、19年には三重大に合格した69人中、医学部に16人が合格した。国公立大医学部の合格者は計26人になった。

ただし、学校では「学力向上に偏した教育方針はとらない。生徒1人ひとりの状況を把握し、親和的な学級集団の育成に取り組んでいる」と力説している。


卒業生で、もっとも活躍ぶりが目立っているのは、日本最大の流通企業集団であるイオングループの総帥である岡田卓也（1925年生まれ）であろう。現在はイオングループ名誉会長で、イオン環境財団理事長に就いている。

## イオンGの総帥・岡田卓也

岡田卓也

岡田は、旧制冨田中学から早大に進学した。早大在学中に四日市市の老舗の呉服商・岡田屋の7代目当主になった。岡田は事業をスーパー業に拡大し、次々とライバル企業を吸収合併していった。

高度成長に乗っかり流通革命を推進、13年にはかつてスーパーの雄だったダイエーも子会社化し、年商約8兆5000億円の巨大な流通グループになった。

岡田の次男は民主党代表を務め、副総理や外相などをした岡田克也（大阪教育大学附属高校池田校舎卒）だ。

ビジネス界で活躍した卒業生ではさらに、岡田邦彦がJフロント・リテイリング会長や名古屋商工会議所会頭を、金丸吉生が百五銀行頭取を、小林長久が日本トランスシティ会長を務めた。

種橋潤治は、三重銀行頭取のあと会長を務め、四日市商工会議所会頭に就いている。

地元の実業界では、2代目伊藤

丹羽文雄

勘作が大正末期に網勘製網を創業した。その孫の伊藤勘作も四日市高校出身でアミカン（社名変更）会長をしている。

四日市市に本社工場があるヤマダイ食品の代表・樋口智一は、私財を投じて母校の生徒に奨学金を給付している。

文化勲章受章の作家・丹羽文雄が著名だ。「親鸞」「蓮如」など宗教者を描いた小説を多く残した。昭和時代に文壇の大御所的な存在になり、日本文芸家協会理事長・会長を長く務めた。

1990年前後の80歳台後半から、アルツハイマー型認知症の症状が出た。娘が11年にわたる手記を公表し話題になったが、01年に娘自身が先に急逝した。丹羽自身は、05年4月に100歳で死去した。

## 文壇の大御所の丹羽文雄

昭和時代の作家・田村泰次郎も卒業生だ。『肉体の門』が代表作だ。

学者・研究者では、旧制第1回卒業の竹内義雄が中国古代思想研究の第一人者で、文化功労賞を受賞している。

樋口清司は宇宙航空研究開発機構副理事長を務め宇宙システムの研究をした。

江尻美穂子は精神衛生学が専門で、日本ＹＭＣＡ会長を務めた。

西洋史学者でローマ帝国が専門の南川高志、外交官出身で米国政治の研究者・関場誓子、刑法の永田憲史、トンボの研究を50年以上も続けている石田昇三、防災・危機管理の研究者である辻禎之、都市工学の林良嗣らもＯＢ、ＯＧだ。

日本医科大多摩永山病院（東京・多摩市）の前救急救命センター長・二宮宣文は、日本の救急医療の草分け的な存在だ。ニュージーランドや東日本大地震など戦地や震災の現場にいち早く駆け付け、治療に当っている。

音・環境プロデューサーの大橋智夫は、京大に進学し水利工学を学んだ。音が心理に及ぼす影響を研究し、日本独特の文化である水琴窟を現代に復活させ進化させた。イタリア・アッシジの世界遺産・

聖フランチェスコ大聖堂にも、大橋の作品が据えられている。

文化人では、イラストレーター・ブックデザイナーの大橋歩《あゆみ》がOGだ。週刊平凡パンチの表紙イラストを長年、描いていた。男性週刊誌なので男のようなペンネームにした。

小説家・エッセイスト・俳人の谷口桂子は、週刊朝日で著名人夫婦350組をインタビューした。

伊吹有喜は新進女性小説家だ。14年に「ミッドナイト・バス」で山本周五郎賞を受賞、その後2度にわたり直木賞候補になっている。

映画監督では、俳優座出身で役者としても活躍した藤田敏八や瀬木直貴が卒業生だ。

川村ケンスケは、音楽ビデオやCMの映像ディレクターとして、多くの作品を製作している。

打田十紀夫はギタリスト、洋画家では三輪勇之助がいる。

## 「詩のボクシング」

若林真理子は四日市高校時代の2001年に、朗読の魅力を競う「詩のボクシング」第1回全国大会で初代チャンピオンになった。

法曹界では、矢田次男が東京地検特捜部検事を務めたあと弁護士になった、いわゆる「ヤメ検」だ。矢田は、コンプライアンス、危機管理、反社会的勢力対応などが得意分野だ。

官僚では、南川秀樹が環境事務次官を務めた。

四日市市の市長として、地元の活性化や公害防止に尽力した卒業生もいる。戦後の公選市長には8人が就いているが、この内、平田佐矩、岩野見斎、井上哲夫それに前市長の田中俊行の4人がOBだ。

スポーツでは、笠原洋子が68(昭和43)年のメキシコ五輪にバレーボールの全日本メンバーとして出場し、銀メダル獲得に貢献した。

高橋正勝は、55年夏に四日市高校が甲子園で優勝した時のエースだった。巨人に入団したが、4年間で3登板に留まり、スコアラーになった。

巽一は四日市高校から慶応大へ進学したあとプロ入りした。東京六大学リーグで投手としてベストナインに選ばれるなど活躍し、国鉄時代にはオールスターに出場し本塁打を放った。オールスターでの投手による本塁打は初めて、という記録を持っている。

# 上野高校

三重県立　伊賀市

三重県北西部の上野市は２００４年に周辺の町村と合併、現在は伊賀市となっている。が、「伊賀上野」が通じやすい。東京・上野と区別する意味合いがある。

江戸時代は藤堂藩の城下町で、伊賀忍者の里、松尾芭蕉生誕の地などとして知られている。

１８９９（明治32）年に、この地に三重県第三中学校が開校し、のちに上野中学校と改称した。戦後の学制改革の過程で、県立阿山高等女学校と上野市立高等女学校を前身とする学校と統合され、男女共学の新制上野高校となった。

上野城の南にキャンパスがある。伊賀市役所などもすぐ近く、旧上野市の中心だ。第三中学時代に建てられ１１０年余の星霜に耐えた白亜の明治校舎が残されている。県指定の有形文化財になっている。

校訓は「自彊不息《じきょうふそく》」。中国の古典「易経」から引用されている。気力、忍耐をしっかり保って、たゆまず努力しようという意味で、卒業生の心の糧として受け継がれている。

毎年度の大学入試では現役、浪人合わせ、京都大、大阪大、名古屋大、神戸大に各数人が合格する。地元の三重大には約25人が合格している。京都や名古屋の私立大に進学する生徒が多い。

文芸で才能を開花した卒業生が多い。

## 新感覚派の横光利一

大正から昭和にかけての小説家である横光利一がいた。文藝春秋を設立し多くの作家を育てた菊池寛（旧制香川県立高松中学・現高松高校卒）に師事した。

のちにノーベル賞を受賞する川端康成（旧制大阪府立茨木中学・現茨木高校卒）らとともに、新感覚派として活躍した。

母の故郷である三重県阿山郡柘植村（現伊賀市柘植町）で小学校時代の大半を過ごし旧制第三中学で学んだ。明治校舎の一室に横光利一資料室がある。横光の一級上には哲学者の由良哲次がいた。

横光は1947（昭和22）年に49歳で若死にしているが、それから約60年後の06年には伊藤たかみ（男性、71年生まれ）が『八月の路上に捨てる』で芥川賞を受賞している。

伊賀上野に腰を据えてラジオドラマや小説を書き続けた岸宏子は横光の縁戚で、旧制阿山高女卒。新制卒の北泉優子は東京に出て脚本、小説を書いた。

ミステリー小説では倉阪鬼一郎、麻耶雄嵩が活躍中。弁護士でもある巽昌章はミステリー評論家だ。

歌人の李正子の短歌は中学、高校の国語教科書にも採用された。

医師の西田誠は、芭蕉翁顕彰会会長、藤井充子は句誌「芭蕉伊賀」を主宰する。

学者・研究者になった卒業生もたくさんいる。

西洋史学者で一橋大学長、東京経済大理事長をした増田四郎が1995年に文化勲章を受章している。

## 政治学者の猪木正道

政治学者で安全保障問題の論客として知られていた猪木正道も旧制上野中学卒だ。京都大教授のあと防衛大学校校長を務めた。文化功労者に選定されている。

文系では、日本古代史の清水潔が私立皇學館大（三重県伊勢市）の元学長だ。

経営学者の高橋義仁、古代言語学者の沖森卓也、日本美術史の研究者で徳川美術館副館長を務めた四辻英紀、仏教美術の井上一稔、中国文学の静永健らがＯＢだ。

環境経済学者の倉阪秀史は前述の小説家・倉阪鬼一郎の実弟だ。

亀山典子は日本総合研究所の主任研究員だ。

医学者の塩田浩平は14年４月から国立滋賀医科大学長をしている。病理学者で前立腺がんの専門医である矢谷隆一は三重大学長をした。

火薬学が専門だった山本祐徳は、日本ロケット協会の代表幹事を務めた。

航空宇宙工学者で流体工学が専門の森下悦生、材料力学の福田秀雄、人類学者の石田英実、水圏生物学者の加戸隆介、建築学者で多くの城の再建にかかわった城戸久、南極観測隊長を務めた西尾文彦、地震・火山学の谷岡勇市郎らもいる。
第2次世界大戦中にリトアニア領事館で杉原千畝（愛知県立第五中学・現瑞陵高校卒）が発給したビザを持ったユダヤ人を、海路日本に送る仕事をした元日本交通公社職員がいた。フリーライターの北出明は、その職員とユダヤ人のその後の姿を、米国まで追ってまとめたルポを出版した。

企業経営者では、東京電力の第9代社長をした南直哉がOBだ。上野高校から東大法学部に進学、東電では本流の企画部育ちだった。

02年に福島第一、第二原子力発電所などでトラブル記録を意図的に改ざん、隠ぺいしていた事件が発覚し、南は引責辞任した。

出口治明は18年1月から立命館アジア太平洋大学の第4代学長に就いている。同大は大分県別府市にあり、多くの留学生を受け入れていることで知られる。

## 還暦のベンチャー経営者

出口は、ライフネット生命保険会長兼CEO（最高経営責任者）を17年6月まで務めていた。

日本生命保険相互を定年前に脱サラし、ネット販売による新規の生保会社・ライフネット生命を興し、急成長させた。「還暦のベンチャー経営者」と言われる。

東西の歴史に詳しく、会社員の自己啓発や歴史関連の著者としても知られる。

現職、元職を含め企業トップを務めた経営者としては、岡本直之（三重交通グループHD）、篠原治（日本車両製造）、福持通（都ホテル）、葛原寛（富士火災海上保険）、川合恒孝（ライト工業）らが卒業生だ。

出口治明

伊賀市で100年以上続く森喜酒造場を経営している森喜るみ子は、純米酒造りに情熱を燃やし、自身の名を冠した「るみ子の酒」を売り出している。

芸術家では書家の榊莫山の名が通っている。前衛的な書画に詩文を加えた「詩書画」を確立した。テレビCMやバラエティー番組などにも出演し、エッセーも人気を得て「バクザン先生」と親しまれた。

画家では、上野中学在学中に日展に入選した洋画の松浦莫章や、関田庄司がいた。伊賀の伝統工芸に伊賀焼がある。戦後の中心になったのは谷本光生。峰興徳、徳秀父子は伊賀焼「普門窯」の陶工だ。

古川タクは表紙画などのアニメーション作家、漫画家では西公平、田中ほさな、ボマーンがいる。イラストレーターの千秋育子もOGだ。

## 『瞳をとじて』の平井堅

音楽では、『瞳をとじて』などが大ヒットしたシンガーソングライターの平井堅がいる。彫りが深く鼻は高くひげは濃いため、中東系と間違えられることもある。

カンツォーネの奥則夫、テノール歌手の波多野均、クラリネット奏者の菅生千穂、ソプラノ歌手の村田知嘉子、ピアニストの山田佐和子と森川尚美、音楽バンド・ガリバーゲットの一員だったボーカルのアヤヲもOB、OGだ。

メディア関連では、田畑彦右衛門がNHK出身の社会評論家、吉村芳之はNHK出身の演出家だ。

俳優では、映画、テレビドラマ、舞台など幅広く活躍している椎名桔平がいる。俳優、声優の山路和弘は、椎名より10期先輩だ。17年度毎日芸術賞を受賞している。

平井堅

「政官」で活躍した卒業生としては、昭和期に初代の警察庁長官や厚相などを歴任した斎藤昇、建設事務次官や日本道路公団総裁を務めた前田光嘉、法務事務次官をした竹原精太郎、尺八奏者で京都市長をした富井清らがいた。
関西テレビのアナウンサーだった岡本栄は、12年11月から伊賀市長を務めている。16年4月から、同性カップルを公的に「パートナー」と認める制度を開始した。東京都渋谷区、世田谷区に続いて全国で3例目だ。
旧上野市長を含め上野中学・上野高校出身で公選後に市長をしたのは、杉森万之輔、奥瀬平七郎、山本忠雄、中井徳次郎、今岡睦之、内保博仁それに岡本だ。9代の市長のうち7人がOBだ。このうち奥瀬は「忍術」の研究者でもあった。

# 宇治山田高校

三重県立 伊勢市

「お伊勢参り」の街として、江戸時代から多数の観光客が訪れていた。三重県南東部にある都市だ。

1899(明治32)年に三重県立第四中学校として開校し、1919年に宇治山田中学と改称された。戦後の学制改革で、旧制宇治山田高等女学校を統合し、男女共学の新制宇治山田高校となった。

55年に宇治山田市は伊勢市と名称変更したが、宇治山田高校の名前は変わっていない。

最近の大学受験では毎年度、現役、浪人合わせ国公立大学に約50人が合格している。うち三重大は約20人だ。私立大には、京阪神と名古屋の大学とが、半々に分かれる。

## 「東京物語」の小津安二郎

知名度が高い卒業生は、映画監督、脚本家の小津安二郎だろう。昭和時代に『晩春』『東京物語』などで、「小津調」と称される独特の映像世界を醸成した。

旧制中学の時に映画に出会い、代用教員を経て松竹蒲田撮影所に入社した。1920年代後半から監督になり、戦後の作品で日本芸術院賞などを受賞した。海外の文化人からも高い評価を受けている。

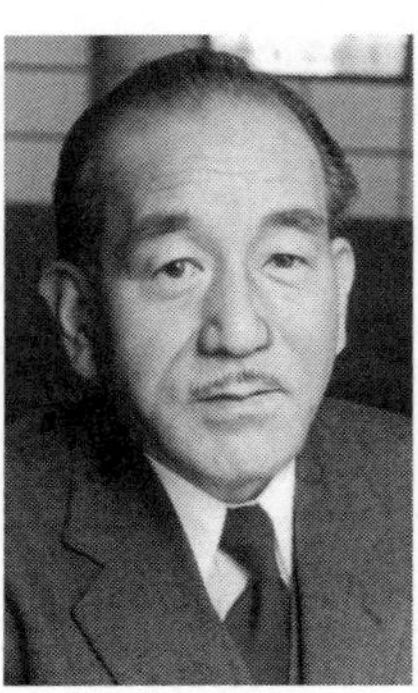
小津安二郎

小津の90年あとには、女優の桐島ココが宇治山田高校を卒業している。

文化人では、日本画の西田俊英が2017年に日本芸術院賞を受賞している。

画家、風俗研究家の岩田準一、洋画家の今村幸生、日本画の坂上楠生、作曲家の小林秀雄、ベース奏者の古野光昭らがOBだ。

小説家の宮本徳蔵、はやみねかおるが卒業生だ。俳人の嶋田的浦、詩人の竹内浩三もいる。歌人の生方たつゑと俳人の山田みづえは、前身の宇治山田高等女学校を卒業した。

学者では、経済学者で一橋大学長を務めた中山伊知郎がいた。日本における近代経済学の導入で貢献、多くの弟子を育てた。文化功労者になっている。

万葉集研究の大家である沢瀉《おもだか》久孝と、弟のフランス哲学者の沢瀉久敬は、そろって旧制卒だ。

免疫学者の藤田紘一郎は、寄生虫関連の一般書でも広く知られている。

日本文学研究者で文化功労者の小西甚一、同じく文化功労者で東京電機大学長（電子工学）を務めた岡村総吾、教育社会学者で愛知教育大学長を務めた橋爪貞雄、精神科医で新しいタイプの認知症を発見した小阪憲司、農業経済学の鈴木宣弘らがOBだ。

国会議員になった卒業生は、10人を超える。そのうち、通産相、衆院議長などを歴任した田村元と、労働相、内閣官房長官などを務めた藤波孝生を挙げておこう。藤波はリクルート事件で有罪となった。

## 神職に就く卒業生

学校近くに伊勢神宮があることから大正以来、神職に就く卒業生も数多い。伊勢神宮の大宮司を務めた慶光院俊を筆頭に、全国各地で宮司になった卒業生は、三木善之（御香宮神社＝京都市）、松山能夫（東京大神宮）、宇治土公貞幹（猿田彦神社＝伊勢市）、中野幸彦(多賀大社＝滋賀県)らがいる。

経済界で活躍した企業トップ経験者は、岡田貢助（川崎汽船）、葛井悌二（日本勧業角丸証券）、小川修次（日本特殊陶業）、草場敏郎（三井銀行）、石丸典生（日本電装）、井阪健一（野村証券投資信託委託）らだ。

元坂新は、1805（文化2）年創業の元坂酒造（三重県多気郡大台町）の6代目代表だ。

同社の清酒「酒屋　八兵衛」は、16年5月に三重県志摩市で開かれた「伊勢志摩サミット」で食中酒に選ばれ話題となった。

高校野球の夏の全国大会は甲子園で開かれるが、前身の全国中等学校優勝野球大会の第1回大会（1915年）は、大阪府の豊中球場で行われた。全国から旧制中学の10校が参加、そのうちの1校は三重四中だった。

# 伊勢高校

●三重県立　●伊勢市

伊勢市の東部郊外にあり、皇学館大と接する。男子のみの高校として１９５６（昭和31）年に創立された。すぐに男女共学になった。現在は男女ほぼ半々だ。

74年に県教委が学校群制度を導入、宇治山田高校と共に第３群となった。95年になって学校群は解消され単独選抜に戻った。

これを機に普通科８クラスの中に、難関大への進学を照準とした国際科学コースを１クラス設置した。「目指す学校像」も「生徒、保護者、地域の期待に応え、信頼される魅力ある進学校を目指します」と、明確に打ち出した。

大学入試では、「第一志望を貫く」という指導をしており、しっかりと実績を出している。

２０１９年春の大学入試では現役、浪人合わせ、東京大２人、京都大４人、名古屋大11人、大阪大、神戸大各６人が合格した。三重大には56人だった。私立大には延べで、早稲田大10人、慶応大５人だ。

文部科学省よりＳＳＨの指定を受け、国際舞台で活躍できる科学技術人材の育成を目指すカリキュラム開発に力を入れている。

これらが功を奏し、毎年春に行われる「科学の甲子園」（科学技術振興機構主催）の大会には、19年春までの８回中５回も県代表として参加した。14年の第３回大会では全国優勝した。

## 校樹の「御衣黄」

校内にはシンボルとなっている樹木の「御衣黄《ぎょいこう》」がある。淡緑色の花びらで、通常の桜に遅れ４月下旬に開花する。文化祭は「黄桜祭」と呼ぶ。

学者・研究者として活躍している卒業生が多い。

腫瘍生物学（がん研究）が専門の浜口道成は、名古屋大一筋で名古屋大総長を務めたあと、現在は科学技術振興機構理事長だ。

岩本愛吉は免疫学が専門の元東大教授で、日本エイズ学会会長を務めた。

文系では、サンスクリット文学が専門の横地優子、刑法の上嶌一高、保険学の前川寛、社会学の早川洋行らがOG、OBだ。

文芸では、小説家の笙野頼子が94年に「タイムスリップ・コンビナート」で芥川賞を取っている。

小説家では、橋本紡、大門剛明もOBだ。

モリタイシは、「県立伊手高柔道部物語　いでじゅう！」が代表作の漫画家だ。「伊手高」というのは母校の伊勢高校のもじりで、高校を舞台にした学園もの漫画だ。

漫画家では藤波俊彦もいる。

## 人工衛星のベンチャー企業

ビジネスでは、中村友哉が超小型の人工衛星の開発を手掛けるベンチャー企業「アクセルスペース」の創業者だ。10センチメートル角、1キログラムの衛星を、世界に先駆けて打ち上げている。

中村は東大工学部の航空宇宙工学専攻の博士課程を修了し、大学発ベンチャー支援制度に乗っかり、代表取締役として08年に起業した。

石原恒和はゲームプロデューサーで、㈱ポケモン社長だ。

松本正之は東海旅客鉄道（JR東海）の社長、副会長のあと、NHK会長を務めた。

企業のトップ経験者では、太田孝（近畿日本ツーリスト）、浅野碩也（東海テレビ）、田中孝一（ダイセーHD）、駒口克己（東洋ゴム工業）らが卒業生だ。

「政官」の分野で活躍した人物では、衆院議員―三重県松阪市長―三重県知事を歴任した野呂昭彦がOBだ。

伊勢市長の鈴木健一と、前任の森下隆生はそろってOBだ。森下は鈴木の25期先輩だ。

小津博司は検事総長を、西村泰彦は警視総監、内閣危機管理監のあと宮内庁次長だ。

メディア関連では、フリーアナウンサー、タレント、司会者の楠田枝里子がいる。東京理科大・応用化学科卒の経歴を生かし、科学エッセーの執筆や翻訳などもしている。俳優の小倉久寛もOBだ。

楠田枝里子

# 大垣北高校

岐阜県立　大垣市

人口は16万人強で、岐阜県で2番目の都市・大垣市。江戸時代には戸田家大垣藩10万石が領する城下町だった。

日清戦争が勃発する直前の1894（明治27）年に岐阜県尋常中学校（現岐阜高校）の大垣分校として開校した。5年後に大垣中学校として独立した。戦後の学制改革で、県大垣女子高校と統合し、男女共学の新制高校となった。

校舎は当初、大垣市の中心部にあったが、1961年にJR大垣駅の北方2キロの現在地に移った。

校訓は、「誠実　友愛　努力」。学校スローガンとして「疾風の勁草となれ」を掲げている。自由闊達な校風だ。

文科省からSGHに指定されている。

地元・大垣市の企業や名古屋大学、岐阜大学などと連携し、講師派遣を仰いだり、企業訪問をしている。東南アジアに工場進出している地元企業も多く、カンボジア、ベトナムへの海外フィールドワークも実施している。

19年春の大学入試では、現役、浪人合わせ東京大に3人、京都大に11人、名古屋大に32人、大阪大5人、岐阜大に42人が合格している。国公立大には現役で例年、50%強が合格する。

## ノーベル賞候補の中西重忠

ノーベル賞の期待がかかる卒業生がいる。生化学者で京大名誉教授の中西重忠だ。

グルタミン酸受容体の実体を解明するなどの基本的メカニズムを世界に先駆けて明らかにした。ベルツ賞など内外から多くの賞を受賞、15年には文化勲章を受章した。

免疫学の稲葉カヨは、男女共同参画担当の京大副学長だ。

日本法制史が専門で皇室の歴史に詳しい所功、法社会学者で立命館大学長、京都橘女子大学長を務めた細野武男、インド思想史が専門で同朋大学長を務めた浅野玄誠、民族宗教学の棚瀬襄爾《じょうじ》、土壌学の脇水鉄五郎らが卒業している。

医学者では、腫瘍病理学が専門で岐阜大学長を務めた森秀樹、熱帯医学が専門で寄生虫の研究をしている大前比呂思、小児科学の白木和夫らがOBだ。

経済界では、NTTドコモ社長の後、宇宙航空研究開発機構理事長を務めた立川敬二が卒業生だ。

栗田穣崇はNTTドコモで、「iモード」の開発に携わった。

山田昭男は、友人とともに電設資材メーカーの「未来工業」を創業した。土屋義雄（大垣共立銀行）、清水義之（十六銀行）、多賀潤一郎（イビデン）、竹中裕紀（同、田口利夫（西濃運輸）、金森勤（大光）らのトップ経験者もいる。

建築家では日本武道館（東京・千代田区）を設計した山田守、明治から大正にかけて活躍した矢橋賢吉がOBだ。

## 直木賞の朝井リョウ

文芸では、1989年生まれの朝井リョウが13年に『何者』で直木賞を受賞している。

早稲田大在学中に出したデビュー作『桐島、部活やめるってよ』は、映画化、漫画化された。スクールカースト（生徒間の序列）や就活など、現代の若者の生態を描いた作品が多い。

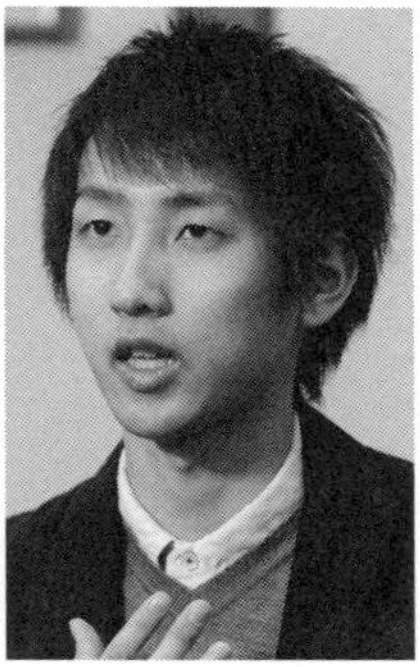

朝井リョウ

小説家ではさらに、中村航と中山咲が文芸賞を受賞している。

文化人では、昭和期の映画監督・吉村公三郎が大垣中4年の時に教師排斥を問われ中退し、東京・旧制私立日本中学（現日本学園高校）に転校した。

書家の日比野五鳳、日本画の清水古関、小森研二、守屋多々志、洋画家の車戸美智子らがOB、OGだ。古典折り紙作家の佐久間八重女は大垣高女卒だ。

大垣市の戦後の市長では三輪勝治、清水正之、森直之が大垣中卒だ。85年から01年まで在職した小倉満、そのあとを引き継いだ現職の小川敏も卒業生だ。

臨済宗妙心寺派の管長・嶺興嶽もいる。臨済宗の実質上の最高指導者だ。

# 加納高校

岐阜県立 ● 岐阜市

JR岐阜駅から南2キロほどの岐阜市加納地区は江戸時代には、加納藩3万2000石の城下町だった。中山道の宿場町、加納宿としても栄えていた。

この地に1916（大正5）年、県立加納高等女学校が創立された。12年後の28年には、男子のみの県岐阜第二中学校が開校した。戦後の学制改革の過程で両校は統合され、共学の新制加納高校となった。

校訓は「理想《ゆめ》、英智、友愛」だ。二中の校章だった白梅を現在も校章としており、校訓全体を「白梅精神」と称している。

教育目標は「21世紀における国家・社会のリーダーを育てる」だ。

普通科8クラスに加え、音楽科、美術科を各1クラス設置している。普通科と芸術系2学科を併設している高校は、国公立、私立を含め極めて珍しい。1学年が計10クラスの大規模校だ。

### 音楽科、美術科が各1クラス

普通科はほぼ男女が半々だ。音楽科、美術科は女子が圧倒的に多いため、学校全体としては女子が60％弱を占める。

先生たちが創意工夫を凝らした「高品質の授業」を目指している。週3回の7限授業や1、2年対象の土曜授業および土曜補習（3年対象）などを行い、一層の学力向上に努めている。

音楽科には5人の教諭のほか、ピアノ、バイオリン、フルート、声楽などの非常勤講師を27人、擁している。美術科も5人の教諭に加え、日本画、油画、デザインなど5人の非常勤講師がいる。

両学科とも毎年秋、2年生を対象にした海外研修旅行を実施している。音楽科はウイーンなど、美術科はイタリアが中心だ。普通科の修学旅行は九州だ。

普通科からの毎年春の大学合格者は現役、浪人合わせ、名古屋大に約10人、地元の岐阜大に約40人だ。

音楽科卒では、愛知県立芸術大、私立の名古屋音楽大に毎年度、各数人が合格している。東京芸術大には、おおむね2年間に1人が合格する。

美術科卒では毎年度、公立の金沢美術工芸大、私立の多摩美術大に各数人が合格している。

文化人として活躍する卒業生が多い。

## ヌーベルバーグの篠田正浩

最も著名なのは、映画監督の篠田正浩だ。60年代に松竹ヌーベルバーグの旗手と呼ばれ、69年の『心中天網島』では毎日映画コンクール作品賞など多くの賞を受賞した。２００３年に映画監督からの引退を発表した。

篠田正浩

篠田は新制加納高校の1期生で、陸上競技部の主将を務め４００メートルの岐阜県の選手権を制していた。進学した早稲田大では競走部に入り、箱根駅伝にも出場した。妻は女優の岩下志摩（東京・私立明星学園高校卒）だ。

篠田より57歳も若い堀江貴大は、九州大—東京芸大大学院映像研究科と進んだ。17年に、商業長編デビュー作『ＡＮＩＭＡを撃て』を公開し、気鋭の監督として評判になった。

日比野克彦

現代美術家の日比野克彦の名も通っている。「孤高のアーティスト」ではなく、障害者と一緒に作品を制作するなど、社会と美術をつなぐ領域横断的な取り組みを続けている。

内外の多くの展覧会、国際芸術祭に参加する一方、日本サッカー協会の社会貢献委員長として活動しているのもその表れだ。岐阜県美術館の館長も務めている。

芸術の各方面で活躍している人物が、数多くいる。

洋画では幻想的な作風の佐藤昌宏、ドイツで修業した村瀬恭子、樹脂に描く作品で知られる竹中美幸、空間すべてを使う立体作品が得意な福井直子、富士山の麓にアトリエを構え原生林をバックとした作品が多い大野智史、壁画作品が得意な鈴村敦夫らがOB、OGだ。

日本画では、日展会員賞を受賞している長谷川喜久、文化庁派遣新進芸術家在外研修員として米ボストンで修業した神戸智行、やはり在外研修員としてニューヨークで修業中の大竹寛子がいる。

造形作家の青木千絵は、漆の持つ深い艶を活用した作品が多い。金沢美術工芸大学で博士課程を修了した。

版画家では、愛知県立芸大に進学し01年の大学院時代に全国大学版画展買い上げ賞を受賞している桂川成美、フォトグラムの技法を用いた作品で知られる三宅砂織らが卒業生だ。

デザイナー、イラストレーターでは、多くの国際賞を得ている加藤周三、書籍イラストを得意とする茂利勝彦、ブランド品のCMが得意な可児志介、ゲームデザイナーの熊崎信也がいる。

陶芸家では、愛知県春日井市に天翔窯を開いている高橋左門、同瀬戸市で作陶活動をしている安宮せい子がいる。

彫刻家では、文化庁派遣在外研修員としてフランスで修業した鷲見和紀郎と林武史、同国内研修員の経験がある竹屋修、石彫の郷晃がOBだ。

音楽で、才能を開花させた人物を見てみよう。

作曲家、指揮者、シンセサイザー奏者の藤掛広幸は、世界3大コンクールのひとつであるエリザベート王妃国際音楽コンクール(ベルギーのブリュセル)の作曲部門で、77年に日本人として初めてグランプリを受賞した。

## テノール歌手の城宏憲

内外の多数のオペラに出演しているテノール歌手の城宏憲がいる。東京芸大に進学し、文化庁の新進芸術家海外研修制度でイタリアで修業、15年には日本音楽コンクール声楽部門で第1位を取った。

ピアニストの粥川愛とソプラノ歌手の恵理子は姉妹で、そろって音楽科卒だ。

姉妹で共演することも多い。音楽科では優秀者に「ダンテ伊藤賞」という賞を授与しており、愛はその第1回の、恵理子は第5回の受賞者だ。

普通科06年卒の同期生である辻友貴、飯田瑞規、三島想平の３人は、バンド「cinema staff」を結成している。マリンバ奏者の中川佳子もいる。

美術科卒の米山和仁は劇団ホチキスを主催、加納豊美は舞台衣装家だ。

やはり美術科卒のオクダサトシは、ダンス集団「コンドルズ」所属のパフォーマーだ。

女優では、音楽科卒の桜田聖子、美術科卒の細野今日子と馬渕史香がいる。

学者では、仏文学者の小島俊明がいる。この数年で、サンテグジュペリの『星の王子さま』の新訳、読解、対訳の3部作をまとめた。


国枝孝弘も仏文学者で、ＮＨＫのテレビ、ラジオでフランス語会話番組の講師を務めた。

小説家、ノンフィクション作家の上山明博がいる。「うま味」を発見した池田菊苗、地震学の大森房吉などを対象にした記録文学に取り組んでいる。

脚本家、演出家のなるせゆうせい、美術科卒の絵本作家である高畠那生と臼井加奈子もいる。

## 「ダーリンは外国人」シリーズ

美術科卒の小栗左多里は、夫との国際結婚体験を描くコミックエッセー『ダーリンは外国人』シリーズで人気漫画家となった。

吉本明子は旧労働省出身のキャリア官僚で、愛知県副知事のあと厚生労働省の審議官などを歴任している。雇用均等、少子化対策など、安倍内閣の政策の「キモ」を受けもっている。

灘波陽子は海上保安庁のヘリコプターのパイロットだ。同庁初の女性機長だ。

松田岩夫は元参院議員で科学技術政策担当相を、土本武司は最高検察庁検事を務めた。

伊藤誠一は岐阜県美濃加茂市長だ。

経済界では、小倉忠がノリタケカンパニーリミテド社長、河本武がユーハイム会長兼ＣＥＯ（最高経営責任者）で、林義郎はボーダフォン日本法人会長を務めた。

地元では、ステンレス製貯湯槽などのメーカー、森松工業社長の松久晃基、ハチミツなど健康食品のアピ社長・野々垣孝彦がいる。

# 加茂高校

岐阜県立　美濃加茂市

岐阜県の中南部に位置し、木曽川と飛騨川が合流する美濃加茂市。中山道の宿場町として江戸時代から栄えていた。

1911（明治44）年に、加茂郡立農林学校として設立され、大正時代に県立に移管された。戦後の学制改革で男女共学の新制加茂高校となった。2007年には県立白川高校と統合した。

校訓は、「明朗進取　誠実努力　親愛奉仕」だ。普通科のほか理数科1クラスがある。

飛騨川に艇庫を持つボート部が、大活躍している。60年代には女子がナックルフォアで国体4連覇を達成している。この数年も、インターハイ（全国高校総体）で優勝するなど全国トップレベルだ。

加茂高校在学中から頭角を現していた若井江利（1986年生まれ）は、早稲田大―ミキハウス所属選手としてアジア大会の軽量級ダブルスカルで、3大会連続のメダルを獲得している。

剣道部、バスケットボール部女子、弓道部女子、ソフトボール部男子、ラグビー部、自然科学部、囲碁将棋部などが全国大会に出場している。

大学入試では現役、浪人合わせ、名古屋大、名古屋工業大、岐阜大、静岡大などに毎年度、各数人が合格している。国公立大の合格者は計約50人だ。名古屋市の私立大に進む生徒が多い。

## ノーベル賞候補の岸義人

卒業生には、ノーベル化学賞の有力候補がいる。有機合成化学者で文化功労者の岸義人だ。名古屋大に進学し、名古屋大や米ハーバード大で海洋産天然物の研究を続け、恩賜賞、アーネスト・ガンサー賞など内外で多くの学術賞を受賞している。

放射線生物学の渡辺正己、電波天文学が専門で国立天文台長を務めた林正彦もいる。

トレンディーな2人の書き手が、

卒業している。

11年に直木賞を受賞した小説家の池井戸潤が、よく知られている。TBS系列で放送された「下町ロケット」シリーズはじめ、池井戸原作のテレビドラマはどれもヒットを続けている。

池井戸は慶応大に進学し、三菱銀行に入行して32歳で退職した。金融界や経済界を舞台にした小説が多い。

## 池井戸潤と北川悦吏子

もう一人はテレビドラマの脚本家で、「ビューティフルライフ」（2000年、TBS系列）など人気恋愛ドラマを数多く手がけている北川悦吏子だ。早稲田大卒だ。

18年度上半期に放送されたNHKの連続テレビ小説「半分、青い。」は、聴神経腫瘍という病気にかかった自身の体験をもとに、書き下ろした。

記録映画監督の今井友樹は「鳥の道を超えて」で、14年度キネマ旬報ベストテン文化映画部門第1位に選ばれた。

フリーライターの江口敏、彫刻家の田原良作、版画家の船坂芳助、映像作家の小島康史、漫画家の赤座ひではるらもOBだ。赤座は、「りぼん」など少女漫画誌をメインに活動する男性漫画家だ。

音楽では、「ドラえもん」シリーズなどのアニメ作品を中心に活躍している作詞家のマイクスギヤマ、ギタリストのトム兼松、俳優でもある日比野玲がいる。

北川悦吏子

経済界では、靴の小売りチェーンを全国に展開しているエービーシー・マート社長の野口実がいる。

長谷川まり子は、認定NPO法人「ラリグラス・ジャパン」の代表で、ネパールとインドの少女人身売買の被害者の救出、保護活動をしている。

13年6月から美濃加茂市の市長を務めた藤井浩人（1984年生まれ）は、当時としては全国で最年少（28歳）当選の市長だった。

藤井は、前職の市議時代の案件で受託収賄罪などの有罪判決が最高裁で確定し、17年12月に市長を辞任した。

■著者プロフィール

**猪熊建夫**（いのくま・たてお）

1944年、東京生まれ。東京都立大学附属高校（現都立桜修館中等教育学校）卒。早稲田大学政経学部政治学科を中退し、京都大学農学部農林経済学科を卒業。1970年に毎日新聞社に入社し、経済記者の道を歩む。90年に東京本社経済部副部長（デスク）で退職した。㈱船井総合研究所取締役、㈱釣りビジョン社長などを歴任する傍ら、著述を続ける。現在は、フリー・ジャーナリスト。著書に、『日本のコンテンツビジネス』『新聞・TVが消える日』『ジャーナリズムが滅びる日』など。2012年7月～18年8月、週刊「エコノミスト」誌で『名門高校の校風と人脈』の連載・執筆を計300回、続けた。18年9月、河出書房新社から『名門高校　100』を上梓した。日本記者クラブ会員、日本エッセイスト・クラブ会員、NPO法人グローバルそろばんインスティチュート副理事長。

# 伝統高校100 東日本篇

2019年11月27日　初版第1刷発行

著　者　猪熊建夫

発行者　加藤　啓

発行所　武久出版株式会社
〒169-0075　東京都新宿区高田馬場3-13-1ノークビル3F
電話：03-5937-1843　FAX：03-5937-3919
https://www.bukyu.net/

印刷所　中央精版印刷株式会社


ISBN978-4-89454-132-0